Querverlag

Stephanie Gerlach

Regenbogenfamilien

Ein Handbuch

© Querverlag GmbH, Berlin 2010

Erste Auflage September 2010

Alle Rechte vorbehalten. Kein Teil des Werkes darf in irgendeiner Form (durch Fotokopie, Mikrofilm oder ein anderes Verfahren) ohne schriftliche Genehmigung des Verlages reproduziert oder unter Verwendung elektronischer Systeme verarbeitet, vervielfältigt oder verbreitet werden.

Umschlag und grafische Realisierung von Sergio Vitale unter Verwendung eines Fotos von Barbara Stenzel
Gesamtherstellung: Finidr
ISBN 3-89656-184-8
Printed in the Czech Republic

Bitte fordern Sie unser Gesamtverzeichnis an:
Querverlag GmbH und Salzgeber & Co. Medien GmbH,
Mehringdamm 33, 10961 Berlin
www.querverlag.de • www.salzgeber.de

Für meine wunderbare Regenbogenfamilie –
you are the wind beneath my wings

Inhalt

11. Was brauchen Kinder aus Regenbogenfamilien?

12. Und was sagen die Kinder selbst?

13. Politik und Community

14. Forschung

Vorwort

Meine Güte, jetzt wollen die auch noch 'ne bunte Familie!

Nachdem wir unser „Lebenspartnerschaftsgesetz" durchgeboxt haben und auf Verbesserungen pochen, beanspruchen wir jetzt auch noch das zweite hohe Gut, das eine Gesellschaft neben der Ehe zu vergeben hat: Die Familie! Und zwar eine, die regenbogenfarben schillert.

Dabei haben wir doch alle schon eine, nämlich unsere Herkunftsfamilie. Doch davon abgesehen, dass es leider auch heute noch viele Schwule und Lesben gibt, die in ihrer Herkunftsfamilie aufgrund ihrer Lebensweise Ablehnung erfahren und um Anerkennung kämpfen müssen, wollen wir natürlich auch mal erwachsen werden und selbst eine Familie gründen.

Dass keine lesbische Frau und kein schwuler Mann mit diesem Wunsch allein steht, das soll dieses Buch dokumentieren.

Eine Familie zu sein – Mutter, Vater oder auch Tante und Onkel – hat nur bedingt etwas mit Blutsverwandschaft zu tun. Es sind Zusammengehörigkeit, Verantwortung und gemeinsame Ziele, die eine Familie ausmachen. Wachsen darin Kinder auf, sind die sich stellenden Herausforderungen in Familien, in denen zwei

Mütter bzw. zwei Väter erziehen, die gleichen wie in der klassischen Familie mit Vater, Mutter, Kind. Nur dass zusätzlich zu den „ganz normalen" Problemen wie nerviges Trotzalter oder fehlende Kindergartenplätze eine Regenbogenfamilie noch mit anderen Aufgaben zu tun hat. Zum Beispiel mit dem Umgang mit möglicher Ausgrenzung und Skepsis der Umwelt. Oder mit der Frage, ob „bunte" Familien die Traditionen der klassischen übernehmen oder den Versuch starten, sich selbst neue zu schaffen.

Eine Regenbogenfamilie ist also das Gleiche wie eine klassische Familie! Und doch ist sie anders.

Dies aufzuzeigen und deutlich zu machen – dafür soll dieses Buch stehen.

Mit den besten Wünschen dafür, dass die darin enthaltenen Beispiele lesbischen und schwulen Eltern und solchen, die es werden wollen, Mut und Zuversicht vermitteln werden!

Mirjam Müntefering, Autorin
Hattingen, im März 2010

Einführung

„Ich habe eine Mami und eine Mama", sagt die achtjährige Rosa selbstbewusst zu ihrer Freundin Marie. Rosa ist die Tochter von Charlotte und Katharina, seit bald 20 Jahren ein Paar. Mit Hilfe einer Samenspende wurde Charlotte schwanger. Ein Freund der beiden Frauen entschied sich, Charlotte und Katharina bei der Erfüllung ihres Kinderwunsches zu helfen – als Freund. „Papa" ist er nicht.

„Also, mir fehlt hier jetzt keine Frau. Guido und Thomas sind wie zwei Väter. Sie helfen einem, wenn man Probleme hat." (Nadine, 13)

Heute ist Nadine erwachsen. Ihre früheren Pflegeeltern sind ein schwules Paar, Guido und Thomas, die für viele Jahre immer wieder Pflegekinder aufnahmen.

Regenbogenfamilien – zwei Beispiele von vielen[1]: Es gibt tausende von Kindern, die in lesbischen oder schwulen Haushalten groß werden. Viele Kinder stammen aus heterosexuellen Beziehungen, in denen die Mütter oder Väter sich später für ein lesbisches oder schwules Leben entschieden haben. Und immer mehr Lesben und Schwule erfüllen sich ihren Kinderwunsch nach ih-

---

1   Bernd Eggen (2009) kam bei der Auswertung des Mikrozensus 2006 auf einen Wert von 19.000 Kindern, die in gleichgeschlechtlichen Lebensgemeinschaften aufwachsen. Die tatsächliche Zahl dürfte höher sein.

rem Coming-out – allein oder innerhalb ihrer Beziehungen. Ob leibliche Kinder über Samenspende und Insemination, Pflege- bzw. Adoptivkinder, ob Co-Elternschaft außerhalb einer Paarbe- ziehung oder „zwei Mamas und ein Baby" – die Vielfalt bei den Familienmodellen ist grenzenlos.

Während sich allerorten traditionelle Familienformen auflösen und Patchworkfamilien und Ein-Elternfamilien zum gesellschaft- lichen Alltag gehören, machen sich lesbische Frauen und schwule Männer auf, für Nachwuchs zu sorgen. Lesben und Schwule auf dem Weg zur „traditionellen Kleinfamilie"?

In den vergangenen 25 Jahren sind Lesben und Schwule recht- lich, politisch und gesellschaftlich ein ganzes Stück weitergekom- men. Als Folge davon gehen die meisten heute sehr viel selbstbe- wusster mit ihrer Lebensform um. Es heißt, Lesben und Schwule seien in der Mitte der Gesellschaft angekommen. Da gibt es den Quotenschwulen in den *daily soaps*; über Lesben wird regelmäßig sogar in seriösen Frauenzeitschriften geschrieben. Aber dass Les- bisch- oder Schwulsein einfach als eine Lebensform unter vielen gesehen wird, davon sind wir noch meilenweit entfernt. Und bei der Kinderfrage scheiden sich die Geister besonders.

„Stoppt Adoptionen durch Schwule!" So zitierte 2005 ein Münchner Boulevardblatt den damaligen bayerischen Minister- präsidenten Edmund Stoiber, der wegen der Stiefkindadoptions- möglichkeit für gleichgeschlechtliche Paare das Bundesverfas- sungsgericht in Karlsruhe anrief. In dieser Zeit beschäftigten sich konservative Kräfte intensiv mit der Frage, ob Lesben und Schwule überhaupt Kinder haben dürfen. Allerdings ist diese Frage völlig irrelevant. Denn Lesben und Schwule haben Kinder – immer schon und immer mehr. Und es sollte ein Anliegen der Gesellschaft sein, diese Kinder gegenüber anderen Kindern nicht zu benachteiligen.

Selbst der frühere Bundespräsident Horst Köhler attestierte bereits 2006 ausdrücklich auch gleichgeschlechtlichen Familien die Fähigkeit, Kinder gut auf das Leben vorbereiten zu können.[2] Warum auch nicht? Schließlich haben alle Studien gezeigt, dass Lesben und Schwule gute Eltern sind, dass ihre Kinder sich alters- adäquat entwickeln und zum Teil höhere soziale Kompetenzen

---

2   Rede beim Jahresempfang 2006 der Evangelischen Akademie Tut-
    zing

aufweisen als Kinder aus vergleichbaren heterosexuellen Famili-
en. Immer wieder zeigt sich in Untersuchungen, dass der Schlüssel für ein gelungenes Aufwachsen in der Beziehung der Eltern
liegt. Wächst ein Kind in einem harmonischen Umfeld auf, hat es
große Chancen, sich selbst wertzuschätzen und zu einem selbstbewussten Erwachsenen zu werden. Das Geschlecht der Eltern ist
dabei sekundär.

Bayern hat übrigens stillschweigend im Sommer 2009 seine
Klage gegen die Stiefkindadoption zurückgezogen – just an dem
Tag, als die Ergebnisse der ersten Studie über Kinder in gleichgeschlechtlichen Lebenspartnerschaften in Deutschland der Öffentlichkeit vorgestellt wurden.

Miteinander spielen, toben, lachen, Herausforderungen meistern,
Alltag leben – das wünschen sich alle Kinder. So auch Sofie (9),
die in einer traditionellen Mama-Papa-Familie aufwächst. Neulich besuchte sie ihren gleichaltrigen Freund. Mit ihm und seinen zwei Müttern unternahm sie einen Badeausflug. Nachdem
die Kinder beim Wasserball knapp gegen die Mütter gewonnen
hatten, sank Sofie erschöpft ins Gras: „Ich möchte auch gern so
normale Eltern. Meine lesen immer nur Zeitung!"

Kinder haben als lesbische Frau oder schwuler Mann – heute
schon ganz „normal"? Sicher ist, dass mit der gestiegenen Akzeptanz und den neuen rechtlichen Möglichkeiten ein Leben mit
Kindern viel selbstverständlicher gedacht und gelebt wird.

Manche lesbische und schwule Beratungsstelle spricht von einem Babyboom innerhalb der „Szene", Informationsabende zum
Thema Kinderwunsch sind regelmäßig gut besucht, per Kleinan-
zeige werden Samenspender gesucht oder potenzielle Spender
bieten ihre Dienste an, und in nahezu jeder größeren Stadt gibt es
Gruppen für lesbische Mütter und schwule Väter.

Für all diejenigen, die am Thema Regenbogenfamilie „dran"
sind, ist dieses Buch. Also für Lesben und Schwule, die sich Kinder wünschen und fragen, wie sie dies am besten in die Tat umsetzen, für die, die schon eine Familie sind und wissen möchten,
wie andere Regenbogenfamilien leben, natürlich auch für interessierte (potenzielle) Großeltern und nicht zuletzt für alle, die
beruflich oder „einfach nur so" daran interessiert sind, mehr über
Regenbogenfamilien zu erfahren.

Das Buch will nicht nur Wege zur Familie aufzeigen, sondern auch Wegbegleiterin sein. Es will informieren und Lesben und Schwulen mit Kindern oder Kinderwunsch Mut für ihren Alltag machen. Darüber hinaus möchte das Buch pädagogische Fachkräfte ermuntern, sich mehr mit der Lebenssituation von Regenbogenfamilien zu beschäftigen, denn schließlich kennt die Vielfalt der Familienformen keine Grenzen: Familie ist da, wo Kinder sind!

Seit 1990 beschäftige ich mich mit dem Thema „Homosexuelle Elternschaft". Ein Studien- und Forschungsaufenthalt in den USA, die Mitarbeit an verschiedenen themenrelevanten Projekten sowie unzählige Gespräche mit lesbischen und schwulen Eltern und ihren Kindern bilden die Grundlage für dieses Buch. Mutige PionierInnen der ersten Stunde und junge Lesben und Schwule haben mir ihre Geschichte erzählt. Die Hochs und Tiefs auf dem Weg zum Elternwerden oder beim Elternsein kennen sicherlich alle, die mit Kindern leben. Aber für Regenbogenfamilien stellen sich viele zusätzliche Herausforderungen, die bisher in kaum einem Familienhandbuch behandelt wurden. Dieses Buch möchte Lücken schließen, Fragen aufwerfen und natürlich auch beantworten.

Das Handbuch ist in drei Teile gegliedert.

Der erste Teil (Kapitel 1–5) steckt den Rahmen ab: Wie können Lesben und Schwule Eltern werden? Welche Familienformen gibt es? Was spricht für das eine, was für das andere Modell? Wie kann ich meine Familie rechtlich absichern? Und schließlich wird das große Thema Coming-out behandelt.

Im zweiten Teil (Kapitel 6–10) wird es konkret: Ein Kind kündigt sich an, der Weg vom Paar zur Familie beginnt. Wie sieht der Alltag aus? Wie gestaltet sich das Familienleben? Wie gehen lesbische und schwule Eltern mit Konflikten um? Auch muss die Pubertät der Kinder als „Zeit der Unzurechnungsfähigkeit" durchgestanden werden. Manchmal trennen sich Paare: Wie schaffen es Elternpaare, weiterhin gemeinsam Eltern zu bleiben, auch wenn die Liebesbeziehung beendet ist? Was geschieht, wenn ein Elternteil stirbt?

Im dritten Teil (Kapitel 11–14) geht es um die Frage, wie Regenbogeneltern ihre Kinder unterstützen können. Wie machen sie sie stark für mögliche Diskriminierungserfahrungen? Außerdem melden sich Töchter und Söhne zu Wort, die in einer Regenbogenfamilie aufwachsen oder aufgewachsen sind.

Neben den Einflussmöglichkeiten der Community auf die Politik und der Frage, welche Rolle Netzwerke und Gruppen dabei spielen können, wird zum Schluss der aktuelle Stand der Forschung zum Thema Regenbogenfamilien aufgezeigt.

Geänderte Namen sind mit einem * gekennzeichnet.

Viel Spaß beim Lesen!

Stephanie Gerlach, August 2010

Kapitel 1
Die Regenbogenfamilie

Wenn sich mindestens ein Elternteil nach außen als lesbisch, schwul, bisexuell oder transgender definiert und sich in irgendeiner Form der LGBT[3]-Community zugehörig fühlt, dann wird in der lesbisch-schwulen Szene häufig von einer Regenbogenfamilie gesprochen. Zwar ist dieser Begriff nach wie vor eher eine szeneinterne Bezeichnung, doch mittlerweile ist die „Regenbogenfamilie" im Duden zu finden – ein großer Schritt in Richtung Mainstream-Sprache.

Der amerikanische Künstler Gilbert Baker entwarf 1978 die Regenbogenfahne. Seither ist sie ein weltweit etabliertes Symbol für lesbischen und schwulen Stolz. Die verschiedenen Farben stehen für die Vielfalt der Community. Rot steht für das Leben, orange für die Gesundheit, gelb für das Sonnenlicht, grün für die Natur, blau für die Harmonie und violett für den Geist.

Regenbogenfamilien in Deutschland

In Deutschland gibt es drei bis vier Millionen Lesben und Schwule (bei einem Anteil an der Gesamtbevölkerung von etwa 5%), etwa die Hälfte davon lebt in festen Beziehungen. In jeder achten

---

3   Lesbian, Gay, Bisexual, Transgender

gleichgeschlechtlichen Lebensgemeinschaft wachsen Kinder auf.[4] Danach müssten hier mindestens 50.000 bis 100.000 lesbische bzw. schwule Familien mit einem oder mehreren Kindern unter 18 Jahren leben. Mehrheitlich handelt es sich dabei um Familien mit lesbischen Müttern. Tatsächlich ist meist von viel weniger Kindern die Rede, die lesbisch-schwul Eltern haben. Dies liegt zum einen daran, dass es unklar ist, wie viele Frauen und Männer tatsächlich lesbisch bzw. schwul leben und sich selbst auch als lesbisch oder schwul bezeichnen. Bei Volkszählungen werden die wenigsten ihre Lebensform angeben, haben doch viele noch eine Erinnerung daran, dass es einst lebensgefährlich war, die sexuelle Identität preiszugeben. Zum anderen gibt es bisher erst eine einzige repräsentative Studie in Deutschland, die sich mit Kindern aus gleichgeschlechtlichen Familien befasst hat.[5] (Siehe Kapitel 14) Diese Studie spricht von etwa 2200 Kindern, die in Eingetragenen Lebenspartnerschaften leben – die einzige Zahl, die wirklich zuverlässig ist und gleichzeitig irreführend, denn die Vielfalt der Regenbogenfamilien kann dadurch nicht abgebildet werden. Viele lesbische Mütter haben ihre Partnerschaften nicht eintragen lassen. Manche sind allein erziehend, einige noch mit dem Vater der Kinder verheiratet, andere warten auf die steuerliche Gleichbehandlung, wieder andere haben schon immer die Ehe abgelehnt, und so sind eine Menge lesbischer Mütter offiziell allein erziehend, fallen also wiederum aus diesen Statistiken heraus.

Bei schwulen Vätern ist die Situation gleichermaßen vielfältig. Kinder von schwulen Vätern bleiben nach dem Ende einer heterosexuellen Beziehung mehrheitlich bei ihren Müttern. In schwulen Eingetragenen Lebenspartnerschaften leben selten minderjährige Kinder, allein erziehende schwule Väter bleiben häufig unsichtbar – all diese Familienkonstellationen sind in keiner Statistik zu finden. Die tatsächliche Zahl von Kindern, die bei lesbischen Müttern oder schwulen Vätern aufwachsen, lässt sich aus diesem Grund nicht benennen – viele Tausende sind es in jedem Fall.

---

4   Statistisches Bundesamt: Leben und Arbeiten in Deutschland, Ergebnisse des Mikrozensus 2004, S. 22
5   Rupp, Marina (Hg.) (2009): Die Lebenssituation von Kindern in gleichgeschlechtlichen Lebenspartnerschaften. Bundesanzeiger Verlag, Köln.

Regenbogenfamilien hat es schon immer gegeben. Die Kinder stammen allerdings nach wie vor mehrheitlich aus heterosexuellen Beziehungen. Das Phänomen der geplanten lesbischen bzw. schwulen Elternschaft ist dagegen noch relativ jung. Vor etwa 25 Jahren begannen Lesben u.a. in den USA, ihren Kinderwunsch auch nach ihrem Coming-out zu realisieren, und seit ungefähr zehn Jahren kann analog dazu in Deutschland von einem homosexuellen Babyboom gesprochen werden. In geringerer Zahl trifft diese Entwicklung auch auf Schwule zu. Sicher haben die Einführung der Eingetragenen Lebenspartnerschaft und die Möglichkeit der Stiefkindadoption dazu beigetragen, dass sich lesbische (und schwule) Paare vermehrt mit Familienplanung beschäftigen. Die größere gesellschaftliche Akzeptanz und das gestiegene Selbstbewusstsein führen bei vielen Lesben und Schwulen dazu, ihren Lebensentwurf zu erweitern und Kinder als Möglichkeit dazu zu denken, wenn sie ihre Zukunft skizzieren. In einer bereits 1998 durchgeführten Umfrage unter Lesben und Schwulen in Nordrhein-Westfalen[6] gaben etwa 40% der Lesben an, dass sie gerne mit Kindern zusammenleben möchten. Bei den Schwulen waren es immerhin ca. 30%.

Regenbogenfamilien unterscheiden sich in vielerlei Hinsicht von heterosexuellen Familien. Dabei sind der Vielfalt der Familienmodelle keine Grenzen gesetzt. Da gibt es die Viererkonstellation, in der ein lesbisches und ein schwules Paar miteinander Kinder haben und Elternschaft zu viert leben (auch Queerfamily[7] genannt), die lesbische Kleinfamilie mit zwei Müttern, der schwule Mann und die lesbische Frau, die gemeinsame Elternschaft leben, aber ihre Liebesbeziehungen außerhalb ihrer Familie haben, die allein erziehende Lesbe, die das Projekt Familie ohne Partnerin geplant hat, der Schwule, der über Leihmutterschaft im Ausland seinen Kinderwunsch realisiert usw. All diesen Familien ist gemeinsam, dass sie abseits der heterosexuellen Norm ein Nischendasein führen und dass sie sich sehr häufig erklären müssen. So steht deshalb ein regelmäßiges Coming-out auf der Tagesordnung.

6　Lesbische und schwule Familien. Ergebnisse einer Befragung unter Lesben und Schwulen in NRW, 1999

7　Queer: bezeichnet eine Lebensform, die sich von der heterosexuellen abgrenzt und unterscheidet. Manchmal bedeutet „queer" auch einfach LGBT.

Stärken, Herausforderungen, Vorbilder

Abseits der Norm zu leben bedeutet allerdings auch einen Zugewinn an Freiheit. Wie eine Familie ihren Alltag lebt und in
welcher Form sie die anfallenden Aufgaben bewältigt, kann in
einer Regenbogenfamilie demokratisch und partnerschaftlich
ausgehandelt werden, weil das biologische Geschlecht nicht bereits Festlegungen impliziert. Kann, muss aber nicht. Natürlich
gibt es auch Regenbogenfamilien mit Hausfrau, Ernährerin, zwei
Kindern, Hund und Häuschen am Stadtrand. Dennoch haben Studien aus dem anglo-amerikanischen Sprachraum ergeben, dass
die Bereiche Gelderwerb, Kinderbetreuung und -erziehung sowie
Hausarbeit bei lesbischen Familien gerechter aufgeteilt werden
als in vergleichbaren heterosexuellen Familienkonstellationen.[8]

Kinder suchen sich ihre Familien nicht aus. Sie haben strenge
Eltern, junge oder nicht mehr junge; ihre Eltern haben Freude
am Leben oder sie haben viele Probleme, sie sind allein erziehend
oder nicht, manche sind wohlhabend, andere müssen jeden Cent
zweimal umdrehen. Und in all diesen unterschiedlichen Familien
wachsen Kinder auf, die lesbische oder schwule Eltern haben.

Steht am Anfang einer Regenbogenfamilie eine Trennung,
dann beginnt für alle Beteiligten eine Zeit des Umbruchs. Hat
sich eine Mutter vom Vater ihrer Kinder getrennt, um in Zukunft
mit Frauen zu leben, bedeutet dieser Schritt doch viel mehr als
ein Abschied von einem einst geliebten Menschen. Das heterosexuelle akzeptierte Leben zu verlassen und damit vielleicht einen
gesellschaftlichen Abstieg in Kauf zu nehmen, kann Unsicherheit,
Wut und Trauer mit sich bringen. Kinder brauchen ihre eigene
Zeit, mit dieser Veränderung klarzukommen. Sind sie noch klein,
wird dieser Prozess kürzer dauern als bei älteren Kindern oder
Jugendlichen, die Angst haben, von ihren FreundInnen plötzlich
nicht mehr akzeptiert zu werden, wenn ihre Mutter lesbisch lebt.

Werden Kinder in einen lesbischen oder schwulen Kosmos hineingeboren, dann kennen sie erst einmal nichts anderes; es ist
normal und selbstverständlich. Erst die Konfrontation mit der
Umwelt und die damit verbundene Erkenntnis, dass nicht alle

---

8   Dunne, Gillian (1998): Living "Difference": Lesbian Perspectives on
    Work and Family Life. Haworth Press, Binghamton.

Kinder zwei Mamas oder einen schwulen Vater haben, führt bei Kindern möglicherweise zu einem Gefühl des „Andersseins". Bis zu diesem Zeitpunkt haben diese Kinder allerdings viele Möglichkeiten, eine Vielfalt an Lebens- und Familienformen kennenzulernen – und plötzlich sind beim genaueren Hinsehen ganz viele Kinder „anders", denn Lars ist ein adoptiertes Kind, Helene wächst bei ihren Großeltern auf und Luisa ist schwarz – in einem weißen Umfeld.

Für viele Menschen ist das Phänomen „Regenbogenfamilie" neu. Lesbisch-schwule Lebensentwürfe stehen anderen Lebensentwürfen noch nicht gleichberechtigt gegenüber. Nach wie vor vermitteln viele Eltern ihren Kindern, dass „lesbisch" und „schwul" etwas Negatives ist. Für die meisten toleranten Menschen hört die Toleranz auf, wenn es das eigene Kind betrifft – andere dürfen schon schwul oder lesbisch sein, aber doch bitte nicht mein Kind. Kinder spüren sehr schnell, welche Begriffe negativ konnotiert sind. Und mit welchen Schimpfworten sie auf dem Schulhof punkten können. „Schwule Sau" ist dort immer noch sehr präsent. Lesbisch-schwule Eltern haben deshalb verstärkt die Aufgabe, ihren Kindern den Rücken zu stärken, denn homophobe Hänseleien kommen vor. Der beste Schutz ist ein starkes Selbstwertgefühl und das Stolzsein auf die eigene Familie. Diese Kombination macht Kinder stark, um sich gegen Homophobie zur Wehr zu setzen.

Regenbogenfamilien haben keine Vorbilder, an denen sie sich orientieren oder von denen sie sich abgrenzen können. Sie müssen sich ihr Familienmodell selbst „zusammenbasteln". Dies bedeutet einerseits ein enormes Maß an Freiheit, denn diese Familie muss sich sowieso jenseits tradierter Rollenvorstellungen definieren und hat dabei vielfältige Gestaltungsmöglichkeiten. Andererseits erfordert es viel Energie, das Projekt Familie von Grund auf zu verhandeln.

Wünschen sich Lesben oder Schwule ein Kind, stehen gleich zu Beginn viele Fragen im Raum. Einige Beispiele: Geht es um leibliche Elternschaft oder kann ein Pflege- oder Adoptivkind eine Möglichkeit sein? Lesbische Paare müssen entscheiden, welche von den beiden Frauen das Kind austragen soll. Wie soll die Rolle der anderen Mutter aussehen? Wer soll Samenspender sein? Soll der Spender eine Vaterrolle einnehmen? Für schwule Männer bzw. Paare mit Kinderwunsch stellt sich die Frage, ob sie sich für ein leibliches Kind mit einer lesbischen Frau bzw. mit einem Paar zusammentun oder einen ganz anderen Weg wählen.

Alle zukünftigen Eltern beschäftigt die nahe Zukunft: Wie können die Aufgaben rund um den Familienalltag verteilt werden, damit es für alle Beteiligten stimmig ist? Auch dazu gibt es eine Fülle von Möglichkeiten, wie eine Familie ihren Alltag gestaltet. Dieses Modell muss dann jahraus, jahrein der Umwelt erklärt werden – ein manchmal anstrengendes Unterfangen, denn in der heterosexuellen Nachbarschaft lösen unkonventionelle Familienmodelle bisweilen vielfältige Gefühle aus, von Neid über Unverständnis bis hin zu offener Ablehnung kann alles dabei sein – oder es gibt ein Interesse, gepaart mit Neugier, was die angenehmste Variante darstellt.

Wie die Umwelt auf die Regenbogenfamilie reagiert, hängt von verschiedenen Faktoren ab. Zum einen kommt es darauf an, wie jemand gegenüber Minderheiten eingestellt ist. Zum anderen beeinflusst der Umgang, den eine Familie mit ihrer Familiengeschichte pflegt, sicherlich auch die möglichen Reaktionen. Ist die Familie ganz offen und spricht selbstverständlich die „brenzligen" Worte wie „lesbisch" oder „Lebenspartnerin" aus, dann signalisiert das dem Gegenüber eine Sattelfestigkeit, die sehr entwaffnend wirken kann. Tut sich ein Mann hingegen schwer, von sich und seinem Partner als Paar zu sprechen, wird das Gegenüber sicherlich versuchen, das Thema auszusparen. Andererseits gibt es natürlich auch Menschen, die eine so starke homophobe (homosexuellenfeindliche) Einstellung haben, dass auch ein lockerer Umgang damit diese Haltung nicht verändern wird. Dennoch gibt es viele Menschen, die sehr wohl zumindest in dieser Frage positiv zu beeinflussen sind, wenn sie Lesben oder Schwule persönlich kennenlernen.

Kapitel 2
Los geht's?!

Ein Kind!

„Ich will alles, ich will alles, und zwar sofort"
(Sängerin Gitte Haenning, 1982)

Die umfassenden rechtlichen Neuerungen, die seit 2001 gelten, haben einen Babyboom unter lesbischen und teilweise auch schwulen Paaren ausgelöst. Die Möglichkeit, gemeinsame Elternschaft nicht nur im Alltag zu leben, sondern auch de facto rechtlich als Eltern anerkannt zu sein, ermuntert immer mehr Lesben und Schwule zur Familiengründung. Hinzu kommt, dass bekannte Samenspender, die sich mit der Stiefkindadoption des Kindes durch die Lebenspartnerin der biologischen Mutter einverstanden erklären, keine Angst mehr vor Unterhaltsverpflichtungen haben müssen. So können wir eine interessante gesellschaftliche Entwicklung beobachten: Seit einigen Jahren vermehren sich in den Großstädten Regenbogenfamilien geradezu explosionsartig.

Der Berliner Anwalt und Notar Dirk Siegfried äußerte sich dazu 2009 auf einer Tagung in der Evangelischen Akademie Bad Boll folgendermaßen: „Ich kann mir vorstellen, dass in bestimmten Berliner Wohngebieten und einem bestimmten Alter – so zwischen 30 und 40 Jahren – die Wahrscheinlichkeit, dass eine Frau ein Kind hat, bei lesbischen Frauen inzwischen größer ist als bei heterosexuellen." In Berlin hat jedenfalls laut *Süddeutscher Zeitung* vom 14./15. November 2009 jede vierte Lesbe und jeder siebte Schwule ein Kind – und das sind nicht nur Kinder aus früheren heterosexuellen Beziehungen.

Seit einiger Zeit ist es ganz normal, wenn junge oder auch nicht mehr ganz junge Lesben und Schwule sich die Frage stellen, ob sie Kinder wollen. Der Wunsch nach einem Kind ist nicht mehr an die Lebensform gekoppelt. Die Pluralität der Lebensentwürfe macht auch vor Lesben und Schwulen nicht halt. Es gibt nicht mehr „den lesbischen bzw. schwulen Lebensentwurf", sondern es gibt viele Möglichkeiten. Nicht alle wollen in einer festen Partnerschaft leben, manche wählen bewusst ein Beziehungsmodell, das getrennte Wohnungen vorsieht – und der Kinderwunsch ist nicht notwendigerweise an eine Beziehung gekoppelt.

Wenn Paare in einer schon länger bestehenden Beziehung leben, kommt häufig der Punkt, an dem der Wunsch entstehen kann, über die Beziehung hinaus gemeinsam etwas zu entwickeln. Manche engagieren sich in einem Projekt, andere träumen von einem Schrebergarten, einige kommen plötzlich auf den Hund oder holen sich eine Katze aus dem Tierheim. Ein kleines renovierungsbedürftiges Häuschen im Süden kann für viele auch die Erfüllung lang gehegter Sehnsüchte bedeuten. Oder eben ein Kind.

Ein Kinderwunsch kann natürlich auch unabhängig von einer Beziehung vorhanden sein – manche begleitet er schon, seit sie denken können. Es gibt allerdings Zeiten im Leben, in denen andere Dinge wichtiger sind – ein verschütteter Kinderwunsch kann jedoch schnell wieder an die Oberfläche kommen. Die Erkenntnis, dass zu einer Familiengründung nicht unbedingt ein heterosexueller Lebensentwurf gehören muss, setzt sich langsam durch.

Mein Kinderwunsch war immer da, auch trotz meines Schwulseins. Beim Coming-out war das das Schwierigste, da dachte ich, oje, da werde ich nie Kinder haben. Erst als ich Jan kennenlernte, hatte ich das wieder als Idee, die zu uns gehört, denn er hatte auch einen Kinderwunsch.

In meinen Träumen sind immer Kinder vorgekommen. Und ich bin gerne mit Kindern zusammen, auch wenn es anstrengend ist. Vielleicht bin ich auch deshalb Lehrer geworden.

Holger (37), gemeinsam mit Jan (47)

Adoptiveltern von Minh Kai (9)

Familiengründung – jetzt, später, weiß nicht

Den idealen Zeitpunkt für ein Kind gibt es nicht. Mutter oder Vater zu werden bedeutet eine radikale Veränderung, die sämtliche Lebensbereiche betrifft. Eltern – und das betrifft in der heterosexuellen Welt doch mehrheitlich die Mütter – können nicht mehr frei über ihr Leben entscheiden, alles muss neu organisiert werden. Die Verantwortung für ein Kind bedeutet eine große Herausforderung.

Ob ein Kind in die derzeitige Lebenssituation passt, hängt von vielen Faktoren ab.

Vielleicht ist die momentane berufliche Situation ganz stabil und das Elterngeld ermöglicht ein finanziell einigermaßen abgesichertes erstes Babyjahr. Steht eine berufliche Veränderung an, ist es möglicherweise günstig, die Familienplanung zu verschieben. Oder sie auch gerade jetzt anzugehen.

Im Durchschnitt werden Frauen bei der Geburt ihres ersten Kindes immer älter. Im Jahre 2008 lag das Alter immerhin bei etwa 30 Jahren. Und viele Frauen bekommen ihr erstes Kind noch später.[9] Aber natürlich gibt es unter lesbischen Frauen auch „junge", die ihre Familiengründung nicht erst angehen wollen, wenn die biologische Uhr zu ticken beginnt.

Jung? Nun ja, das kommt auf die persönliche Sichtweise an. Wir waren zu dem Zeitpunkt 23 und 25 Jahre alt, bereits sieben Jahre zusammen und seit drei Jahren verheiratet. Eltern zu sein war einfach unser nächster Schritt. „Jung" Eltern zu werden hat für uns viele Vorteile. Keine tickende biologische Uhr, kein wohlsituiertes Leben und kein hoher Lebensstandard, den wir hätten aufgeben müssen. Wir waren beide ziemlich motiviert und belastbar, waren andererseits aber keine „Discohasen" mehr, die ihr jugendlich ungebundenes Leben vermissen würden. Wir haben noch ziemlich viel Leben vor uns, und wenn die Kinder einmal groß sind, sind wir immer noch im mittleren Alter. Unsere eigenen Eltern waren jung, und das ge-

---

9 Laut Wolfgang Henrich, stellvertretender Direktor der Klinik für Geburtsmedizin an der Berliner Charité, sind 20% der Erstgebärenden über 35 Jahre, 3% sind über 40 Jahre alt. (Aus: taz, 16./17. Januar 2010, S. 22)

nießen wir noch heute. Wir haben ein sehr gutes und vertrauensvolles Verhältnis zu ihnen.

Sandra (27) und Andrea (30), Eltern von Miranda (4)* und Julius (4)*,
erwarten gerade ihr drittes Kind

Wer in einer Wohnung wohnt, in der es sich auch mit Baby einigermaßen gut leben lässt, sollte möglichst nicht während der Schwangerschaft oder mit einem Säugling an einen Umzug denken. Ein Umzug ist schon ohne Baby anstrengend genug.

Wenn man allein lebt, muss man sich mit niemandem absprechen, es gibt aber auch keine verbindliche Entlastung und Unterstützung, es sei denn, man hat bereits im Vorfeld dafür gesorgt. Selbst wer das Projekt Familie nicht unbedingt alleine umsetzen wollte: Es wäre schade, den unerfüllten Kinderwunsch jahrelang im Herzen zu tragen und ihn nicht zu realisieren, weil gerade nicht die richtige Partnerin oder der richtige Partner da ist.

Wenn ich auf die optimale Situation gewartet hätte, dann wäre ich immer noch nicht schwanger. Gerne hätte ich das mit meiner früheren Freundin gemacht, aber es hat halt einfach nicht gepasst. Und ich denke, ich schaff's auch alleine.

Lissy (39), allein erziehende Mutter von Luka (1)

Wenn du als (allein stehende) lesbische Frau einen Kinderwunsch hast, dann denk darüber nach, was sich dahinter verbirgt. Warum willst du ein Kind? Bist du bereit, dein Leben darauf einzurichten? Oder steckt etwas anderes hinter dem Kinderwunsch? Und wenn du dir ganz sicher bist, dann warte nicht zu lange, sondern versuch, deinen Wunsch in die Tat umzusetzen. Denn eines Tages ist es für ein Kind biologisch gesehen zu spät. Und während man andere Pläne auch mit 50 noch umsetzen kann (vielleicht sogar mit Kind), gibt es fürs Kinderkriegen ein Zeitfenster, was für uns Frauen nun mal nicht allzu groß ist. Manchmal, als mich Zweifel befallen haben, da habe ich mich gefragt: Wie wirst du dich mit 60 fühlen, wenn du kinderlos bist? Wenn du dir diesen Wunsch aufgrund moralischer Bedenken, aus finanziellen Gründen oder aus Gründen der Bequemlichkeit nicht erfüllt hast? Und das waren Momente, in denen mir völlig klar war: Ich möchte es in jedem Fall probieren, ein Kind zu bekommen. Und ich hatte das ganz große Glück, dass mein Wunsch letztlich in Erfüllung gegangen ist.

Lena (39), allein erziehende Mutter von Mia (1)*

Klar: Allein ein Kind großzuziehen, ist ein enormer Kraftakt. Es kann sehr hilfreich sein, bereits im Vorfeld die persönlichen sowie die finanziellen Unterstützungsmöglichkeiten zu eruieren und sich dann noch einmal zu fragen, ob frau/man sich das wirklich zutraut. Auf der anderen Seite gilt natürlich: Wir wachsen mit unseren Aufgaben – es haben schon viele Frauen ein Kind allein bekommen! In jedem Fall ist es überlegenswert, mehrere FreundInnen verbindlich einzubeziehen, beispielsweise als Pate bzw. Patin. Manche allein erziehende Frau wählt von vorneherein eine Konstellation, in der sich der biologische Vater regelmäßig um das Kind kümmert. Das kann bedeuten, dass er beispielsweise einen Tag in der Woche und jedes zweite Wochenende zuständig ist.

Der Vater von Sophie ist richtig Vater, gemeinsam mit seinem Freund als Co-Vater. Er sieht seine Tochter zweimal pro Woche meist einen ganzen Tag. Er übernimmt auch Pflichten (bzw. sein noch studierender Freund) wie „Krankheitskümmern" oder Einspringen bei Krippenstreik. Er ist eigentlich die einzige Person, der ich gänzlich ohne Schuldgefühle meine Tochter gebe, da ich nie den Eindruck habe, es könnte ihm zu viel werden.

Jasna (38), allein erziehende Mutter von Sophie (2)*

In einer Beziehung stellt sich die Frage, ob die Partnerin bzw. der Partner den Kinderwunsch teilt. Es gibt lesbische Paare, bei denen der Wunsch eher von einer der beiden Frauen getragen wird.

Als ich meine jetzige Partnerin kennenlernte, hatte sie schon einen Kinderwunsch. Wenn ich da nicht mitmache, dann haben wir keine gemeinsame Zukunft. Es ist nicht mein innigster Wunsch, aber ich würde ihr diesen Wunsch gerne erfüllen. Und wenn das Kind dann da ist, werde ich es lieben und als Mutter die Verantwortung übernehmen.

Susi (37)

An diesem Punkt ist es wichtig, so ehrlich wie möglich miteinander umzugehen. Ein Kind ist eine große Herausforderung für eine Beziehung. In heterosexuellen Beziehungen kommt es häufig zu Schwangerschaften, die nicht gleichermaßen von beiden Beteiligten erwünscht sind. Meistens ist diese Situation mit viel Schmerz verbunden. Der Vorteil bei lesbischen und schwulen Beziehungen besteht in der Kinderfrage darin, dass es ja nicht einfach zu ungewollten Schwangerschaften kommt. In der Regel denken Lesben und Schwule genau darüber nach, ob, wann und wie sie Kinder bekommen möchten. Dennoch haben natürlich auch homosexuelle Paare schon Kinder bekommen, obwohl eigentlich nur eine Person das wirklich wollte.

Es ist ihr sicher sehr schwer gefallen, sich von uns zu trennen. Sie wollte mich nicht allein lassen; die Hochzeit war ja schon geplant. Und das Kind, da sagte sie, das habe ich für dich getan, damit du überhaupt noch ein Kind bekommst. In dem Moment habe ich gedacht, dass der Kinderwunsch gar nicht ihrer war.

Maxime (43), allein erziehende Mutter von Louna (3)*

Vielleicht lässt sich in einer Beratung herausfinden, wie man zu einer einvernehmlichen Lösung kommen könnte. Manchmal setzt die Kinderfrage spannende Prozesse in Gang und die Beziehung entwickelt sich in eine unerwartete Richtung.

Wenn es schwierig wird, eine Einigung zu erzielen, könnte ein Kompromiss darin bestehen, nur ein Kind zu planen.

In unserer Beziehung waren Kinder lange gar kein Thema. Der Kinderwunsch wurde nach vier Jahren des Zusammenlebens lediglich bei mir durch meine starke emotionale Teilnahme an der Familiengründung meiner besten Freundin ausgelöst und war bei Ruth in keiner Weise vorhanden. Es setzte ein ca. zwei Jahre währender, intensiver Prozess der Beschäftigung mit dem Thema, den Möglichkeiten der Familiengründung für Frauenpaare usw. ein. Letztlich bin ich sehr froh und dankbar, dass Ruth sich bereit erklärte, den Familienweg gemeinsam mit mir zu wagen und zu beschreiten. Ausschlaggebend war für sie die Überlegung, dass sie spürte, wie wichtig mir der Kinderwunsch war und wie wichtig ihr war, mit mir zusammen zu leben. Die Entscheidung lautete demnach „lieber mit Katrin und Kind leben, als ohne Katrin leben".

Neuneinhalb Jahre später, nach Verpartnerung und Stief- kindadoption kann ich mir keine liebevollere, sorgendere und verantwortlichere (Co)-Mutter vorstellen und schätze mich nach wie vor überaus glücklich, Ruth Partnerin und Miterzie- herin nennen zu dürfen.

Katrin (46), gemeinsam mit Ruth (53) Eltern von Jakob (9)

An der Kinderfrage kann eine Beziehung zerbrechen. Stehen die Fragen nach dem „ob" und dem „wie" über Jahre im Zentrum einer Beziehung, kann sich dieses Thema zu einer großen Belas- tung entwickeln. Lässt sich die Kinderfrage nicht in einem ange- messenen Zeitraum lösen, wird irgendwann eine/r sagen: Jetzt reicht's mir. Die Länge dieses angemessenen Zeitraums sollte im Vorfeld klar sein, zumindest ungefähr. Es ist beispielsweise rat- sam, die Anzahl der Inseminationsversuche zu begrenzen oder einen Zeitrahmen festzulegen.

Der Kinderwunsch kann ein sehr existenzieller Wunsch sein – und genauso klar und deutlich spüren manche Frauen, dass sie wirklich kein Kind möchten. So ist manchmal die Beziehung nicht zu retten.

Es war für mich immer schon klar, dass ich mir ein Kind wün- sche. Mitte 30 wurde der Wunsch dann konkreter und ein Kind auch Thema mit meiner langjährigen Partnerin. Leider teilte sie diesen Wunsch nicht. Die Entscheidung für ein Kind ist et- was so Grundlegendes, dass man sich nicht dazu entschließen kann, das muss man einfach wollen. Der Wunsch nach einem Kind ist nicht verhandelbar. Als wir uns dann trennten, war das zumindest einer der Gründe. An meinem Kinderwunsch hat dies nichts verändert, ich bin weiter auf der Suche nach einem Vater. Diesen Weg gehe ich jetzt alleine, aber meine Traumvor- stellung ist das natürlich nicht.

Tina (38), auf der Suche nach
einem Spender bzw. Vater

Manche Frauen bringen den Kinderwunsch schon in ihre Bezie- hung mit ein. Und sie stellen irgendwann fest, dass sie nicht mehr unbegrenzt Zeit haben, sich diesen Traum zu erfüllen.

Wenn sich Lesben Kinder wünschen, gibt es viele Fragen zu klären. Wünsche ich mir ein leibliches Kind, oder kann ich mir eher ein Pflege- oder Adoptivkind vorstellen? Möchte ich eine Schwangerschaft erleben oder ist mir dieser Gedanke fremd oder unangenehm?

Seit meinem 14. Lebensjahr war mir völlig klar, dass ich keine Kinder kriegen will. Irgendwie passte das einfach nicht zu meinem lesbischen Lebensentwurf. Aber jetzt lebe ich glücklich mit zwei Pflegekindern.

Judith (43), Pflegemutter von Jana (7) und Marcel (4)

Eine Schwangerschaft kann auch sehr kräftezehrend sein.

Die Schwangerschaft war für mich eine sehr anstrengende Zeit, weil ich Sodbrennen, Ischiasschmerzen und bis zum fünften Monat Übelkeit hatte. Sonst gab es keine Komplikationen. Ich habe zum Glück damals Teilzeit gearbeitet. Emotional war die Schwangerschaft eine schöne Zeit. Aber am Schluss wurde es sehr mühsam. Glücklicherweise hatte ich die Geburt im Winter, denn in der Hitze wären die Wassereinlagerungen noch schlimmer gewesen.

Gundula (47), Mutter von Cassian (9)

Manche Frauen erleben dagegen die Schwangerschaft als eine sehr glückliche Zeit.

Ich wollte schon immer gern mal schwanger sein. Diese Vorstellung war für mich viel konkreter als das reale Leben mit Kind. Und dann war diese Zeit tatsächlich eine ganz tolle Erfahrung. Für dieses Geschenk bin ich sehr dankbar, denn eine unkomplizierte und schöne Schwangerschaft ist nicht selbstverständlich.

Charlotte (41), Mutter von Rosa (8)

Hat ein lesbisches Paar den Wunsch nach einem leiblichen Kind, müssen die Frauen entscheiden, welche von den beiden das Kind austragen soll. Es gibt viele Gründe medizinischer oder psychosozialer Art, die eine Schwangerschaft unmöglich machen, aber bei einem Frauenpaar kann es ja immer noch die andere probieren, wenn es bei der einen nicht geht. Wenn beide gleichermaßen an einer Schwangerschaft interessiert sind, könnte die Ältere den Anfang machen. Auch parallel schwanger werden kann eine Option sein, aber keine weiß, wie ihre Schwangerschaft verläuft. Das bedeutet, dass vielleicht jede sehr mit sich beschäftigt ist und sich nicht besonders um die andere kümmern kann. Und zwei Kinder auf einmal sind doch sehr viel anstrengender als eines.

Ich hatte schon zwei Jahre erfolglos versucht, schwanger zu werden. Es lag bereits eine Eileiterschwangerschaft hinter mir, die immer noch eine der schlimmsten Erfahrungen meines Lebens ist. Sandra hatte sich nun ebenfalls von der Frauenärztin durchchecken lassen und diese meinte, es könnte bei ihr wohl auch eine Zeit lang dauern. Deshalb hatten wir beschlossen, dass sie jetzt ebenfalls versuchen sollte, schwanger zu werden. Ich hatte zwar das Gefühl, dass das erste Kind eigentlich meine Aufgabe sein sollte, war aber froh, nicht mehr allein für unsere geplante Familie verantwortlich zu sein. Entgegen aller Voraussagen und sehr zu unser beider Erstaunen klappte es bei ihr beim ersten Mal. Mein nächster „Termin" war ebenfalls bereits geplant und in einer halb spontanen Aktion haben wir uns entschieden, ich sollte es noch ein letztes Mal versuchen. Mein Kopf sagte mir, dass es vermutlich eh nicht klappen würde, aber innerlich habe ich doch gehofft. Und ich hatte das Gefühl, dass ich nach diesem Versuch dann wirklich erst mal mit einer eigenen Schwangerschaft abschließen könnte, zumindest bis es ans zweite Kind gehen sollte. Und dann eines denkwürdigen Morgens zeigte der zweite Schwangerschaftstest das eindeutige Wort „schwanger". Die nächsten Minuten waren emotional ziemlich aufwühlend. Von purer Freude über ängstliches „Was haben wir getan" bis hin zu der heiteren Ansicht, dass so was ja nun mal wieder nur uns passieren konnte.

Wir waren gemeinsam schwanger, haben gegenseitig an Bäuchen gehorcht, mit unseren Kindern gesprochen, ihnen beim Turnen zugesehen und sie beim Ultraschall bewundert. Klar hatte jede mal persönliche Beschwerden (Übelkeit, Sodbrennen), aber es gab nie eine Grenze „deine Schwangerschaft" – „meine Schwangerschaft". Es ist ja nun nicht so, dass es auf der Welt keine Zwillinge geben würde … Allerdings hatten wir auch noch mal Glück. Wenn eine von uns Zwillinge bekommen hätte, sähe das sicher noch etwas anders aus. Wir hatten viel Zeit, uns mit dem Gedanken an „Quasi-Zwillinge" auseinanderzusetzen. Im Vorfeld musste viel geplant werden: ein größeres Auto, ein Umzug in eine größere Wohnung, Beruf und Studium nach der Geburt der Kinder. Und dann hatten wir auch noch acht Wochen Übungszeit allein mit unserer Tochter, ehe unser doch etwas anspruchsvollerer Sohn in unser Leben trat. Die ersten Wochen waren anstrengend, aber auch sehr schön.

Rückblickend betrachtet bereuen wir keine Sekunde, dass wir einen Doppelpack bekommen haben. Die Kinder haben eine magische Beziehung, die weit über eine „normale" Geschwisterbindung hinausgeht. Sie streiten auch mal leidenschaftlich, aber sie trösten sich, sie beschützen sich und lieben sich so innig, dass das alles andere aufwiegt. Es ist wunderbar, das jeden Tag zu beobachten.

Sandra (27) und Andrea (30), Eltern von Miranda (4)* und Julius (4)*,
erwarten gerade ihr drittes Kind

Es gibt zwar viele Wege zum Kind, aber ...

Vorab ist anzumerken, dass die rechtliche Situation für Lesben und Schwule mit Kinderwunsch nicht gerade optimal ist.[10] Assistierte Befruchtung ist in Deutschland grundsätzlich erlaubt. Das Embryonenschutzgesetz, das den rechtlichen Rahmen für Samenbanken vorgibt, beinhaltet keine Vorgaben zum Familienstand der potenziellen Kundinnen. Anders verhält es sich mit den ärztlichen „Richtlinien zur assistierten Reproduktion", die die Bundesärztekammer zum Umgang mit künstlicher Befruchtung herausgegeben hat. So ist in diesen Richtlinien eine klare Beschränkung auf heterosexuelle, verheiratete Paare festgeschrieben. Denn die Kinder sollen nicht ohne sozialen und rechtlichen

---

10 Für umfassende Informationen zur derzeitigen rechtlichen Situation für Lesben und Schwule mit Kinderwunsch: Streib-Brzič, Uli (Hg.) (2007): Das lesbisch-schwule Babybuch. Querverlag, Berlin sowie Lesben- und Schwulenverband (Hg.) (2007): Regenbogenfamilien – alltäglich und doch anders. Beratungsführer für lesbische Mütter, schwule Väter und familienbezogenes Fachpersonal. Köln.

Vater aufwachsen. Die Bundesärztekammer sieht also gleichgeschlechtliche Elternpaare bezüglich ihrer elterlichen Eignung nicht als gleichwertig mit heterosexuellen Ehepaaren an. Diese Richtlinien sind zwar kein Gesetz, aber sie haben eine standesrechtliche Bedeutung und die meisten ÄrztInnen halten sich daran. Interessant ist, dass die Ärztekammer diesen Schritt in diversen Briefwechseln mit dem LSVD (Lesben- und Schwulenverband in Deutschland) nicht etwa damit begründet, sie wolle Lesben die Familiengründung besonders schwer machen. Nein, es gehe darum, die ÄrztInnen vor möglichen Regressansprüchen zu schützen, denn nach der derzeit geltenden Rechtslage könnten sie für den Unterhalt des entstandenen Kindes herangezogen werden – ziemlich unwahrscheinlich, aber eben doch möglich. Die Bundesärztekammer hat allerdings angedeutet, ihre Haltung noch einmal zu überdenken.

Nun gibt es natürlich vereinzelt Samenbanken und Kinderwunschpraxen, die dennoch bereit sind, Lesben bei der Familiengründung zu unterstützen. Es kommt eben auf den guten Willen an. Feministische Frauengesundheitszentren beispielsweise in Köln, Berlin und München können Auskünfte geben sowie die Beratungshotline des Projekts „Regenbogenfamilien" im LSVD (siehe Anhang). Auch Kinderwunsch- oder lesbische Müttergruppen, die es mittlerweile in fast jeder größeren Stadt gibt, können mit Informationen und Kontaktadressen dienen. Dennoch gibt es nach wie vor Situationen, in denen eine lesbische Frau ihr Lesbischsein verschweigen muss, wenn sie für die Erfüllung ihres Kinderwunschs medizinische Dienste in Anspruch nimmt. Dies kann dann der Fall sein, wenn es vor Ort keine Kinderwunschpraxis gibt, die Lesben behandelt. Da bringt eine Lesbe ihren schwulen Freund, der sich als Spender zur Verfügung stellt, in die Praxis mit. Die beiden geben sich als Paar aus, und die Partnerin wartet im Café nebenan, anstatt ihrer Liebsten während der Insemination die Hand zu halten – keine besonders schöne Situation. Und außerdem: Die Behandlung muss in jedem Fall selbst bezahlt werden. In Deutschland können dafür je nach Aufwand etwa 2500 bis 6000 Euro anfallen. Eine Kinderwunschbehandlung im Ausland ist noch teurer und kann schnell mit 6000 bis 10.000 Euro zu Buche schlagen.

Der passende Samenspender

Zunächst ist die Frage zu klären, ob der Samenspender bekannt oder unbekannt sein soll. Ist er bekannt, kann das Kind seine biologischen Wurzeln verfolgen und bei Bedarf Kontakt aufnehmen. Es sind vielfältige Modelle möglich, von gelegentlichen Besuchen bis zur Übernahme einer sozialen Vaterrolle. Den passenden Rahmen herauszufinden setzt allerdings eine große Kommunikationsfähigkeit und -willigkeit auf allen Seiten voraus. Denn vorher getroffene Vereinbarungen sind rechtlich null und nichtig, wenn den Spender plötzlich heftige Vatergefühle überkommen, obwohl eigentlich etwas ganz anderes ausgemacht war. Oder die Mutter macht plötzlich Unterhaltsansprüche geltend, von denen vorher nie gesprochen wurde. Wird der biologische Vater von Anfang an als „Papa" eingeführt, werden damit möglicherweise Erwartungen und Hoffnungen bei allen Beteiligten geschürt, die nicht immer eingelöst werden (können).

Deshalb ist es wichtig, im Vorfeld genau zu klären, wie das Familienmodell aussehen soll.

Einen Samenspender zu finden ist nicht ganz einfach. Die meisten Lesben versuchen, in ihrem Freundes- oder Bekanntenkreis einen passenden Mann zu finden. Dieser kann heterosexuell oder homosexuell sein, allerdings bevorzugt die Mehrheit einen schwulen Mann. Manch lesbisches Paar fragt den Bruder der zukünftigen nicht-biologischen Mutter. Wenn ein Kind kommt, ist er gleichzeitig biologischer Vater und Onkel des Kindes, die nicht-biologische Mutter ist gleichzeitig die Tante, eine psychologisch nicht ganz unkomplizierte Variante.

In Großstädten gibt es vereinzelt Gruppen, die Lesben und Schwule mit Kinderwunsch zusammenbringen. Szenemagazine veröffentlichen Kleinanzeigen von Lesben, die einen Spender suchen, sowie von (schwulen) Männern, die sich als Spender anbieten oder eine passende Lesbe bzw. ein Lesbenpaar suchen, mit denen sie eine Familie gründen können.

Auch das Internet kann eine Möglichkeit sein, einen Spender zu finden, wobei hier große Vorsicht geboten ist. Seit 2003 gibt es z.B. ein Portal[11], in dem sowohl Anzeigen von Samenspendern als auch Anfragen potenzieller Mütter zu finden sind. Allerdings

---

11 www.spermaspender.de

kann natürlich niemand die Angebote auf ihren Wahrheitsgehalt überprüfen.

In Ermangelung anderer Möglichkeiten blieb für uns nur das Internet. Es ist natürlich irre schwierig, du weißt ja nie, an wen du gerätst. Wir haben erst mal die Sympathie walten lassen, was die Kandidaten halt so geschrieben haben. Dann haben wir telefoniert, alle Fragen versucht zu klären, und dann kam es ja erst zu einem Treffen. Die Kandidaten mussten ein Gesundheitszeugnis mitbringen. Und dann musst du natürlich vertrauen. Letztlich bleibt ein Restrisiko, denn die Unterlagen können gefälscht sein. Ich habe nach der ersten Schwangerschaft einen HIV-Test gemacht. Beim zweiten Mal haben wir es wieder übers Internet versucht. Unser Freund, der bei unserer ersten Anfrage abgeblockt hat, hat mitbekommen, wie schwierig es war, jemanden zu finden. Und dann hat er sich unser erbarmt. Unser erster Spender ist leider abgetaucht, aber zum zweiten haben wir noch regelmäßig Kontakt. Die Kinder wissen allerdings noch nicht, dass er mehr als unser Freund ist. Er mischt sich aber in nichts ein, er wollte uns einfach seinen Samen schenken. Wir haben im Vorfeld bereits besprochen, dass er beide Kinder gleich behandeln soll. Uns gibt es nur mit zwei Kindern. Bisher behandelt er beide Kinder gleich, aber für ihn ist es sicher ein Unterschied. Ich hoffe, dass er das eines Tages nicht raushängen lässt, dass er nur für ein Kind der leibliche Vater ist.

Steffi (32), gemeinsam mit Uschi (42)
Eltern von Emil (6) und Hannah (2)

Grundsätzlich sind mit der Spenderwahl immer einige familienrechtliche Risiken verbunden, denn letzten Endes gibt es erst nach einer durchgeführten Stiefkindadoption durch die Lebenspartnerin rechtliche Sicherheit: Der Samenspender kann nicht zu Unterhaltszahlungen herangezogen werden, und die beiden Lebenspartnerinnen sind auch rechtlich die Mütter bzw. Eltern des Kindes.

Ein Fall aus der Schweiz, der sich eventuell auch in Deutschland hätte abspielen können, zeigt, wie sich die heterozentrierte Rechtsprechung auf eine geplante lesbische Familie auswirkt. In der Schweiz gibt es zwar auch ein Partnerschaftsgesetz. Es beinhaltet allerdings keine Stiefkindadoption, sondern hat im Gegenteil Insemination und Adoption explizit ausgeschlossen bzw. verboten. Das lesbische Paar hatte sich für einen bekannten Spender entschieden, um dem Kind einen Kontakt zu ermöglichen.

Wir sind seit 13 Jahren zusammen und konnten uns beide vorstellen, gemeinsam ein Kind zu haben. Klaudia wollte eher einen Spender von der Samenbank, aber das war nicht mein Weg. Ich war mir unsicher darüber, wie wir damit umgehen sollten, wenn das Kind eventuell später nach seinen Wurzeln suchen wollte. Bei einem Yes-Spender ist das ja erst mit 18 Jahren möglich. Wir haben uns dann entschieden, nach einem bekannten Spender zu suchen. Zwei Wunschkandidaten haben uns abgesagt. Dann kam Klaudias Mutter auf die Idee, ihren schwulen Nachbarn zu fragen. Wir kannten ihn sehr flüchtig.

Er war interessiert, und wir arrangierten ein Treffen mit ihm. Wir erklärten ihm, wie wir uns das Modell vorstellten: Wir sind die Eltern dieses Kindes, er kann Kontakt haben, aber mit seiner Spende sind keine Vaterrolle und keine Verpflichtungen verbunden. Das kam ihm entgegen, denn er hätte nicht so viel Zeit und die Verantwortung wollte er nicht übernehmen. Aber er wollte sehen, wie ein Kind aufwächst, er fand das interessant, aus einer äußeren Perspektive zuzuschauen. Eine spezialisierte Anwältin setzte einen Vertrag auf. Darin wurde geregelt, wo das Kind aufwachsen sollte sowie Fragen zu Pflege, Sorge und Unterhalt, falls Klaudia etwas passiert.

Es war klar, dass Klaudia dieses Kind austragen sollte. Für mich war es noch zu früh.

Bei der Anwältin war der Spender mit allem einverstanden. Die Anwältin wollte von ihm wissen, ob er denn die Vaterschaft anerkennen würde. Damals haben wir nicht realisiert, was das heißt. Wir gingen einfach davon aus, dass er auf seine Rechte verzichten würde und dafür keine Pflichten hat. Bei Schwierigkeiten wollten wir einen Präzedenzfall schaffen.

Dann war Klaudia schon nach einem Versuch schwanger, es ging alles sehr schnell. Schon zu Beginn stellte er einige Ansprüche. Er wollte Paten aussuchen und, falls es ein Junge wird, ihm den Namen seines verstorbenen Vaters geben. Das haben wir natürlich abgelehnt. Stimmungsmäßig war es, als hätte es unseren Vertrag nicht gegeben. Er hat dann angefangen, mich auszuschließen. Klaudia war häufig wütend und enttäuscht über sein grenzüberschreitendes Verhalten, die Schwangerschaft wurde sehr belastet. Seine Fixierung wurde noch extremer, als er erfuhr, dass es ein Junge werden sollte.

Kurz nach der Geburt habe ich ihn angerufen und ihn gebeten, uns ein bisschen Raum zu geben. Er kam allerdings schon am nächsten Morgen in die Klinik und hat sich dort als Vater aufgespielt. Ich war leider nicht da, und Klaudia hatte keine Kraft, sich zu wehren. Die Freude über das Kind wurde sehr durch seine übergriffige Art getrübt. Ich habe ihn dann an dem Abend angerufen und ihm mitgeteilt, wie unmöglich ich sein Verhalten fand. Zwei Tage später lag der Brief von seinem Anwalt im Briefkasten. Der Anwalt hat Klaudia zur Geburt gratuliert und uns geschrieben, dass unser Vertrag nichtig sei und der Vater ein Besuchs- und Informationsrecht hätte. Dieser Brief war klar als Drohung gedacht. In den nächsten Tagen wollte der Spender die Vaterschaft anerkennen. Er hat es dann allerdings erst nach ein paar Monaten gemacht.

Dann begann ein Kreislauf von Entschuldigungen und weiteren Eskalationen.

Eines Tages brachte er Blumen und beichtete uns, dass er seiner Mutter gegenüber die Umstände der Zeugung verschwiegen hätte. Keine Rede von Samenspende für ein lesbisches Paar – seine Aussage war, dass er mit einer Freundin ein Kind gezeugt hätte. Wir hatten ja keine Ahnung, wie homophob er ist. Wir dachten, er ist ein gestandener Mann, er war ja schon fast 50.

Nach seiner Entschuldigung versuchten wir es noch einmal im Guten. Da dachten wir, er kommt einmal im Monat vorbei, um Fynn zu besuchen. Es war dann zweimal okay, dann ist er schon wieder ausgerastet. Er bestand darauf, Fynn seiner Familie vorzustellen. Wir boten an, dass er mit seiner Mutter zu uns kommen solle. Das wollte er nicht. Er wollte einfach das Kind abholen. Schon nach kurzer Zeit wurde es uns viel zu viel, er bedrängte uns permanent. Wir haben dann das Jugendamt eingeschaltet und wollten Schutz vor ihm. Uns war wichtig, die Situation so zu klären, dass nicht immer wir das alles regeln müssen.

Leider hatten wir von Anfang an keine Chance, den Behörden gegenüber unsere Vereinbarung geltend zu machen. Das Gesetz basiert auf einer anderen Grundlage. Danach hat das Kind das Recht auf den Kontakt zum biologischen Vater. Bei den Gesprächen hieß es immer, wir sollten loslassen, später würden wir uns sicher über Entlastung freuen. Langsam nahm das Drama seinen Lauf. Es wurde dann eine Beistandschaft eingerichtet, das heißt, es wurde jemand von Amts wegen eingesetzt, um den Unterhalt und das Besuchsrecht festzulegen. Davor gab es noch ein Treffen, da kam er und präsentierte „die Lösung": Er werde Fynn zur Adoption freigeben. Aber die Behördenangestellten haben dann aufgeheult, dass er das nicht machen könnte, das Kind brauche doch seinen Vater etc. Wir haben ihm dann den ersten Samstag im Monat bei uns angeboten, mit der Aussicht, dass er ihn später allein haben dürfte. Der Knackpunkt für ihn war dann, dass er ihn gleich alleine haben wollte.

Gegen den Beschluss, dass jemand eingesetzt wird, um das Besuchsrecht zu regeln, haben wir Beschwerde eingereicht. Denn es gab ja immer Kontakt und ich wollte den Unterhalt übernehmen. Die Beschwerde wurde abgelehnt. Das Gericht ging überhaupt nicht darauf ein und hielt am Beschluss fest. Der Kontakt mit dem Spender wurde immer schwieriger. Es gab eine Horrorsituation nach der anderen. Eine Zeit lang hat er sich nicht mehr gemeldet, aber durch seinen Anwalt die Erziehungsfähigkeit von Klaudia in Frage gestellt, mich hat er systematisch ausgeklammert, und dann hat er gedroht, ein gemeinsames Sorgerecht zu beantragen.

Unser großes Schreckgespenst war, was wird mit Fynn, wenn Klaudia etwas zustößt. Was ist dann mit mir? Ihm war ja alles zuzutrauen. Wir wussten nie genau, was er tatsächlich will und worum es ihm geht. Die Behörde bestand immer darauf, dass das Kind das Recht hat, ihn zu sehen. Ein halbes Jahr hat er die Kontakte nicht wahrgenommen. Dann beantragte der Anwalt, den Besuch sofort unbegleitet durchzuführen. Dem wurde aber nicht stattgegeben. Seit Mai 2009 darf er Fynn alle zwei Wochen begleitet sehen. Schon bald soll der Besuch unbegleitet sein. Ich war dann meistens bei den Treffen dabei sowie eine Besuchsbegleiterin.

Vor Kurzem kam der richterliche Beschluss zum Besuchs-recht: Noch drei Monate werden die Besuche begleitet. Da-nach sieht der Spender Fynn zweimal im Monat einen gan-zen Montag von morgens bis abends, ab 2012 bekommt er ihn zweimal im Monat am Wochenende von Samstag auf Sonntag sowie eine Woche Ferien im Jahr.

Die Beiständin hat zwei Jahre gebraucht, um sich ein Bild zu machen. Der Unterhalt bewegt sich im unteren Normbereich. Bisher hat er aber nie etwas gezahlt, wir wollten das ja auch nicht. Aber jetzt soll er zahlen, wenn er per Gesetz volle Rech-te erhält. Wir wären immer noch bereit, auf den Unterhalt zu verzichten, wenn er Fynn nur einmal im Monat nach unseren Regelungen sieht.

Vor einiger Zeit kam wieder ein Brief von ihm. Darin kündigte er an, aufzugeben und den Kontakt einzustellen. Wir sollten dafür aber auf die Alimente verzichten. Den Brief haben wir an die Beiständin weitergeleitet, damit es nicht mehr über uns, sondern über sie läuft.

In seinem neuesten Brief hat er sich für sein Verhalten ent-schuldigt, möchte gerne wieder zurückkommen auf die ur-sprüngliche Vereinbarung (keine Rechte/keine Pflichten). Außerdem sei er bereit, ein Zeichen zu setzen, er möchte un-terschreiben, dass ich Fynn dereinst als Stiefkind adoptieren könne. Er ist bereit, mit uns das weitere Prozedere zu bespre-chen.

Da dies den ursprünglichen Abmachungen und auch klar unseren Vorstellungen entspricht, sind wir bereit, ihn anzuhö-ren, und hoffen, dass er sich zukünftig daran hält.

Wir haben keine Ahnung, was jetzt passiert. Es ist eben al-les unberechenbar. Die Behörde wird alles tun, damit er den Kontakt weiter zu Fynn hält. Der Beschluss wurde so lange hinausgezögert, damit sich eine Bindung zwischen Fynn und ihm entwickelt. Der Spender zieht sein Programm durch und nimmt wenig Rücksicht auf Fynns Bedürfnisse. Oft überfor-dert er ihn. Langsam merkt auch die Beiständin, dass seine Motive sehr undurchsichtig sind. Die ganze Geschichte hat uns sehr beschäftigt, wir waren oft traurig und wütend.

Aber wir sind nicht zermürbt. Wir haben uns seither politisch sehr stark eingemischt, so weit dies in Bezug auf Regenbo-genfamilien möglich ist, denn diese Geschichte sollte uns nicht zerstören, sondern wenigstens einen Sinn haben. Wir klären auf, dass für Regenbogenfamilien große Schwierigkeiten entstehen können, weil es rechtlich so problematisch ist. Sämtliche vernünftige Methoden zur Familiengründung sind ja in der Schweiz für Lesben verboten.

Unser Kinder- und Jugendverband interessiert sich für das Thema; das Medienecho ist auch groß. Diese Arbeit daran und die Aufklärung dazu sind uns sehr wichtig und geben uns viel Kraft.

Trotz aller Wirren wollten wir ein zweites Kind. Nach unseren Erfahrungen hätten wir eigentlich eine andere Variante wählen müssen. Aber wir wollten den Glauben daran behalten, dass unser Modell möglich ist. Außerdem sollte in unserer Familie ein Gleichgewicht herrschen – nicht mit einem bekannten und einem anonymen Spender. Diesmal wollte ich die biologische Mutter sein. Per Zufall haben wir einen Mann kennengelernt, bei dem wir dachten, es könnte klappen. Es ist jetzt von Anfang an eine ganz andere Erfahrung. Er respektiert uns ganz klar als Eltern von Lara und uns vier als Familie. Irgendwelche Ansprüche als Elternteil hat er nie gestellt.

Wir erklären den Kindern, dass sie Samenspender haben, wir verwenden auch dieses Wort. Ich finde das die beste Bezeichnung für diese zwei Männer. Auch wenn wir damit viel Ablehnung erzeugen – Papa ist so ein liebkosender Ausdruck, der eine Rolle impliziert, die einfach nicht da ist. Unsere Kinder haben Samenspender, keine Papas.

Ein Paar sollte sich überlegen, dass es mit einem bekannten Spender immer eine Person gibt, die eine Rolle spielt und möglicherweise mitredet. Es gibt eine Dimension, die nicht klar und nicht fassbar ist. So lange die rechtliche Situation nicht geklärt ist, bestehen einige Risiken. Die Homophobie, die wir selber in uns tragen, ist ein großes Problem. Dass ich das Gefühl hatte, nicht das Recht zu haben, einen anonymen Spender zu nehmen, finde ich eigentlich einen Akt der internalisierten Homophobie. Wir müssen aufpassen, nicht aufgrund dessen eine Pseudonormalität leben zu wollen. Wir Lesben dürfen natürlich Kinder haben!

Das System gehört total auf den Kopf gestellt, denn hier geht es ganz häufig nicht um das Kindeswohl, sondern um das Wohl des Heteronormativitätssystems.

In unserer Geschichte gibt es auch ein großes Glück. Unsere Kinder sind wunderbar. Wir haben so viel gelernt, und die Dramen haben uns zusammengeschweißt.
Wir sehen jetzt der weiteren Entwicklung gelassen entgegen.

Katrin (39), gemeinsam mit Klaudia (38)
Eltern von Fynn (3) und Lara (1)*

Die Spendersuche kann sehr aufwendig sein und lange dauern. Das kostet Kraft und Nerven. Und manchmal lässt sich einfach kein passender Kandidat finden. Dann bleibt nur der Weg zur Samenbank.

Eine Samenbank hinzuzuziehen, hat durchaus Vorteile. Das Sperma ist getestet und familienrechtliche Komplikationen sind ausgeschlossen.

In Deutschland hat jedes Kind das Recht auf Kenntnis seiner Abstammung. Aus diesem Grund ist die anonyme Samenspende unzulässig – aber nicht strafbar.

Der Samen von deutschen Samenbanken stammt deshalb mehrheitlich von sogenannten Yes-Spendern. Yes-Spender sind damit einverstanden, dass das von ihnen gezeugte Kind seine Identität erfahren kann, wenn es volljährig ist.

Weil Lesben der Zugang zu deutschen Samenbanken erschwert ist, weichen viele auf das Ausland aus. Es gibt keine einheitlichen Regeln, was die Verfügbarkeit von Yes- bzw. No-Spendern betrifft. In jedem Land ist die Situation ein bisschen anders, und sie ändert sich auch von Zeit zu Zeit. Belgien, Dänemark, Finnland, Großbritannien, die Niederlande, Schweden und Spanien heißen in ihren Samenbanken und Inseminationskliniken auch lesbische Frauen willkommen. Paare müssen nicht unbedingt eine Eingetragene Lebenspartnerschaft vorweisen, wie dies bei deutschen Samenbanken bzw. Kliniken der Fall ist. In den Niederlanden, wo nur Yes-Spender zugelassen sind, kann auf Wunsch des Kindes ein Kontakt mit dem Spender bereits zum 16. Lebensjahr erfolgen. Dort ist allerdings mit Wartezeiten von bis zu zwei Jahren zu rechnen. In Belgien gibt es so gut wie nur No-Spender.

Single-Frauen wird mittlerweile in vielen europäischen Ländern geholfen (u.a. Dänemark, Spanien, Belgien, Großbritannien). Allerdings sind jedoch in vielen Ländern die Spender anonym. In Dänemark gibt es eine Gesetzeslücke, die es ermöglicht, Inseminationen mit dem Sperma von offenen Spendern durchzuführen, und zwar durch Hebammen. In-vitro-Fertilisation ist dagegen den Ärzten vorbehalten, und die wiederum dürfen nur mit komplett anonymem Spendersamen arbeiten. In Großbritannien gibt es seit einigen Jahren ein Gesetz, das es den mit Spendersamen gezeugten Kindern ermöglicht, ihre genetische Herkunft zu erfahren. Mit 18 Jahren können sie in einer zentralen Behörde Informationen über den Samenspender abrufen und Kontakt zu ihm aufnehmen.

Sperma wird auch versandt, allerdings nur an gynäkologische Praxen oder Reproduktionszentren bzw. Kinderwunschpraxen. Hier ist wieder der gute bzw. politische Wille der Praxis gefragt. Die Lagerung kann dann mit Hilfe von Stickstoffbehältern auch zu Hause erfolgen. Diese sind im Fachhandel für tierischen Samenimport und -export erhältlich. Hinweise dazu gibt es in den verschiedenen Internetforen zum Thema Kinderwunsch.

Ist der Spender unbekannt, ist eine Kontaktaufnahme nicht möglich. Der biologische Vater bleibt eine Leerstelle. Dies kann für manche Kinder problematisch sein, muss es aber nicht. Entscheidend ist der Umgang der Familie mit der gewählten Situation. Die Kinder sind sehr erwünschte Kinder, und sie sind in diese Situation hineingeboren. Lesben können ihren Kindern gegenüber nicht verheimlichen, dass sie mit Hilfe eines Spenders gezeugt wurden. Interessant ist in diesem Zusammenhang, dass in heterosexuellen Familien, die mit Spendersamen Kinder bekommen haben, ein Großteil der Kinder über ihre Art der Zeugung nicht aufgeklärt ist. Vor einiger Zeit gründeten allerdings einige Heterofamilien, die von Anfang an offen mit ihrer Familienentstehungsgeschichte umgehen wollen, einen bundesweiten Zusammenschluss.[12]

Ein Vorteil der anonymen Spende: Bei unbekannten Spendern kann es nicht zu familienrechtlichen Komplikationen kommen. Die biologische Mutter ist vor Vaterrechten geschützt, der Spender vor Unterhaltsansprüchen. Es besteht Klarheit über das Modell: Die Familie besteht aus zwei Müttern und einem Kind bzw. mehreren Kindern. Wenn es keinen identifizierbaren Vater gibt, wird die Rolle der sozialen Mutter als Elternteil weniger in Frage gestellt und bekommt dadurch mehr Raum. Es findet keine Konkurrenz zwischen leiblichem Vater und sozialer Mutter um die Position des zweiten Elternteils statt.

---

12 www.di-familie.de

Die Entscheidung für eine anonyme Samenspende ist in der Regel das Ergebnis eines Prozesses, wenn sich z.B. andere Wege nicht ergeben haben. Wir gingen nach Holland. Dort gab man uns die klare Empfehlung, dass wir, wenn wir unsicher sind, lieber einen Nein-Spender nehmen sollten. Bei einem anonymen Spender ist die Familie klar definiert: Mami-Mama-Kind. Die 20-jährige Erfahrung führte die Klinik zur Aussage, dass die Kinder mit dieser Klarheit viel besser leben als mit der vagen Aussicht einer eventuellen zukünftigen Identitätsfreigabe. In dieser Klinik hätte es bei einem Ja-Spender keine hundertprozentige Sicherheit gegeben, denn er hätte es sich mit der Identitätsfreigabe noch mal überlegen können. Eigentlich hatten wir das anfangs ganz anders überlegt. So waren wir im ersten Moment überrascht von dieser Empfehlung. Unsere Entscheidung fiel allerdings auch in einer Zeit, in der Eingetragene Lebenspartnerschaft und Stiefkindadoption noch in weiter Ferne lagen. Heute verläuft die Diskussion anders, denn es gibt mehr Möglichkeiten der rechtlichen Absicherung.

Persönlich finde ich, dass die Familiengrenze mit einem anonymen Spender besser geschützt ist. Vor allem die Rolle der sozialen Mutter kann nicht so leicht in Frage gestellt werden. Wir leben in einer Gesellschaft, in der die Frage nach den Wurzeln sehr ernst genommen wird. Ich kenne allerdings keinen problematischen Fall. Es ist klar, dass ich offen sein muss für mögliche Trauer- oder Wutgefühle auf Seiten der Kinder. Bei unseren Kindern sind manchmal Interesse und Neugierde in Bezug auf ihren Spender da, mehr aber auch bislang nicht. Sie stellen ihre Familienform nicht in Frage, weil es für sie selbstverständlich ist, wie sie leben.

Ich bin überzeugt: Wenn die Eltern gut hinter ihren Entscheidungen stehen können und diese entsprechend vermitteln, dann spüren das die Kinder.

Manchmal vermute ich, dass es eigentlich die Eltern sind, die einen bekannten Spender brauchen – als Legitimation.

Dr. Lisa Herrmann-Green (40), Dipl.-Psychologin,
gemeinsam mit Monika Herrmann-Green (47)
Eltern von Lena (14), Dylan (10) und Mia (8)
sowie Forscherin und Beraterin
für Lesben mit Kinderwunsch

Die Entscheidung für einen bekannten Spender kann aus vielfältigen Gründen erfolgen. Neben Fragen danach, was für ein Mensch er ist, wie er aussieht und was ihm wichtig ist, steht auch das Bedürfnis, dem Kind einen Kontakt zu ihm zu ermöglichen.

Sicher ist es gut für das Kind, wenn es seinen Erzeuger kennenlernen kann. Aber die Behauptung, für eine gute Entwicklung des Kindes seien Mutter und Vater gleichermaßen wichtig, ist eher einer ideologischen Debatte geschuldet als wissenschaftlichen Erkenntnissen.

Wichtig ist für Kinder, dass sie eine oder mehrere verlässliche Bezugspersonen haben. Schon in den frühen neunziger Jahren haben Studien aus dem anglo-amerikanischen Raum ergeben, dass das Geschlecht dieser Personen für das gesunde Aufwachsen der Kinder sekundär ist. Primär wurde in diesen Studien für das gelungene Aufwachsen die harmonische Beziehung der Eltern gesehen. Dieses Ergebnis wurde in der 2009 erschienenen Studie des Bundesjustizministeriums bestätigt. (Siehe Kapitel 14)

Im Zusammenhang mit der Debatte um das Bedürfnis der Kinder, zu erfahren, von wem sie abstammen, wird oft die Situation von Adoptivkindern herangezogen. Diese würden doch meistens in der Pubertät den Kontakt zu ihren leiblichen Eltern suchen. Im Unterschied zu Inseminationskindern hat bei adoptierten Kindern ein Beziehungsabbruch bzw. eine Trennung stattgefunden. Die Frage „Wer ist meine leibliche Mutter und warum hat sie mich weggegeben?" kann ein Leben lang präsent bleiben und erschwert möglicherweise die Suche nach dem eigenen Lebensweg. Diese Frage gibt es bei Inseminationskindern in dieser Form nicht. Kinder, die mit Hilfe von Spendersamen gezeugt wurden, wachsen in der Regel als Wunschkinder in einem kontinuierlichen Bezugsrahmen auf. Bei der Frage nach eventuellen Geschwistern kann das Internet helfen – seit 2000 gibt es ein internationales Internetportal, das Kindern anonymer Samenspender dabei behilflich ist, eventuelle Geschwister aufzuspüren.[13]

Eine Studie[14], die sich mit 29 Kindern und Jugendlichen im Alter von zwölf bis 17 Jahren beschäftigt hat, die via heterologe

13 Donor Sibling Registry: www.donorsiblingregistry.com
14 Scheib, Joanna/Riordan, Maura/Rabin, Sander (2004): Adolescents with open-identity sperm donors: Reports from 12-17 year olds. Human Reproduction 20 (1), pp. 239-252

Insemination mit einem Yes-Spender gezeugt wurden, kam zu folgendem Ergebnis: Die meisten wissen von Anfang an Bescheid und würden gerne wissen, wie „er denn so ist." Sie sind einfach neugierig. Dabei unterscheiden sich die Kinder aus lesbischen Familien (42%) in ihrer positiven Neugier nicht von den Kindern aus heterosexuellen Familien.

Eine weitere Studie[15], die sich mit der Frage nach dem Interesse von Kindern an ihren Spendern beschäftigt hat, kommt zum Ergebnis, dass es keine spezifischen Gründe dafür gibt, warum sich manche Kinder für ihren Spender interessieren und andere nicht. Es lässt sich auch kein Zusammenhang zwischen dem Interesse am Spender und der kindlichen Entwicklung sowie dem Eltern-Kind-Verhältnis finden.

Insemination

Zur Begriffsklärung: Bei Lesben handelt es sich immer um eine heterologe oder donogene Insemination. Anders als bei einer homologen Insemination stammt der Spendersamen von einem Dritten, der mit der Mutter in spe weder verheiratet ist noch mit ihr in einer Beziehung lebt.

Die Insemination (Befruchtung) ist ein legaler, einfacher und unkomplizierter Vorgang, der auch zu Hause durchgeführt werden kann. Dabei wird zum günstigsten Zeitpunkt rund um den Eisprung Sperma in die Vagina eingeführt. Kurz vor dem Eisprung ist die Insemination am erfolgreichsten – sie sollte frühestens drei Tage davor und spätestens am Eisprungtag erfolgen.

Der Zeitpunkt des Eisprungs lässt sich durch regelmäßige Temperaturmessungen und Körperbeobachtungen herausfinden. Es empfiehlt sich, Temperaturkurven zu führen. Entsprechende Vordrucke gibt es in Apotheken und im Internet. Zum Zeitpunkt des Eisprungs erhöht sich die Morgentemperatur um ca. 0,5 Grad. Dies bleibt bis zur nächsten Blutung so. Das heißt, wenn die Temperatur sich erhöht, ist es für die Befruchtung eventuell bereits zu spät, was wiederum bedeutet, dass die Messung über mehrere

---

15 Vanfraussen, Katrien/Ponjaert-Kristoffersen, Ingrid/Brewaeys, Anne (2003): Why do children want to know more about the donor? The experience of youngsters raised in lesbian families. Journal of Psychosomatic Obstetrics & Gynecology 24 (1), pp. 31-38

Monate erfolgen muss, um den eigenen Rhythmus kennenzulernen.

Der wichtigste Zyklusindikator ist der vaginale Schleim, der
um den Zeitpunkt der Fruchtbarkeit, also auch schon vor dem
Eisprung, klar, oft dünnflüssig und spinnbar ist, d.h. er lässt sich
zwischen den Fingern auseinanderziehen.

Dies sind einfache und kostenfreie Methoden, um die fruchtba-
ren Tage einzugrenzen.

Im Drogeriemarkt sind Sticks erhältlich, die den Hormongehalt
des Morgenurins messen und damit den Eisprung anzeigen – allerdings zeigt der Strich auf dem Stick, dass der Eisprung innerhalb der nächsten 24 bis 36 Stunden stattfindet – es könnte aber
auch schon in zwei Stunden sein. Die Natur lässt sich nicht präzise voraussagen. Es gibt auch kleine Computer in der Apotheke zu
kaufen, die sich sowohl zur Empfängnisverhütung als auch zur
Familienplanung verwenden lassen. Besagte Sticks werden dort
quasi eingelesen und auf dem Display erscheint ein Symbol, das
den Grad der Fruchtbarkeit anzeigt.

Die Befruchtung wird entweder mit Hilfe einer Spritze (ohne
Nadel!) gemacht (evtl. mit aufgestecktem kurzen Röhrchen) oder
die Frau füllt das Sperma in eine Portiokappe (ist, ähnlich wie
ein Diaphragma, ein sogenanntes Barriereverhütungsmittel) und
setzt diese auf den Muttermund. Wahlweise kann auch ein Portioadapter benutzt werden. Das ist eine Portiokappe mit einem
integrierten, sehr dünnen Schlauch, der aus der Vagina ragt. Auf
diesen Schlauch wird eine Spritze aufgesteckt. So kann das Sperma direkt vor den Muttermund platziert werden. Portioadapter
sind über das Internet erhältlich.

Das Sperma sollte im Vorfeld auf alle Fälle getestet werden,
und zwar auf Infektionskrankheiten wie HIV, Chlamydien, Gono-
kokken, Hepatitis B und C und natürlich auch auf seine Qualität,
d.h. Anzahl und Beweglichkeit der Spermien.

Im Zusammenhang mit einem Spender aus dem privaten
Umfeld ist meistens von der Bechermethode die Rede. Dies bedeutet, dass der Spender das Sperma in einem sterilen Glas-
oder Plastikbehälter übergibt. Am einfachsten ist es, wenn er
es gleich auf eine Plastikspritze aufzieht und diese vorsichtig in
ein Handtuch einwickelt, damit das Sperma auf Körpertemperatur gehalten wird. Es sollte nicht älter als ein bis zwei Stunden
sein.

Eine Insemination zu Hause ist immer privater und gemütlicher als in einer Praxis. Viele Frauen wollen kein medizinisches Fachpersonal bei ihrer möglichen Familiengründung dabei haben. Andererseits kann die Geduld ziemlich strapaziert werden, wenn es nach häufigen Versuchen immer noch nicht geklappt hat. Jede Insemination kann das Leben auf den Kopf stellen, wenn sie denn erfolgreich ist. Dieser Gedanke löst starke Gefühle aus und hat zur Folge, dass beispielsweise fünf Versuche bereits als extrem anstrengend empfunden werden.

Der Prozess der Insemination war sehr aufregend und wurde ziemlich bald auch ganz schön stressig. Jedes Mal hoffte ich, dass es jetzt bestimmt klappt, und gleichzeitig hatte ich natürlich auch total Angst, dass es klappen könnte und wir dann diese enorme Verantwortung haben. Es war eine Achterbahn der Gefühle.

Charlotte (41), Mutter von Rosa (8)

Es ist unklar, ob eine Frau prinzipiell schneller schwanger wird, wenn sie die Insemination in einer Praxis durchführen lässt. Sicher weist aufbereitetes Sperma eine etwas höhere Qualität auf, was für eine gynäkologische Unterstützung spräche, aber vielleicht kann frau sich zu Hause einfach besser entspannen.

Wenn die Familienplanung aus Gründen des Alters eilt oder aus medizinischen Gründen nicht so einfach umzusetzen ist, ist es sicher sinnvoll, gynäkologischen Rat einzuholen.

Bei der Insemination in einer Praxis wird das „mitgebrachte" (oder dort in einer Samenbank gelagerte) Sperma in der Praxis aufbereitet. Bei der Frau lässt sich die Größe des Eibläschens (Follikel) per Ultraschall feststellen und damit der Zeitpunkt des Eisprungs eingrenzen. Die Praxis legt dann den Termin der Insemination fest. Dieser kann durchaus auch am Wochenende liegen.

Beim Thema Insemination geht es häufig sehr schnell auch um die Frage nach einer Unterstützung durch verschiedene Hormongaben. Manche Frauen sind sehr klar in ihrer Ablehnung; sie wollen „nicht um jeden Preis" schwanger werden. Andere lösen die Frage pragmatisch und möchten keine Zeit mehr verlieren. Jede Frau sollte sich allerdings gut informieren und beraten lassen, bevor sie Hormone nimmt.

Hormone können den Eisprung auslösen, sie können die Befruchtung erleichtern oder die Einnistung unterstützen. Geht der Insemination eine hormonelle Stimulation voraus, kann dies je nach Hormon die Wahrscheinlichkeit von Mehrlingsgeburten erhöhen.

Wir hätten so gerne ein Mädchen!
Wir hätten so gerne einen Jungen!

Natürlich ist der Wunsch, lieber ein Mädchen oder einen Jungen großzuziehen, auch unter Lesben und Schwulen vorhanden. Aber wer sich ein leibliches Kind wünscht, muss prinzipiell offen sein für das Menschlein, das dann kommt.

Ich finde es unabdingbar, dass sich Lesben mit Kinderwunsch vor der Familiengründung ihre Beziehung zu Jungs und Männern anschauen. Da gibt es in meinem Umfeld Frauenfamilien, die in einer feministischen Überreaktion versuchen, den Jungs alles Wilde abzutrainieren. Natürlich sind die Jungs manchmal schwer erträglich in ihrer Lust am Kampf, dem zum Teil lauten und dominanten Gebaren und in der alterstypischen Abgrenzung von allem Weiblichen und Mädchenhaften, was sie in der Findung ihrer Jungsidentität aber meist tun müssen.

Heide (54), gemeinsam mit Betti (51) Pflegeeltern
von Lotti (10) und Adoptiveltern von Antonia (17)

Mehrheitlich steht bei der Planung leiblicher Kinder die Hoffnung auf ein gesundes Kind im Vordergrund. Und wenn das Kind erst einmal geboren ist, lösen sich Ängste oder Bedenken in Bezug auf das Geschlecht meist sehr schnell in Luft auf. Trotzdem gibt es Möglichkeiten, ein wenig Einfluss zu nehmen.

Frauen haben zwei X-Chromosomen, deshalb ist die Eizelle stets weiblich. Männer haben dagegen weibliche Samenzellen mit einem X-Chromosom und männliche mit einem Y-Chromosom. Ob der Embryo männlich oder weiblich wird, hängt davon ab, welche Samenzelle als erste die Eizelle erreicht und mit ihr verschmilzt. Nun lässt sich die Natur nur sehr bedingt beeinflussen. Tatsache ist, dass die männlichen Samenzellen schneller sind, die weiblichen dafür langlebiger. Diese unterschiedlichen Eigenschaften der männlichen und weiblichen Samenzellen sind ein Faktor für das Geschlecht des Kindes. Findet die Insemination zum Zeitpunkt des Eisprungs statt, ist die Wahrscheinlichkeit, einen Jungen zu bekommen eventuell etwas höher, da die männlichen Spermien schneller sind als die weiblichen. Bei einer Insemination ein bis zwei Tage vor dem Eisprung haben die weiblichen Samenzellen vielleicht eine etwas größere Chance, da sie länger in der Gebärmutter bzw. den Eileitern überleben.

Manche FamilienplanerInnen schwören auf die Astrologie, andere haben mit der kosmobiologischen Empfängnisplanung, die auf dem Mondstand basiert, gute Erfahrungen gemacht. Die Frage stellt sich, wie man/frau zu Tipps und Möglichkeiten jenseits der Schulmedizin steht. Im Übrigen lässt sich der Wunsch nach Mädchen oder Junge am einfachsten über ein Pflege- oder Adoptivkind realisieren. Bei einem leiblichen Kind stehen die Chancen letzten Endes so ungefähr 50:50. Eisprünge verschieben sich, Zyklen können unregelmäßig sein, Natur und Schicksal vereinen sich, und mit viel Glück macht sich ein kleines Wesen auf die Reise zu seinen Eltern.

Wenn es nicht klappt ...

Laut holländischen Kliniken werden etwa 75% bis 80% der Frauen innerhalb eines Jahres schwanger. Bei etwa 10% klappt es beim ersten Mal. Manche Frauen brauchen zwei oder mehrere Jahre, andere werden überhaupt nicht schwanger.

In vielen Fällen gibt es keine offensichtliche Diagnose.

Die Frauen bringen in der Regel alles mit. Ein bisschen lebendiges Sperma und eventuell ein guter Orgasmus besorgen den Rest. Leider sind viele Frauen sehr gestresst – das liegt sicher auch an den politischen und gesellschaftlichen Bedingungen. Und die Begleitung der ÄrztInnen könnte sehr viel besser sein!

Sabine und Anne Arfsten, Gynäkologin und Hebamme

Aber es gibt natürlich einige mögliche Gründe, warum sich keine Schwangerschaft einstellt. Es kann an der Qualität, Anzahl und Beweglichkeit der Spermien liegen oder an einer medizinischen Disposition wie z.B. Endometriose, eine Krankheit, bei der sich Gebärmutterschleimhaut außerhalb der Gebärmutter ansiedelt.

Zusammen mit meiner Freundin versuchte ich über zwei Jahre hinweg, schwanger zu werden. Das Ganze endete jedoch in einer Eileiterschwangerschaft. Dabei musste der eine Eileiter entfernt werden, und der Arzt meinte, so, wie es aussehe, könne ich eigentlich nur noch per IVF schwanger werden.

Lena (39), allein erziehende Mutter von Mia (1)*

Auch wenn die Statistiken variieren, scheinen Fertilitätsprobleme zuzunehmen. Mittlerweile heißt es in medizinischen Kreisen, dass bei etwa 5-10% aller Schwangerschaften reproduktionstechnologisch „nachgeholfen" wurde.

In den letzten Jahren ist auch unter Lesben die Selbstverständlichkeit größer geworden, reproduktionstechnologische Angebote zu nutzen. Dennoch gibt es nach wie vor viele, die vor der „medizinischen Maschinerie" zurückschrecken und für die der Besuch einer sogenannten Kinderwunschpraxis nicht in Frage kommt. Es gibt viele Wege zur Familie und ein Weg, der für die eine stimmig sein kann, ist für die andere unvorstellbar.

Bei der „einfachen" Insemination wird das Sperma in die Vagina eingeführt – fertig. Ist diese Behandlung auch nach zahlreichen Versuchen nicht erfolgreich, verabschieden sich einige Lesben von ihrem Kinderwunsch.

Für die anderen gibt es weitere Möglichkeiten.

Intrauterine Insemination (IUI) bedeutet, dass ausgewählte Samenzellen mit Hilfe eines kleinen Schlauchs direkt in die Gebärmutter eingebracht werden.

In-vitro-Fertilisation (IVF) wird die Methode zur Befruchtung genannt, bei der Eizelle und Spermium außerhalb des Körpers zusammengebracht werden und auf eine spontane Befruchtung im Reagenzglas gewartet wird. Die befruchtete Eizelle wird danach in die Gebärmutter eingesetzt.

Bei der Intrazytoplasmatischen Spermieninjektion (ICSI) wird nicht auf eine spontane Befruchtung gewartet, sondern die Samenzelle wird direkt in das Zytoplasma einer Eizelle gespritzt. Danach wird die befruchtete Eizelle wieder eingesetzt.

Manchmal kann die Entscheidung, eine Kinderwunschpraxis aufzusuchen, eine große Entlastung darstellen.

Vor der endgültigen Aufgabe meines Kinderwunsches war IVF ganz klar eine Option. Extrem entlastend fand ich, mir nicht mehr selber Gedanken über Eisprünge, Samenübergabe etc. machen zu müssen, sondern alle Verantwortung abgeben zu können. Die Behandlung mit Hormonen war für mich überhaupt nicht schlimm; alles andere davor im Wohnzimmer ohne Erfolg fand ich schlimmer. Beim zweiten Mal klappte es. Die Kosten von ca. 5000 Euro konnte ich immerhin voll steuerlich absetzen.

*Jasna, allein erziehende Mutter von Sophie (2)**

Als Single-Frau einen privaten Spender zu finden, gestaltet sich bei der Vorgabe „IVF" zuweilen schwierig. So bleibt am Ende oft nur das Ausland.

Es war sicher abschreckend, dass ich eine IVF brauchte – und die kann man eben nicht zu Hause „auf dem kleinen Dienstweg" machen, sondern nur in einer Klinik, in der man zwar nicht verheiratet sein muss, aber doch zumindest einigermaßen glaubhaft als Paar auftreten sollte und wo auch beide ein schriftliches Dokument unterzeichnen müssen. Kurzum: vielen war das „too much".

Bei meinen Recherchen im Internet stieß ich auf ausländische IVF-Kliniken, die auch Single-Frauen behandeln. Das Problem ist, dass man diese Behandlung zwar mittlerweile in vielen europäischen Ländern durchführen lassen kann (u.a. Dänemark, Spanien, Tschechien, Belgien, Großbritannien), dass jedoch in fast allen Ländern die Spender anonym sind. Mit dem Gedanken der kompletten Anonymität tat ich mich sehr schwer. In Dänemark gibt es eine Gesetzeslücke, die es ermöglicht, Inseminationen mit dem Sperma von offenen Spendern durchzuführen, nämlich durch Hebammen. IVF dagegen ist den Ärzten vorbehalten, und die wiederum dürfen nur mit anonymem Spendersamen arbeiten. Doch letztlich stieß ich auf Kliniken in Großbritannien. Dort gibt es seit einigen Jahren ein Gesetz, das es den mit Spendersamen gezeugten Kindern ermöglicht, ihre genetische Herkunft zu erfahren.

Mit 18 Jahren können sie in einer zentralen Behörde Informationen über den Samenspender abrufen und auch Kontakt zu ihm aufnehmen.

Da ich bei meiner Suche nach einem bekannten Spender im privaten Umfeld nicht weiterkam, entschied ich mich, eine IVF-Behandlung in London zu machen. Ich hätte mir gewünscht, einen privaten Spender im Freundeskreis zu finden, der auch eine Art Vaterrolle übernehmen kann. Das halte ich nach wie vor für ideal. Ich denke aber, dass meine Tochter jetzt immerhin die Chance haben wird, ihre genetischen Wurzeln aufzuspüren. Ob sie sie ergreift, ist eine andere Sache, aber sie hat zumindest die Möglichkeit, und das bin ich ihr schuldig, finde ich. Ich hatte ganz großes Glück: Die IVF-Behandlung klappte auf Anhieb.

Lena (39), allein erziehende Mutter von Mia (1)*

Stellt sich auch nach vielen Versuchen eine Schwangerschaft nicht ein, kann es auch an den Eizellen liegen. Durch (relativ teure) Tests lässt sich der Zustand der Eizellen feststellen. Es gibt Frauen, die nicht mehr genug Eizellen haben oder deren Eizellen nicht mehr befruchtbar sind. Prinzipiell ist es möglich, mit Hilfe einer Eizellenspende eine Schwangerschaft herbeizuführen. Dabei wird die Eizelle außerhalb des Körpers befruchtet und danach wieder in die Gebärmutter eingesetzt – genau wie bei einer In-vitro-Fertilisation (IVF). Nur mit dem Unterschied, dass die Eizelle von einer anderen Frau stammt. Die Eizellenspende ist in Deutschland keine legale Möglichkeit. Sie ist nach wie vor ein großes Tabu, stellt sie doch einen größtmöglichen reproduktionstechnologischen Eingriff in „natürliche Kreisläufe" dar. Mittlerweile werden allerdings medizinisch herbeigeführte Schwangerschaften immer häufiger und damit selbstverständlicher.

So stellt sich für viele Frauen bzw. Paare mit (unerfülltem) Kinderwunsch nicht unbedingt die Frage nach der ethischen Dimension, sondern die Machbarkeit erschließt neue Möglichkeiten. Diese Entwicklung geht auch an lesbischen Frauen nicht vorbei.

So beschreibt im Folgenden eine Frau ihren bereits 2001 beschrittenen Weg, der mit ihrer Partnerin zum gemeinsamen Kind führen sollte.

Schon zu Beginn unserer Beziehung stand das Thema „Nachwuchs" im Raum. Bei unserer Recherche zur Familienplanung wurden wir in Essen fündig. Dort nahm man uns erst einmal 250 Euro für die Beratung für „Paare in besonderen Lebenslagen" ab. Die Behandlung in Deutschland war uns allerdings viel zu teuer. Eine Klinik in den Niederlanden und ein dort ansässiger Arzt wurden uns als Alternative im Ausland genannt. Wir erhielten einen Termin zum ersten Vorgespräch schon für Anfang Januar 2002.

Und dann stellte sich da noch eine Frage: „Gibt es eine Möglichkeit, dass das Baby doch irgendwie von uns beiden ist?" Dass ein Dritter, der Spender, daran beteiligt werden muss, war natürlich klar. Dann kamen wir auf die Idee, ob ein befruchtetes Ei meiner Frau bei mir „aufwachsen" könnte. So wäre das Kind genetisch von ihr, aber gleichzeitig neun Monate in mir gereift, in meinem Bauch von meinem Blut, es wäre also unser gemeinsames Kind von Anfang an.

Mit all diesen Überlegungen im Gepäck trafen wir zum vereinbarten Termin in Holland ein. Einige Zeit später verließen wir die Klinik mit etlichen Einwegspritzen, Hormonpräparaten und einem genauen Zeitplan, welche was und wann einzunehmen hatte. Dazu besaßen wir einige große Geldscheine weniger und waren um eine Hoffnung reicher.

Und so sollte das freudige Ereignis vorbereitet werden: Bei der sogenannten IVF (In-vitro-Fertilisation) werden der Frau zunächst, durch Hormongabe verstärkt, gereifte Eizellen entnommen und außerhalb des Körpers befruchtet. Nach vier bis fünf Tagen werden zwei der so entstandenen Embryonen wieder direkt in die Gebärmutter eingesetzt. Dann beginnt das Hoffen und Bangen, ob sich beide oder wenigstens eines einnisten und weiterentwickeln wird. Zu Hause angekommen, gingen wir alles noch mal genau durch. Drei Wochen Hormonspritzen in die Bauchdecke meiner Partnerin standen an. Ich hatte vorher noch nie selbst eine Spritze in der Hand gehabt und war ziemlich aufgeregt. Trotz aller Vorsicht gab es immer wieder blaue Flecken. Endlich war es dann soweit, die Follikel (Eibläschen) waren laut unserer Frauenärztin groß genug, um entnommen zu werden. Also fuhren wir wieder über die Grenze. Inzwischen musste auch ich, da die Eizellen ja bei mir eingesetzt werden sollten, Hormone schlucken.

Die Entnahme der Eizellen dauerte nicht lange, war aber durchaus schmerzhaft. Nach einer kurzen Ruhepause wurden unsere potenziellen Kinder in Reagenzgläsern hereingebracht und mir um den Bauch geschnallt. Schließlich sollten sie die Körpertemperatur nicht verlieren, denn zum Befruchten mussten wir sie nun ca. 60 km weiter in eine andere Klinik bringen. Es war ein komisches Gefühl, diese kostbare Fracht um meinen Bauch zu spüren. Wir gaben die Reagenzgläser in der Klinik ab und noch am gleichen Nachmittag wurden wir angerufen und darüber informiert, wie viele Eizellen gefunden worden waren und wie viele davon zur Befruchtung in Frage kamen. Vier Tage später sollten wir dann zum Einsetzen wiederkommen. Erneutes Warten, Hoffen und Bangen! Dann war es so weit. Pünktlich kamen wir in der Frauenklinik an. Man teilte uns mit, dass fünf Embryonen vorhanden seien. Sollte es also diesmal nicht klappen, hatten wir noch die Möglichkeit, einen weiteren Versuch zu starten. Ein Gynäkologenstuhl, meine Frau an meiner Seite und ein Arzt mit Pipette mit sehr langem Schlauch waren bei der Geburtsstunde unseres Babys dabei. Also fast ein ganz normaler Liebesakt!

Der Eingriff war vollkommen schmerzlos und in wenigen Sekunden vorbei. Nachdem noch mal mit dem Mikroskop überprüft wurde, ob die Embryonen auch tatsächlich in die Gebärmutter gewandert waren, konnten wir wieder gehen. Ich hatte nichts gespürt und trotzdem sollte sich etwas Grundlegendes in mir verändert haben. In mir hatten zwei Babys die Chance zu wachsen. Ein wahnsinnig erhebendes, aber auch komisches Gefühl. Wie sollte ich mich nun verhalten? Was durfte ich noch, was könnte ihr Leben gefährden?

Zurück in Deutschland verlief alles wie bisher, der Alltag musste schließlich weitergehen. Doch ständig hatte ich unsere Babys im Kopf. Wir konnten es kaum erwarten, endlich nach ca. 14 Tagen den Schwangerschaftstest zu machen. Und dann, ich konnte es fast nicht glauben, war er tatsächlich positiv! Beim ersten Versuch hatte es geklappt, unsere Babys wuchsen in meinem Bauch! Wir waren überglücklich.

Ich hätte jetzt beruhigt aufatmen können, doch neue Fragen taten sich auf. Hatten beide Embryonen überlebt oder eins? Was, wenn plötzlich Blutungen auftraten? Eine Schwangerschaft ist zwar keine Krankheit, aber auch gewiss kein Normalzustand. Sie ist aufregend, beängstigend, voller Glücksgefühle und vor allem völlig unbekannt.

Leider ist unser erstes Mädchen in der 24. Woche als Frühchen per Kaiserschnitt zur Welt gekommen und konnte nur eine Stunde überleben. Wir werden sie immer in Erinnerung behalten. Bald wird sie nun ein hoffentlich gesundes Geschwisterchen bekommen. Ich konnte mir früher nie vorstellen, ein Kind zu bekommen und dann auch noch als Lesbe. Doch heute weiß ich, ich würde es mir von niemandem verbieten lassen. Sich bewusst für ein Kind zu entscheiden ist auf jeden Fall immer eine gute Entscheidung.

Ingrid (39), Tochter Xenia ist mittlerweile sechs Jahre alt.*

Manchmal erfüllt sich der Traum von leiblichen Kindern nicht. In einer Zeit, in der alles so plan- und machbar scheint, ist diese Tatsache schwer zu verkraften. Sicher, es gibt auch andere Möglichkeiten, ein Leben mit Kindern zu realisieren. Doch nicht alle können sich Pflegschaft, Adoption oder Patenschaft vorstellen. Es braucht Zeit, sich von einer ganz bestimmten Vorstellung von Familie zu verabschieden. Erst dann kann etwas Neues entstehen.

Wenn sich Schwule nach ihrem Coming-out leibliche Kinder wünschen

Nun ist es für Lesben schon kompliziert genug, Kinder zu bekommen. Doch schwule Männer, die sich leibliche Kinder nach ihrem Coming-out wünschen, haben es noch weitaus schwieriger. Kinderwunsch und schwuler Lebensentwurf – für viele Schwule ist dies ein Widerspruch. Deshalb verdrängen manche schwulen Männer ihren Wunsch, zumindest eine Zeit lang.

Ich habe Kinder immer gemocht und überlegt, Kinderarzt zu werden. Aber in einer schwulen Lebensrealität haben Kinder nicht viel verloren. So habe ich diese Schublade abgesperrt. Zum Glück habe ich sie dann irgendwann wieder aufgemacht, als ein befreundetes Lesbenpaar meinen Ex-Partner und mich fragte, ob wir Väter werden wollen.

Helmut (43), hat sich seinen Kinderwunsch
mit einem lesbischen Paar erfüllt

Darüber hinaus haben Schwule mit verschiedenen gesellschaftlichen Vorurteilen zu kämpfen. Den Kindern fehle doch dann die mütterliche Brust, oder – weit seltener offen geäußert – bei den Männern seien womöglich pädophile Neigungen im Spiel und den Kindern drohen sexuelle Übergriffe.

Nichtsdestotrotz versuchen immer mehr Schwule, sich ihren Traum vom Leben mit Kindern zu erfüllen.

Eine sehr teure (und in den meisten europäischen Ländern illegale) Möglichkeit für schwule Männer, eine Familie mit leiblichen Kindern zu gründen, ist die Leihmutterschaft. (Siehe Kap. 6) In den USA gibt es Agenturen, die sich auf schwule Paare mit Kinderwunsch spezialisiert haben. Diese vermitteln nicht nur Leihmütter, sondern führen auch sämtliche medizinischen Behandlungen durch.

Weitaus einfacher und kostengünstiger stellt sich die Familiengründung dar, wenn ein schwuler Mann bzw. ein Paar sich z.B. mit einer lesbischen Frau oder einem Paar zusammentut und sich als Samenspender für eine Vaterrolle entscheidet. In der Regel lebt dann das Kind bei der Mutter bzw. den Müttern, aber der Spender/Vater hat regelmäßigen Kontakt zum Kind bzw. das Kind ist zu bestimmten Zeiten bei ihm.

Mein Ex-Partner und ich haben mit einem Frauenpaar zwei Kinder, d.h. jeder hat jeweils mit einer der beiden Frauen ein Kind. Die Kinder wachsen bei den Müttern auf. Aber für mich sind beide Kinder meine Kinder, es sind unsere Kinder. Jeden Donnerstag und ab und zu am Wochenende sind sie bei mir.

Helmut (43), Vater von Lea (11) und Lukas (8)

Bei der gemeinsamen Elternschaft teilen sich mehrere Erwachsene die Verantwortung für das Kind bzw. die Kinder (auch Queerfamily genannt, siehe Kapitel 3).

Bei allen Möglichkeiten ist es eine große Herausforderung, ein Arrangement zu finden, das den Bedürfnissen aller Beteiligten entspricht. Es erfordert hohen kommunikativen Einsatz, über die Vorstellungen, die jede/r von der zukünftigen Familienkonstellation hat, ehrlich, klar und deutlich zu sprechen.

Wenn Schwule mit Kinderwunsch auch eine aktive Vaterrolle leben wollen, dann brauchen sie die Bereitschaft einer Frau, das Kind auch mit einem Mann zu teilen. Ist die Frau lesbisch und gibt es eine Partnerin, die auch Mutter sein will, bedeutet diese Konstellation Elternschaft zu dritt. Lebt der biologische Vater in einer Partnerschaft, hat das Kind eventuell sogar vier Eltern.

Häufig wünschen sich schwule Männer, die mit einer lesbischen Frau oder einem Paar ein Kind haben, mehr und verbindlicheren Kontakt zum Kind. Umgekehrt kann es aber auch vorkommen, dass sich die Frauen mehr Engagement vom biologischen Vater wünschen.

Manchmal würde ich die Kinder gerne mehr sehen. Gleichzeitig habe ich gar nicht die Zeit dafür, und die Kinder haben ihre Termine und ihr Umfeld. Da würde ich alles ein bisschen durcheinanderbringen. Im Grunde passt es so, wie es ist. Ich bin neugierig, wie das sein wird, wenn sie älter sind. Vielleicht wollen sie dann mal für ein paar Tage von den Müttern flüchten und zu mir kommen. Das wäre auch okay.

Helmut (43), Vater von Lea (11) und Lukas (8)

Es ist sehr unterschiedlich, wie viel Nähe zwischen den Müttern und den Vätern vorgesehen ist. Trotz enger Freundschaft sind natürlich auch Grenzen da. Eine Geburt ist ein sehr besonderes Erlebnis. Für manche Spender, die mit ihren Freundinnen eine Familie gründen und eine aktive Vaterrolle einnehmen möchten, ist klar: Sie möchten bei der Geburt auf jeden Fall dabei sein.

Als Zivildienstleistender hatte ich im Notarztwagen schon einige Kinder mit auf die Welt gebracht. Während meines Medizinstudiums war ich für das Praktische Jahr in Afrika. Ständig fanden da Geburten statt. Nach der fünfzigsten habe ich aufgehört zu zählen. Deshalb hatte ich auch nicht so große Angst. Eine Geburt ist einfach ein sensationelles Ereignis. Und nachdem es auch noch unser gemeinsames Wunschkind war, wollte ich natürlich unbedingt dabei sein. Für die Frauen war es klar, dass sie dieses Erlebnis im Rahmen unseres gemeinsamen Familienprojekts teilen wollten.

Helmut (43), Vater von Lea (11) und Lukas (8)

Manche schwulen Männer, die sich dazu entschließen, Samenspender zu sein, möchten lieber so etwas wie eine Onkelrolle einnehmen. Ihnen ist es recht, wenn sie ab und zu Kontakt haben, sich aber in den Fragen des täglichen Lebens nicht zuständig fühlen. Sie möchten als Bezugsperson zur Verfügung stehen, aber nicht als sozialer Vater.

Gleichzeitig gibt es Männer, die sich dazu berufen fühlen, Lesben als Samenspender bei der Familiengründung zu helfen. Sie möchten zwar keine aktive Vaterrolle oder elterliche Verantwortung übernehmen, aber dennoch Kinder in ihrem Leben haben.

Ich wusste schon ganz früh, dass ich schwul bin. Und ich wusste auch schon ganz früh, dass ich gerne Kinder hätte. Dass diese beiden Dinge schwierig miteinander zu vereinbaren waren, empfand ich als Problem. Ich wollte einfach etwas in dieser Welt hinterlassen. Wir waren vier Geschwister, und ich bin in einer großen Familie aufgewachsen. Familie ist wichtig für mich – das kann eine Beziehung sein oder eben auch Kinder.

Ich hatte mich schon einige Zeit mit dem Thema beschäftigt, als ich eine Anzeige von einer lesbischen Frau sah, die einen Samenspender suchte. Wir lernten uns kennen und probierten einige Monate lang, aber es wurde nichts. Erst 2003 traf ich dann ein lesbisches Paar, mit denen es passte und ganz schnell klappte. 2004 kam dann sozusagen mein erstes Kind zur Welt. Mittlerweile sind es 15 Kinder, und das 16. ist unterwegs. Jedes einzelne ist für mich eine Bereicherung, und ich versuche, zu allen den Kontakt zu halten. Das ist mir sehr wichtig – so ganz anonym würde ich das nicht machen wollen. Und ich möchte auch nur Paaren helfen, nicht Alleinstehenden. Einmal habe ich auch einem heterosexuellen Paar geholfen, aber das war ziemlich schwierig, weil sich der zeugungsunfähige Mann so zurückgesetzt gefühlt hat. Ich weiß nicht, ob ich das noch einmal machen würde.

Als ich das erste Kind, einen Jungen, im Arm gehalten habe, das war schon ein sehr schönes Gefühl, das werde ich nie vergessen. Das erste ist eben etwas ganz Besonderes.

Wie oft ich mit meinen Familien Kontakt habe, variiert ganz stark. Am intensivsten ist der Kontakt, wenn es eine Zeit lang dauert, bis sich eine Schwangerschaft einstellt. Ab und zu klappt es ja schon beim ersten oder zweiten Mal. Dann sehen wir uns oft erst wieder, wenn das Kind geboren ist. Manche wünschen sich ein zweites Kind, dafür treffen wir uns natürlich wieder regelmäßig, bis die Frau schwanger ist.

Die Kinder kennen sich zum Teil und können schon ganz gut miteinander spielen. Wir hatten auch schon mal gemeinsame Feste. Da tobt dann das Leben. Auf einem waren acht von meinen Kindern da. Die meisten nennen mich Papa. Aber jedes Kind muss wissen, dass es keinen Alleinanspruch auf mich hat. Es würde mich sehr freuen, wenn die Kinder später einmal ein lockeres Freundschaftsnetzwerk pflegen würden, das fände ich sehr schön.

Ich finde es gut, wie es läuft. Eine eigene Familie wäre mir viel zu viel Verantwortung. Trotzdem ist es für mich manchmal schwierig, bei den Familien nur Gast zu sein. Die Familie, das sind Mutter, Mutter, Kind. Bei der ersten Adoption – mittlerweile sind es zehn – war es schon eine Überwindung, wirklich alles loszulassen. Auf der anderen Seite finde ich es toll, dass es für die nicht-biologische Mutter die Adoptionsmöglichkeit gibt. Denn die beiden Mütter haben die ganze Verantwortung und die ganze Arbeit, dann sollen sie doch auch die ganzen Rechte haben.

Irgendwann möchte ich mich als Spender auch mal zur Ruhe setzen. Natürlich will ich noch dem Bedürfnis nach Geschwisterkindern nachkommen. Und ich möchte weiterhin in der Lage sein, zu all meinen Kindern den Kontakt zu halten. Aber es ist auch eine große Bestätigung für mich, wenn ich gefragt werde bzw. wenn andere glauben, dass ich ein guter Vater wäre. Ich weiß, dass es für manche Frauen ein Problem ist, dass es in der Zwischenzeit schon so viele Kinder sind. Aber wenn ich dann wieder eines im Arm habe, dann bin ich jedes Mal froh, dass ich „ja" gesagt habe. Sonst gäbe es dieses Kind ja nicht.

Mittlerweile habe ich einen „Auszubildenden", der schon einem Paar geholfen hat und für mich auch einmal als „Urlaubsvertretung" eingesprungen ist. Mich wundert es sowieso, warum nicht mehr Männer Samen spenden. Die rechtliche Situation lässt sich mit der Adoption durch die nicht-biologische Mutter doch wunderbar regeln. Da kann ich nur andere Männer ermuntern, es sich doch mal zu überlegen.

Das Schönste an meiner Tätigkeit als ehrenamtlicher Samenspender besteht darin, dass ich mit wenig Mitteln dieses

Wunder von Leben weitergeben kann. Und ich kann dabei den Frauen helfen, ihren Traum zu verwirklichen.

Stefan (42)*

Pflegschaft

Es gibt viele Gründe, sich für Pflegekinder zu entscheiden. Eine Überlegung geht dahin, dass es doch schon so viele Kinder auf der Welt gibt. Und für manche dieser Kinder wird eine neue Familie zumindest zeitweise gesucht. Warum dann selbst noch ein Kind kriegen?

Wenn das Jugendamt ein Kind in Obhut nimmt, dann hat das Mädchen oder der Junge möglicherweise schon einiges hinter sich. Das kann Vernachlässigung und Misshandlung sein, sexualisierte Gewalt oder Freiheitsentzug. Bis Kinder aus Familien herausgenommen werden, kann eine lange Zeit vergehen. Schließlich sollen Kinder, wenn es irgendwie möglich ist, in ihrer Herkunftsfamilie aufwachsen. Der Staat greift dann ein, wenn das Kindeswohl gefährdet ist. Doch wer stellt wann fest, dass dies der Fall ist? Personelle Überlastung bei Jugendämtern, die Scheu der Nachbarn, sich einzumischen – nicht immer gelingt es, Kinder optimal zu schützen.

Doch nicht jede Geschichte handelt von Gewalt. Manchmal wird ein Kind in eine Familie hineingeboren, die schon lange vom Sozialdienst oder vom Jugendamt betreut wird. Bei schwerer psychischer Erkrankung der Mutter bzw. der Eltern kann beispielsweise das Kind gleich nach der Geburt in eine Pflegefamilie vermittelt werden.

Welche traumatisierenden Erfahrungen ein Kind bereits gemacht hat, ist nicht immer bekannt. Auch eine Reihe familiärer Hintergründe erschließt sich oft erst im Laufe der Zeit und mit Hilfe professioneller Begleitung durch das Jugendamt.

Deshalb ist es unerlässlich für interessierte Eltern, sich zu fragen: Trauen wir uns das zu? Verfügen wir über genug pädagogische, emotionale und finanzielle Ressourcen? Haben wir Zeit und Raum für ein Kind mit besonderen Bedürfnissen?

Das Verfahren kann lange dauern. Zwei Jahre Wartezeit ist keine Seltenheit. Diese Zeit wird oft als schwierig empfunden. Und manchmal stellt sich auch die Frage, warum es denn so lange dauert. Nun werden die Fachkräfte in den Jugendämtern nicht müde zu betonen, dass in der Vermittlung von Pflege- und Adoptivkindern passende Eltern für Kinder gesucht werden und nicht etwa passende Kinder für wartende Eltern. Jede Herkunftsfamilienegeschichte ist anders und welches Kind in welche Pflegefamilie vermittelt wird, hängt von vielen Faktoren ab.

Eine Jugendamtmitarbeiterin schildert ihre Arbeit:

Meine Aufgabe besteht darin, zunächst die Bewerber-Familien zu überprüfen. Interessierte kommen zu einem Informationsabend, der einmal im Monat stattfindet. Dort erfahren sie neben grundsätzlichen Informationen zum Thema „Pflege" bei weitergehendem Interesse, welche Kollegin oder welcher Kollege für sie zuständig ist. Das Überprüfungsverfahren besteht aus Einzelgesprächen, Paargesprächen, zwei Samstagsseminaren, einem Abschlussgespräch und einem Hausbesuch. Dieser Prozess dauert etwa sechs bis acht Monate. Wir suchen in der Regel zwei Elternteile, die in einer stabilen Partnerschaft leben, weil wir das für alle Beteiligten entspannter finden, wenn sich Erziehung auf zwei Leute verteilt. Außerdem möchten wir dem Kind so viel Sicherheit wie möglich bieten. Aber natürlich überprüfen wir auch Alleinstehende.

Wenn wir das Gefühl haben, die Bewerber sind geeignet, ein Kind aufzunehmen, überlegen wir mit den BewerberInnen gemeinsam, was für ein Kind das sein könnte. Wie alt soll das Kind sein, mit welcher Problemlage können die BewerberInnen umgehen, wo fühlen sie sich überfordert, welche Risikobereitschaft haben sie? Wenn das geklärt ist, führen wir die Familie als offene und zu belegende Pflegebewerber. In der Regel werden diese Familien auch irgendwann belegt. Das kann ganz schnell gehen oder auch nicht. Wir suchen ja passende Eltern für ganz bestimmte Kinder und nicht umgekehrt. Das muss einfach stimmen. Bewerber müssen in jedem Fall große Offenheit und Einfühlungsvermögen mitbringen. Die Akzeptanz und der Respekt gegenüber den leiblichen Eltern ist ein ganz großes Thema.

Mit der Altersgrenze der BewerberInnen sind wir nicht ganz so streng wie die Adoptionsstellen. Natürlich wollen wir ein Eltern-Kind-Verhältnis und kein Großeltern-Kind-Verhältnis, aber auf ein paar Jahre hin oder her kommt es nicht an, wenn sonst alles passt. Nachdem die meisten der zu vermittelnden Kinder zwischen sechs Monaten und etwa fünf oder sechs Jahren alt sind, werden wir allerdings Interessierte, die über 50 Jahre alt sind, eher nicht berücksichtigen.

Die meisten Familien wünschen sich ein Kind, das sie auf Dauer aufnehmen können. Wir suchen aber auch immer wieder Familien, die sich eine Bereitschaftspflege vorstellen können. Bei der Bereitschaftspflege wird ein Kind aus einer akuten Notsituation heraus aufgenommen. Es bleibt für die Zeit der Abklärung bei der Familie; dieser Zeitraum sollte nicht länger als sechs Monate betragen, ist in der Realität allerdings meist etwas länger. Für diese Pflegeform braucht man entweder eine pädagogische Ausbildung oder sehr viel Erfahrung. Wir prüfen dann, ob bzw. unter welchen Voraussetzungen ein Kind wieder zu den Eltern zurück kann oder ob wir für das Kind eine andere Unterbringungsmöglichkeit brauchen.

Wir vermitteln im Jahr etwa 30 bis 40 Pflegekinder. Die Familien werden dann von uns über einen längeren Zeitraum betreut. Wir beraten, unterstützen und begleiten die Familien beim Prozess des Hineinwachsens des Pflegekindes in die neue Familie oder z.B. bei den Kontakten zur Herkunftsfamilie.

Leider melden sich sehr selten lesbische oder schwule Paare, die an einem Pflegekind interessiert sind. Ab und zu kommen mal welche zum Informationsabend, aber es wundert mich, dass es nicht mehr sind. Wir sind jedenfalls offen und haben eine klare Leitlinie, dass lesbische und schwule Paare grundsätzlich genauso willkommen sind wie andere Paare auch.

Allerdings sind die Chancen auf Vermittlung eingeschränkt, nachdem die Herkunftsfamilie auch mit entscheidet, in welche Art Familie ihr Kind vermittelt wird. Derzeit arbeiten wir mit einer schwulen Bereitschaftspflegefamilie und drei lesbischen Pflegefamilien zusammen.

Nicola Kürn, Dipl.-Sozialpädagogin,
Stadtjugendamt München

Wie mit lesbischen und schwulen Paaren umgegangen wird, ist nach wie vor eine individuelle Entscheidung der örtlichen Ju-

gendämter. In jedem Fall ist eine stetig wachsende Offenheit gegenüber gleichgeschlechtlichen BewerberInnen festzustellen. Offiziell kann einem lesbischen oder schwulen Paar eine Bewerbung für ein Pflegekind nicht verwehrt werden. Auch Alleinstehende können sich bewerben. Doch es gibt keine „Garantie für ein Kind". Nach wie vor steht das verheiratete Heteropaar für Sicherheit und Stabilität, deshalb wird diesen Paaren oft der Vorzug gegeben. Hinzu kommt, dass eine Vermittlung auch davon abhängt, wie die Herkunftsfamilie gegenüber einem Frauen- oder Männerpaar eingestellt ist.

In Einzelfällen kann es für ein Kind besser sein, wenn es beispielsweise aufgrund der Vorgeschichte in einer Familie aufwächst, in der kein Mann lebt. In diesem Fall hätte ein Frauenpaar natürlich einen deutlichen Vorteil. Diese Konsequenz wird nur sehr selten gezogen, zumal der Anteil der homosexuellen BewerberInnen sehr gering ist. Auch in den Ballungsräumen der Großstädte gibt es letztendlich oft nur eine Handvoll lesbische bzw. schwule Pflegefamilien. Allerdings könnte sich das auch bald ändern, denn immer wieder werden händeringend Pflegeeltern gesucht. Die Pflegekinderdienste täten gut daran, verstärkt auf lesbische und schwule Paare zuzugehen, denn dort ist ein großes Potenzial vorhanden. Derzeit leben in etwa 6% aller Regenbogenfamilien Pflegekinder; der Anteil an Adoptivfamilien beträgt etwa 2%.

Adoption

Für lesbische und schwule Paare ist es praktisch unmöglich, ein Kind in Deutschland zu adoptieren. Erstens gibt es nach wie vor weitaus mehr Eltern, die ein Kind adoptieren wollen, als Kinder, die zur Adoption freigegeben sind. Und zweitens werden heterosexuelle Paare bei der Auswahl bevorzugt. Dies liegt unter anderem daran, dass ein lesbisches bzw. schwules Paar nicht gemeinsam ein Kind adoptieren kann. Das ist rechtlich nach wie vor nicht möglich. Deshalb bleibt Lesben und Schwulen nur die Möglichkeit, als Einzelperson zu adoptieren. Für das Kind bedeutet dies eine geringere Absicherung, was wiederum für die Jugendämter ein Kriterium ist, das Kind doch lieber in einen Haushalt mit zwei rechtlichen Elternteilen zu vermitteln. Die Auswahl an BewerberInnen ist groß – in der Regel kommen auf ein Kind zwischen drei und zehn Interessierte.

So ist für lesbische und schwule potenzielle Adoptiveltern das Ausland eine Alternative. Wer sich für ein Adoptivkind aus dem Ausland interessiert, kann bei den örtlichen Jugendämtern erfahren, welche Organisationen seriös und im Interesse des Kindes arbeiten. Zum Einstieg empfehlen sich entsprechende Ratgeber[16] bzw. Fachportale wie beispielsweise „Moses online"[17].

In Deutschland ist die Beteiligung einer zugelassenen Auslandsadoptionsvermittlungsstelle zwingend vorgeschrieben. Die Adoptionsaufsichtsbehörde (Bundeszentralstelle für Auslandsadoption) gibt Auskünfte über das gültige Adoptionsrecht in anderen Ländern.[18]

Damit eine seriöse Auslandsadoption in Deutschland anerkannt wird, muss das gesamte Verfahren auch in Deutschland durchlaufen werden – ein zeitintensiver, aber notwendiger Prozess. Im Ausland ist die Wahrscheinlichkeit ziemlich groß, tatsächlich ein Kind vermittelt zu bekommen – auch wenn es nur wenige Länder gibt, die offiziell Kinder an lesbische und schwule BewerberInnen vermitteln. Diesbezügliche Bestimmungen ändern sich fortlaufend. Deshalb ist es schwierig, langfristig gültige länderspezifische Aussagen zu machen. Dies kann in diesem Buch nur exemplarisch geschehen. So sind einige osteuropäische Länder bzw. Russland für allein stehende Frauen/Lesben offen, schwule Bewerber haben dort wegen des „Generalverdachts" der Pädophilie geringe Chancen. Neben den skandinavischen Ländern und einigen Bundesstaaten in den USA ist Südafrika ein Land, das gegenüber lesbischen und schwulen Adoptiveltern sehr aufgeschlossen eingestellt ist.

Dem grundsätzlichen Problem bei Adoptionen kann man als Paar auch mit einer Auslandsadoption nicht entkommen: Selbst wenn im Ausland beide Elternteile rechtlich als Eltern anerkannt sind, ist diese gemeinschaftliche Adoption in Deutschland nicht gültig. Wenn lesbische oder schwule Paare z.B. ein Kind aus Südafrika adoptieren, ist es üblich, dass bei den südafrikanischen

---

16 Riedle, Herbert/Gillig-Riedle, Barbara (2006): Ratgeber „Auslandsadoption". TiVan Verlag, Würzburg. Das zugehörige Onlineportal: www.adoptionsinfo.de
17 www.moses-online.de
18 www.bundesjustizamt.de ==> Zivilrecht ==> Auslandsadoption

Behörden nur ein Elternteil adoptiert, damit gewährleistet ist, dass die Adoption auch in Deutschland anerkannt wird. Denn was nützt die gemeinsame rechtliche Elternschaft, wenn sie dort, wo der Lebensmittelpunkt der Familie liegt, nicht existiert? Bei einer Auslandsadoption ist mit hohen Kosten zu rechnen – in jedem Fall mehr als 10.000 Euro. Die Kosten variieren sehr; in den USA ist derzeit mit den höchsten Kosten zu rechnen.

Im Folgenden schildert eine Jugendamtmitarbeiterin das Prozedere, das alle potenziellen BewerberInnen durchlaufen müssen.

Um als BewerberInnen überprüft zu werden, müssen derzeit in München folgende Voraussetzungen erfüllt sein: eine stabile Partnerschaft; maximal 41 Jahre bei Vermittlung, d.h. maximal 39 Jahre bei Beginn der Überprüfung; abgesicherte finanzielle Situation; keine schweren Krankheiten; eine Offenheit zur Zusammenarbeit mit dem Jugendamt und eine Offenheit auch für die eigene Lebenssituation; keine Eintragungen im Führungszeugnis. Auch allein stehende Personen haben das Recht auf Überprüfung – Paare haben jedoch größere Chancen auf ein Kind, da ein Paar in der Regel belastbarer ist als eine Einzelperson.

Der erste Schritt ist ein Informationsabend, der monatlich stattfindet. In einem Monat ist das Thema „Inlandsadoption" dran; im nächsten Monat steht die Auslandsadoption im Mittelpunkt. Die Paare oder interessierten Personen werden eingeladen. Der Abend dauert zwei Stunden, in denen wir einen Grobüberblick über die Thematik geben. Die TeilnehmerInnen sollen dann noch mal überlegen, ob das jetzt wirklich ihr Weg sein soll. Wenn sie das mit Ja beantworten, bekommen sie die Bewerbungsunterlagen zugeschickt. Sie müssen ein medizinisches Attest beibringen, einen Lebenslauf schreiben, ein aktuelles Foto abgeben und ein Führungszeugnis beantragen. Wenn diese Unterlagen bei uns eingegangen sind, beginnen wir mit dem Überprüfungsverfahren. Und das sind bei einer Inlandsadoption sechs Gespräche, inklusive Hausbesuch und zwei Einzelgespräche und ein Seminar. Bei einer Auslandsüberprüfung sind es in der Regel vier Gespräche inklusive Hausbesuch ohne Einzelgespräche, dazu haben wir die Zeit einfach nicht, und auch kein Seminar, weil jemand, der aus dem

Ausland adoptiert, in der Regel noch an einer Auslandsvermittlungsstelle dranhängt, die dann die konkrete Vermittlung mit dem Ausland abwickelt und dort noch Seminare angeboten werden. Und wenn dieses Verfahren positiv durchlaufen ist, dann gelten diese Paare als fertig überprüft und zur Belegung bereit.

Jede der vier bei der Adoptionsvermittlungsstelle des Stadtjugendamts München tätigen Sozialpädagoginnen überprüft im Jahr etwa 15 bis 20 Paare und Einzelpersonen. Im Inland vermitteln wir zwischen acht und 16 Kinder im Jahr, etwa 30 bis 40 Auslandsadoptionen kommen hinzu, d.h. pro Jahr werden bei uns etwa 50 Adoptivkinder vermittelt. Insgesamt werden bei uns derzeit 106 Adoptionen abgewickelt. Das sind Inlands- und Auslandsadoptionen, Stiefeltern- und Verwandtschaftsadoptionen sowie Adoptionen, die innerhalb von Lebenspartnerschaften stattfinden. Generell ist die Zahl der interessierten Eltern immer größer als die Zahl der Kinder, die zur Vermittlung anstehen. Derzeit warten etwa 40 bis 50 Paare im Jahr auf ein Kind. Demgegenüber stehen die oben erwähnten acht bis 16 Kinder.

Die allermeisten Adoptionen sind heutzutage halboffen, d.h. der Nachname und die Adresse der Adoptiveltern sind nicht bekannt, aber es gibt bei Bedarf die Möglichkeit, sich persönlich kennenzulernen und Fotos und Briefe auszutauschen. Dieser Kontakt wird vom Jugendamt organisiert und begleitet.

Unser Stadtjugendamt ist ganz offen, was die Bewerbung und Überprüfung von gleichgeschlechtlichen Paaren angeht. Allerdings wären bei der Vermittlung eines Kindes immer auch die Wünsche der Herkunftsfamilie zu berücksichtigen. Ein zweites Hindernis besteht darin, dass nur verheiratete Paare gemeinsam adoptieren können, eingetragene Paare nicht. So haben diese Kinder eine schlechtere Absicherung, was wiederum ein wichtiges Kriterium ist. Wahrscheinlich melden sich deshalb sehr selten gleichgeschlechtliche Paare. Derzeit haben wir zwei schwule Paare, die aus Südafrika adoptiert haben, und ein schwules Paar, das auf die Vermittlung wartet. Interessant ist, dass wir momentan kein einziges lesbisches Paar betreuen, weder für Inlands- noch für Auslandsadoption. Die Lebenspartnerschaftsadoptionen finden allerdings alle in einem lesbischen Kontext statt, etwa fünf pro Jahr.

Gabriele Pechtl, Dipl.-Sozialpädagogin,
Stadtjugendamt München

Nun gibt es unter den vielen Adoptivfamilien, die in Deutschland leben, eine ganze Reihe von Adoptivverhältnissen, die nur nach dem Recht des jeweiligen Landes gültig sind und nie auf deutsches Recht übertragen wurden. Manchmal handelt es sich dabei auch um Adoptionen, die nicht auf legalem Weg zustande kamen und bei denen für die Vermittlung der Kinder viel Geld bezahlt wurde. An diesen menschenverachtenden Transaktionen verdient ein ganzer Wirtschaftszweig.

Zur Verhinderung von Kinderhandel unterzeichnete Deutschland 2002 das Haager Übereinkommen „über den Schutz von Kindern und die Zusammenarbeit auf dem Gebiet der internationalen Adoption". Mit diesem Abkommen soll gewährleistet werden, dass Kinder in ihren Herkunftsländern bleiben können und erst als letzte Option eine internationale Adoption in Frage kommt. Länder, die dem Haager Übereinkommen beigetreten sind, kommen für eine Auslandsadoption kaum in Frage.

Beim Thema „Auslandsadoption" scheiden sich die Geister. Die einen argumentieren, dass es unverantwortlich sei, ein Kind aus seiner gewohnten Umgebung zu reißen und damit einem Land seine wertvollste Ressource zu „klauen". Die anderen sehen das individuelle Kind, dem durch eine Adoption das Überleben ermöglicht wird und das eine Chance auf eine bessere Zukunft bekommt. Beide Argumentationen haben ihre Richtigkeit und letztendlich muss jede Familie für sich entscheiden, welcher Weg für sie geeignet ist. Eine Auslandsadoption ist immer eine Herausforderung für alle Beteiligten. Denn zur besonderen Situation, lesbische oder schwule Eltern zu haben und adoptiert zu sein, kommen für das Kind noch weitere Faktoren des Andersseins hinzu – das ferne Herkunftsland oder die Hautfarbe.

Es gab mal eine Zeit, da wusste ich nicht, worüber ich am wenigsten gern sprach: Dass ich ein Adoptivkind bin, dass ich aus Brasilien stamme oder dass meine Eltern zwei Frauen sind.

Antonia (17), wurde im Alter von 14 Monaten adoptiert

Unabhängig davon, ob Regenbogeneltern sich für ein leibliches, ein Pflege- oder ein Adoptivkind entscheiden: Es ist unabdingbar, sich mit Fragen zur eigenen Geschichte auseinanderzusetzen, bevor man bzw. frau selbst Eltern wird und eventuell heftigen Hormonschüben ausgesetzt ist. Was weiß ich über meine eigene Geburt? Wie bin ich aufgewachsen? Was möchte ich an Erziehungsvorstellungen von meinen Eltern übernehmen? Möchte ich lieber ein Mädchen oder einen Jungen? Warum? Wie stehe ich zu pränataler Diagnostik? Es ist sehr wichtig, diese Themen in Ruhe zu behandeln.

An dieser Stelle soll noch eine Frage aufgegriffen werden, die immer wieder im Zusammenhang mit lesbisch-schwuler Familiengründung gestellt wird: Können wir „so eine Familie" einem Kind überhaupt zumuten?

Kinder brauchen Verlässlichkeit, Stabilität und Kontinuität – sie brauchen Liebe, Fürsorge, Trost und Wärme. Haben sie lesbische oder schwule Eltern, dann ist dies nicht anders. Aber ihre Eltern müssen zu ihrer sexuellen Identität stehen, damit ihre Kinder stolz auf ihre Familie sein können. Studien zum Thema „Kinder in gleichgeschlechtlichen Lebensgemeinschaften" kommen alle zum gleichen Ergebnis: Das Wichtigste für ein gelungenes Aufwachsen von Kindern ist nicht die Lebensform oder das Geschlecht der Eltern, sondern ein harmonisches Familienklima und die Zufriedenheit der Eltern. Dies schließt einen selbstbewussten Umgang mit der eigenen Identität mit ein. Vor der Familiengründung ist es aus diesem Grunde unerlässlich, sich zu fragen, ob man sich als lesbische Frau oder als schwuler Mann wohlfühlt und gut mit dieser Information nach außen gehen kann. Dann kann auch das Kind souverän mit den Fragen anderer Kinder oder Eltern umgehen. Und diese Fragen werden kommen.

Kapitel 3
Familie ist Vielfalt!

Familie ist ein System, das es nicht nur in unendlich vielen Variationen geben kann – es ist auch dauernden Veränderungen unterworfen. Wenn wir von Familie sprechen, ist oft nicht klar, um welches Modell es sich handelt. Die einen bestehen darauf, dass der Begriff „Familie" Menschen unterschiedlicher Generationen umfasst, die durch Blutsverwandtschaft und Heirat miteinander verbunden sind. Andere sehen die Menschen, die ihnen nahe stehen, als ihre Wahl-Familie, jenseits aller biologisch begründeten Verbindung. Für Lesben und Schwule ist das soziale Netzwerk außerhalb der Herkunftsfamilie sehr wichtig. Es kann vor Isolation schützen („Es gibt noch andere, die so fühlen wie ich"), identitätsstärkend wirken und oftmals elterliche Nähe und Unterstützung ersetzen, denn es ist immer noch nicht selbstverständlich, dass Eltern das Lesbisch- bzw. Schwulsein des eigenen Kindes in Ordnung finden. So überrascht es nicht, dass gerade Lesben und Schwule in der Erfindung neuer Familienmodelle sehr kreativ sind.

Dessen ungeachtet wird im Folgenden der Begriff „Familie" für eine Verbindung aus Erwachsenen und Kindern verwendet.

Die kleinste Einheit besteht aus Mutter und Kind bzw. Vater und Kind – ein Kind mit einem Elternteil. Manche lesbische Frau bekommt das Kind von vornherein allein und spricht sich mit dem Spender/Vater ab. Stammen die Kinder aus früheren heterosexuellen Beziehungen, ist der außerhalb lebende Elternteil vielleicht noch stark ins Familienleben eingebunden. Dies gilt auch für Lesben und Schwule, deren Kinder in die gleichgeschlechtliche Beziehung hineingeboren wurden und die sich getrennt haben.

Schwule Väter leben seltener mit ihren leiblichen Kindern zusammen. Wenn diese Kinder aus einer früheren heterosexuellen Beziehung stammen, bleiben nach einer Trennung die Kinder oft bei ihrer leiblichen Mutter. Anders ist es, wenn schwule Männer nach ihrem Coming-out eine Familie planen. Von der Pflegschaft über Adoption oder Gemeinschaftsprojekt mit einer lesbischen Frau bzw. mit einem Lesbenpaar – hier sind verschiedene Lebens- und Wohnformen denkbar.

Neben der lesbischen Kleinfamilie – Mutter-Mutter-Kind/er – gibt es eine Vielzahl an Möglichkeiten, lesbisch-schwule Elternschaft zu leben.

Ich möchte an dieser Stelle exemplarisch einige Familienmodelle vorstellen. Da gibt es beispielsweise eine Mehrelternkonstellation, in der Elternschaft jenseits romantischer Zweierbeziehung gelebt wird, die Regenbogenfamilie mit schwul-lesbischer Elternschaft (manchmal Queerfamily genannt) oder die Patchworkfamilie mit neuen PartnerInnen oder auch mit mehreren Kindern aus verschiedenen Verbindungen. Auch Transfamilien, also Familien mit mindestens einem transidenten Elternteil, gehören zur Regenbogenvielfalt dazu.

Bei aller Unterschiedlichkeit haben diese Familien eines gemeinsam: Für ihre Art, Familie zu leben, gibt es oft keine gesetzlichen Entsprechungen, also beispielsweise kein Sorgerecht für eine dritte oder vierte Person. Oder das Recht gibt Wege vor, die viele nicht beschreiten wollen. Dies kann Unsicherheiten mit sich bringen, die sich auf die Beziehungen innerhalb einer Familie stark auswirken können.

Queerfamily

Wenn sich Lesben und Schwule zusammentun, um eine Familie zu gründen, dann sind dies oft drei oder vier Personen. Da fragt eine lesbische Frau ein schwules Paar aus dem Freundeskreis oder ein lesbisches Paar fragt den besten schwulen Freund und dessen Partner, ob sie sich vorstellen können, Vater/Väter zu werden.

Möglicherweise hat das Kind dann drei oder mehr Eltern. Dies setzt viel Kommunikation im Vorfeld voraus. Schon zu Beginn ist es ratsam, die Wünsche und Bedürfnisse an die neue Familie zu klären: Wer wird das Kind austragen? Wer wird Spender/biologischer Vater? Wer möchte welche Rolle einnehmen? Wo soll das Kind seinen Lebensmittelpunkt haben? Wer bekommt das Sorgerecht? Machen wir einen Unterschied zwischen biologischer und sozialer Elternschaft? Welche Regelungen treffen wir im Fall von Trennung oder Tod?

Bei der Queerfamily ist die Frage nach dem Maß der Beteiligung der Väter zentral. Diese Beteiligung kann sich auf das Wochenende beschränken; das Kind könnte aber auch zwischen den Haushalten pendeln. Wohnen alle Queer-Eltern im selben Haus oder Stadtviertel, können sehr flexible Betreuungslösungen gefunden werden. Je mehr Personen beteiligt sind, desto klarer müssen die Absprachen sein.

Bei Thorstens Familie gibt es vier Eltern. Alle Beteiligten sind mit den Regelungen, die sie getroffen haben, zufrieden. Der 47-Jährige ist Vater der dreijährigen Arwen – gemeinsam mit seinem Partner Charly (48) und den Müttern Natalie (38) und Undine (37).

Das Thema „Vatersein" begleitet mich schon sehr, sehr lange. Bevor ich meinen jetzigen Partner kennenlernte, war ich mit Frauen zusammen. Meine schwulen Anteile lebte ich nebenher aus.

Mit einer Partnerin hatte ich einen Sohn, der wegen eines Geburtsfehlers kurze Zeit nach der Geburt starb. Das war vor 24 Jahren. Danach dauerte es lange, bis ich das Thema nicht mehr als Belastung empfand, sondern positiv besetzen konnte. Nach einer Therapie konnte ich auch meine schwule Seite ganzheitlicher leben und bald darauf begann meine mittlerweile 14 Jahre andauernde Beziehung mit Charly.

Zunächst rückte der Kinderwunsch ein wenig in den Hintergrund, aber nach einiger Zeit begann ich, mit Charly mehr darüber zu reden und entsprechende Anzeigen in Szeneblättern zu lesen, in denen Lesben eine Familie gründen wollten. Das Problem dabei war aber, dass die Frauen alle keinen aktiven Vater suchten, sondern eher nur einen Spender mit gelegentlichem Kontakt zum Kind. Mit einem Paar haben wir uns auch getroffen, aber das ging gar nicht. So blieb ich skeptisch, bis ich eines Tages auf die Anzeige von Natalie und Undine stieß, die explizit eine aktive Vaterrolle zu besetzen hatten. Mittlerweile war ich 42 geworden und wollte gerne bald loslegen.

Unser erstes Treffen zu viert war bereits sehr schön. Wir verstanden uns auf Anhieb prächtig. Im Grunde war es Liebe auf den ersten Blick. Das war im September 2005. Als wir uns dann kennenlernten und die wesentlichen Punkte besprochen hatten, fingen wir an. Es war von vornherein klar, dass Natalie und ich die biologischen Eltern sein werden.

Nach der Geburt unserer Tochter Arwen im Juni 2007 gaben wir gemeinsame Sorgerechtserklärungen beim Jugendamt ab und ich zahle Unterhalt. Trotzdem ist Charly auch Arwens Vater (ein richtig großartiger und liebevoller!) und Undine auch Arwens Mutter. Das ist gar keine Frage, wir machen da keinen Unterschied.

Der Lebensmittelpunkt von Arwen ist bei ihren Müttern. Dort geht sie auch in die Krippe und in den Kindergarten. Im ersten Jahr war Natalie zu Hause, und wir waren regelmäßig nach der Arbeit dort und haben die Kleine auch mal ins Bett gebracht. Das erste Mal, als sie bei uns übernachtet hat, war sie so etwa acht Monate alt. Ab da war sie regelmäßig bei uns. Als Natalie dann wieder arbeiten ging, habe ich mir über ein Jahr eine Auszeit im Job genommen und Arwen ging tageweise in die Krippe. Einige Tage war sie dann auch bei uns – eine wunderbare Zeit! Zwischendurch waren auch mal die beiden Mütter eine längere Zeit alleine weg. Und nachdem Arwen bereits im Alter von sechs Wochen begann, durchzuschlafen, hatten wir von Anfang an besonderes Glück, dass wir – toi, toi, toi, – bisher kaum durchwachte Nächte kennen.

Inzwischen mussten wir wieder einen neuen Rhythmus suchen, weil sich bei uns allen beruflich einiges geändert hat. Aber zu viert lässt sich das alles hoffentlich weiterhin problemlos regeln. Außerdem wohnen Natalies Eltern zwei Straßen weiter und haben eine sehr intensive Beziehung zu Arwen. Also eigentlich sind es sechs Bezugspersonen, die sich ganz regelmäßig kümmern.

Meine Eltern kommen etwa drei- bis viermal im Jahr aus Norddeutschland und freuen sich sehr an ihrem Enkelkind. Sie haben damals eine ganze Zeit lang gebraucht, sich an das Schwulsein ihres Sohnes zu gewöhnen, aber mittlerweile vertreten sie es nach außen – vielleicht hat das Enkelkind auch dazu beigetragen. Bei den anderen Großeltern ist es eher schwierig: Undines Eltern leben in der Ferne und ihr Vater ist sehr krank. Daher ist die Zeit mit Arwen meist kurz und weniger intensiv. Bei Charlys Mutter ist das Schwulsein ihres Sohnes im wahrsten Sinne des Wortes kein Thema. Sie weiß auch gar nichts von Arwens Existenz. Aber auch das könnte sich alles bald ändern, denn derzeit planen wir ein Geschwisterchen für Arwen. Diesmal sollen Undine und Charly die biologischen Eltern sein – es wäre schön, wenn es klappt. Wir würden uns alle sehr, sehr freuen.

Arwen nennt uns Mama, Papa, Dine und Tsarli. Auch das war vorher so ausgemacht. Wie in jeder Familie haben alle ihre Rollen. Ich würde sagen, dass Natalie und ich die „strengeren" Eltern sind, die eher die Verbote aussprechen und auf die Einhaltung von Regeln pochen. Undine ist fürs Rumtollen die richtige Ansprechpartnerin und Charly ist ein geduldiger Spielkamerad mit viel Fantasie. Alltagsentscheidungen werden oft von Natalie und mir getroffen. Mindestens einmal im Monat setzen wir uns zusammen, stimmen unsere Termine ab und tauschen uns über Arwen aus. Größere Entscheidungen besprechen wir natürlich zu viert.

Das Thema Trennung verdrängen wir total. Jetzt läuft alles so gut. Aber wir haben einen Vertrag gemacht, auch für den Fall, dass Natalie und ich sterben. Dann soll Undine die Vormundschaft bekommen und Charly ein Umgangsrecht. Wenn Charly und ich uns trennen, soll er auf jeden Fall weiter Vater bleiben. Wir überlegen uns jetzt aber erst mal, uns zu verpartnern.

Unser Freundeskreis unterstützte unser Projekt von Anfang an. Die waren alle sehr bewegt und gerührt. Negative Reaktionen gab es bisher fast keine. Eine frühere Freundin, die sehr katholisch ist, fand unsere Familie „wider die Natur", da habe ich dann den Kontakt beendet. Ansonsten kommt es manchmal vor, dass schwule Männer Berührungsängste haben. Gründe hierfür könnten sein, dass mich einige anziehender finden, weil sie mich als einen potenten Kerl sehen, der ja ein Kind gezeugt hat. Andererseits passen für viele Schwule Kinderspielzeug und schwules Leben, das ja häufig stark sexuell geprägt ist, nicht wirklich zusammen – oder es ist auch noch das Thema „Frau", das da hineinspielt.

In der Krippe waren alle sehr aufgeschlossen. Die Leiterin ist bis heute sehr wissbegierig und positiv eingestellt.

Wenn wir zu viert mit Arwen unterwegs sind, werden wir sicher oft als zwei Heteropaare gesehen. Wenn nur ich mit Charly und Arwen irgendwo bin, werden wir oft nach der Mami gefragt. Manchmal sage ich gleich, dass es zwei Mamas und zwei Papas gibt. Meistens gibt es stutzige Gesichter, ab und zu auch neugierige Fragen, aber keine negativen Reaktionen. Bisher hatten wir wirklich Glück. Mal sehen, was noch kommt.

Von der Politik wünsche ich mir volle Gleichstellung. Regenbogenfamilien sollten nicht mehr als Sonderfall gelten, sondern einfach ein Teil des bunten vielfältigen Lebens sein. Na ja, jetzt sind wir eben erst mal ein kleines Vorbild.

Manchmal belastet es mich, dass ich erst mit 44 Vater geworden bin. Habe ich später noch genug Kraft, wenn Arwen ein Teenager ist? Aber dann fege ich diese Gedanken weg und bin stolz darauf, wie ich mein Leben geändert habe – ich lebe heute viel bewusster, ernähre mich gesünder und treibe Sport. Arwen hat so viele positive Veränderungen in uns ausgelöst.

Was mich jeden Tag glücklich macht, ist, dass ich jetzt doch noch Vater geworden bin, dass Arwen gesund ist, ich mich um ihr Wohl kümmern kann und dass wir vier uns gefunden haben. Ich kann andere schwule Männer nur ermutigen, sich diesen Traum auch zu erfüllen, wenn sie ihn haben. Es ist ein großes, wunderschönes und vollkommenes Glück, mit einem Kind zu leben.

Thorsten (47), Vater von Arwen (3)

In manchen Queerfamilys sind die verschiedenen Elternteile unterschiedlich präsent. Gibt es Elternschaft „über Kreuz", dann kann es sein, dass ein Kind seinen leiblichen Vater häufiger sieht als das andere.

Mein früherer Partner Stephen sieht die Kinder etwa alle zwei Monate, weil er beruflich sehr eingespannt ist. Die beiden Mütter sind der Lebensmittelpunkt der Kinder. Die Väter sind die Außen-Satelliten, und ich zirkuliere näher und öfter als Leas Vater Stephen. Die Kinder thematisieren das, und Lea würde ihn gern etwas öfter sehen. Aber letztendlich ist es ein Neben-schauplatz.

Helmut (43), Vater von Lea (11) und Lukas (8)

Patchworkfamilie

Die „Patchworkfamilie" ist begrifflich an die Stelle der Stieffami-lie getreten. Die Klischees der bösen Stiefmutter oder des fremden Stiefvaters haben Stieffamilien in ein negatives Licht gesetzt – im günstigsten Fall haben Kinder früher mit einer Stiefmutter ein mitleidiges Lächeln geerntet. Dies hat sich stark verändert. In einer Zeit, in der Beziehungen häufiger aufgekündigt und neue eingegangen werden, ist es nicht mehr außergewöhnlich, wenn Mütter bzw. Väter neue Beziehungen eingehen, eventuell weitere Kinder bekommen und so zu einer klassischen Patchworkfamilie werden.

Bei vielen lesbisch-schwulen Eltern stammen die Kinder aus früheren Heterozusammenhängen. Wenn sie sich nach ihrem Coming-out mit einer Frau oder einem Mann zusammentun, ent-steht eine neue Familie.

Ich war lange Jahre verheiratet und habe mit meinem Ex-Mann vier Kinder zwischen 13 und 21 Jahren. Während der letzten Schwangerschaft verliebte ich mich bereits das erste Mal in eine Frau, aber es sollte noch viele Jahre dauern, bis ich tat-sächlich bereit war, mich von meinem Mann zu trennen und mich damit auch vom traditionellen Familienbild zu verab-schieden. Nach zwei anderen Frauenbeziehungen bin ich jetzt seit fünf Jahren mit Christina zusammen und drei der vier Kin-der leben die Hälfte der Woche mit uns und die andere Hälfte mit ihrem Vater. Die Älteste ist schon ausgezogen.

Ulrike (48), Mutter von vier Kindern zwischen 13 und 21 Jahren

Meine verstorbene Partnerin Maria lebte in einer klassischen Ehe mit fünf Kindern zwischen vier und 14 Jahren. Wir haben zusammen im Kirchenchor gesungen. Ein paar Monate habe ich meine Gefühle zu ihr mit mir ausgemacht. Dann konnte ich es nicht mehr aushalten und habe es ihr gesagt. Ich rechnete mit einer Abfuhr, aber sie erwiderte meine Gefühle. Die Beziehung zu ihrem Mann war zu dieser Zeit schon ziemlich am Ende. Maria verließ zunächst ihren Mann und ihre Kinder, um allerdings recht bald in das gemeinsame Haus zurückzukehren. Sie wollte um ihre Kinder kämpfen. Als sie noch mit ihrem Mann im Haus wohnte, bin ich regelmäßig nachts mit Hilfe einer Leiter in den ersten Stock zu ihr geklettert. Morgens um fünf fuhr ich wieder zurück in meine Wohnung, damit niemand etwas merkte. Das war eine verrückte Zeit. Nach zähen Kämpfen gab es eine richterliche Entscheidung. Marias Mann musste ausziehen. Die beiden Großen nahm er mit, die drei Kleinen blieben bei Maria.

Wir lebten dann gemeinsam im Haus und hatten vier Kinder, mein Sohn Maximilian, der aus einer Beziehung mit einer Frau stammte, war zweieinhalb, und Marias Kinder waren fünf, sieben und neun Jahre alt. Es war total schön, wie wir da zusammengelebt haben, die vier waren wie Geschwister. Alle 14 Tage waren sie beim Vater und Maximilian war bei Gabi. So hatten wir jedes zweite Wochenende Zeit für unsere Beziehung.

Silvi (48), allein erziehende Mutter von Maximilian (12).
Maria starb 2004 an Lungenkrebs.*

Verliebt sich eine kinderlose Lesbe in eine Frau, die ein Kind oder mehrere Kinder hat, kann es schon eine Zeit lang dauern, bis sich alle Beteiligten in die Situation einfinden. Die Kinder müssen sich an die fremde Frau gewöhnen, Regeln werden vielleicht wieder in Frage gestellt oder Umgangsformen neu verhandelt. Dies erfordert Geduld und Kompromissbereitschaft von allen Seiten.

Ich wusste von Anfang an, dass Ulrike vier Kinder hat. Diese Vorstellung gefiel mir. Die Kinder sind mir erst mal sehr offen entgegengetreten. Aber dann kam eine sehr schwierige Phase mit jedem Kind. Nach etwa einem Jahr Zusammenleben hatten wir alles so einigermaßen zurechtgerückt.

Christina (30), Partnerin von Ulrike

Wenn sich ein kinderloser schwuler Mann in einen schwulen Vater verliebt, kann die Beziehung zwischen Lebenspartner und Kind auch noch nach Jahren distanziert sein. Dies hängt vielleicht mit Loyalitätskonflikten des Kindes zusammen – gerade

dann, wenn die schwule und die heterosexuelle Welt keinerlei Berührungspunkte aufweisen. Gleichzeitig ist es aber auch klar, dass der Partner zunächst in der zweiten Reihe steht und das Kind Priorität hat.

Wolfgang und ich sind jetzt seit zehn Jahren zusammen. Bei der Trennung von meiner Ex-Frau war meine Tochter Alina drei Jahre alt. Sie kann sich nicht an die Zeit vor Wolfgang erinnern. Alinas Lebensmittelpunkt ist bei ihrer Mutter. Als sie sechs war, haben wir die Regelung eingeführt, dass Alina jedes zweite Wochenende und ein Drittel der Ferien mit mir verbringt. Die Trennung war sehr schwierig für mich. Alina sollte das alles auch nicht so mitkriegen. Ich hatte immer Angst, dass Alinas Mutter einen neuen Partner findet, mit ihm eine neue Familie bildet und Alina dann womöglich nichts mehr von mir wissen will. Dies ist aber nie eingetroffen.

Alinas Mutter interessiert sich nicht für unsere Welt. Deshalb lebt meine Tochter in zwei Welten, die sehr wenig Kontakt zueinander haben. Mittlerweile respektiert meine Ex-Frau unsere Beziehung gegenüber Alina. Dies liegt sicher auch daran, dass Alina den Kontakt zu uns einfordert. Ich bin sehr präsent bei ihr, wir telefonieren regelmäßig. Alina hat der ganzen Familie gegenüber mein Coming-out durchgezogen.

Ich finde, es hat sich alles sehr gut eingespielt; wir kriegen das Patchworkmodell ganz gut hin. Ich würde mir allerdings zwischen Wolfgang und Alina einen eigenständigen Kontakt wünschen, der auch ohne mich funktioniert. Es wäre schön, wenn die beiden vielleicht auch mal telefonieren und ich nicht immer so eine Mittlerfunktion habe.

Dieter (44), Vater von Alina (14),
seit zehn Jahren mit Wolfgang (51) zusammen

Ich wollte auf keinen Fall ein Partner sein, der sich auf das Kind des Partners stürzt. Da schaue ich lieber mal. Wir versuchen, Dinge zu machen, die uns allen drei gefallen.

Die Beziehung zwischen Dieter und Alina hat für mich immer Vorrang gehabt. Und jetzt in der Pubertät ist es eh manchmal schwierig. Da gehöre ich eben in die zweite Reihe, das ist okay. Alina soll nicht das Gefühl haben, dass sie eine Beziehung zu mir aufbauen muss. Klar hätte ich da manchmal gerne mehr.

Aber die Großeltern arbeiten natürlich gegen mich. Alina steht immer dazwischen.

Wolfgang (51), seit zehn Jahren
mit Dieter (44), Vater von Alina (14), zusammen

Wie die neue Familie zu einer Familienidentität kommt, hängt neben vielen anderen Faktoren stark vom Alter der Kinder ab und von der Beziehung zum außerhalb der Familie lebenden Elternteil. Für die Kinder ist es wichtig, dass die Eltern weiterhin auf der Elternebene zusammenarbeiten können, auch nachdem die Paarbeziehung beendet ist. Aber dies ist nicht immer möglich. Da ein Großteil der Kinder aus heterosexuellen Beziehungen nach der Trennung bei ihren Müttern leben, sind es meist die Väter, die außerhalb der Familie wohnen und die Kinder in regelmäßigen Abständen sehen. Häufig haben beide Welten nicht viel miteinander zu tun. Ist der Vater schwul und lebt in einer Partnerschaft mit einem Mann, bleibt die Position der Mutter unangetastet. Das Kind kann dadurch möglicherweise leichter mit der neuen Situation umgehen.

Es wäre schön, wenn man über das ganze Thema offener sprechen könnte. Für mich ist es ja ganz normal. Dass mein Vater nicht schwul ist, das habe ich mir noch nie gewünscht. Wenn er eine andere Frau hätte, da weiß ich nicht, wie ich das fände. Ich glaube, das wäre viel schwieriger für mich, wenn er meine Mutter ersetzt hätte, als dass er mit Wolfgang zusammen ist.

Alina (14), verbringt jedes zweite Wochenende mit ihrem schwulen Vater

Manchmal pendeln die Kinder zwischen zwei Haushalten. Oft konkurrieren drei, manchmal vier Erwachsene um die Gunst der Kinder. Geht eine Mutter nach der Trennung vom Vater ihrer Kinder eine Beziehung zu einer Frau ein, kann der Kontakt zum Vater – für die Kinder meist sehr wichtig – für das Frauenpaar sehr stressig sein. Ist die Elternbeziehung problematisch, geraten die Kinder schnell in Loyalitätskonflikte. Und inmitten dieser Dynamik bemüht sich jedes Paar um eine harmonische Paarebene jenseits von Eifersucht und Konkurrenz – ein schwieriges Unterfangen.

Grundsätzlich gilt: Je mehr Elternteile beteiligt sind, desto klarer müssen die Strukturen sein.

Die Kinder sind die Hälfte der Zeit bei ihrem Vater. Wir mailen viel hin und her. Mit mehreren Kindern gibt es so viele Aufgaben. Früher war es ziemlich chaotisch; er hat einfach nicht viel erledigt. Es war ein Kampf, bis er akzeptiert hat, dass auch Christina immer eine Kopie der Mails bekommt, damit sie weiß, wer was macht. Seit er eine neue Beziehung hat, läuft es besser, da wird auch mal ein Zahnarzttermin ausgemacht oder eine neue Jacke gekauft. Vielleicht erinnert sie ihn ja daran.

Ulrike (48), Mutter von vier Kindern zwischen 13 und 21 Jahren

Ich finde es nach wie vor schwierig mit dem Vater der Kinder. Er ignoriert mich in der Regel und kann kaum meinen Namen in den Mund nehmen.

Christina (30), Partnerin von Ulrike

Ein häufiger Streitpunkt in Patchworkfamilien ergibt sich aus dem Spannungsfeld zwischen dem Anspruch an die neue Partnerin/den neuen Partner, Verantwortung auch für die Kinder zu übernehmen, sich andererseits aber in vorhandene Strukturen und Regeln „einzufügen" bzw. nicht die vollen Rechte zu bekommen, was die Kinder betrifft.

Manchmal kann aber „die Neue" auch Pluspunkte bei den Kindern sammeln, weil sie sich in manchen Bereichen gut auskennt.

Zu Beginn hatte ich Schwierigkeiten, Christina wirklich voll in die Familie reinzulassen und ihr auch eine gewisse Entscheidungsmacht zuzugestehen. Nach einiger Zeit war es für mich leichter zu akzeptieren, dass sie natürlich auch Entscheidungen trifft. Ich habe lange nicht kapiert, wie schwierig das alles für sie war.

Ulrike (48), Mutter von vier Kindern zwischen 13 und 21 Jahren

Mittlerweile wissen wir auch ganz gut, wie die andere entscheiden würde. Aber wenn es schlimm wird, dann sind es plötzlich mal kurz Ulrikes Kinder und ich habe nichts mehr mitzureden.

Vom Alter her bin ich recht nah an den Kindern dran. Wenn sie Fragen oder Probleme rund um technische Dinge wie MP3-Player, Playstation und solche Sachen haben, bin ich gefragt. Manchmal ist es auch so, dass ich bei der Videoauswahl mich gegen Ulrike durchsetze. Darüber bekomme ich leicht Kontakt zu den Kindern. *Christina (30), Partnerin von Ulrike*

Viele Schwierigkeiten in Patchworkfamilien ähneln sich, unabhängig von der Lebensform. Ein Aspekt ist allerdings nur in Regenbogenfamilien zu finden: Die Kinder müssen immer wieder entscheiden, ob, wem, wie und wann sie sagen, dass ihre Eltern lesbisch bzw. schwul sind. Die Entscheidung ist mit Risiken verbunden, haben doch alle Kinder und Jugendlichen Angst, wegen einer „Besonderheit" abgelehnt zu werden.

Die Kinder überlegen genau, wem sie was von ihrer Familie erzählen. Sie tragen es nicht in die Öffentlichkeit, aber sie lügen auch nicht. Derzeit reden sie überhaupt nicht gerne darüber, das liegt wohl am pubertären Alter.

Ulrike (48), Mutter von vier Kindern zwischen 13 und 21 Jahren

Wenn die/der Neue auch Kinder hat, wird die Familiensituation noch komplexer.

Katja und Martina, seit 22 Jahren ein Paar, waren beide schon seit vielen Jahren verheiratet, als sie sich das erste Mal sahen. Katja hatte einen 10-jährigen Sohn, Martina drei Töchter zwischen vier und sechs Jahren. Als sie einige Monate später zusammen kamen, war es für beide die erste Frauenbeziehung. Und die Männer wollten nicht einfach kampflos aufgeben.

Unsere Männer wollten uns dazu zwingen, dass wir uns nicht mehr sehen. Die beiden haben sich solidarisiert. Sogar in Paartherapie waren wir zu viert, aber Martinas Mann hat das dann doch boykottiert. Er ist dann ausgezogen, und ich bin bei Martina eingezogen. Aber jeden Mittag bin ich nach Hause zu meinem Sohn gefahren und habe für ihn gekocht, wenn er aus der Schule kam. Das war total anstrengend. Mein Sohn wollte damals bei seinem Vater bleiben und nicht mit in diesen großen Frauenhaushalt ziehen. Das war sehr schade. Dennoch hatte ich immer eine engere Beziehung zu ihm als sein Vater. Wie mein Sohn das alles damals fand, dazu hat er sich nie richtig geäußert. Aber eine Zeit lang hatte er ziemliche Schulprobleme. Die haben sich aber dann gelegt.

Katja (62), mit Martina (54) Eltern von Andreas (33),
Christine (28), Annette und Birgit (26)

Sind die Kinder noch sehr klein, wenn die Familie sich neu bildet, können sie sich vielleicht über den Familienzuwachs freuen – oder sie lehnen die fremde Person komplett ab. Manchmal kann es lange dauern, bis Kinder eine neue Partnerschaft eines Elternteils akzeptieren.

Meine ältere Tochter wurde gerade eingeschult. Sie mochte Katja auf Anhieb. Später fand sie es cool, eine lesbische Mutter zu haben. Für die vierjährigen Zwillinge war Katja das Feindbild schlechthin. Sie solidarisierten sich mit ihrem Vater und waren manchmal richtig eklig zu Katja. Wirklich besser wurde das eigentlich erst, als sie erwachsen waren. Da haben sie sich sogar für ihr Verhalten bei Katja entschuldigt.

Martina (54), mit Katja (62) Eltern von Andreas (33),
Christine (28), Annette und Birgit (26)

Vor 20 Jahren waren die Vorstellungen von Zusammenleben starrer. Es gab noch nicht so viele Familienformen, die offensiv gelebt wurden. Natürlich gab es sogenannte alternative Familien, doch sie blühten im Verborgenen. Lesbische Familien waren auf der Suche nach Rollenmodellen, aber es gab keine. Jede Familie musste sich ihr Modell selbst basteln.

Wir waren sehr unsicher. Es herrschte Chaos auf allen Ebenen. Wir hatten keine Jobs, die Wohnsituation war völlig unklar und wir fragten uns, ob das gut gehen kann. Es gab keine Vorbilder, und so machten wir eben einfach irgendwie weiter. Den Kindern zuliebe wollte ich mich nicht ganz gegen ihren Vater entscheiden, und so wurde von allen Seiten an mir gezogen. Das war eine sehr schwierige Zeit. Ich hatte immer wieder grässliche Schuldgefühle. Als wir uns nach drei Jahren endlich eine gemeinsame Wohnung suchten, wurde alles viel besser.

Martina (54), mit Katja (62) Eltern von Andreas (33),
Christine (28), Annette und Birgit (26)

Heute überwiegt die Freude darüber, dass die Kinder, die ja schon lange keine Kinder mehr sind, alle aus ihrem Leben etwas gemacht haben und am Wochenende oft zu Besuch kommen. „Hotel Mama mal zwei" hat dann natürlich wieder geöffnet.

Es ist schön, wenn sie alle da sind. Wir sind stolz auf unsere vier, dass sie Schule und Studium gemeistert haben und gut im Leben stehen. Als wir uns vor drei Jahren eintragen ließen, waren unsere beiden Ältesten die Trauzeugen.

Katja (62), mit Martina (54) Eltern von Andreas (33),
Christine (28), Annette und Birgit (26)

Gab es nie eine Beziehungszeit für die Erwachsenen ohne Kinder, ist der Balanceakt zwischen Elternsein und Paarsein nicht immer einfach. Und manchmal wird man fast über Nacht eine Familie, wenn auch unter dramatischen Vorzeichen.

Frank war mit seinem Freund Rainer erst einige Wochen zusammen, als die Mutter von Rainers sechsjährigem Sohn Fabian starb. Der Junge zog zu seinem Vater und bald darauf versuchten die drei, als Familie zusammenzuwachsen.

Es war sehr spannend, plötzlich ein Kind zu haben. Durch die Situation mit dem Tod von Rainers Ex-Frau konnten wir gar nicht darüber nachdenken, es brach einfach über uns herein. Wir mussten handeln. Ich habe anfangs drei Bücher gelesen, wie man mit einem traumatisierten Kind umgeht. Man musste ja verstehen, was in dem Kind passiert, das gerade seine Mutter verloren hat.

Ich habe die Kinder zu mir zum Weihnachtsbacken eingeladen, damit sie mich kennenlernen. Fabian hat noch eine ältere Schwester aus einer anderen Beziehung, die damals schon 21 Jahre alt war. Wir haben uns ein paar Mal getroffen und dann in deren Haus Weihnachten verbracht. Kurz danach zog Fabians ältere Schwester mit ihrem Freund zusammen. Rainer und ich zogen einige Zeit später in eine gemeinsame Wohnung mit Fabian. Dann begann unser richtiger Alltag zu dritt. Fabian war in der Ganztagsschule, und wir waren voll berufstätig. Zu Anfang war das alles für mich sehr ungewohnt. So ein Kind steht im Mittelpunkt und mischt ja alles auf. Wir haben ihm alles gleich erzählt, dass wir ein Paar sind. Für ihn war das mit unserer Beziehung völlig normal. Wir sind zusammen zu den Elternabenden gegangen; ich habe ihn oft von der Schule abgeholt. Er wurde ganz schnell ein Sohn für mich. Rainer hatte zu Beginn Angst, dass ich mich sehr bald vom Acker mache – völlig unbegründet, denn ich hatte immer einen großen Kinderwunsch.

Unsere Nachbarn im Haus waren ganz toll. Sie haben uns oft mit Fabian unterstützt. Allerdings dauerte es zwei Jahre, bis Rainer und ich mal zusammen weggehen konnten. Durch den tragischen Verlust der Mutter war Fabian verständlicherweise so ängstlich, dass wir ihn erst mal nicht alleine bei den Nachbarn lassen konnten. Aber dann war es wichtig, auch unsere Bedürfnisse zu leben, ein Leben unabhängig vom Kind zu haben.

Anfangs war es nicht ganz einfach mit Fabian. Er war ein verwöhntes Bürschchen, der von seiner Mutter nicht viele Grenzen gesetzt bekommen hatte. Ich habe sehr schnell gesagt, was Sache ist, d.h. ich war streng und konsequent. Von mir bekam er Sicherheit und Stabilität, ich war Vaterfigur und Respektperson, aber kein Kumpel. Obwohl ich harte Hand gezeigt habe, hat Fabian sehr deutlich meine Nähe gesucht. Wahrscheinlich konnte er sich einfach auf mich verlassen. Das finde ich mit am wichtigsten, sonst kann kein Vertrauen entstehen. Wir müssen doch Vorbild sein. Und es bleibt viel hängen bei den Kindern. Du musst ja als Eltern auf sehr viel verzichten, aber von den Kindern kommt ja so viel zurück. Ziemlich bald hatten wir eine gute Basis gefunden. Fabian war auch sehr zärtlich zu mir und hat mich immer respektvoll behandelt.

Schwierig war, dass Rainer die einmal beschlossenen Entscheidungen oft hintergangen oder rückgängig gemacht hat. Da wurden z.B. regelmäßig sehr viele Spielsachen, Klamotten oder teure Schuhe für Fabian gekauft.

Frank (49), acht Jahre Vater von Fabian (heute 18)*

Eine ganz andere Art Patchworkfamilie beschreibt Bettina. Als sie ihre Lebenspartnerin Virginia traf, hatte diese schon ein Kind. Als allein erziehende Mutter hatte Virginia zu ihrer Tochter eine sehr enge Bindung – gar nicht so einfach für eine neue Liebe. Und doch erwachte bald ein weiterer Kinderwunsch.

Meine unmittelbare Familie besteht aus mir, meiner spanischen Lebenspartnerin Virginia, unserer Tochter Shaula und dem Baby, das in Kürze auf die Welt kommt. Zur erweiterten Familie gehören meine Eltern und mein Bruder und mittlerweile auch Virginias Eltern, also die spanische Familie.

Wir sind jetzt sechs Jahre zusammen. Ich habe in Shaulas Kindertagesstätte gearbeitet; dadurch haben Virginia und ich uns kennengelernt. Dann haben wir uns verliebt und sind zusammengekommen. Da war Shaula drei Jahre alt. Nach knapp einem Jahr sind wir zusammengezogen. Durch Shaula war ich auch schon vorher viel bei den beiden zu Hause. Sie ist mittlerweile ganz klar auch meine Tochter. Für sie bin ich Bettina, ihre zweite Mama. Wenn sie mit anderen spricht, spricht sie von ihren zwei Mamas. Am Anfang hatten die beiden ihr Ding, und ich kam dazu. Das war natürlich nicht immer einfach. Shaula war gewohnt, Virginia für sich allein zu haben. Die beiden hatten ein sehr enges Verhältnis. Shaulas Trotzphase war mit vier Jahren noch sehr ausgeprägt. Aber wir haben das ganz gut hingekriegt. Ich habe mich am Anfang sehr zurückgehalten. Als Erzieherin konnte ich auch manches ganz gut einfach nur begleiten.

Einen Kinderwunsch hatte ich vorher nie. Dieser Wunsch entstand, als wir zusammenkamen. Schon nach einem halben Jahr überlegten wir, wie es wäre, wenn wir noch ein gemeinsames Kind hätten. Immer wieder kam der Wunsch auf. Für mich war das ganz neu, denn zunächst konnte ich es mir gar nicht vorstellen, ein Kind auszutragen. Aber am Ende dieses Prozesses war klar, dass ich unser nächstes Kind bekommen würde. Am Anfang hatten wir keine Ahnung, wie das andere Lesben so machen. Über Insemination wussten wir nichts. Konkret wurde es erst, als wir Kontakt mit der lesbisch-schwulen Elterngruppe bekamen. Das war uns auch wegen Shaula sehr wichtig. In der Gruppe haben wir viel mitgekriegt, wie es gehen könnte. Dann haben wir festgestellt, dass uns ein Spender im Bekanntenkreis zu nah wäre. Klar war auch von Anfang an, dass wir keinen sozialen Vater möchten. Wir haben uns privat einen Spender gesucht, weil uns wichtig war, dem Menschen gegenüber zu stehen. Andererseits war uns Anonymität auch wichtig, die wir weitgehend gewahrt haben. Nach dem zweiten Versuch hat es dann schon geklappt.

Shaula freut sich mittlerweile sehr auf ihren kleinen Bruder. Sie ist ja schon zehn; sie weiß über vieles schon Bescheid. Wir haben sie von Anfang an darauf vorbereitet und haben ihr gesagt, dass wir uns einen Mann suchen, der bereit ist, uns zu helfen. Sie hat uns dann mehr oder weniger erklärt, wie das geht mit Eizelle und Samenzelle, das war sehr schön.

Als ich dann wirklich schwanger war, hielt sich ihre Begeisterung in Grenzen. „Wenn das Baby dann schreit und ich womöglich mein Zimmer teilen muss und das Baby meine Sachen kaputt macht – ach, ich glaube, ich wäre gerne Einzelkind geblieben." Zuerst wollte sie unbedingt eine Schwester. Die Jungs seien immer so angeberisch und meinten, sie können alles besser. Allerdings fiel ihr doch noch etwas ein: „Aber wenn es ein Junge wird, dann gibt es wenigstens ein Pimmelchen in der Familie." Jetzt freut sie sich und ihr Zimmer muss sie auch nicht teilen.

Wenn ich in die Zukunft sehe, sind wir hoffentlich immer noch eine glückliche Familie. Vielleicht haben wir dann drei Kinder. Denn Virginia würde eventuell gerne noch mal ein Kind bekommen. Aber jetzt haben wir erst einmal zwei.

Bettina (32), gemeinsam mit Virginia (37) Eltern von Shaula (10)
und dem kürzlich geborenen Sohn Luel

Queere Großfamilie

Eine wiederum völlig andere Form von Familie lebt Dorothea. Sie ist Teil einer Erziehungsgemeinschaft. Es gibt vier Mütter, die als Freundinnen, nicht als Geliebte, gemeinsam Eltern für zwei Kinder sind. Und das kam so:

Ich hatte schon länger einen Kinderwunsch. Als ich mich damals neu verliebt hatte, war der Kinderwunsch kurz weg, um dann erneut über mich „hereinzubrechen". Ich fragte meine guten Freundinnen, ob sie mit mir gemeinsam Kinder großziehen. Zwei haben dann Ja gesagt. Innerhalb meiner Liebesbeziehung wollte ich keine Kinder. Wir waren in der autonomen FrauenLesbenSzene verankert und hatten zum Teil wenig Kontakt zu Männern. Über Freundinnen haben wir dann Kontakte zu antipatriarchalen linken Männern gesucht und schließlich haben wir welche gefunden. Unsere Tochter Marie ist jetzt 14 Jahre alt und hat drei Mütter. Bei unserem Sohn Leon (10) stieg dann noch eine vierte Frau ein, denn eine von uns dreien wollte kein zweites Kind. So ist Leons dritte Mutter die vierte Frau in unserer Familie, also beide Kinder haben drei Mütter, aber nur zwei davon sind identisch.

Dorothea (46), gemeinsam mit Nina, Julia
und Brigitte Eltern von Marie (14) und Leon (10)*

Der Alltag verläuft nach einem klaren Plan, wann die Kinder wo sind, wie in allen Familien, in denen die Eltern arbeiten bzw. eingebunden sind. Auch Urlaube werden frühzeitig abgesprochen.

Die Kinder pendeln zwischen unseren Haushalten, die im selben Haus sind. Weihnachten und Geburtstage werden gemeinsam gefeiert. Es sind dann meist größere Feste. Denn die jeweiligen Liebesbeziehungen und Freundinnen und Freunde kommen ja auch noch dazu.

Dorothea (46), gemeinsam mit Nina, Julia
und Brigitte Eltern von Marie (14) und Leon (10)*

Bei dieser Konstellation gibt es vier Elternteile. Aber nur zwei werden rechtlich akzeptiert. Obwohl alle Frauen innerhalb der Familie gleichberechtigt sind, gibt es keine Möglichkeit, alle vier rechtlich eintragen zu lassen. Da helfen nur Schriftstücke, die in einem Notariat hinterlegt werden und in denen verfügt ist, wie im Todesfall mit der Vormundschaft über die Kinder umgegangen werden soll. Dies ist aber juristisch nicht bindend.

Wir kennen uns schon um die 20 Jahre. Vor 15 Jahren haben wir uns für gemeinsame Kinder entschieden und uns damit für Jahre auf eine gemeinsame Verantwortung für die Kinder festgelegt. Offiziell sind zwei von uns vieren allein erziehende Frauen. Notariell haben wir festgelegt, dass falls den Bio-Müttern etwas zustößt, die Bonusmamas das Sorgerecht kriegen sollen. Bonusmama ist ein Begriff aus Skandinavien, der mir gut gefällt.

Dorothea (46), gemeinsam mit Nina,
Julia und Brigitte Eltern von Marie (14) und Leon (10)*

Der Alltag muss strukturiert und verlässlich sein, damit für die Kinder Klarheit und Orientierung da sind.

Wir arbeiten zu unterschiedlichen Zeiten und haben tages-verantwortliche Mütter, je nachdem, wer gerade nicht arbeitet. Ich lebe in der Woche drei bis vier Tage mit den Kindern. Das passt genau. Darüber hinaus kann ich mich regelmäßig mit FreundInnen treffen und kulturell und politisch was machen. Meine Liebesbeziehung lebe ich oft an den kinderfreien Tagen. Das ist alles toll und ein großes Privileg. Es ist zwar alles durchorganisiert, aber gleichzeitig haben wir auch viele Freiheiten. Ich mache z.B. Urlaube ohne die Kinder. Dafür kann ich zu anderen Zeiten ganz intensiv mit ihnen zusammensein.

Wir Mütter treffen uns regelmäßig, d.h. alle paar Wochen setzen wir uns zusammen, reden über Erziehung und Organisatorisches, kriegen ein bisschen mit, was im Leben der anderen so läuft. Eines der Kinder hat z.B. eine Lernbehinderung. So etwas über die Jahre zusammen zu bewältigen – und das ist uns ganz gut gelungen –, ist eine Herausforderung, die uns auch stark verbindet.

An diesen Abenden werden Entscheidungen gefällt, z.B. wer zum Elternabend geht, welche (weiterführende) Schule in Frage kommt, wie die Kindergeburtstage ablaufen etc. Manchmal fliegen auch die Fetzen. Es kommen ja auch bei jeder von uns eigene Themen hoch. Wir reden so lange, manchmal auch über mehrere Abende, bis wir eine Lösung haben, die für alle drei stimmt. Wir müssen ja unsere grundsätzlichen Entscheidungen den Kindern vermitteln können.

Dorothea (46), gemeinsam mit Nina, Julia
und Brigitte Eltern von Marie (14) und Leon (10)*

Die Liebesbeziehungen haben keine Erziehungsverantwortung.

Ich sehe uns als Familie mit sehr vielen Facetten und Unterschiedlichkeiten; uns verbindet die Liebe zu den Kindern. Für mich sind wir mit den Kindern der innere Kreis, daran angeschmiegt sind die nahen FreundInnen (Liebesbeziehungen, GefährtInnen) der zweite Kreis. Diese akzeptieren die wichtigen Bezüge im inneren Kreis, stärken mich oft, geben Feedback etc. Dann erst kommen alle anderen.

Dorothea (46), gemeinsam mit Nina,
Julia und Brigitte Eltern von Marie (14) und Leon (10)*

Dass alle Frauen gleichermaßen „Mama" sein können, setzt nicht nur große Herzen, sondern eine Haltung voraus, die zwischen biologischer und nicht-biologischer Elternschaft keinen Unterschied macht. Dies irritiert manchmal die Außenwelt, die in diesem Punkt sehr oft Nachhilfe in Sachen „alternative Familienmodelle" braucht.

Die Grundvoraussetzung ist Vertrauen in die anderen. Du musst dann das Kind einfach loslassen und es mit den anderen teilen. Die Bio-Mama darf dann einfach nicht immer daneben stehen, sonst klappt es nicht. Nur wenn die biologische Mutter loslässt, gibt es für das Kind neue Räume mit anderen Menschen. Nur so entsteht eine tiefe Emotionalität des Kindes mit den anderen. So gab es sehr schnell bei beiden Kindern einen sehr intensiven Kontakt zu allen Müttern. Zu Anfang nannten die Kinder uns alle Mama, jetzt ist es unterschiedlich, mal Mama, mal Vornamen. Es gibt keine Hierarchie nach innen. Von außen ist es anders, da wird schon ein Unterschied gemacht. Das nervt, und wir arbeiten da auch immer dagegen. Ich lehne diese klassischen Mutter-Kind-Symbiosen sowieso ab. Es ist für keine der beiden Seiten gut.

Dorothea (46), gemeinsam mit Nina,
Julia und Brigitte Eltern von Marie (14) und Leon (10)*

Kinder aus alternativen Familien müssen auch oft Öffentlichkeitsarbeit leisten, selbst wenn die Eltern versuchen, so viel wie möglich davon im Vorfeld selber abzudecken. Unabhängig davon ist es in jedem Fall wichtig, die Kinder zu stärken und mit ihnen ganz offen über die eigene Familie zu sprechen.

In der Schule sind wir zu dritt aufgetreten und haben von Anfang an unser Familienmodell sehr offensiv benannt. Wenn die Lehrkräfte Fragen zu uns und unserem Leben haben, dann soll das nicht über die Kinder laufen, sondern über uns. Aber jetzt ist es klar, dass jede von uns auf dem Elternabend als Elternteil anerkannt wird. Das hat eine ganze Weile gedauert, bis es in der Schule akzeptiert wurde.

Die Kinder sind stark und selbstbewusst. Wir haben immer viel über unsere Familienform geredet. Die Kinder sind ja schon, seit sie eineinhalb sind, in der Kita gewesen und da gingen wir ganz offen mit allem um. Sie sagen auch, dass sie drei Mamas haben.

Dorothea (46), gemeinsam mit Nina,
Julia und Brigitte Eltern von Marie (14) und Leon (10)*

In queeren Familien wird über Normen bzw. Geschlechtsrollen gesprochen. Oft stellen die Kinder dann fest, dass andere, traditionell scheinende Familien auch nicht immer einer bestimmten Norm entsprechen.

Die Frage: „Was ist eigentlich normal?" ist ganz viel Thema bei uns. Wer tut so, als wäre er normal? Die Kinder fragen dann bei anderen nach und dann stellt sich heraus, dass viele andere in einer Patchworkfamilie leben oder in zwei Wohnungen aufwachsen oder sonst was anders ist.

Auch Geschlecht ist wie überall natürlich Thema. Unsere Tochter hat zum Beispiel mal von „Mädchen-Mädchen" und „Jungs-Jungs" gesprochen. Auf meine Nachfrage hin erklärte sie, „Mädchen-Mädchen" sind die mit der Lieblingsfarbe rosa und „Jungs-Jungs" die, die nur mit Jungs spielen. Und sie selbst ist eben einfach ein Mädchen, die mit allen spielt.

Unsere Kinder lassen sich nicht die Butter vom Brot nehmen. Das traditionell wirkende patriarchale Familienmodell steht bisher bei den Kindern unbewertet neben allen anderen Familienmodellen.

Dorothea (46), gemeinsam mit Nina,
Julia und Brigitte Eltern von Marie (14) und Leon (10)*

Anders zu leben heißt auch, vorgegebene Familienformen in Frage zu stellen. Eine heterosexuell geprägte Gesellschaft reagiert nicht immer offen auf ein neues Familienmodell. Mit Mehrelternschaft tut sich auch die lesbisch-schwule Community schwer.

Uns weht der raue Wind der heteronormativen Gesellschaft entgegen. Eine andere Mitschülermutter meinte mal, „Drei Mütter – das gibt es gar nicht!". Generell können viele das Modell gar nicht verstehen. Zwei Mütter geht ja noch, aber drei, das ist dann echt ausgeflippt. Sie finden es extrem ungewöhnlich. Auch viele in der Lesbenszene haben Probleme damit –

sie lehnen das Nicht-Pärchen-Modell einfach total ab. Manchmal empfinde ich die Reaktionen auch als richtig aggressiv, als ob sie sich bedroht fühlen würden. Dabei leben wir einfach die Gefühle füreinander, die da sind.

Dorothea (46), gemeinsam mit Nina,
Julia und Brigitte Eltern von Marie (14) und Leon (10)*

Alternative Familienmodelle haben ihren Ursprung meistens in bestimmten links-alternativen Zusammenhängen, die bis in die siebziger und achtziger Jahre zurückgehen. Auch Lesben haben in dieser Zeit begonnen, möglichst ohne Hierarchien in WGs zu leben und in Läden oder Werkstätten kollektiv zu arbeiten.

Das Verharren im dualistischen Denken, das Mann-Frau-Ding, die „Zweierkiste", das gibt es eben einfach nicht bei uns. Das ist natürlich in politischen Zusammenhängen entstanden, denn das war die Zeit damals. Einige von uns haben immer in großen Gruppen gelebt und so entstand der Wunsch, in einer Gruppe auch mit Kindern zu leben. Das Prinzip Teilen war und ist immer schon wichtig in meinem Leben.

Dorothea (46), gemeinsam mit Nina,
Julia und Brigitte Eltern von Marie (14) und Leon (10)*

Für die Herkunftsfamilie ist es zwar schön, wenn Enkelkinder kommen, aber die Umstände sind manchmal für viele Eltern mehr als gewöhnungsbedürftig. Da gibt es dann nur den offensiven Weg, wenn man die eigenen Eltern weiterhin in seinem Leben als wichtige Bezugspersonen behalten will.

Am Anfang fanden meine Eltern es grauenhaft, dass die lesbische Tochter Kinder bekommt. Sie haben dann für ihr Umfeld sogar einen Mann erfunden. Ich habe dann mit ihnen harte Auseinandersetzungen geführt, wie so oft in meinem Leben. Heute sind alle Großeltern vorbildhaft; sie stehen hinter uns. Sie lieben ihre Enkelkinder sehr. Für die Kinder ist das ganz toll. Sogar befreundet ist die Großelternriege. Die machen auch manchmal Treffen allein und reden darüber, wie sie mit manchen Dingen umgehen sollen etc. Das haben wir richtig gut hingekriegt. Zu den Einschulungsfeiern waren sie auch alle da. Ich finde es wichtig, sich mit der Herkunftsfamilie auseinanderzusetzen. In allen Köpfen muss sich der Familienbegriff wandeln.

Dorothea (46), gemeinsam mit Nina
Julia und Brigitte Eltern von Marie (14) und Leon (10)*

In einer heteronormativen Umwelt Familie anders zu leben, kostet viel Kraft. Für alternative Familienmodelle aller Art wäre es viel einfacher, wenn Politik und Gesellschaft den Familienbegriff weiter fassen würden und es für unterschiedliche Modelle mehr Akzeptanz gäbe.

Ich würde mir wünschen, dass du mehr Freiheit hast zu entscheiden, wie du Familie leben willst. Und dass unabhängig von der Homo-Ehe auch mehr als zwei Leute das Sorgerecht bekommen können, dass das nicht an die Zweisamkeit gekoppelt ist. Und generell, dass es mehr Öffentlichkeit zu Regenbogenfamilien gibt. Ich finde das Selbstbewusst-nach-außen-Gehen total wichtig und wünsche mir mehr Offenheit und Selbstbewusstsein besonders bei Lesben! Dass die Lesben es auch als Mangel empfinden, wenn Kinder ohne Vater aufwachsen, finde ich schwierig. Was ist denn so wichtig an diesem männlichen Element? Und was ist dieses männliche Element überhaupt? Wir können doch auch alle Dinge machen, die Männern zugeschrieben werden. Die Kinder suchen sich, wen oder was sie brauchen. Diese Freiheit muss sein.

Dorothea (46), gemeinsam mit Nina,
Julia und Brigitte Eltern von Marie (14) und Leon (10)*

Gemeinschaftliche Erziehung kann eine Familienform sein, die den Beteiligten bei hoher Verbindlichkeit viele Freiräume geben kann. Für manche ist dieses Modell die ideale Familie.

Es gibt einen großen Pool von Möglichkeiten für mich und die Kinder, weil das alles unheimlich tolle Menschen sind, mit denen ich das mache. Mein Leben ist dadurch so reich! Ich kann unser Modell nur empfehlen und würde es sofort wieder so machen. Wenn die Kinder groß sind, dann mache ich sicher wieder so ein Gemeinschaftsprojekt, wahrscheinlich eines zum Thema Alter und Wohnen.

Dorothea (46), gemeinsam mit Nina,
Julia und Brigitte Eltern von Marie (14) und Leon (10)*

Transfamilie

Auch Transfamilien sind ein Teil der Regenbogenfamilienvielfalt.

In einer Transfamilie versteht sich mindestens ein Elternteil als transgender oder transident. Im Gegensatz zum Begriff „transsexuell" bevorzugt die Trans-Community den Begriff „transgender", da dieser mehr den sozialen Aspekt von Geschlecht betont und nicht den sexuellen. Manchmal wird auch das Wort „transident" verwendet. Als Oberbegriff wird häufig „trans" benutzt. Ein Transmann – auch als Frau-zu-Mann-Transsexueller bezeichnet – ist ein Mensch, der mit einem weiblichen Körper zur Welt gekommen ist, sich aber eindeutig nicht als Frau fühlt. Entsprechend dazu ist eine Transfrau (Mann-zu-Frau-Transsexuelle) mit einem männlichen Körper zur Welt gekommen, fühlt sich aber eindeutig nicht als Mann. Manche Transgender haben das Gefühl, bereits so geboren worden zu sein, und manche nicht. Es gibt kein gesichertes Wissen über mögliche Ursachen. Klar ist, dass es sich weder um eine Krankheit handelt, noch dass Umwelt oder Erziehung einen Einfluss darauf haben (höchstens auf den Umgang damit!). Eine pränatale Hormonstörung könnte einer von vielen Faktoren sein, warum manche Menschen transgender sind.

Ein häufiger Irrtum besteht darin, Transsexualität und sexuelle Orientierung miteinander zu vermischen. Aber Transsein hat in der Regel nichts mit der sexuellen Identität zu tun: Laut Trans-Mann e.V.[19] versteht sich die Hälfte der Transfrauen als homosexuell orientiert, bei Transmännern definieren sich etwa ein Drittel als heterosexuell, ein Drittel homosexuell und ein weiteres Drittel will sich nicht festlegen.

Mein erstes Coming-out als Lesbe war schwerer als das als Transmann. Ich hätte ihnen damals schon sagen können, warum ich auf Frauen stehe. Denn eigentlich war ich nicht lesbisch.

Luis (38), gemeinsam mit Evelin (31) Eltern von André (7)*

Ich selbst bin emotional intersexuell, ich kann mit dem bipolaren Konzept nicht leben, vorher war ich eine Femme. Jetzt, als schwuler Transmann, passt es so, wie es ist.

Liam (44), Vater von Franca (2)*

---

19 www.transmann.de

Transmenschen stehen oft unter einem starken Druck, der nur dadurch gelindert werden kann, eine Geschlechtsrolle anzunehmen, die stimmig ist. Dies kann eine Rolle zwischen den Geschlechtern oder eine gegengeschlechtliche sein.

Mithilfe juristischer und medizinischer Maßnahmen können das Leben und der Alltag für Transgender einfacher werden. In diesem Zusammenhang fällt immer wieder der Begriff „Geschlechtsumwandlung", der fälschlicherweise für einen Prozess verwendet wird, der mit „Geschlechtsangleichung" viel besser beschrieben wird. Schließlich gibt es eine Reihe von Zwischenstufen auf dem Weg, ein innerpsychisches Empfinden mit der körperlichen Erscheinung in Einklang zu bringen. Letzten Endes geht es immer um einen Kompromiss, der bei jeder Transfrau und bei jedem Transmann anders aussehen kann, je nach Bedürfnis.

Juristisch stehen zwei Dinge im Vordergrund: die Vornamensänderung und die Personenstandsänderung. Für beide Verfahren werden zwei unabhängige Gutachten benötigt. Für die Vornamensänderung ist keine geschlechtsangleichende Operation nötig. Eine Reihe offizieller Dinge können bereits nach der Vornamensänderung geregelt werden wie beispielsweise die Ausstellung eines neuen Personalausweises oder Führerscheins, Änderung von Zeugnissen etc.

Ganz anders verhält es sich dagegen mit behördlichen Angelegenheiten, für die man beispielsweise eine Geburtsurkunde mit dem Eintrag „männlich" braucht. Dies ist bei einer Heirat oder bei der Eintragung als rechtlicher Vater der Fall. Dafür muss die Personenstandsänderung bereits durchgeführt worden sein. Diese setzt allerdings voraus, dass man keine Kinder mehr gebären kann. Dafür werden die Reproduktionsorgane, also Gebärmutter und Eierstöcke, operativ entfernt – eine schwer wiegende Entscheidung. Analog dazu muss eine Transfrau zeugungsunfähig sein, wenn sie eine Geburtsurkunde mit dem Eintrag „weiblich" benötigt. Ist die Personenstandsänderung erfolgt, wird der Eintrag des Geschlechts in der Geburtsurkunde und im Pass geändert.

Wenn du als Transmann deine Frau heiraten willst, dann musst du diesen schweren Eingriff über dich ergehen lassen. Diese Zwangsoperation empfinde ich als eine Verstümmelung von gesunden Menschen. Die Angst, dass es sonst womöglich ein paar schwangere Männer gäbe, kann doch diese riskante Operation nicht rechtfertigen.

Evelin (31), gemeinsam mit Luis (38) Eltern von André (7)*

Medizinisch werden durch eine lebenslange Hormongabe körperliche Veränderungen erreicht. Bei Transmännern verändern sich mittels Testosteron die Fettverteilung und die Muskelmasse im Körper, Stimme und Haar- bzw. Bartwuchs. Mit Hilfe von Östrogen und Gestagen wird bei Transfrauen sowohl das Brustwachstum angeregt als auch eine Veränderung an Haut, Haarwuchs und Stimme erreicht.

Eine Therapie ist als Unterstützung und zur Klärung sinnvoll, auch wenn sie nicht per Gesetz vorgeschrieben ist. Meist ist dafür ein Zeitraum von zwölf bis 18 Monaten vorgesehen, bevor man die nötigen positiven Gutachten oder die Kostenübernahme für eventuelle Operationen bekommt. Bei weitem nicht alle Transmenschen wollen sich geschlechtsangleichenden Operationen unterziehen. Für sie reicht die Vornamensänderung aus; sie verzichten auf weitere operative Maßnahmen.

Es wäre gut, wenn es reichen würde, Hormone zu nehmen, wenn man selbst mit seinem Körper keine massiven Probleme hat und dann klarkommt. Für viele wäre das genug, die wollen gar nicht alle diese Operation machen. Wenn die Vornamensänderung durch ist, dann werden Zeugnisse, Personalausweis und Führerschein geändert. Da braucht es nicht mehr.

Evelin (31), gemeinsam mit Luis (38) Eltern von André (7)*

Bei Operationen wird zwischen Eingriffen unterschieden, die die sekundären Geschlechtsmerkmale verändern, und genitalangleichenden Operationen.

Neben juristischen und medizinischen Schritten ist es für viele wichtig, in Selbsthilfegruppen und Beratungsstellen Unterstützung zu finden und in Kontakt mit anderen Transgendern zu kommen. Auch das Internet kann hier eine große Informationshilfe sein.

Transgender haben mit vielen Vorurteilen zu kämpfen. Politik und Gesellschaft bewegen sich nur sehr langsam. Doch über die Art der Öffentlichkeitsarbeit gibt es sehr unterschiedliche Meinungen. Manche wollen endlich in der Masse untergehen und sich ausruhen, nachdem es in ihrem Leben jahrelang nur dieses eine Thema gab. Sie wollen sich schützen und meiden deshalb die Öffentlichkeit – kaum verwunderlich, wenn man sich die Berichterstattung über Transgender ansieht. Doch um die rechtlichen und gesellschaftlichen Verhältnisse zu ändern, damit transidente Menschen besser leben können, braucht es Engagement von vielen. Denn Transfamilien haben eine Menge Wünsche an Politik und Gesellschaft.

Die Berichterstattung ist schrecklich und sehr selten wohlwollend. Es werden immer schrille und tragische Fälle gezeigt, Transmänner sind stets psychisch schwer angeschlagen. Es ist so viel Unwissenheit da: Viele Leute verwechseln Transvestiten mit Transsexuellen, es heißt nicht Geschlechtsumwandlung, sondern Geschlechtsangleichung usw. Trotzdem: Als Thomas Beatie (der US-amerikanische Transmann, der zwei Kinder ausgetragen hat) wäre ich nicht an die Öffentlichkeit gegangen. Ich möchte lieber mich und meine Familie schützen. Ich glaube, die meisten von uns wollen im allgemeinen Volk untergehen und nicht mehr dauernd dieses Thema behandeln. Es gibt wenige, die da so richtig total offensiv mit umgehen. Für uns ist es sehr angenehm, endlich nicht mehr auf dieses eine Thema reduziert zu werden, seit Luis auch rechtlich einfach Luis ist. Das tut so gut!

Luis (38) und Evelin (31), Eltern von André (7)*

Wir Transleute sind noch ganz am Anfang. Wir brauchen so viel Öffentlichkeit. Ich bewundere Leute wie Thomas Beatie dafür, dass er sich als schwangerer Transmann in die Öffentlichkeit stellt. Wir müssen überall out sein. Es ist so wie bei Schwulen und Lesben vor 30 Jahren. Der Spaßfaktor ist leider bei uns noch nicht angekommen, weil die Verhältnisse noch nicht so sind. Die rechtliche Situation ist eine Katastrophe. So vieles ist stigmatisierend und pathologisierend. Es gibt noch so wenig Bewusstsein.

Liam (44), Vater von Franca (2)*

Transmenschen haben oft einen langen, steinigen Weg hinter sich gebracht. Die Frage nach Kindern und Familie stellt sich bei Transfrauen und Transmännern sehr unterschiedlich. Kinder und

Familie sind bei vielen Transfrauen ein wichtiges Thema, wenn sie vor dem Übergang als Ehemann und Vater in einer Heterofamilie gelebt und danach die Familie verlassen haben. Oft haben sie mit dem äußeren Coming-out gewartet, bis die Kinder groß waren. Manche haben noch viel Kontakt zu ihren Kindern, andere nicht. Einige führen zwei parallele Leben, manchmal aufgeteilt – von Montag bis Freitag in der Provinz, am Wochenende in der Großstadt. Andere sind in ihren Familien geblieben und haben Arrangements gefunden, die allen Beteiligten Spielräume lassen.

Transfrauen und ihre PartnerInnen haben manchmal Lebensträume, die sich nicht erfüllen, sondern die mit vielen Schwierigkeiten verbunden sind.

Tamara (43) ist eine lesbische Mutter. Sie lebt gemeinsam mit ihrem Sohn Igor (6), der aus ihrer Beziehung mit Milan stammt. Milan ist Igors biologischer Vater. Aber Milan ist auch eine Frau, Marta, die gleichzeitig gerne Igors Mutter wäre bzw. gewesen wäre, da sie heute getrennt leben.

Und dann war da noch Wilma, Milans andere Lebenspartnerin. Tamara und Marta lebten nicht zu zweit, sondern zu dritt. Tamara war nicht Milans Affäre, sondern alle drei lebten von Anfang an offen ihre Dreierbeziehung. Tamara wollte schon vor der Beziehung zu Marta bzw. Milan ein Kind. Vorstellen konnten es sich alle drei, aber durch die ungewöhnliche Familienkonstellation war es schwierig, eine Rolle bzw. einen Platz innerhalb der Familie und der Partnerschaft zu finden.

Mein Selbstverständnis war: Ich bin eine Lesbe und bin mit einer Frau zusammen. Für mich war Milan eine Frau. Ich hatte nicht den Begriff Transfrau innerhalb unserer Beziehung im Kopf, aber nach außen sehr wohl. Ich hatte mich im Vorfeld schon mit der Thematik befasst, weil meine beste Freundin transsexuell ist. Neben dem Thema „Transsexualität" gab es auch noch das große Thema „Leben bzw. Familie in einer Dreierkonstellation". Und als wäre das nicht genug, war eine von uns auch noch an Krebs erkrankt.

Wir haben uns lange rumgequält mit der Frage: Macht das Sinn, mit einer Hetera, einer Transfrau und einer Lesbe ein Kind zu kriegen? Ist das in Ordnung, schaffen wir das, ein Kind so zu stärken, dass es gut aufwachsen kann?

*Tamara (43), Mutter von Igor (6)**

Eines Tages wurde der Plan in die Tat umgesetzt. Nach einem Abgang und einer Fehlgeburt glückte die dritte Schwangerschaft und Sohn Igor kam auf die Welt. Mit Igors Geburt zeigte sich, dass das Leben zu dritt, wie auch die Wunschrolle Milans als Mutter nach außen, nur sehr eingeschränkt lebbar war.

Igor hatte mich als Mutter, Milan als Bio-Vater, der aber lieber die Mutterrolle als Marta leben wollte. Kennen- und lieben gelernt habe ich Milan als Frau. Zu Hause und innerhalb ihres Freundeskreises lebte er als Frau, in der Öffentlichkeit und am Arbeitsplatz jedoch als Mann. Für mein Empfinden vollzog Marta das Coming-out als Transfrau nicht klar, konsequent und schnell genug. Mal war sie eine Frau, mal war sie ein Mann. Diese Unklarheit hat meine Beziehung zu ihr und meine Vorstellung von Familie sehr belastet. Wie will man einem Kind vermitteln, dass sein Vater eigentlich eine Mutter sein möchte, dies aber nur in bestimmten Situationen (aus)lebt? Immer dringender forderte ich für meine Beziehung und meine Familie Klarheit und sagte dann, lieber bist du ein guter Vater als eine schlechte Mutter. Als Igor eineinhalb Jahre alt wurde, habe ich mich von Milan getrennt. Ich fing an, zu Hause und bei Freunden nicht mehr Marta, sondern Milan zu sagen. Ich war besorgt, ob mein Sohn in seinem Vater überhaupt einen Vater sehen konnte. Milan war zu Hause immer sehr feminin angezogen und auch in seiner Ausstrahlung. Diese Befürchtung hat sich später nicht bestätigt. Heute ist Milan für Igor ganz klar sein Vater. Igor nennt ihn beim Vornamen. Manchmal, wenn das Thema Papa von außen kommt, nennt er ihn auch Papa. Ich selbst habe die Vornamenversion akzeptiert, um Milan nicht auf die Vaterrolle festzuschreiben.

Tamara (43), Mutter von Igor (6)*

Wenn ein grundsätzlicher Konflikt nicht lösbar scheint, dann hilft am Ende meist nur die Trennung.

Ich habe in der ganzen Geschichte einen ziemlichen Druck gemacht. Ich wollte, dass das alles schneller geht, der ganze Prozess um Identität und Rolle innerhalb der Familie. Ich hätte mehr Zuversicht und Gelassenheit zeigen sollen, dass Milans Ängste sich überwinden lassen und lösbar sind und dass unser

Kind diesen Wandlungsprozess mittragen kann. Aber auch ich fühlte mich mit der Situation überfordert. Wahrscheinlich sind wir an unseren hohen Ansprüchen und Erwartungen gescheitert.

Ich habe dann durch die Trennung einen Bruch bewirkt. Ich bin aus unserem Familienprojekt ausgestiegen, weil ich es nicht mehr mittragen konnte. Für Milan war die Trennung am schlimmsten. Er leidet bis heute darunter. Für ihn sind eine Beziehung und eine Familie kaputtgegangen. Aber ich dachte, wenn ich rausgehe, kann ich unsere gemeinsame Elternschaft retten.

Tamara (43), Mutter von Igor (6)*

Ist eine ungewöhnliche Familiensituation von außen nicht sichtbar, entsteht innerhalb der Beziehung ein großer Druck, wenn die tatsächliche Familienform nicht immer wieder kommuniziert wird. Die heterosexuelle Vorannahme durchdringt alle Lebensbereiche.

Sobald wir draußen waren, galten wir als ein stinknormales Heteropaar. Wir hätten wahnsinnig weit ausholen müssen, um unsere Situation zu erklären. Das haben wir in der Regel nicht getan. Im Freundeskreis war das natürlich ganz anders, da war es selbstverständlich, dass Marta Igors Mutter ist und dass wir uns zu dritt um unseren Sohn kümmerten. Bei Personen, die uns nicht gut kennen, haben wir das nicht klargestellt. Das war schon ein unheimlicher Bruch. Für mich war das sehr schwierig und letztendlich war das auch ein Grund für unsere Trennung. Immer als Heterokleinfamilie behandelt zu werden, in der kein Platz für Identitätssuche und alternative Familienformen ist, das hat mich schon belastet. Aber nicht nur der Druck von außen war stark, sondern auch der Druck, den ich mir selbst gemacht habe, um eine für mich akzeptable Lösung für unsere Familie zu finden. Wie bringt man Bedürfnisse und Interessen unter einen Hut, aber auch Ängste und Sorgen einer Hetera, einer Lesbe und einer Transsexuellen, die eine Familie mit einem gemeinsamen Kind haben? Es war bei Marta ein großer Wunsch da, es möge eine Lösung geben. Sie wollte so gerne die Mutterrolle leben, aber ich weiß eigentlich auch nicht so genau, was sie dann letztendlich gebremst hat – denn es gab durchaus Grund zur Hoffnung, dass sie es schafft.

Tamara (43), Mutter von Igor (6)*

Nach einer Trennung ist die gemeinsame Elternschaft eine große Herausforderung. Man muss regelmäßig Kontakt haben und sich über Fragen, die das Kind betreffen, auseinandersetzen.

Wir sind ja schon viele Jahre getrennt, Igor war damals ein- einhalb. Mittlerweile kommunizieren Milan und ich total wenig, das finde ich schade. Er leidet immer noch unter der Trennung, deshalb möchte er wenig Kontakt zu mir. Aber als Elternteil war er immer da, die Absprachen klappen. Jedes zweite Wo- chenende ist Igor bei ihm und seiner Partnerin Wilma und dann noch einen Tag unter der Woche.

Ich habe nie daran gezweifelt, dass die Trennung der richtige Schritt war, sowohl für mich als auch für unsere Familie. Wir haben alles gegeben, was in unseren Möglichkeiten lag. Wir hatten eine große Idee und wir sind gescheitert. Doch es war einen Versuch wert.

Ich kann das Abenteuer Kind nur empfehlen. Weil man sich selbst viel besser kennenlernt und merkt, was im Leben wirk- lich wichtig ist.

Tamara (43), Mutter von Igor (6)*

Transfamilien können sehr unterschiedlich zusammengesetzt sein. Ob leibliche Kinder oder nicht – die Vielfalt bei Transfami- lien ist groß.

Liam (44) ist ein Transmann. Das war er aber nicht immer, denn zunächst führte er, bis er Mitte 20 war, ein Leben als he- terosexuelle Frau. Im Anschluss daran folgten zehn Jahre, in denen er lesbische Beziehungen pflegte. Und heute ist Liam mit Robert zusammen. Robert war auch eine lesbische Frau. Das ist aber schon ziemlich lange her. Liam und Robert lernten sich vor fünf Jahren als Transmänner kennen und lieben. Liam ist auch der Vater von Franca. Und dann gibt es da noch Claudia. Claudia ist die Bio-Mama von Franca, und Franca ist zwei Jahre alt. Liam und Claudia haben Franca mit Hilfe von Spendersamen bekommen.

Für Franca sind wir Papa, Mama und Robert. Wir sind eine kleine Familie und geben uns keine Bezeichnung wie schwul, trans oder so was. Es sind in unserem Umfeld so viele Identitäten da, dass wir der Einfachheit halber auf Labels verzichten. Wir haben es natürlich irgendwie gut, weil wir uns nach außen darstellen können, wie wir wollen. Wir sind Papa und Mama. Dass es dahinter ganz anders aussieht, wissen die anderen nur dann, wenn wir es ihnen sagen. Ich oute mich regelmäßig als schwul, aber nicht als trans, wenn ich unterwegs bin. In der Außenwelt sind wir eine Regenbogenfamilie. Die Transgeschichte spare ich mir für persönlichere Kontakte auf, das ist nicht für die allgemeine Öffentlichkeit.

Ich bin der eingetragene Vater von Franca. Das ging natürlich nur mit Personenstandsänderung. Dazu mussten zuerst meine Reproduktionsorgane wegoperiert werden. Jetzt habe ich das Sorgerecht für Franca gemeinsam mit Claudia.

Robert ist in erster Linie mein Partner und in zweiter Linie ein Elternteil. Er wollte keine Kinder. Claudia, die sich als bisexuell versteht, ist eine Ex-Freundin von Robert. Zu dieser Zeit fing Robert an, sich von einer lesbischen Frau zum Transmann zu entwickeln.

Es war ganz klar, dass Claudia und ich ohne Liebesbeziehung diese Kernfamilie bilden. Gleichzeitig lebe ich mit Robert zusammen und Franca ist die Hälfte der Zeit bei mir. Das ganze Ding war für Robert sehr hart. Er wollte das ja eigentlich nicht. Aber seit einiger Zeit hat er Franca einen Nachmittag pro Woche und seitdem ändert sich da was. Das ist sehr schön. Außerdem macht er viel im Haushalt, und dafür bin ich ihm sehr dankbar.

Manchmal sind die Entscheidungsfindungen mühsam. Wir treffen uns jeden Sonntag früh und reden über vieles. Jeder hat 15 Minuten Redezeit, und der andere muss zuhören. Entscheidungen treffen Claudia und ich. Wir wollen beide das Kind an Weihnachten, aber das müssen wir jetzt aushandeln, wie wir das lösen. Mit Franca sind wir alle drei super, da habe ich gar keine Bedenken. Wir sind gut strukturiert und können für die Familie zurückstecken. Absprachen klappen, und zwischen allen dreien und dem Kind ist eine solide emotionale Bindung da. Emotional ist zu Beginn unserer Familie eine kleine Lawine losgegangen, die wir beide nicht erwartet haben.

Da kamen Verlustängste und Unsicherheiten in Bezug auf den jeweils anderen Elternteil hoch. In dieser Zeit hatten wir auch Mediation, das hat gut geholfen. Zuhören lernen, einander kennenlernen – lernen zu sehen, dass wir beide einfach nur wollen, dass das Modell funktioniert.

Ich habe noch keine Strategie, wie wir dem Kind gegenüber mit dem Trans-Thema umgehen. Claudias Eltern wissen nicht, dass ich trans bin. Die denken, ich bin der biologische Vater. Auf mich rollt eine Welle von Outings zu, auf die ich mich emotional vorbereiten muss. Wenn ich es nicht müsste, würde ich es auch nicht machen, aber Franca zuliebe muss ich mich hinstellen. Und Robert wird mir den Rücken stärken.

Mit unserem Familienmodell haben einige Leute Probleme. Es gibt ein paar Bekannte im weiteren Umfeld, die wenig damit anfangen können, dass ich jetzt Papa bin. Der Biologismus zieht sich doch durch – das sind dann meist Heteroleute.

Meine Eltern stehen hinter mir. Sie haben die absolute Odyssee hinter sich. Zuerst die lesbische Tochter und dann wurde es plötzlich der Sohn. Sie leben sehr zurückgezogen und sprechen jetzt von mir als ihrem jüngsten Sohn. Franca ist ganz selbstverständlich die heiß geliebte Enkelin. Alles Weitere bespricht meine Mutter nicht mit anderen Leuten, weil sie fürchtet, dass das für Außenstehende nicht nachvollziehbar ist.

Der Kontakt zu anderen Transeltern, schwulen und lesbischen Eltern ist mir total kostbar, natürlich auch für die Kinder, unbedingt. Ich verorte mich in der Regenbogenfamilienszene. Franca wird größer und ich finde es schön für sie, wenn sie andere Kinder aus besonderen Familien kennt.

Andere Transmänner mit Kinderwunsch kann ich nur animieren, auch eine Familie zu gründen, ganz egal wie. Die Liebe, die man zum eigenen Kind empfindet, ist unglaublich und sehr schön! Unser Modell kann ich empfehlen, denn ich halte es immer noch für ein großes Plus, dass nicht noch der Faktor Beziehung die Sache durchtränkt. Ich muss keine Angst um Francas gewohnte Strukturen mit ihren Eltern haben, wenn ich mit Robert Stress habe. Langjährige Freundschaften sind für Claudia und mich unter Umständen tragfähiger als die Liebesbeziehungen. Und so wie es ist, stimmt es.

Liam (44), Vater von Franca (2)*

Eine andere Transfamilie besteht aus Luis (38), Evelin (31) und André (7). André stammt aus einer kurzen heterosexuellen Begegnung, die stattfand, bevor sich Evelin und Luis kennenlernten. Luis ist Transmann und Evelin versteht sich nach wie vor als lesbische Frau. Die beiden sind seit fünf Jahren ein Paar. Nach der Personenstandsänderung heirateten sie, denn die Verpartnerung wurde automatisch ungültig, gilt sie doch nur für gleichgeschlechtliche Paare.

Nach außen sehen wir wie die klassische Vater-Mutter-Kind-Familie aus. Wir sind gerade dabei, die Stiefkindadoption durchzuführen, aber eben als Frau-Mann-Paar. Es ist jetzt so viel einfacher für uns. Endlich werden wir nicht mehr nur auf dieses eine Thema reduziert. Wir gehen in der Masse unter und gelten nach außen als Heteropaar mit Kind. Dass wir anders sind, ist uns klar, aber das muss ich nicht ständig allen erzählen. Das ist ja hauptsächlich wichtig für uns.

Evelin (31) und Luis (38), Eltern von André (7)*

Auch Transmänner haben Kinderwünsche – umso besser, wenn das Kind schon da ist.

Ich fand es sehr praktisch, dass es André schon gab. Gerne hätte ich ein Kind gehabt, aber so war es wunderbar, denn bekommen wollte ich keins. Fürs nächste Kind gehen wir jetzt zur Samenbank. Das können wir ja nun als Frau-Mann-Paar ganz einfach. Aber wir haben dort bei dem standardmäßigen Gesprächstermin mit dem Psychologen ganz offen über unsere Geschichte gesprochen. In der Praxis gab es überhaupt kein Problem.

Luis (38), mit Evelin (31) Eltern von André (7)*

Ganz unabhängig davon, wie die Familie entstanden ist und ob alle Beteiligten von Anfang an in der Familie waren: Viele Kinder sind auf „Mama" fixiert. Und das ist nicht immer leicht.

André ist eindeutig ein Mamakind. Er besetzt uns einfach unterschiedlich. Jeder ist für bestimmte Bereiche zuständig. Luis hat eher die Vater-Sohn-Beziehung mit ihm. Wenn Luis und André allein sind, dann wird natürlich auch gekuschelt. Am Anfang fiel es André schwer, mich mit Luis zu teilen, da war er schon eifersüchtig. Aber ziemlich schnell kam dann der Satz: Der Luis ist auch ziemlich nützlich.

Evelin (31), mit Luis (38) Eltern von André (7)*

Und dann kommt die große Frage, was die Eltern den Kindern sagen wollen und wie die Kinder mit dem Trans-Thema umgehen.

Als klar war, dass wir jetzt mit André über das Trans-Thema sprechen müssen, haben wir gleich eine ganze Aufklärungsstunde gemacht mit Büchern und allem. Dann habe ich ihn gefragt, ob er gerne ein Junge ist, da sagte er ja, ich bin so gerne ein Junge. Und jetzt stell dir vor, du wärst ein Mädchen und wolltest lieber ein Junge sein. Genau das ist dem Luis passiert: Als Frau auf die Welt gekommen und so gerne ein Junge geworden. Und André fragte, ob man da nichts machen kann. Ja, da kann man schon was machen, antwortete ich ihm. Da kriegt man dann Spritzen, und die machen einen Bart und dann muss man eine Operation machen, damit die Frau dann aussieht wie ein Mann. Das fand er dann ganz toll. Am Abend umarmte André den Luis gleich, drückte sein tiefstes Mitgefühl aus und alles war irgendwie gut. Er war damals drei.

André kam gut klar damit. Er war schneller als wir. Stets führte er uns zum nächsten Schritt. Großes Feingefühl zeigte er beim Gebrauch des neuen Namens, den er übrigens mit aussuchen durfte. Wenn er bei Leuten war, die den neuen Namen noch nicht benutzten, nahm er immer den alten Namen. Wenn er heute über Luis spricht, sagt André Papa, und wenn er ihn direkt anspricht, sagt er Luis. Bei Bildern schreibt er Mama und Papa.

Evelin (31), mit Luis (38) Eltern von André (7)*

Nicht alle FreundInnen und Bekannte können den Übergang begleiten und mittragen. Einige Beziehungen bleiben auf der Strecke. Und wenn eine Lesbe mit einem Transmann zusammen ist, steht sie dann auf der anderen Seite?

Als wir es öffentlich gemacht haben, gab es viele positive Reaktionen. Im Freundeskreis waren jedoch ein paar dabei, die

haben komisch reagiert. Bei den Lesben war es unterschiedlich.

Manchmal sagt die Lesbe in mir: Verräterin! Ich habe mich
als Lesbe ja wohlgefühlt. Und jetzt bin ich von außen eine He-
terofrau. Aber als solche würde ich mich nie bezeichnen. Wir
drehen uns beide nach Frauen um – nach Männern würde ich
mich nie umdrehen.

Evelin (31), mit Luis (38) Eltern von André (7)*

**Für die Herkunftsfamilie sind Lebens- und Familienformen jen-
seits des heterosexuellen Musters in der Regel eine große Herausforderung. Bei Transfrauen und Transmännern finden oft mehrere Coming-outs statt. Wenn dann noch Kinder dazu kommen,
sind viele Herkunftsfamilien komplett überfordert.**

Für meine Eltern war das schon ganz schön kompliziert: Erst
lesbisch, dann schwanger und dann kam ich mit Luis an. Das
volle Chaos.

Evelin (31), mit Luis (38) Eltern von André (7)*

Unsere Familien haben sich damit arrangiert. Meine Eltern bemühen sich sehr, aber Oma und Opa sind sie nicht. Es ist noch
eine gewisse Distanz da.

Luis (38), mit Evelin (31) Eltern von André (7)*

**Transmenschen haben oft einen langen, steinigen Weg hinter
sich gebracht. Umso wichtiger ist es, irgendwann das Gefühl zu
haben, angekommen zu sein.**

Bei uns läuft es prima; wir ticken einfach ähnlich. Aufregen tun
wir uns zwar beide, aber an unterschiedlichen Stellen. Das ist
ziemlich praktisch, weil dann immer der oder die andere übernehmen kann. Unsere Familie ist gut so, wie sie ist.

Luis (38) und Evelin (31, Eltern von André (7)*

**Die Bandbreite der verschiedenen Familienformen und -modelle
zeigt: Familie ist da, wo Kinder sind. Die Vielfalt kennt keine
Grenzen. Deutlich wird, dass rechtliche Bestimmungen ein sehr
einschränkendes Gerüst vorgeben, wie Menschen zu leben haben
– besonders dann, wenn sie Familie nicht nach einem heteronor-**

mativen Muster gestalten wollen. Es bleibt noch viel zu tun. Das Transsexuellen-Gesetz (TSG) muss dringend reformiert werden; der Zwang zu bestimmten Operationen ist unmenschlich. Aber auch die Ausweitung auf mehr als zwei Sorgeberechtigte ist vielen Familien ein Anliegen, in denen es mehr als zwei Eltern gibt.

Allein erziehende lesbische Mütter

Viele allein erziehende Eltern, ob homo- oder heterosexuell, haben eine Trennung hinter sich und beginnen früher oder später wieder eine neue Beziehung. Häufig ist Allein-Erziehen eine Phase, die nach einer bestimmten Zeit in eine Patchworkfamiliensituation mündet. Dies gilt auch für lesbische Mütter, die ihre Kinder von vornherein allein bekommen haben. Da ist der Kinderwunsch so stark, aber die richtige Partnerin nicht in Sicht. Die kommt vielleicht ein bisschen später. Oder die biologische Uhr droht, den Lebenstraum zu vereiteln. Dann ist schnelles Handeln angesagt – schließlich hat die allein stehende Lesbe eine Menge an Hindernissen zu überwinden.

Von den potenziellen schwulen Spendern hatten einige Bedenken, weil ich Single war und somit das Kind später Unterhalt fordern könnte – eine Verpflichtung, die im Falle einer Stiefkindadoption durch die Partnerin ja wegfällt.

Lena (39), allein erziehende Mutter von Mia (1)*

Müssen zur Familiengründung die Dienste einer Kinderwunschpraxis in Anspruch genommen werden, kommt es auf den guten Willen der Ärztin bzw. des Arztes an. Manchmal ist es viel einfacher als gedacht, besonders dann, wenn der Spender gleich dabei ist.

Meine Erfahrungen waren wirklich gut: routiniertes, anonym gehaltenes Ambiente in der Praxis, nur ein sehr angenehmes langes Gespräch mit einem der Ärzte. Ich musste aber natürlich mit dem potenziellen Vater gemeinsam zum Gespräch und auf glückliches unverheiratetes Hetero-Paar machen, was wir beide sehr lustig fanden.

Jasna (38), allein erziehende Mutter von Sophie (2)*

Allein stehenden Lesben, die auf eine IVF-Behandlung angewiesen sind und keinen Spender vorweisen können, der sich eventuell als Lebenspartner ausgibt, bleibt oft nur das Ausland.

Der zweite Arzt, bei dem ich war, hat sich dann bereit erklärt, meine IVF-Behandlung in London zu unterstützen. Das heißt, er hat hier in Deutschland die nötigen Ultraschalluntersuchungen gemacht und mich beraten, was die Hormonbehandlung betraf. Dabei habe ich ihn als sehr positiv und stärkend empfunden. Die Behandlung (als lesbischer Single) in London war angenehm, wenn auch wenig persönlich. Die Beratung der Dame von der Samenbank war relativ kurz, aber sie hat mir einen guten Tipp gegeben, was die Profile anging. Ich habe Rahmendaten als Wünsche angegeben, woraufhin sie mir etwa fünf passende Profile ausgedruckt hat, von denen ich mir eines ausgesucht habe, das sie mir besonders ans Herz gelegt hat. Das Ergebnis (meine kleine Tochter) ist jedenfalls sehr gelungen, finde ich.

*Lena (39), allein erziehende Mutter von Mia (1)**

Das Projekt „Familie" alleine zu stemmen ist für die meisten nicht unbedingt die ideale Lösung. Es ist zwar entlastend, sich nicht absprechen und verhandeln zu müssen, aber im Alltag für alles immer die alleinige Verantwortung zu tragen, kostet viel Kraft. Wenn man seine/n Partner/Partnerin durch Tod verloren hat, kommt die Trauerarbeit hinzu – eine große Anstrengung für einen zurückbleibenden Elternteil. Auch die glücklichen Momente möchte man gerne mit einer oder auch mehreren Menschen erleben, die gleichermaßen nah am Kind dran sind. Denn geteilte Freude ist doppelte Freude, und bei Problemen ist es leichter, wenn man sie teilt.

Ich finde mein Leben als allein erziehende Mutter sehr schwer. Du musst alles selbst entscheiden, damit geht es mir nicht gut. Eigentlich bin ich ein Beziehungsmensch, mir fehlt ein Stück Heimat. Maria war nicht nur meine Partnerin, sie war auch meine beste Freundin.

Silvi (48), allein erziehende Mutter von Maximilian (12).
*Maria starb 2004 an Lungenkrebs.**

Mir geht es als allein erziehende Mutter meist sehr gut. Der Weg zu meinem Kind war nicht leicht. Ich habe auch immer wieder gezweifelt, aber jetzt, wo ich das „Ergebnis" sehe, bereue ich es keine Sekunde. Der Alltag klappt gut, aber es gibt Momente, in denen ich gern jemanden bei mir hätte. Es sind die schwierigen Situationen, wenn das Kind krank ist, aber auch die schönen Momente, wenn das Kind einen anlächelt und man sich denkt: Es wäre so schön, wenn jetzt jemand neben mir stehen und sich mit mir freuen würde. Doch das Glück, einen kleinen Menschen in die Welt hinaus begleiten zu dürfen, hilft mir auch über solche Augenblicke hinweg.

Lena (39), allein erziehende Mutter von Mia (1) *

Mir fehlt seit meiner Trennung eine feste Partnerschaft, die ich mir sowohl für mich als auch für meine Tochter wünsche. Da ich alles alleine organisieren muss und für alles alleine die Verantwortung trage, ist es oft sehr anstrengend. Es fehlt definitiv jemand, der mich emotional unterstützt und auch mal nur für mich da ist.

Jasna (38), allein erziehende Mutter von Sophie (2) *

Ein gutes Netzwerk zu haben, ist für allein Erziehende unerlässlich. Schließlich können sie sich nicht regelmäßig mit jemandem im Alltag abwechseln. Viele Kontakte sind der beste Schutz vor Isolation.

Wenn ich mich als allein Erziehende meistens gar nicht allein fühle, liegt es daran, dass ich einen großen Freundeskreis habe. Noch ist es kein festes „Unterstützungsnetzwerk" in dem Sinne, dass ich regelmäßig Babysitter aus dem Freundeskreis engagieren würde, aber meine Freundinnen und Freunde haben mir schon während der Schwangerschaft sehr geholfen. Auch meine Familie war mehrfach zu Besuch und eine ganz große Hilfe für mich.   *Lena (39), allein erziehende Mutter von Mia (1)* *

Es geht mir als allein erziehende Mutter aufgrund eines großen Netzwerkes – bestehend aus Vater/Co-Vater, Ex-Freundin, zwei guten babysittenden Ex-Freundinnnen, engagierten Großeltern – eigentlich sehr gut.

Jasna (38), allein erziehende Mutter von Sophie (2) *

Wenn man als lesbische Frau mit Kind unterwegs ist, wird in der öffentlichen Wahrnehmung ein Mann dazugedacht. Manchmal gibt es Situationen, in denen dieses Missverständnis aufgeklärt werden kann, z.B. indem man eine zweite Mutter präsentiert. Für eine lesbische Single-Frau mit Kind ist es mit der Sichtbarkeit als Regenbogenfamilie noch schwieriger.

Ohne Partnerin ist man in erster Linie allein erziehend. Dass man lesbisch ist, spielt ja im Alltag keine Rolle. Wenn ich meine Tochter in einer Krippe anmelde, unterscheidet mich nichts von allein erziehenden Müttern, die sich von ihren Männern getrennt haben. Allein ist allein. Das bedeutet, dass ich mich im Alltag oft gar nicht als Regenbogenmama oute. Wie auch? In den meisten Zusammenhängen ist es völlig irrelevant, ob ich gegebenenfalls mit einem Mann oder einer Frau zusammen wäre, wenn ich eine Beziehung führen würde. Manchmal wünschte ich mir, bei Bewerbungen auf einen Krippenplatz zusammen mit einer Partnerin oder Co-Mutter auftreten zu können – dann wären wir als richtige Regenbogenfamilie sichtbar.

Lena (39), allein erziehende Mutter von Mia (1)*

Auch die lesbische Community ist nicht davor gefeit, bei lesbischen Frauen mit Kind automatisch ein bestimmtes Familienkonzept anzunehmen. Dieser Mechanismus, in Hetero- und/oder in Paarstrukturen zu denken, macht es nicht unbedingt einfacher, als Single-Frau eine neue Partnerin zu finden. Und dann ist da noch das Problem mit der Zeit – davon gibt es immer zu wenig.

Man wird als Frau mit Baby zumindest auf den ersten Blick nicht als potenzielle Partnerin wahrgenommen: Viele lesbische Frauen halten eine Frau mit Kind schon mal per se für hetero. Und die wenigen Lesben, von denen man überhaupt als lesbisch erkannt wird, vermuten erst recht, dass man das Kind mit seiner Freundin bekommen hat. Für mich heißt das, dass ich eine neue Partnerin höchstwahrscheinlich nicht auf dem Spielplatz, beim Einkaufen oder beim Kinderarzt kennenlernen werde. Da muss ich mir schon was anderes einfallen lassen.

Lena (39), allein erziehende Mutter von Mia (1)*

Familie ist Vielfalt!

Es ist auf jeden Fall schwieriger, jemanden kennenzulernen, da weniger Zeit bleibt, auszugehen oder spontan etwas zu unternehmen.

Jasna (38), allein erziehende Mutter von Sophie (2)*

Zur Unterstützung und zum Austausch sind der Kontakt und die Vernetzung mit anderen lesbischen Müttern für viele sehr wichtig.

Die Trennung von meiner Ex-Freundin war vollzogen, als ich ca. in der vierten Woche schwanger war. Danach ging es mir logischerweise sehr schlecht. Ich habe die Schwangerschaft als eine emotional sehr schwierige, einsame und depressive Zeit erlebt, auch die Geburt. Der Kontakt zu anderen lesbischen Müttern war und ist mir sehr, sehr wichtig. Ich weiß auch nicht, ob ich die Schwangerschaft ohne meine lesbische Müttergruppe durchgestanden hätte.

Jasna (38), allein erziehende Mutter von Sophie (2)*

Es ist ein schönes Gefühl zu wissen, dass man als lesbische Frau mit Kinderwunsch nicht allein ist, und ich wünschte, ich hätte schon während meiner letzten Beziehung davon gewusst, wie viele es von „uns" gibt – das hätte dem Ganzen sicher mehr Stabilität gegeben und mir mehr Mut gemacht. Ich sehe meine Tochter und mich als Miniregenbogenfamilie, und um mich auch so zu fühlen, brauche ich den Kontakt zu anderen, „größeren" Regenbogenfamilien. Und wenn auch einige andere lesbische Single-Mamas dabei sind – umso besser.

Lena (39), allein erziehende Mutter von Mia (1)*

Ein Kinderwunsch ist unabhängig von der Lebensform. Er kommt irgendwann und bleibt häufig bestehen – umso wichtiger ist es, ihn zu realisieren, selbst wenn die Lebensumstände nicht ganz ideal sind. Einen Lebenstraum deshalb nicht zu verwirklichen, wäre fatal.

Da es sowieso keine Garantie für dauerhafte Partnerschaften gibt, finde ich es sehr wichtig, einen bestehenden Kinderwunsch zu realisieren, solange man biologisch noch kann. Ein Kind ist sicherlich eines der schönsten, faszinierendsten Dinge im Leben. Die Liebe zu einem Kind ist überwältigend (manchmal fast zu sehr). Und später zu bedauern, dass man kein Kind bekommen hat, bloß weil man lesbisch lebt oder Single ist oder sich später mal trennen könnte, fände ich extrem schrecklich.

Jasna (38), allein erziehende Mutter von Sophie (2)*

Auch allein Erziehende haben viele Wünsche an politische Entscheidungsträger. Die Praxis, reproduktionstechnische Behandlungen an eine heterosexuelle Paarsituation zu knüpfen, wird als sehr einschränkend empfunden. Ähnlich verhält es sich mit Sorgerechtsregelungen – auch hier wünschen sich viele eine Erweiterung.

Ich fände es gut, wenn alles etwas durchschaubarer und offizieller wäre, wenn es also Listen von Ärzten/Ärztinnen gäbe, die diese Behandlung durchführen und wo dann auch alle Angestellten in der Praxis Bescheid wissen. Das sollte sowohl für die Behandlung von lesbischen Paaren als auch für die Behandlung von Singles gelten. Und zwar unabhängig davon, ob der Spender ein bekannter schwuler Freund ist, der in Erscheinung tritt, oder ein Spender aus der Samenbank.

Lena (39), allein erziehende Mutter von Mia (1)*

Ich würde mir wünschen, dass IVF auch in Deutschland für Schwule und Lesben legal wäre und man diesbezüglich offen in eine Kinderwunschpraxis gehen könnte. Und es sollte möglich sein, drei Sorgeberechtigte für ein Kind eintragen zu lassen. Es kommt einfach der Wahrheit (die ich für Kinder als extrem wichtig erachte) aus meiner Sicht am nächsten, wenn es biologische Mutter, Co-Mutter, biologischen Vater und ggf. auch Co-Vater nicht nur ideell, sondern auch offiziell geben darf.

Jasna (39), allein erziehende Mutter von Sophie (2)*

Es gibt immer mehr lesbische Frauen, die auch ohne Partnerin ein Kind bekommen. Wenn der Wunsch stark ist, dann wird er sich seinen Weg bahnen.

Mir war völlig klar: Ich möchte es in jedem Fall probieren, ein Kind zu bekommen. Wenn es nicht klappt, gut, dann muss ich mir etwas anderes überlegen, aber ich möchte dem Ganzen eine Chance geben. Und ich hatte das ganz große Glück, dass mein Wunsch letztlich in Erfüllung gegangen ist.

Lena (39), allein erziehende Mutter von Mia (1)*

Und manche allein erziehende Mutter genießt die Vorteile einer Lebenssituation, in der sie ganz klar das Sagen hat.

Es ist wunderbar. Ich habe eben keine Partnerin, mit der ich mich absprechen muss. Es ist schön, dass da kein Konfliktpotenzial ist. Ich bin einfach die Chefin und kann mein Single-Dasein sehr genießen.

Taikinue (43), Mutter von Ilane (6)

Allein erziehende schwule Väter

Die Gruppe der allein erziehenden schwulen Väter ist relativ klein. Auch in der Forschung sind schwule Väter im Vergleich zu lesbischen Müttern seltener im Fokus.[20] Bei der 2009 erschienenen deutschen Studie zu Kindern, die in Lebenspartnerschaften groß werden, lag der Anteil schwuler Väter nur bei 7%. Dafür gibt es verschiedene Gründe. Zum einen lebt ein Großteil der Kinder aus heterosexuellen Zusammenhängen nach einer Trennung bei den Müttern. Kerngruppe der Studie waren gleichgeschlechtliche Paare, die in einer Eingetragenen Lebenspartnerschaft und in einem gemeinsamen Haushalt Kinder großziehen. Viele schwule Väter fallen nicht unter diese Gruppe, und wenn, dann sind es am ehesten diejenigen, die als schwules Paar ein Pflege- oder Adoptivkind aufgenommen haben.

Aber es gibt sie, die allein erziehenden schwulen Väter.

Johannes ist einer von ihnen. Seine vier Kinder, ein Sohn und drei Töchter zwischen 13 und 23 Jahren, stammen aus einer heterosexuellen Ehe, die 17 Jahre bestand. Johannes, in einer länd-

---

20 Eine gute Zusammenfassung der vorhandenen Forschungsergebnisse, die zumeist aus dem anglo-amerikanischen Sprachraum stammen: Fthenakis, W.E./Ladwig, A. (2002): Homosexuelle Väter. In: Fthenakis, W.E./Textor, M.R. (Hg.): Mutterschaft, Vaterschaft. S. 129-154, Beltz, Weinheim. Über das Online-Familienhandbuch einsehbar.

lichen, sehr katholisch geprägten Gegend aufgewachsen, wollte ein Gegengewicht zu seiner freudlosen Jugend schaffen. Eine heile Familie, das war sein Wunsch. Auch wenn er bereits spürte, dass ein besonderes Gefühl in ihm schlummerte, konnte er sich etwas anderes nicht vorstellen.

Und doch kam dann alles anders. Johannes verließ seine Familie und nach einiger Zeit folgten ihm seine drei Töchter. Nach Jahren als allein erziehender Vater ist Johannes allerdings heute zu der ernüchternden Erkenntnis gekommen, dass sich für ihn eine Beziehung zu einem anderen Mann und sein Alltag als Vater nicht vereinbaren lassen.

Als Ahnung war zwar immer etwas Schwules in mir, aber ich wollte es nicht wahrhaben. Ich hatte die Kinder und mein Eheleben. Richtig glücklich war ich nicht. Die Mutter meiner Kinder hatte starke psychische Probleme. Sie war häufig seelisch abwesend, und wir hatten wenige Gemeinsamkeiten.

Erst sehr spät, da war ich schon Ende 30, kam ich in die Szene rein. Eine berufliche Chance trieb mich in die Großstadt. Meine Familie blieb auf dem Land. In der Stadt lernte ich einen Mann kennen, mit dem ich eine ernste Verbindung einging. Ich nahm meinen ganzen Mut zusammen und sagte meiner Ex-Frau, dass ich mich zu Männern hingezogen fühle. Zunächst reagierte sie besonnen, doch dann stellte sich ihre Familie hinter sie und gemeinsam machten sie richtig Stimmung gegen mich. Wenn ich meinen Freund in dieser Zeit nicht gehabt hätte, dann hätte ich sicher etwas Schlimmes getan. Aber meine Vernunft hielt mich davon ab. Denn die Kinder waren mir sehr wichtig.

Alle vier Kinder blieben bei der Mutter; ich zahlte Unterhalt. Eines Tages, es war vor etwa acht Jahren, spürte ich, dass meine älteste Tochter, die damals elf Jahre alt war, zu mir wollte. Es wunderte mich nicht, denn ich hatte schon immer eine enge Beziehung zu meinen Töchtern. Meine Ex-Frau ließ sie gehen, weil die beiden sowieso nicht so gut miteinander klarkamen. Meine mittlere Tochter wollte einige Monate später auch zu mir ziehen. Dann machte ich etwas, was man nicht machen sollte. Als meine Tochter in den Ferien zu mir kam und bleiben wollte, habe ich sie am Ende der Ferien nicht zurückgebracht. Ihre Mutter kam dann mit Verstärkung an, wollte das Kind holen, aber meine Tochter ging nicht mit. Es kam dann zu einer Gerichtsverhandlung, und sie durfte dann wirklich bei mir bleiben. Auch die Jüngste wollte gerne zu mir. Es kam wieder zu einer Gerichtsverhandlung, und nach einigen Monaten hatte ich dann die drei Kinder bei mir.

Für mich begann dann eine sehr schwere Zeit. Mein Freund verließ mich, weil er sich ein Leben mit den Kindern nicht vorstellen konnte und wollte. Ich war wegen einer Stelle, die es mir ermöglichte, meinen Beruf und die Familie miteinander zu vereinbaren, erneut aufs Land gezogen. Die Falle schnappte wieder zu. Denn ich hatte ja zum ersten Mal in der Stadt freie Luft geatmet, und nun musste ich schauen, wie ich auf dem Land zurechtkam. Über die Jahre war es ein einziges Zurückstecken. Es ging rund um die Uhr um die Kinder. Heute ist es ein bisschen anders – meine älteste Tochter hat schon einen Beruf. Jetzt bekomme ich sehr viel zurück von den dreien.

Meine Erkenntnis ist: Kinder und Beziehung, das geht nicht zusammen. Die Kinder nehmen die ersten drei Plätze ein, ich habe eigentlich erst den vierten Platz zu vergeben. Ich hätte es mir sehr gewünscht, aber meistens haben mich dann die Männer nur gestresst.

Hier auf dem Land hat mich noch nie jemand wegen meines Schwulseins angesprochen. Ich bin respektiert, habe einen guten Job bei der Kirche, aber ich errege natürlich auch keinerlei Aufsehen, denn das wäre hier auf dem Land der verkehrte Weg. So habe ich ein hohes Maß an Zufriedenheit erreicht. Ich muss und will für die Kinder da sein; sie sind ein Stück meines Lebens. Wir haben ein sehr harmonisches Leben hier. Ich habe mal gelesen, dass schwule Väter sehr auf Ordnung und Struktur achten. Das trifft auf mich sicher zu.

Mein Sohn will keinen Kontakt zu mir. Ich versuche, regelmäßig Verbindung zu ihm aufzunehmen, aber er möchte das nicht. Zu seinen Schwestern hat er auch sehr wenig Kontakt. Trotzdem glaube ich, dass er sich irgendwann wieder bei mir melden wird.

Über mein Schwulsein sprechen wir eigentlich nicht. Meine mittlere Tochter fragte vor Jahren mal nach, und der habe ich es dann gesagt. Vor einigen Jahren hatte ich auch noch mal eine Beziehung, das haben meine Kinder schon mitbekommen, aber es ist kein Thema bei uns.

-

Das Allein-Erziehen selbst fand ich nicht schwierig. Das Schwierigste war für mich, dass ich das Gefühl hatte, dass es von meiner Sorte sehr wenig gibt. Ich habe einen guten Freund, der mich immer versteht, aber sonst gibt es niemanden. Männer sprechen ja auch selten über ihr Inneres, und hier auf dem Land erst recht nicht.

Die Gruppe der schwulen Väter hat mir leider gar nichts gebracht, da war ich schon viel weiter. Die waren alle in der Trennungsphase, und die Gruppe war auch nicht geführt oder moderiert. Ich wollte einen Austausch mit Vätern, die in einer ähnlichen Situation lebten wie ich, aber die gab es einfach nicht. Gewünscht hätte ich mir jemanden, der meine Erfahrungen hat und teilt. Die schwule Welt ist immer oberflächlicher geworden. Für Sex jemanden zu finden, ist leicht, aber eine andere gemeinsame Ebene zu finden, ist schwer. Die optimistische Berichterstattung über Regenbogenfamilien finde ich nicht sehr realistisch, denn es gibt viel Einsamkeit.

Es ist auch traurig, dass ich aus meinem Job fliegen würde, wenn ich mich verpartnern würde. Ich frohlocke, dass die Kirche gerade mal Druck bekommt wegen dieser ganzen Missbrauchsfälle, dass die Heuchelei ein Ende hat. Ich selbst habe ein hohes Maß an Freiheit in meinem Job, aber die Kirche als solche ist mir zu eng.

Mit keinem anderen möchte ich mein Leben tauschen. Natürlich wäre eine schwule Jugend vielleicht schön gewesen. Aber dass ich dieses Glück mit den Kindern haben kann, ist wunderbar. Die andere Seite in mir habe ich zurückgestellt.

Johannes (49), allein erziehender Vater von drei Töchtern

Die enorme Bandbreite von Familienformen zeigt, dass es *die* Regenbogenfamilie nicht gibt. Für die Pluralisierung der Lebensentwürfe haben sich Lesben, Schwule und Transidente schon immer eingesetzt. Das „Abenteuer Familie" hat viele Farben.

Kapitel 4
Rechtliche Absicherung

Eingetragene Lebenspartnerschaft

Die kurze, aber historisch relevante Periode einer Regierung aus SPD und Grünen (1998-2005) brachte in Deutschland Aufbruchstimmung in die lesbisch-schwule Community. Nach einem Jahrzehnt hartnäckigen politischen Kämpfens trat 2001 das Gesetz zur Eingetragenen Lebenspartnerschaft (ELP) in Kraft.

Es handelte sich dabei um ein neues Rechtsinstitut für gleichgeschlechtliche Paare, das zwar gleiche Pflichten, aber nicht gleiche Rechte vorsah. Aus Angst, der im Grundgesetz verankerte Schutz von Ehe und Familie könnte Schaden nehmen, forderten konservative Reihen im Vorfeld ein Abstandsgebot zur Ehe. Um das Gesetz überhaupt verabschieden zu können, musste die Regierung diverse Kompromisse eingehen. Änderungen im Steuerrecht oder im Bereich Adoption müssen auch den Bundesrat passieren. Wegen der dortigen konservativen Mehrheit wurde eine noch weiter gehende Angleichung der Lebenspartnerschaft an die Ehe blockiert.

Erbitterten Widerstand leistete die CSU in Bayern, die gemeinsam mit Thüringen das Bundesverfassungsgericht in Karlsruhe anrief, um die Lebenspartnerschaft doch noch zu kippen. Aber die höchste richterliche Instanz gab grünes Licht für die „Homo-Ehe" und erteilte dem Abstandsgebot zur Ehe eine Absage. Seither haben sich etwa 20.000 Paare in Deutschland verpartnert. (Stand Sommer 2010)

2005 trat das Lebenspartnerschaftsergänzungsgesetz in Kraft. Seither können sich Paare verloben, was wiederum ein Angehörigen-Zeugnisverweigerungsrecht zur Folge hat. Familienrechtlich gab es eine große Neuerung: die Stiefkindadoption. Sprachlich leider nicht so neutral wie die *second-parent adoption* ermöglicht die Stiefkindadoption die Adoption des leiblichen Kindes des Lebenspartners bzw. der Lebenspartnerin. So können die gemeinsamen Kinder von Lesben- und Schwulenpaaren auch rechtlich zwei Mütter bzw. zwei Väter haben.

2009 gab es einen weiteren Erfolg auf dem Weg zur Gleichstellung: Bei der Erbschaftssteuerreform wurde durchgesetzt, dass der Freibetrag (nicht jedoch die Steuerklasse!) bei der Erbschaftssteuer an verheiratete Paare angeglichen wurde. 2010 wurde im Erbschaftssteuerrecht endlich auch eine Angleichung der Steuerklasse vorgenommen.

Die größte Ungleichbehandlung, die noch immer gilt, betrifft das Einkommensteuerrecht. LebenspartnerInnen können nicht gemeinsam veranlagt werden. Das Ehegattensplitting gilt nur für Ehegatten. Nun ist das ja so eine Sache mit dem Ehegattensplitting, das die sogenannte Hausfrauenehe begünstigt. KritikerInnen fragen: Warum sollen Paare belohnt werden, nur weil sie ein Paar sind? Wäre es nicht besser, das ganze Modell zu reformieren und nur diejenigen steuerlich zu entlasten, die Kinder haben, und zwar unabhängig von ihrer Lebensform? Doch konservative PolitikerInnen halten beharrlich an diesem Modell fest. Allerdings ist wegen der steuerlichen Ungleichbehandlung eine Klage beim Bundesverfassungsgericht anhängig.

Auch im Beamtenrecht gilt noch nicht die komplette Gleichstellung für LebenspartnerInnen. In diesem Bereich ist jedoch einiges in Bewegung.

Familienrechtlich fehlt weiterhin die Möglichkeit, als gleichgeschlechtliches Paar ein fremdes Kind gemeinschaftlich zu adoptieren, aber auch dazu ist bereits eine Klage beim Bundesverfassungsgericht anhängig.

Regenbogenfamilien können optimistisch sein. Mit seinem Urteil vom Juli 2009, in dem das höchste Gericht Deutschlands einem schwulen Paar Recht gab, das über fünf Jahre gegen eine Ungleichbehandlung in der Hinterbliebenenversorgung im Öffentlichen Dienst klagte, stellte das Bundesverfassungsgericht entscheidende Weichen.

Aus der im Oktober 2009 veröffentlichten Begründung:

„Der allgemeine Gleichheitssatz (Art. 3 Abs. 1 GG) gebietet, alle Menschen vor dem Gesetz gleich zu behandeln. Verboten ist auch ein gleichheitswidriger Begünstigungsausschluss, bei dem eine Begünstigung einem Personenkreis gewährt, einem anderen Personenkreis aber vorenthalten wird. [...] Aus der Befugnis, in Erfüllung und Ausgestaltung des verfassungsrechtlichen Förderauftrags die Ehe gegenüber anderen Lebensformen zu privilegieren, lässt sich kein in Art. 6 Abs. 1 GG enthaltenes Gebot herleiten, andere Lebensformen gegenüber der Ehe zu benachteiligen. Es ist verfassungsrechtlich nicht begründbar, aus dem besonderen Schutz der Ehe abzuleiten, dass andere Lebensgemeinschaften im Abstand zur Ehe auszugestalten und mit geringeren Rechten zu versehen sind. [...] Ein Grund für die Unterscheidung von Ehe und eingetragener Lebenspartnerschaft kann auch nicht darin gesehen werden, dass typischerweise bei Eheleuten wegen Lücken in der Erwerbsbiographie aufgrund von Kindererziehung ein anderer Versorgungsbedarf bestünde als bei Lebenspartnern. Nicht in jeder Ehe gibt es Kinder. Es ist auch nicht jede Ehe auf Kinder ausgerichtet. Ebenso wenig kann unterstellt werden, dass in Ehen eine Rollenverteilung besteht, bei der einer der beiden Ehegatten deutlich weniger berufsorientiert wäre. [...] Umgekehrt ist in eingetragenen Lebenspartnerschaften eine Rollenverteilung dergestalt, dass der eine Teil eher auf den Beruf und der andere eher auf den häuslichen Bereich einschließlich der Kinderbetreuung ausgerichtet ist, ebenfalls nicht auszuschließen. In zahlreichen eingetragenen Lebenspartnerschaften leben Kinder, insbesondere in solchen von Frauen. Der Kinderanteil liegt bei eingetragenen Lebenspartnerschaften zwar weit unter dem von Ehepaaren, ist jedoch keineswegs vernachlässigbar."[21]

Sachliche Gründe gegen eine komplette Gleichstellung in allen Bereichen gibt es keine. Eine Öffnung der Ehe würde mit einem Schlag viele Probleme beseitigen. Eine Reihe von Nachbarlän-

---

21 www.bundesverfassungsgericht.de

dern hat bereits vorgemacht, wie es geht. Einige Länder wie z.B. Schweden gingen den Weg über das Zwei-Institutionen-Modell, d.h. der erste Schritt bestand darin, zunächst ein eigenes Rechtsinstitut für gleichgeschlechtliche Paare einzuführen, um in einem nächsten Schritt die Ehe für alle zu öffnen. Spanien hat letzteres ohne Umweg getan.

Sicher ist für manche Lesben und Schwule die Forderung nach der Öffnung der Ehe nicht der Weisheit letzter Schluss. Die Ehe ist ein Instrument, das als staatliches Regularium nicht deshalb besser wird, wenn es für Lesben und Schwule offen steht. GegnerInnen plädieren dafür, Eheprivilegien grundsätzlich abzuschaffen, um den verschiedenen Formen des Lebens und des Zusammenlebens besser gerecht zu werden, und stattdessen all diejenigen zu bevorzugen, die Kinder großziehen, unabhängig von der Lebensform oder Familienkonstellation.

Auch die ELP hat in der lesbisch-schwulen Community nicht nur FreundInnen. Die große Ungerechtigkeit im Steuerrecht löst bei vielen Paaren die Frage aus: Warum soll ich mich verpartnern, wenn ich neben den gleichen Pflichten nicht auch die gleichen Rechte wie Ehepaare bekomme? In manchen Fällen bedeutet eine Verpartnerung auch eine finanzielle Schlechterstellung, beispielsweise bei den Krippengebühren, denn für offiziell allein Erziehende sind die Sätze geringer.

GegnerInnen warfen außerdem die Frage auf, ob es dann gute (verpartnerte) Lesben und Schwule gibt und schlechte, die ihr Beziehungsleben weiterhin nicht vom Staat sanktionieren lassen wollen. Mit einer zweitklassigen Heiratsmöglichkeit würden Lesben und Schwule von der einstmaligen Avantgarde der Gesellschaft zu völligen SpießerInnen mutieren, die sich endgültig ins Private zurückziehen.

Viele freuten sich allerdings über die neuen rechtlichen Möglichkeiten und die damit gestiegene gesellschaftliche Akzeptanz. Lesbische und schwule Lebensweisen sind durch die neuen gesetzlichen Bestimmungen selbstverständlicher und sichtbarer geworden. Viele Paare berichteten, dass ihre Herkunftsfamilien sie und ihre Beziehung nach der Eintragung ernster nehmen würden.

Unzweifelhaft ist, dass es einige gute Gründe für eine Verpartnerung gibt. Wenn zwei Menschen füreinander Verantwortung übernehmen und damit eine gegenseitige finanzielle Absicherung verbinden wollen, dann ist dies neben dem romantischen Aspekt Grund genug, über eine Eintragung nachzudenken.

Darüber hinaus gibt es zwei Personengruppen, für die eine Eintragung viele Vorteile bringen kann: Lesben und Schwule in binationalen Partnerschaften sowie Lesben und Schwule mit Kindern bzw. Kinderwunsch. Eine Eintragung sichert das Nachzugsrecht und garantiert eine Aufenthaltserlaubnis, wenn AusländerInnen zu ihren deutschen PartnerInnen ziehen wollen. Eine Arbeitsgenehmigung für LebenspartnerInnen von Deutschen oder EU-BürgerInnen ist damit auch verbunden.

Bei Paaren mit Kindern bekommt der nicht-biologische Elternteil durch die Eintragung automatisch ein kleines Alltagssorgerecht zugeteilt, wenn die leibliche Mutter nicht eine gemeinsame Sorgerechtserklärung mit dem rechtlichen Vater abgegeben hat.

Ohne Eintragung hat die nicht-leibliche Mutter bzw. der nicht-leibliche Vater minimale Rechte, es sei denn, es wurden im Voraus privatrechtliche Vereinbarungen getroffen, die aber viele Bereiche nicht abdecken können.

Auch für die Stiefkindadoption ist die Eintragung als LebenspartnerInnen Voraussetzung.

Da ein genaues Eingehen auf sämtliche Rechtsfragen den Rahmen dieses Buches sprengen würde, ist die Lektüre von entsprechenden Ratgebern[22] sinnvoll. Unerlässlich ist auch anwaltlicher Rat. Eine Eintragung entspricht, was die Pflichten angeht, in allen Punkten einer Heirat. In vielen Fällen empfiehlt sich ein Lebenspartnerschaftsvertrag.

Es gibt einen Personenkreis, der im Falle einer Verpartnerung besondere Konsequenzen befürchten muss: Beschäftigte in katholischen Einrichtungen. Da der Ständige Rat der Deutschen Bischofskonferenz eine Eintragung als einen „schwerwiegenden Loyalitätsverstoß gegen die Grundordnung des kirchlichen Dienstes" ansieht, müssen Lesben und Schwule, die bei der katholischen Kirche arbeiten, mit einer Kündigung rechnen. Es gibt zwar die Möglichkeit, die Meldebehörden zu bitten, den neuen Familienstand nicht an die Kirchen weiterzugeben, aber die Frage stellt sich, ob „dieses Geheimnis" nicht früher oder später ans Tageslicht kommt.

---

22 Streib-Brzič, Uli (Hg.) (2007): Das lesbisch-schwule Babybuch. Ein Ratgeber zu Kinderwunsch und Elternschaft. Querverlag, Berlin. Gosemärker, Alexandra (2008): Erst Recht! Der Ratgeber zu allen Rechtsfragen rund ums Zusammenleben. Querverlag, Berlin.

Für Beschäftigte evangelischer Einrichtungen gibt es keine vergleichbare Bestimmung.

Hier nun einige grundsätzliche Informationen in Kürze:

Eine Lebenspartnerschaft können zwei Personen gleichen Geschlechts eingehen. Sie müssen weder homosexuell sein noch deutsche Staatsangehörige. Auch Nicht-Deutsche können sich verpartnern. Für die Eintragung werden verschiedene Dokumente im Original benötigt. Die Rathäuser bzw. Stadtverwaltungen listen diese im Internet auf. Begründet werden Lebenspartnerschaften auf dem Standesamt oder bei den zuständigen Behörden, die je nach Bundesland variieren.

Namensrecht: LebenspartnerInnen können einen gemeinsamen Namen führen; sie können ihre bisherigen Namen aber auch behalten. Bei verschiedener Nationalität können sie entscheiden, nach welchem Recht der Name gebildet werden soll. Ein gemeinsamer Name kann auch noch nachträglich bestimmt werden. PartnerInnen, deren Name nicht Lebenspartnerschaftname wird, können ihren Namen dem gemeinsamen Namen anfügen oder ihn voranstellen.

Unterhaltsrecht: Die LebenspartnerInnen sind einander zu Unterhalt verpflichtet. Wenn nichts anderes, wie z.B. Gütertrennung, vereinbart ist, leben sie nach der Eintragung automatisch im Güterstand der Zugewinngemeinschaft. Das bedeutet, dass jedeR LebenspartnerIn EigentümerIn seines mitgebrachten und erworbenen Vermögens ist, bei Auflösung der ELP der lebenspartnerschaftliche Zugewinn aber geteilt wird. Hat beispielsweise Silvia zu Beginn der ELP 10.000 Euro, am Ende 40.000 Euro erwirtschaftet, hat sie einen Zugewinn von 30.000 Euro. Anna hatte zu Beginn 20.000 Euro, am Ende 60.000 Euro, ihr Zugewinn beträgt 40.000 Euro, d.h. Silvia hat einen Anspruch auf die Hälfte der Differenz, also die Hälfte von 10.000 Euro, das sind 5000 Euro.

Krankenversicherung: Nicht erwerbstätige LebenspartnerInnen von gesetzlich Krankenversicherten und deren Kinder können beitragsfrei mitversichert werden.

Mietrecht: Ist als Mieter nur ein Lebenspartner im Mietvertrag eingetragen und stirbt dieser, kann sein Lebenspartner in den Mietvertrag eintreten.

Steuerrecht: LebenspartnerInnen können nicht gemeinsam veranlagt werden; es gilt für beide Steuerklasse 1. Aufwendungen für den Unterhalt der Lebenspartnerin bzw. des Lebenspartners können allerdings als außergewöhnliche Belastung von der Steuer abgesetzt werden. In diesem Fall dürfen LebenspartnerInnen nur ein geringes Vermögen haben.

LebenspartnerInnen haben ein Zeugnisverweigerungsrecht.

Kinder in Lebenspartnerschaften

Die Rechtslage wird kompliziert, wenn Kinder ins Spiel kommen, denn das Kindschaftsrecht ist nicht immer leicht zu verstehen. Deshalb an dieser Stelle noch einmal der Rat, sich vor einer etwaigen Eintragung bzw. vor der Stiefkindadoption ausführlich beraten zu lassen und sich im Vorfeld zu informieren.

Namensrecht: Bringt eine Lebenspartnerin ein Kind mit in die Lebenspartnerschaft ein, so kann das Kind den Lebenspartnerschaftsnamen erhalten und den Geburtsnamen anfügen oder voranstellen. Dies gilt nur, wenn die Lebenspartnerin die alleinige Sorge hat.

Elternschaft: Es wird zwischen biologischer, rechtlicher und sozialer Elternschaft unterschieden. Die Frau, die das Kind zur Welt gebracht hat, und der Mann, der es gezeugt hat, sind biologische Eltern. Rechtliche Eltern sind in der Geburtsurkunde eingetragen. Soziale Eltern sind diejenigen, die sich tatsächlich um das Kind kümmern und Verantwortung tragen. Soziale Eltern sind mitunter keine rechtlichen Eltern, z.B. dann, wenn es wie bei Patchworkfamilien noch einen außerhalb der Familie lebenden rechtlichen Elternteil gibt.

Sorgerecht: Ist eine Mutter unverheiratet oder verpartnert und hat kein Mann die Vaterschaft anerkannt und kein Gericht die

Vaterschaft festgestellt, dann steht nur der Name der Mutter auf der Geburtsurkunde. Damit ist sie allein sorgeberechtigt.

Erkennt ein Vater die Vaterschaft an, steht auch sein Name auf der Geburtsurkunde. Neben dem Erbrecht entstehen damit Unterhaltsverpflichtungen gegenüber dem Kind und der leiblichen Mutter. Außerdem erhält der Vater ein Umgangsrecht und eine Umgangspflicht. Das elterliche Sorgerecht ist aber mit der Anerkennung der Vaterschaft nicht automatisch verbunden. Dafür müssen gemeinsame Sorgerechtserklärungen beim Jugendamt abgegeben werden. Achtung: Diese Erklärungen sind unwiderruflich! Das gemeinsame Sorgerecht umfasst alle Angelegenheiten, die von erheblicher Bedeutung für das Kind sind. Darunter fallen beispielsweise das Aufenthaltsbestimmungsrecht, schulische und berufliche Bildung, medizinische Eingriffe, religiöse Bildung oder Auslandsaufenthalte. Diese müssen einvernehmlich geregelt werden.

Gründen zwei Frauen eine Familie und wollen sie, dass der Vater bekannt ist, aber nicht die elterliche Sorge bekommt, dann kann der Vater die Vaterschaft anerkennen, gibt aber mit der leiblichen Mutter keine Sorgerechtserklärung ab.

Problem: Wenn ein rechtlicher Vater benannt ist, dann sind die Gestaltungsmöglichkeiten begrenzt. Stirbt beispielsweise die leibliche Mutter, hat unter Umständen der rechtliche Vater Vorrang, wenn es dem Kindeswohl dient, selbst wenn die Mutter ihre Partnerin testamentarisch als Vormund bestimmt. Das Kindeswohl ist eben ein dehnbarer Begriff.

Was viele nicht wissen: Nur wenn die rechtliche Mutter die Alleinsorge für das Kind hat, bekommt die Lebenspartnerin mit der Eintragung der Lebenspartnerschaft das kleine Sorgerecht (Alltagssorgerecht).

Die gemeinsame rechtliche Elternschaft und damit das gemeinsame Sorgerecht durch zwei Mütter oder zwei Väter kann nur mittels Stiefkindadoption erreicht werden.

Stiefkindadoption

Meist beantragen nur Lebenspartnerinnen der leiblichen Mütter die Stiefkindadoption – daher ist in diesem Abschnitt nur von Müttern die Rede.

Die Stiefkindadoption – also die Adoption des leiblichen Kindes der Lebenspartnerin durch die nicht-biologische Mutter – ermöglicht gleichgeschlechtlichen Paaren eine gemeinsame rechtliche Elternschaft, d.h. beide Mütter sind damit gleichberechtigte Eltern mit gemeinsamem Sorgerecht. Ist der Vater bzw. Spender (amts-)bekannt, so muss er der Adoption durch die Lebenspartnerin der Mutter zustimmen. Diese Zustimmung ist bereits vor der Geburt möglich. Die leibliche Mutter kann frühestens acht Wochen nach der Geburt ihr Einverständnis erteilen. Der biologische Vater verliert mit seiner Einwilligung alle Rechte am Kind; jegliche Verwandtschaftsverhältnisse von Seiten des Vaters erlöschen.

Wenn das Kind durch Insemination über eine Samenbank in eine homosexuelle Beziehung hineingeboren wird, kann das Jugendamt die Zustimmung des „Vaters" ersetzen. Will der Spender bei einer privaten Samenspende anonym bleiben, gibt es verschiedene Möglichkeiten: Die Mütter können angeben, den Vater nicht zu kennen. Dann muss das Gericht die Lage prüfen. Wenn der Samenspender als Vater benannt wird und der Stiefkindadoption zustimmt, dann ist er vor möglichen Unterhalts- oder Erbansprüchen des Kindes geschützt. Über das Verfahren hinaus wird er dadurch nicht bekannt.

Wird die Adoption ausgesprochen, bekommt das Kind eine neue Geburtsurkunde, auf der beide Mütter als Eltern eingetragen sind.

Das Verfahren, bei dem ein Notariat, das Vormundschaftsgericht und das Jugendamt beteiligt sind, dauert in der Regel zwischen sechs und 24 Monaten, je nach Bundesland und je nach Einstellung der RichterInnen. Trotz der Tatsache, dass die Kinder, die in Lebenspartnerschaften leben oder dort hineingeboren wurden, gemeinsame Kinder sind, orientieren sich sehr viele, wenn nicht alle Gerichte am Verfahren der Fremdadoption, wonach erst nach Ablauf einer bestimmten Frist, in der Regel mindestens ein Jahr, eingeschätzt werden kann, ob sich ein Eltern-Kind-Verhältnis entwickelt hat. Dieser Zeitraum wird Adoptionspflegezeit genannt.

Für die Stiefkindadoption sind verschiedene Dokumente erforderlich, die bei der Antragstellung im Notariat vorgelegt werden müssen.

- Der Antrag der Adoptierenden,
- die Einverständniserklärung des/der Personensorgeberechtigten,
- die Einverständniserklärung des Kindes (altersabhängig),
- ggf. das Einverständnis des anderen Elternteils.

Der beurkundete Antrag geht dann weiter an das Vormundschaftsgericht.

Dabei werden zusätzliche Unterlagen benötigt, die im Einzelfall zu erfragen sind, z.B. eine beglaubigte Kopie der Eintragungsurkunde; Geburtsurkunden (des Kindes und der Antragstellerin); Meldebescheinigungen der Adoptierenden und des Kindes, ein polizeiliches Führungszeugnis und ein Einkommensnachweis der Annehmenden.

Das Vormundschaftsgericht fordert in der Regel eine gutachterliche Stellungnahme beim zuständigen Jugendamt an. Das Jugendamt verfasst einen Sozialbericht, aus dem hervorgehen soll, ob die Adoption dem Kindeswohl dient. Manchmal dauert es ziemlich lange, bis das Gericht sich äußert. Eltern sollten keine falsche Scheu haben, bei Verzögerungen nachzufragen, warum sich das Verfahren hinzieht.

In Gesprächen werden die lesbischen Paare meist über ihre Partnerschaft und über ihren Umgang mit der lesbischen Lebensform befragt. Weitere Themen sind die Herkunft des Kindes, die Rolle des Spenders bzw. Vaters und die Offenheit gegenüber dem Kind, was seine Herkunft betrifft. Dieser Punkt ist den Jugendämtern ein großes Anliegen, wünschen sie doch größtmögliche Transparenz für die Kinder.

Es kann sinnvoll sein, bereits im Vorfeld Kontakt mit dem Jugendamt aufzunehmen und die zuständige pädagogische Fachkraft von den Adoptionsplänen zu informieren. Dabei lässt sich eventuell herausfinden, ob Schwierigkeiten zu erwarten sind oder welche Einstellung der Richter bzw. die Richterin hat. Meistens läuft das Verfahren problemlos ab. Es gibt allerdings auch Ausnahmen, wie ein Fall in Berlin zeigte: Ein lesbisches Paar ließ den Vater ihres Kindes eintragen. Die Stiefkindadoption war bereits geplant. Doch das Gericht lehnte die Adoption mit der Begründung ab, dem Kind ginge es nach der Adoption nicht besser, jetzt hätte es doch einen Vater. Acht Monate später hob das Landgericht den Beschluss des Amtsgerichts auf und sprach die Adoption aus – eine schwierige Zeit für alle Beteiligten. Es ist fraglich, wie das Gericht entschieden hätte, wäre der rechtliche Vater sehr vermögend gewesen. Denn dann hätte das Gericht sicherlich mit der besseren finanziellen Absicherung des Kindes argumentiert und möglicherweise der Adoption durch die Lebenspartnerin nicht zugestimmt.

Trotzdem muss man sagen, dass dies Einzelfälle sind, die zum Glück sehr selten vorkommen.

Obwohl zum Teil jedes Jugendamt das Verfahren unterschiedlich gestaltet, schildert im Folgenden eine Mitarbeiterin des Münchner Stadtjugendamts exemplarisch das Prozedere:

Seit 2005 haben wir etwa 30 Stiefkindadoptionen innerhalb von lesbischen Lebenspartnerschaften durchgeführt. Unsere Erfahrungen sind durchweg positiv. Die lesbischen Paare haben sich alles sehr genau überlegt und sind sehr reflektiert. Diese Kinder sind sehr gewollt. Sie wachsen mit einem differenzierten Bewusstsein über ihre Lebenssituation auf. In der Regel haben sich die Paare viele Gedanken über den leiblichen Vater des Kindes gemacht. Wir finden es sehr wichtig, dass die Kinder ihre andere „genetische Hälfte" kennenlernen können, sonst bleibt da eine Leerstelle. Am liebsten ist es uns, wenn alles ganz offen abläuft: Der biologische Vater ist bekannt, beim Notar gibt er alle Rechte und Pflichten ab und diese gehen dann an die annehmende Mutter über.

Das Verfahren ist an das Stiefkindadoptionsverfahren im heterosexuellen Kontext angelehnt – leider gibt es da keine andere Möglichkeit. Wir hätten viel weniger Arbeit, wenn die Kinder, die in Lebenspartnerschaften hineingeboren werden, automatisch sozusagen ehelich und beide Mütter gleichberechtigte Eltern wären. Aber so weit sind wir noch nicht.

Zum Verfahren: Wir bekommen die Akte vom Gericht mit den ganzen Anträgen und allen Einwilligungen sowie der Gehaltsbescheinigung und dem Führungszeugnis. Dann fordern wir von der annehmenden Mutter einen kurzen Lebensbericht an. Das Kind bekommt ab dem Alter von etwa acht Jahren einen kleinen Fragebogen. Es folgen ein Gespräch im Jugendamt und ein Hausbesuch. Danach schreiben wir unsere Stellungnahme. Diese geht ans Gericht zurück. Ist die Stellungnahme positiv, wird in der Regel die Adoption von einer/m RichterIn ausgesprochen. In sehr seltenen Fällen wird die Familie ins Gericht bestellt. Aber das geschah eher im ersten Jahr der neuen Regelung – ich glaube, die RichterInnen haben dafür jetzt keine Zeit mehr.

Für alle Adoptionen gilt: Die Einwilligung eines leiblichen Elternteils zur Adoption kann frühestens acht Wochen nach Geburt erteilt werden – allerdings kann der Spender bereits vor der Geburt sein Einverständnis zur Adoption bekunden und notariell beglaubigen lassen. Das ganze Verfahren dauert meist zwischen fünf und 18 Monaten. Das Gesetz sieht bis zur endgültigen Entscheidung eine angemessene Adoptionspflegezeit von einem Jahr vor, d.h. in dieser Zeit kann das Verfahren möglicherweise schweben – für viele Paare eine Zeit der Unsicherheit, die wir aber versuchen, im Vorfeld abzumildern. Es gibt in dieser Frage keine bundeseinheitliche Verfahrensweise; manche Bundesländer lassen sich viel Zeit mit dem Verfahren. Es gab auch schon Fälle in Bayern, in denen Paare an einen Richter gerieten, der diese Familienform nicht akzeptieren konnte und die Akte einfach liegen ließ. Die Jugendämter können in solchen Fällen die Familien nur ermuntern, sich anwaltliche Unterstützung zu holen, um zu ihrem Recht zu kommen.

Schwierig kann es bei binationalen Paaren werden. Wir hatten zwei Fälle, in denen die annehmende österreichische bzw. ungarische Mutter die deutsche Staatsbürgerschaft annehmen musste, sonst wäre die Adoption nicht ausgesprochen worden, weil es in diesen Ländern keine vergleichbare Stiefkindadoptionsmöglichkeit für lesbische Paare gibt. Bisher hat hier noch kein binationales Paar versucht, die Adoption unter Beibehaltung der Staatsangehörigkeit mit anwaltlicher Hilfe durchzusetzen.

Insgesamt sind unsere Erfahrungen sehr gut, und in der Regel laufen die Verfahren problemlos ab.

Gabriele Pechtl, Dipl.-Sozialpädagogin, Stadtjugendamt München

Besonders bitter: Adoptierte Kinder können nicht per Stiefkindadoption vom zweiten Elternteil adoptiert werden. Diese sogenannten Kettenadoptionen sind nach einem Abkommen aus dem Jahr 1967 nicht zulässig. Da durch diese Praxis adoptier-

te Kinder gegenüber leiblichen benachteiligt werden und diese Kinder rechtlich keine zwei Elternteile bekommen können, wird es sicherlich nicht mehr lange dauern, bis auch diese Frage bei den entsprechenden Gerichten behandelt wird. Seit Anfang 2010 ist eine diesbezügliche Klage beim Bundesverfassungsgericht anhängig.

Ein mögliches Problem entsteht, wenn der annehmende Elternteil nicht-deutscher Staatsangehöriger ist. Dann wird die zentrale Adoptionsstelle beteiligt. Meist dauert dann das Verfahren länger, und es kann zu Schwierigkeiten kommen, wenn es im Herkunftsland der annehmenden Mutter keine rechtliche Entsprechung zur Stiefkindadoption bei gleichgeschlechtlichen Lebenspartnerschaften gibt. Das bedeutet, dass beispielsweise die annehmende Mutter mit österreichischer Staatsangehörigkeit zur Einbürgerung in Deutschland gezwungen werden kann. Wenn es so weit kommen sollte, hilft nur anwaltlicher Beistand. Derzeit sind in Berlin einige Fälle anhängig. Es empfiehlt sich, mit einer Kanzlei Kontakt aufzunehmen, die auf Lebenspartnerschaften spezialisiert ist – die Kosten sind oft geringer als erwartet. Die Stiefkindadoption innerhalb gleichgeschlechtlicher Partnerschaften ist geltendes Recht – und dass man/frau dafür seine Staatsangehörigkeit aufgeben muss, ist nicht einzusehen. Manchmal muss eine Anwältin oder ein Anwalt eben nachhelfen.

Grundsätzlich ist die Stiefkindadoption für gleichgeschlechtliche Paare natürlich als rechtlicher Durchbruch auf dem Weg zur kompletten Gleichstellung zu sehen. Auf der anderen Seite ist es nicht einzusehen, dass sich der Staat so massiv in eine erwünschte Familiengründungssituation einmischt und die annehmende Mutter „in die Mangel nimmt". Gäbe es eine Ehelichkeitserklärung für das Kind, das in eine lesbische Lebenspartnerschaft hineingeboren wird, hätten alle Beteiligten weniger Stress und weniger Arbeit. Und die nicht-biologische Mutter wäre automatisch zweiter Elternteil – ganz einfach. Andere Länder sind schon so weit: In Großbritannien werden beispielsweise seit 2009 bei Kindern, die in eine lesbische Partnerschaft hineingeboren werden, automatisch beide Mütter in die Geburtsurkunde eingetragen.

Politisch gewollt ist bei uns diese ganze Vereinfachung nicht, zumindest nicht von den Unionsparteien, haben diese doch nach wie vor ein Problem mit der Akzeptanz von Regenbogenfamilien.

Manche wollen aber ganz anders ...

Ein Problem an diesen ganzen rechtlichen Instrumenten besteht darin, dass diese immer an heterosexuelle, traditionelle Familienmuster angelehnt sind. Möchte eine Familie beispielsweise mehr als zwei Sorgeberechtigte für ihr Kind eintragen lassen, ist dies nicht möglich. Das ist bitter, denn es gibt eine Reihe von Familienmodellen, bei denen sich mehr als zwei Menschen verbindlich um das Kind bzw. die Kinder kümmern (siehe Kapitel 3). Die dritte oder vierte Person wird automatisch in einen rechtlosen Raum verbannt. Im Falle von Trennung müssen die Familien privatrechtlich vorgesorgt haben, damit Umgangsrechte für nicht-biologische Elternteile erhalten bleiben.

Ohne Eintragung

Leben gleichgeschlechtliche Eltern mit ihren Kindern ohne Eintragung zusammen, haben Co-Elternteile keine gesetzlichen Rechte in Bezug auf die Kinder. Allerdings können sorgeberechtigte Elternteile mit Hilfe von Vollmachten eine Reihe von Befugnissen im Alltag auf einen nicht-leiblichen Elternteil übertragen. Dies betrifft beispielsweise die Vertretung gegenüber der Schule, der Kindertagesstätte oder auch einer Behörde. Eine Vollmacht kann für ärztliche Behandlungen bzw. für die Entbindung der Schweigepflicht gelten. Bei Urlaubsreisen, die eine Co-Mutter bzw. ein Co-Vater mit dem Kind alleine unternimmt, empfiehlt sich auf jeden Fall eine Vollmacht.

Bei Trennung hat die Co-Mutter bzw. der Co-Vater ein Umgangsrecht, auch wenn keine Eingetragene Lebenspartnerschaft bestanden hat. Voraussetzung dafür ist, dass ein oder mehrere Kinder gemeinsam erzogen wurden. Unterhaltsverpflichtungen gegenüber den Kindern gibt es keine. Allerdings können bereits im Voraus Vereinbarungen getroffen werden, die sowohl das Umgangsrecht als auch mögliche Unterhaltszahlungen festlegen.

Stirbt der Elternteil, der das alleinige Sorgerecht hat, kann das Gericht der Partnerin bzw. dem Partner die Vormundschaft für das Kind übertragen, wenn die/der Verstorbene dies verfügt hat und diese Lösung dem Kindeswohl entspricht. In einer Verfügung kann auch bestimmt werden, wer nicht die Vormundschaft bekommen soll. Eine Verfügung für den Todesfall sollte in einem Notariat oder zu Hause an einem leicht zugänglichen Ort aufbewahrt werden.

Grundsätzlich gilt: Die Vollmachten müssen so präzise wie möglich formuliert werden. Sie sind auch ohne notarielle Beglaubigung gültig. Ein notariell beglaubigtes Schriftstück wird aber in der Regel nicht angefochten. Eine Vollmacht muss aktuell sein, d.h. sie muss regelmäßig erneuert werden.

Die Situation in Österreich und in der Schweiz

In Österreich ist am 1. Januar 2010 das Gesetz zur Eingetragenen Partnerschaft in Kraft getreten.

Die LebenspartnerInnen erhalten – wie in Deutschland – praktisch alle Pflichten der Ehe, allerdings nicht alle Rechte. So gibt es weitreichende Angleichungen etwa im Zivil-, Arbeits- und Ausländerrecht, allerdings ist schwulen und lesbischen Paaren weiterhin die Adoption verboten – auch die Stiefkindadoption ist nicht vorgesehen. Gleiches gilt für den Zugang zu reproduktionsmedizinischen Angeboten, also Kinderwunschpraxen oder Samenbanken. Nicht enthalten ist außerdem ein kleines Alltagssorgerecht für den nicht-leiblichen Elternteil.

Das Standesamt ist lesbischen und schwulen Paaren als offizieller Ort für die Eintragung verwehrt. In manchen Städten ist es eventuell möglich, das Standesamt anzumieten. Ansonsten müssen Lesben und Schwule ihre Beziehung bei der Bezirksverwaltungsbehörde eintragen lassen; einer Behörde, an der man sonst etwa sein Auto anmelden oder Sozialhilfe beantragen kann. GegnerInnen der „Homo-Ehe" setzten viele Ausnahmeregelungen durch, um den Abstand der Lebenspartnerschaft zur (heterosexuellen) Ehe zu bewahren. So führen gleichgeschlechtliche Paare beispielsweise auf Dokumenten keinen „Familiennamen", sondern schlicht einen „Nachnamen". Der Geburtsname kann vorangestellt oder angehängt werden, allerdings ohne Bindestrich (!). Zudem dürfen sich auf Druck der konservativen Volkspartei (ÖVP) erst Männer und Frauen über 18 Jahren verpartnern – schon zwei Jahre früher dürften sie heterosexuell heiraten.

Auch in der Schweiz gibt es seit 1. Januar 2007 ein Rechtsinstitut, das der deutschen Lebenspartnerschaft ähnlich ist. Allerdings gibt es wie in Österreich einen gravierenden Unterschied: Eingetragene PartnerInnen können kein Kind adoptieren, weder ein fremdes noch das der Partnerin bzw. des Partners. Auch der Zugang zu reproduktionstechnologischen Kliniken und Praxen ist ihnen verwehrt. Wenn eine verpartnerte lesbische Frau ein Kind adoptieren will, muss sie davor ihre Partnerschaft auflösen.

Eine eigene Rechtsposition, wie z.B. das kleine Alltagssorgerecht für einen nicht-leiblichen Elternteil, kennt das Schweizer Gesetz nicht. Dennoch führt eine Eintragung zur Verpflichtung, der Partnerin bzw. dem Partner bei der Ausübung der elterlichen Sorge beizustehen. Bei Trennung gibt es ein Umgangsrecht für den nicht-leiblichen Elternteil.

Mit Eingehung der Eingetragenen Partnerschaft behält jeder der Partnerinnen bzw. Partner seinen bisherigen Namen. Der Name der Partnerin bzw. des Partners kann vorangestellt oder angehängt werden.

Ausländerrechtlich wird durch eine Eintragung eine Aufenthaltsbewilligung erteilt bzw. verlängert. Für den Erwerb des Schweizer Bürgerrechts durch eine ausländische Partnerin bzw. durch einen ausländischen Partner sieht das Gesetz keine Möglichkeit der erleichterten Einbürgerung vor. Allerdings genügt für die eingetragene Partnerin bzw. den eingetragenen Partner ein Wohnsitz von insgesamt fünf Jahren in der Schweiz, wovon ein Jahr unmittelbar vor der Gesuchstellung liegen muss, sofern sie oder er seit drei Jahren in Eingetragener Lebenspartnerschaft mit der Schweizer Bürgerin oder dem Schweizer Bürger lebt. Eingetragene ausländische Staatsangehörige können erst nach zwölf Jahren einen Einbürgerungsantrag stellen.

Steuerrechtlich, erbrechtlich sowie in der Hinterbliebenenversorgung werden PartnerInnen wie EhepartnerInnen behandelt. Es gilt Gütertrennung, wenn nichts anderes vertraglich vereinbart wurde.

Kapitel 5
Coming-out und Homophobie

Wenn Lesben und Schwule ihr Coming-out haben, dann birgt dieser Schritt immer ein kleines Risiko. Wie wird das Gegenüber reagieren? Eine Frage, mit der sich Heterosexuelle nicht auseinandersetzen müssen. Sie können einfach vom vergangenen Wochenende erzählen („da war ich mit meinem Mann beim Wandern"), ohne dass sie beim Gegenüber damit ein peinliches Gefühl auslösen. Es ist eben ein Unterschied, ob eine Frau oder ein Mann von „ihrer" Frau sprechen. Für Heterosexuelle ist die Veröffentlichung der Lebensform selbstverständlich. Dieser Schritt wird deshalb nicht bewusst wahrgenommen. Ganz anders bei Lesben und Schwulen: Die heterosexuell geprägte Umwelt empfindet ein Coming-out eventuell immer noch als Preisgabe einer intimen Information, die eigentlich privat sei. So werden lesbische Frauen und schwule Männer von ihrem Gegenüber auf ihre Sexualität reduziert, obwohl sie keine Details aus dem Schlafzimmer ausgeplaudert haben.

Homophobie

Sicherlich gibt es Kreise, in denen das Coming-out überhaupt kein Problem ist. Aber Lesbisch- und Schwulsein ist einfach noch keine Lebensform, die gesamtgesellschaftlich gleichwertig neben anderen Lebensweisen steht. Lesben und Schwule entwerfen ihr eigenes, selbstbestimmtes Lebensmodell, mit dem sie tradierte Muster und Rollenvorgaben in Frage stellen. Die Folge sind möglicherweise Aggressionen bei denjenigen, die sich in der eigenen Geschlechtsrollenidentität unsicher sind. Meist sind es junge Männer, die selbst Angehörige diskriminierter Gruppen sind, die homophobe Gewalttaten verüben. „Homophobie" bedeutet Homosexuellenfeindlichkeit. In Verbindung damit wird die Heterosexualität als einzig gültige Norm gesetzt und alles, was mit Homosexualität zu tun hat, abgewehrt und abgewertet.

Vor nicht allzu langer Zeit wurden homosexuelle Menschen verfolgt, und immer noch gibt es viele Länder, in denen Lesben und Schwulen die Todesstrafe droht.

Natürlich hat sich die Situation in Deutschland erheblich verbessert. Dennoch stößt man auch heute noch auf jede Menge Homophobie im Alltag. Dies muss im historischen Zusammenhang gesehen werden – jahrzehntelange Kriminalisierung prägt nachhaltig die öffentliche Meinung. Deshalb verschwindet Homophobie noch nicht so schnell aus den Köpfen.

Auch Lesben und Schwule selbst sind nicht vor Homophobie gefeit. Man spricht in diesem Zusammenhang von internalisierter, also verinnerlichter Homophobie. Schließlich sind die meisten mit einem negativen Bild von Lesben und Schwulen aufgewachsen. Es sind längst nicht alle mit ihrer sexuellen Identität im Reinen – kein Wunder, wenn man bedenkt, wie früher über Homosexuelle gesprochen wurde und welche homophobe Haltung noch in den siebziger und achtziger Jahren gegenüber Lesben und Schwulen herrschte. In so einem Klima ein gesundes lesbisches oder schwules Selbstbewusstsein zu entwickeln, ist ein durchaus hartes Stück Arbeit. Die Folgen dieses Klimas wirken bis heute nach, was bedeutet, dass das Coming-out trotz aller Fortschritte immer noch eine schwierige Zeit sein kann.

Eine langjährige Mitarbeiterin einer Lesbenberatungsstelle schildert im Folgenden, mit welchen Fragen sich Frauen im Coming-out hauptsächlich auseinandersetzen:

Das Thema „Identität" nimmt einen großen Raum ein. Im Coming-out dreht sich alles um die Fragen: Wer bin ich, wie will ich sein, wie gestalte ich mein Leben? Die entsprechenden Bilder und die damit verbundene Homophobie, Angst vor Ausgrenzung, ein Leben ohne gesellschaftliche Anerkennung als lesbische Frau – dieser Berg an möglichen Problemen macht zunächst einfach Angst.

Im Coming-out befindliche Frauen mit Kindern aus Heterobeziehungen fühlen sich häufig schuldig: Was tue ich meinen Kindern damit an? Können sie sich normal entwickeln? Es kommen die ganzen vorurteilsbeladenen Fragen – ein Spiegel der homophoben Gesellschaft. In diesen Beratungen von lesbischen Müttern geht es vor allem darum, den Frauen zu vermitteln, dass ein Kind nicht automatisch leidet, nur weil die Mutter lesbisch ist – dieser Gedanke ist leider immer noch allzu weit verbreitet. Gleichzeitig ist es für die meisten Frauen ganz wichtig, sich mit anderen Frauen, die in einer ähnlichen Situation sind, auszutauschen und sich gegenseitig zu unterstützen. Diese Frauen leisten alle so viel – sie sollten viel mehr Wertschätzung bekommen!

Ulrike Mößbauer, Dipl.-Sozialpädagogin,
systemische Einzel-, Paar- und Familientherapeutin

Schwule Männer im Coming-out haben ganz ähnliche Themen. Bei vielen spielt die Herkunftsfamilie eine große Rolle.

Wie sag ich es meiner Familie und in meinem Umfeld? Wie trete ich auf, wann sage ich es und wo sage ich es? Wie finde ich meinen Platz in diesem neuen Leben, in der Szene, in der Gesellschaft? Große Ängste gruppieren sich um das familiäre Umfeld. Meist werden die Väter in ihrer Reaktion problematischer eingeschätzt als die Mütter. Viele Fragen drehen sich auch um den Arbeitgeber und die Kollegen, also Menschen, die man nicht so gut kennt, die man aber täglich sieht.

Das Thema Beziehung und Partnerschaft erlebe ich jetzt bei den jungen Männern als viel präsenter. Da wird ganz bewusst nach dem Prinzen gesucht. Das ist irgendwie konservativer als früher. Da waren Partys viel wichtiger.

Michael Bastian, Dipl-Sozialpädagoge und Gestalttherapeut

Auch die Kirchen, besonders die katholische, tragen ihr Scherflein zur ganz alltäglichen Homophobie bei. Nachdem der Papst in regelmäßigen Abständen gegen die Homo-Ehe wettert und in Regenbogenfamilien den Untergang des Abendlandes sieht, wundert es nicht, dass sich gerade die katholische Kirche im Umgang

mit gleichgeschlechtlichen Lebensweisen sehr schwer tut. Die Anweisung der Deutschen Bischofskonferenz, MitarbeiterInnen von katholischen Einrichtungen zu kündigen, wenn sie eine Eingetragene Lebenspartnerschaft eingehen, ist eine menschenunwürdige Praxis. Die Kirche ist ein Tendenzbetrieb und darf daher in gewissen Zusammenhängen ihre eigenen Regeln aufstellen. Dass der Staat, der ja schließlich einen Großteil der Lohn- und Gehaltskosten kirchlicher MitarbeiterInnen trägt, diese Praxis gegen Lesben und Schwule nicht unterbinden kann, ist mehr als verwunderlich.

Auf den ersten Blick erscheinen unsere modernen Zeiten als sehr aufgeklärt. Beim genaueren Hinsehen zeigt sich jedoch, dass die Thematik rund um lesbisch-schwules Leben immer noch große Widerstände auslöst – ganz besonders dann, wenn Kinder ins Spiel kommen.

Für die Vorbehalte, die in Politik und Gesellschaft gegenüber Regenbogenfamilien immer noch herrschen, gibt es keinerlei sachliche Grundlage. Sie haben zum großen Teil mit der bereits beschriebenen diffusen Ablehnung zu tun. Auch religiöse Argumente werden ins Feld geführt, als ob Gott festgelegt hätte, wer wen lieben darf und dass sich Menschen ihren Kinderwunsch nur mit der richtigen Lebensform erfüllen dürfen. Gilt die Maßgabe „Ihr habt euch für ein Leben entschieden, aus dem keine gemeinsamen leiblichen Kinder hervorgehen" auch für heterosexuelle Paare, die jahrelang ungewollt kinderlos bleiben?

Am Schluss bleibt noch der in diesem Zusammenhang am häufigsten geäußerte Satz: Ein Kind braucht Mutter und Vater. Lesbische Mütter und schwule Väter kontern mit dem Satz: Ein Kind braucht Eltern, die es lieben, und Eltern, die sich lieben. Sämtliche Studien, die sich mit dem Aufwachsen von Kindern beschäftigen, kommen immer wieder zum gleichen Ergebnis: Kinder brauchen Eltern, die sie lieben, achten und stärken. Und sie brauchen Eltern, die ihre Liebe zueinander pflegen und dadurch ein harmonisches Familienklima schaffen. Das Geschlecht der Eltern ist in dieser Frage nachrangig.

Konservative PolitikerInnen halten dennoch an ihrer Weigerung fest, Lesben und Schwule endlich in allen Lebensbereichen mit Heterosexuellen gleichzustellen. Diese Ungleichbehandlung drückt den fehlenden Respekt gegenüber einer ganz bestimmten Bevölkerungsgruppe aus. Darüber hinaus sind die Auswirkungen auf der finanziellen Ebene deutlich zu spüren. Viele Regenbogenfamilien haben erheblich weniger Geld zur Verfügung als vergleichbare Hetero-Familien, da ihnen sämtliche Steuervorteile verwehrt sind.

Die Alltagsrealität von lesbischen und schwulen Familien

Wer sein Kind in eine Betreuungseinrichtung gibt, wünscht sich, dass es dort nicht nur gut aufgehoben, gefördert und gefordert wird, sondern die meisten Eltern hoffen, dass es als die Person gesehen und angenommen wird, die es eben ist. Kinder aus Regenbogenfamilien fallen möglicherweise auf, weil ihre Eltern anders als die meisten anderen Eltern leben. Da gibt es Fragen von anderen Kindern, vielleicht auch von anderen Eltern. Besuchen Kinder aus Regenbogenfamilien eine Kindertagesstätte oder eine Schule, wissen idealerweise die dort beschäftigten pädagogischen Fachkräfte, was es bedeutet, in einer Regenbogenfamilie zu leben, um den Kindern bei Fragen den Rücken zu stärken. Dies ist jedoch leider nicht selbstverständlich. Das hat verschiedene Gründe. Es ist leider noch nicht Standard, dass der Bereich gleichgeschlechtliche Lebensweisen in Lehr- und Ausbildungsplänen verankert ist. Als Folge davon sind die Fachkräfte, die mit Kindern und Jugendlichen aus Regenbogenfamilien arbeiten, verunsichert. Auch wenn sich die meisten Einrichtungen sehr offen geben, sperren sich doch viele PädagogInnen gegen den Wunsch der Regenbogeneltern, sich mit dem Thema auseinanderzusetzen. Sehr viele Eltern gehen offen mit ihrer Familienform um, manche bieten auch ihre Hilfe an, das Thema einzubringen – nicht immer mit Erfolg.

Wir hatten Literatur in den Hort mitgebracht, aber die wollten die Bücher nicht einmal ansehen.

Bettina, Mutter von Shaula (10) und Luel (neugeboren)

Dass grundlegendes Wissen um die Lebenswirklichkeit von Lesben und Schwulen und von Kindern in Regenbogenfamilien nach wie vor kein verbindlicher Bestandteil der Ausbildung an Fachakademien, Fachhochschulen und Universitäten ist, verwundert, denn

andere marginalisierte Bevölkerungsgruppen und die dazu gehö-
renden Aspekte von Vielfalt wie Migration, Alter, Behinderung,
Ethnie etc. haben längst ihren Platz. So hängt es immer noch
von einzelnen engagierten PädagogInnen ab, ob Regenbogenfamilien totgeschwiegen oder selbstverständlich mit angesprochen
werden. Meistens hat es einen Grund, wenn PädagogInnen sehr
aufgeschlossen sind: Entweder sie selbst oder jemand aus ihrem
nahen Umfeld ist betroffen oder sie haben einen besonders hohen
fachlich-politischen Anspruch an sich.

Natürlich sind Regenbogeneltern auch zu einem bestimmten
Maß selbst dafür zuständig, wie mit der Thematik umgegangen
wird. Wollen sie als Regenbogenfamilie wahrgenommen werden,
müssen sie ihre Bedürfnisse anmelden, d.h. sie sind immer wieder
gefordert, sich für ein Coming-out zu entscheiden.

Coming-out – immer und überall?

Natürlich gibt es Situationen, in denen es ratsam ist, mit dem
Coming-out erst einmal ein wenig zu warten oder darauf zu verzichten. Grundsätzlich ist es aber sehr belastend, wenn man über
einen längeren Zeitraum nichts Persönliches von sich preisgibt
und versucht, die Lebensform auszusparen. Doch in der Regel ist
die Angst vor den Folgen viel größer als das, was dann tatsächlich passiert.

Die Zeit, in der man/frau sich erstmals dem inneren und äußeren Coming-out widmet, wird häufig „zweite Pubertät" genannt.
Sie kann durchaus ein bis drei Jahre dauern.

Wenn eine Mutter oder ein Vater mit Kind unterwegs ist, denkt
sich die Umwelt in der Regel einen gegengeschlechtlichen anderen Elternteil hinzu. Regenbogeneltern können sich entscheiden:
Entweder sie werden für heterosexuell gehalten oder aber sie
müssen den Sachverhalt richtigstellen. In einmaligen Situationen ist diese Frage irrelevant. Aber bei den vielen Kontakten
zu anderen, meist heterosexuellen Eltern bzw. Müttern in Spielgruppe, Schule und Schwimmverein können schnell irritierende
Momente entstehen: Wer ist denn jetzt die Mutter – du oder
die andere Frau von letzter Woche? Als Folge davon müssen
Regenbogeneltern ihre Familiensituation immer wieder thematisieren. Das ist anstrengend, aber wichtig. Das Coming-out ist ein

lebenslanger Prozess, denn es gibt immer wieder Situationen, in denen sich Lesben und Schwule erklären müssen. Für Regenbogenfamilien trifft dies besonders zu, denn sie werden noch nicht automatisch als mögliche Familienform von anderen Menschen mitgedacht. Aus Rücksicht, Diskretion oder aus Angst, etwas Falsches zu sagen, werden lesbische bzw. schwule Eltern nicht danach gefragt, ob sie ein Paar sind. Diese Tatsache müssen Lesben und Schwule selbst erzählen – ein mühsames Unterfangen. Denn nicht immer findet sich der passende Zeitpunkt dafür. Dennoch: Kindertagesstätten, Schulen oder Vereine können nur so offen für Regenbogenfamilien sein, wie es die Regenbogeneltern selbst sind. Deutliches Auftreten schafft Klarheit – viele Einrichtungen haben noch nie etwas von Regenbogenfamilien gehört. Die meisten Fachkräfte brauchen Nachhilfe im Fach „Gleichgeschlechtliche Lebensweisen".

Eine Reihe von Einrichtungen sind unter kirchlicher Trägerschaft. Manche Regenbogeneltern befürchten, dass ihre Kinder dort nicht gut aufgehoben sind, weil womöglich ein tradiertes Familienmodell als Leitbild dient. Doch auch in katholischen Kindertagesstätten arbeiten engagierte Fachkräfte, die Regenbogenfamilien willkommen heißen. Und im Gegensatz dazu gibt es natürlich auch Elterninitiativen, die sich nach wie vor trauen, lesbische und schwule Familien zu diskriminieren.

Wir hatten schon den Platz für unsere Tochter in der Elterninitiative, da bekamen wir plötzlich zwei Tage später eine Absage. Unser Verdacht wurde bestätigt, als uns jemand aus dem Vorstand unter der Hand mitteilte, dass wir als lesbische Eltern doch nicht so „reinpassen".

Ina (37) und Claudia (41), Eltern von Enya (6) und Nelia (3)

Wie mit lesbischen und schwulen Eltern in Kitas oder Schulen umgegangen wird, hängt von vielen Faktoren ab. Gab es schon einmal Homo-Eltern, die sich eine Thematisierung von alternativen Familienbildern gewünscht haben, dann könnten die nächsten Eltern Glück haben. In der einen Einrichtung gibt es ein Leitbild, in dem Regenbogenfamilien explizit benannt und willkommen geheißen werden, in einer anderen herrscht völlige Unwissenheit. Die Mehrheit bewegt sich wahrscheinlich dazwischen. Oft läuft es einfach so ab:

Wir haben zu Beginn der Kindergartenzeit unser Familienmodell erklärt, die Erzieherinnen haben uns mit großen Augen
angesehen („so was hatten wir hier noch nie"), und dann wurde nie mehr darüber gesprochen. Unser Kind hat den anderen
Kindern immer mal wieder erklärt, dass es zwei Mamas hat,
und das war's.

Charlotte (41), Mutter von Rosa (8)

Wer sich als lesbische Frau oder schwuler Mann Kinder wünscht,
sollte mit seiner Identität im Reinen sein und häufige Coming-
outs nicht scheuen. Eltern müssen den Boden schaffen für ein
selbstverständliches Coming-out der Kinder. Denn diese müssen
sich ja auch immer wieder entscheiden, was sie wann und wem
über ihre Familie erzählen. Sind die Lehrkräfte in der Schule, im
Sportverein oder in der Musikschule informiert, können sie mit
Fragen anderer Kinder besser umgehen. Kinder müssen ganz offen über die eigene Familie erzählen können, denn sie möchten
stolz auf ihre Familie sein. Ist das Lesbisch- bzw. das Schwulsein
der Eltern ein Tabu, bedeutet dies eine große Belastung für ein
Kind. Um ein Kind gegen mögliche Hänseleien zu wappnen, sind
die Zufriedenheit und der offene Umgang mit der eigenen Lebensweise unerlässlich. (Siehe Kapitel 12)

Auch wenn Kinder von vornherein in einen lesbisch-schwulen
Kosmos hineingeboren werden, ist es sehr wichtig, ihnen alters-
gerecht zu erklären, in welcher Art Familie sie aufwachsen. Kinder brauchen deutliche Worte für ihre Lebenswelt; sie haben nun
einmal lesbische Mütter, schwule Väter oder Trans-Eltern. Wenn
ihre Eltern diese Worte selbstverständlich aussprechen, dann haben auch die Kinder keine Scheu davor.

Eltern, deren Kinder aus einer heterosexuellen Beziehung
stammen und die sich im Laufe der Zeit für ein lesbisches oder
schwules Leben entschieden haben, müssen sich irgendwann
ihren Kindern gegenüber outen. Sind die Kinder noch klein,
kann dieser Prozess recht unkompliziert ablaufen. Ist mit dem
Coming-out eine Trennung von einem Elternteil verbunden, ist
dies ein Bruch, für den Kinder erst einmal Zeit brauchen, unabhängig davon, ob sich Mama oder Papa in eine Frau oder
in einen Mann verliebt haben. Können die Eltern auch nach
Beendigung der Paarbeziehung ihre gemeinsame Elternschaft
halbwegs harmonisch ausfüllen, stehen die Chancen gut, dass

auch die Kinder nach einer gewissen Zeit mit der neuen Lebensform von Vater oder Mutter gut umgehen können. Werden Konflikte auf dem Rücken der Kinder ausgetragen, wird sicherlich das Lesbisch- oder Schwulsein mit in die Auseinandersetzungen hineingetragen. So wird es Kindern schwerer fallen, sich mit der neuen Situation zu arrangieren. In dieser Situation sind Coming-out-Gruppen für Eltern sehr hilfreich. Und wenn es am Ort kein spezifisches Angebot gibt: Allgemeine Beratungsstellen nutzen!

Nur in den Großstädten gibt es Angebote für Lesben und Schwule. Mittlerweile sollten aber auch traditionelle Familienberatungsstellen in der Lage sein, Regenbogenfamilien kompetent zu beraten und zu unterstützen. Nehmt sie in die Pflicht!

Ulrike Mößbauer, Dipl.-Sozialpädagogin,
systemische Einzel-, Paar- und Familientherapeutin

Grundsätzlich gilt: Je jünger die Kinder, desto leichter das Coming-out. Offene und klare Worte so früh wie möglich schaffen Vertrauen. Kinder brauchen ein Gefühl von Sicherheit und Orientierung. Sie müssen wissen, was die neuen Lebensumstände mit sich bringen.

Sind die Kinder schon älter, dann haben sie vielleicht bereits eine vorgefertigte Meinung zum Thema gleichgeschlechtliche Lebensweisen. In der Pubertät wollen die meisten Kinder so sein wie alle anderen. Es kann deshalb sein, dass das Thema Lesben und Schwule eine Zeit lang ein rotes Tuch darstellt.

Rassismus

Regenbogenfamilien sind mehrheitlich unsichtbar. Noch komplexer wird die Situation für manche binationale Regenbogeneltern, denn neben der Homophobie kommt noch der ganz alltägliche Rassismus hinzu. Da wird die Mutter für die Kinderfrau gehalten, weil sie im Gegensatz zu ihrer Tochter dunkle Haut und dunkle Haare hat.

Vor einiger Zeit ging ich mit meiner Tochter zur Kinderärztin. Dort fand folgender Dialog statt.

Ich: Eigentlich wäre heute der Impftermin, aber ich würde das gerne erst nächste Woche machen lassen.

Praxismitarbeiterin: Bei uns in Deutschland sind Termine verbindlich – rufen Sie mal Ihre Chefin an, die bestätigt Ihnen das sicher. Ach, übrigens, für eine Kinderfrau sprechen Sie aber gut deutsch.

Die ganze Geschichte war wirklich sehr, sehr heftig. Ich habe dann die Ärztin geholt, die sich zwar für das Verhalten ihrer Mitarbeiterin entschuldigt hat, ansonsten aber gar nichts geschnallt hat. Wir haben natürlich die Praxis gewechselt und sind nie mehr hingegangen.

Andrea, gemeinsam mit Cornelia Eltern von Sarah (2)*

Homosexualität und Religion

Für viele muslimische Lesben und Schwule oder Lesben und Schwule arabischer Herkunft ist ein allgemeines Coming-out undenkbar. Besonders schwierig ist dies für gläubige Lesben und Schwule. Der Koran verurteilt sexuelle Handlungen zwischen Männern, die Scharia proklamiert die Todesstrafe, wenn die sexuelle Handlung von vier Menschen bezeugt wird. Gesellschaftlich wird nur der passive homosexuelle Mann verurteilt.

Die oft sehr ablehnende Haltung männlicher Jugendlicher mit muslimischem Hintergrund gegenüber Homosexualität hängt mit einem sehr traditionellen Männer- und Frauenbild zusammen und weniger mit ihrem religiösen Hintergrund. Männern wird ein aktives und Frauen ein passives Wesen zugesprochen. Homosexualität verstößt gegen diese Sicht. Allerdings dürfen Männer zärtlich zueinander sein, so lange dies nicht als homosexuell interpretiert wird. (Junge) Lesben aus Migrantenfamilien müssen befürchten, von ihren Familien verstoßen oder zwangsverheiratet zu werden. Ihr Lesbischsein stellt die Unterordnung der Frau unter einen Mann in Frage.

Das orthodoxe Judentum toleriert die gleichgeschlechtliche Orientierung, lehnt aber gelebte Homosexualität ab. Das liberale Judentum geht entspannter mit dem Thema um. Es gibt Gruppen für lesbische Jüdinnen und schwule Juden, die hauptsächlich in Großstädten zu finden sind.

Im Christentum gibt es große Unterschiede, was die Akzeptanz von Homosexualität angeht. In der katholischen Kirche wird zwar die homosexuelle Neigung nicht als sündhaft gesehen, das aktive Ausleben dagegen gilt als schwere Sünde. Die evangelische Kirche vertritt eine liberalere Haltung; viele Landeskirchen führen auch Segnungen von Partnerschaften durch. Orthodoxe Kirchen sowie einige evangelische Freikirchen sind in ihrer Haltung zu Homosexualität mit der katholischen Kirche vergleichbar; in der altkatholischen Freikirche sind Lesben und Schwule dagegen eine geachtete, integrierte Minderheit.

Lesben und Schwule mit Migrationshintergrund sind häufig unsichtbar. In ihren Familien verbergen sie in der Regel ihre sexuelle Identität. Kommen die Eltern aus Ländern, in denen eine starke Homofeindlichkeit herrscht, reagieren sie häufig besonders negativ auf ein mögliches Coming-out ihrer Kinder.

Eine 2010 veröffentlichte Studie von Melanie Steffens[23] zeigt, dass Lesben und Schwule mit Migrationshintergrund besonderen Diskriminierungsrisiken ausgesetzt sind. Diese Personengruppe ist durch eine große Vielfalt geprägt und zeigt eine hohe Problemlösungskompetenz. Offen lebende Lesben und Schwule mit Migrationshintergrund sind selten, denn viele verzichten wegen der erwarteten negativen Reaktion ihrer Familie auf ein Coming-out. Die Befragten wurden häufiger wegen ihrer sexuellen Identität diskriminiert als wegen ihrer ethnischen Zugehörigkeit. Dieses Ergebnis ist insofern bedeutsam, als dass es in Deutschland immer wieder zu rassistischen Übergriffen kommt, das Diskriminierungsrisiko aufgrund von Herkunft also bereits relativ hoch ist.

In vielen Großstädten gibt es sowohl Gruppen[24] und Partys für Lesben und Schwule mit Migrationshintergrund als auch Treffen für religiöse Lesben und Schwule.

23 Steffens, Melanie (2010): Doppelt diskriminiert oder gut integriert? Zur Lebenssituation von Lesben und Schwulen mit Migrationshintergrund. Universität Jena.
24 www.ermis.de: Griechische Lesben und Schwule
    www.gladt.de: Türkischstämmige Lesben, Schwule und Transgender
    www.tuerkgay.com: Türkische Lesben und Schwule im LSVD

Kapitel 6
Hurra – ein Kind!

Das Abenteuer Kind beginnt

Ich weiß noch ganz genau, wie sich langsam der Punkt auf dem Stäbchen verfärbt hat. Erst zart rosé, dann rosa, dann lila. Schwanger. *Hilfe!* Die Welt steht still. Ich musste mich an Katharinas Arm festhalten, mir wurde schwindlig. Sollte unser Traum nun doch noch in Erfüllung gehen? Neunmal freudige Spannung, Insemination, aufgeregtes Warten und dann die Enttäuschung – wieder nichts. Einmal probieren wir's noch und dann ist Schluss, hatten wir beschlossen. Beim zehnten Versuch hat es also geklappt. Wir standen vor dem Spiegel, lachten und schrien: „Wir bekommen ein Kind! Wahnsinn!" Und dann fielen wir uns in die Arme.

Charlotte (41) und Katharina (47), Eltern von Rosa (8)

Die schwangere Lesbe

Die schwangere Lesbe: Bis vor Kurzem etwas, das es eigentlich nicht gab. Lesben und Kinder schienen zusammen nicht denkbar. Der Feminismus der siebziger Jahre sah in der Mutterschaft die größte Falle für Frauen. So bedeutete der Wunsch nach einem emanzipierten Leben in der Regel der Verzicht auf Kinder.

Heute wollen Lesben ihren Kinderwunsch verwirklichen, ganz unabhängig von ihrer Lebensform. Selbstbewusst formulieren viele junge Frauen liebende Frauen, dass sie sich später (oder auch schon jetzt) ein Leben mit Kindern durchaus vorstellen können. Und eine ganze Menge Lesben tun es einfach: Sie kriegen Kinder. Wenn es denn klappt.

Diesen Moment, in dem das Leben plötzlich auf dem Kopf steht, vergisst kaum eine Frau. Lesben sind hier in einer besonderen Situation, denn Sexualität und Kinderkriegen sind bei ihnen vollkommen voneinander getrennt. Die Familiengründung will gut geplant sein, und zwar bis ins kleinste Detail. In der Regel ist der Alltag in Zwei-Wochen-Rhythmen eingeteilt. Menstruation, Warten auf den Eisprung, Insemination, Hoffen auf Befruchtung, Warten, Menstruation – eine emotionale Achterbahn zwischen Optimismus und Niedergeschlagenheit. In dieser Phase dreht sich fast alles nur darum: Wann klappt es endlich? Das kann sehr nervenaufreibend sein und für eine Beziehung eine große Belastung darstellen. Manche werden von Gefühlen des Versagens überrollt; andere fühlen sich nur noch gestresst und fragen sich, warum sie nicht schwanger werden. In dieser Zeit ist es sehr hilfreich, andere Lesben in ähnlicher Situation zu kennen, um sich austauschen zu können.

Das Beste, was uns passieren konnte, war, dass wir einen Stammtisch für Lesben mit Kinderwunsch bzw. lesbische Mütter gefunden haben. In dieser Situation, in der wir schon lange probierten, waren der Austausch und das Gemeinschaftsgefühl total wichtig. Wir machten uns gegenseitig Mut. Und wir fühlten uns bestärkt, dass das, was wir da machen, das Richtige ist. Schließlich sahen wir bei den anderen, die schon Erfolg hatten, was da Süßes rauskommt.

Maria (35) und Claudia (43) haben über zwei Jahre versucht, schwanger zu werden. Sohn Samuel ist mittlerweile ein Jahr alt. *

In den meisten Großstädten gibt es Gruppen für Lesben mit Kinderwunsch; die örtlichen Lesbenberatungsstellen haben die entsprechenden Informationen parat. In kleineren Städten oder auf dem Land können auch Internetforen Information und Unterstützung bieten. (Siehe Anhang)

Und irgendwann ist es dann tatsächlich so weit: Der Schwangerschaftstest ist positiv. Es beginnt ein neues Zeitalter. Hysterisch jubelnd durch die Wohnung rennen, auf der Bettkante sitzen und vor lauter Angst mit den Zähnen klappern – alles normal. Nun gilt es erst einmal, sich auf das Abenteuer Schwangerschaft einzulassen. Meistens vergehen ein paar Tage, manchmal auch zwei oder drei Wochen, bis man wieder einen vernünftigen Gedanken fassen kann.

Tausend Fragen wirbeln durch den Kopf. Wie schaffen wir das alles? Kann ich mir vorstellen, eine solche Verantwortung zu übernehmen? Wird die Schwangerschaft gut gehen? Was wächst da für ein Mensch in meinem Bauch? Und wie wird die Umwelt auf eine lesbische Familie reagieren?

Irgendwann ist die Information dann überall angekommen, im Gehirn genauso wie in den veränderten Brüsten: schwanger. Mit diesem Wissen verändert sich das Lebensgefühl. Bald wird ein Wesen kommen, das, sobald es den schützenden Mutterbauch verlassen hat, rund um die Uhr bedürftig ist. Dieses Gefühl kann manchmal beängstigend sein. Die Bedürfnisse von Babys lassen sich nicht aufschieben, und das ist auch richtig so. Immer wieder ist die Freude auf Seiten der werdenden Mutter bzw. Mütter grenzenlos. Ein neuer Mensch kündigt sich an.[25]

Es kann sein, das sich bald ein flaues Gefühl im Magen einstellt. Manchen Frauen ist häufig übel; sie müssen sich auch ab und zu übergeben. Regelmäßig kleine Mengen zu essen kann ein wenig Erleichterung schaffen. Andere merken überhaupt nichts, sind ganz entspannt und regen sich über nichts auf. Scheinbar ohne Grund in Tränen auszubrechen gehört jetzt genauso dazu, wie die Familiengründung als Schnapsidee in Frage zu stellen. Alles ist möglich, und die meisten Frauen sehen die Welt in der Zeit der Schwangerschaft mit anderen Augen als zuvor.

---

25 Sehr empfehlenswerte Begleiterin für alle Fragen rund um Schwangerschaft, Geburt und Stillen: Stadelmann, Ingeborg (2005): Die Hebammensprechstunde. Ingeborg Stadelmann Eigenverlag, Ermengerst.

Schweigen ist Gold

Vielleicht weiß es jetzt bereits die beste Freundin. Was die größere Öffentlichkeit angeht, ist es sicher besser, ein bisschen zu warten, bevor die ganze Welt von der freudigen Nachricht erfährt. In den ersten zwölf bis 14 Wochen der Schwangerschaft ist noch nichts sicher. Der Fötus hat sich eventuell nicht richtig eingenistet und kann abgehen. Eine Fehlgeburt ist ein traumatischer Einschnitt und schwer genug zu verarbeiten. Wenn alle FreundInnen schon von der Schwangerschaft wissen, dann muss man auch diese traurige Erfahrung mit allen teilen – keine einfache Vorstellung. Dennoch ist es tröstlich, mit nahestehenden Menschen den Verlust verarbeiten zu können, anstatt damit alleine zu sein.

Vor neun Jahren hatte ich einen Abgang. Das habe ich als etwas sehr Traumatisches empfunden. Ich war vorher noch nie in meinem Leben in einem Krankenhaus. Meine Partnerin und ich kamen aus einem Urlaub zurück, ich hatte Blutungen und alles ging ziemlich schnell. Das Ganze war für mich wie ein Signal – dann sollte es eben nicht sein. 2006 haben wir es dann noch mal versucht, in derselben Konstellation als Queerfamily. Es hat leider nicht mehr geklappt. Wir haben uns dann zu viert gemeinsam von diesem Projekt verabschiedet. Das war sehr traurig, aber durch die Gemeinsamkeit auch eine schöne Erfahrung.

Ich hatte verschiedene Ideen, wie mein Leben weitergehen könnte. Eine radikale Wendung gab es nicht, aber beruflich konnte ich mich wieder mehr konzentrieren und meine Karriere ein wenig befördern. Dadurch, dass wir jetzt keine eigenen Kinder haben, bekamen unsere Nichten noch mehr Bedeutung. Wir haben seit vielen Jahren ein sehr enges Verhältnis zu ihnen. *Marion (45)*

Zwei, drei Freundinnen haben wir sofort von der Schwangerschaft erzählt. Nach acht Wochen stellte sich heraus, dass das kein Kind wird, was da wächst. Das war ein totaler Schocker, schrecklich. Ich musste in die Klinik und genauso schnell, wie ich plötzlich schwanger war, war ich eben nicht mehr schwanger. Und denen, denen wir es vorher erzählt haben, mussten wir es natürlich sagen. Wir haben zwar viel Unterstützung be-

kommen, aber letzten Endes haben wir beide das zusammen
verarbeitet. *Simone (43) und Eva (46) wurden bald darauf*
wieder schwanger. Sohn Magnus ist jetzt zwei Jahre alt.

In der deutschen Sprache wird zwischen Totgeburt (mindestens
500 Gramm) und Fehlgeburt (weniger als 500 Gramm) unterschieden. In letzter Zeit ist auch von „Stillgeburt" die Rede, eine
sprachliche Neuschöpfung, die beide Begriffe umfasst.

Fehlgeburt

Eine Fehlgeburt ist als eine vorzeitige Beendigung der Schwangerschaft mit oder ohne Ausstoßung der toten Frucht mit einem Geburtsgewicht unter 500 Gramm und vor Beginn der 24.
Schwangerschaftswoche definiert. Eine Fehlgeburt unterliegt, anders als die Totgeburt, nicht der standesamtlichen Meldepflicht.

Fehlgeburten werden in Frühaborte (bis zur zwölften Schwangerschaftswoche) und in Spätaborte (zwölfte bis 24. Schwangerschaftswoche) unterteilt, wobei die Frühaborte an Zahl überwiegen.
Dank Fortschritten in der Neonatologie konnte die Lebensfähigkeit
der Föten außerhalb der Gebärmutter so weit gesteigert werden,
dass man ab Beginn der 24. Schwangerschaftswoche von einer
Tot- bzw. Frühgeburt und nicht mehr von einer Fehlgeburt spricht.

Nach Schätzungen enden in Deutschland jedes Jahr mehrere Tausend Schwangerschaften mit einer Fehlgeburt. Oft werden
Fehlgeburten in den ersten Schwangerschaftswochen als Unregel-
mäßigkeit des Menstruationszyklus fehlinterpretiert. Es wird angenommen, dass in der Gruppe der 20- bis 29-jährigen Frauen 40%
bis 70% der befruchteten Eizellen spontan zu Grunde gehen. Etwa
30% der Frauen sind in ihrem Leben von einer oder mehreren Fehlgeburten betroffen. (Quelle: Wikipedia). Weiterführende Literatur
ist im Buchhandel erhältlich.[26]

---

26 Lothrop, Hannah (1998): Gute Hoffnung, jähes Ende. Kösel, München.
Beutel, Manfred (2002): Der frühe Verlust eines Kindes. Bewältigung
und Hilfe bei Fehl-/Totgeburt und Fehlbildung. Verlag für Angewandte Psychologie, Göttingen.
Nijs, Michaela (2003): Trauern hat seine Zeit. Abschiedsrituale beim frühen Tod eines Kindes. Verlag für Angewandte Psychologie, Göttingen.
Internetadressen befinden sich im Anhang.

In den ersten Wochen der Schwangerschaft kann das Leben erst einmal so weitergehen wie zuvor. Es gibt noch keinen runden Bauch, und niemand sieht, dass sich etwas Entscheidendes verändert hat. Alkohol und Nikotin sollten ab jetzt tabu sein. Natürlich ist ein bisschen Schonung angeraten. Diverse Sportarten lassen sich vielleicht auf einen späteren Zeitpunkt verschieben. Zu viel Hüpfen oder Skifahren auf Buckelpisten sind in der Frühschwangerschaft nicht zu empfehlen; Radfahren oder Schwimmen tun es vielleicht auch. Die Überstunden im Büro sollten begrenzt werden. Denn schließlich ist Schwangersein ein Zustand, den frau genießen sollte, wenn es irgendwie möglich ist. Die Schwangerschaft geht überraschend schnell vorbei, wenn es keine Probleme gibt. Manche Frauen erinnern sich an ihre Schwangerschaft geradezu euphorisch.

So entspannt wie während der Schwangerschaft war ich noch nie in meinem Leben. Alles war irgendwie gut. Ich war im wahrsten Sinne des Wortes guter Hoffnung.

Charlotte (41), Mutter von Rosa (8)

Nach dem ersten Drittel hört meistens die Übelkeit auf, die „komatöse" Müdigkeit legt sich, der Bauch beginnt sich zu wölben. Manche Frauen brauchen schon in der elften Woche Schwangerschaftshosen und -oberteile, andere erst ab der 20. Woche. Wichtig ist es, bequeme und ansprechende Sachen zum Anziehen zu haben, denn einige Monate passt nichts anderes mehr. Zum Glück gibt es mittlerweile schöne Schwangerschaftsmode, und der Begriff „Umstandsmode" verschwindet langsam aus den Köpfen und aus den Geschäften. Vielleicht lässt sich auch von der einen oder anderen Freundin etwas ausleihen, aber die Sachen müssen zur Jahreszeit passen – eine Schwangere, die im August in der 35. Woche ist, kann mit einem superschicken Wollmantel wenig anfangen.

Vorgeburtliche Begleitung

Der regelmäßige Gang zur Frauenärztin bzw. zum Frauenarzt gehört nun bei den meisten Frauen zur allmonatlichen Routine. Es ist sehr wichtig, sich in der Praxis wohlzufühlen, denn eine gute fachliche und persönliche Begleitung in der Schwangerschaft ist unerlässlich. Manchmal ist die Ärztin eine Vertrauensperson, eventuell weiß sie von den Plänen, eine Familie zu gründen, ist vielleicht sogar in irgendeiner Form dabei behilflich.

Eine Reihe von Frauen möchte allerdings während der Schwangerschaft hauptsächlich von einer Hebamme betreut werden. Die Atmosphäre ist in der Regel gemütlicher, und es gibt mehr Raum für Fragen. Häufig achten Hebammen auch darauf, dass in ihren Praxen Platz für vielfältige Lebensentwürfe ist. So kann diese Begleitung eine gute Alternative zur konventionellen Frauenarztpraxis sein. Wer auf der Suche nach einer neuen Arzt- oder Hebammenpraxis ist, sollte sich einfach zwei oder drei ansehen. Ob man dort gut aufgehoben ist, lässt sich am besten in einem persönlichen Gespräch klären.

Pränataldiagnostik

Die Ärztin oder Hebamme wird wahrscheinlich im Laufe des ersten Schwangerschaftsdrittels fragen, ob vorgeburtliche Untersuchungen gewünscht werden. Dabei geht es in der Regel darum, bereits vor der Geburt mögliche Besonderheiten oder Krankheiten des ungeborenen Kindes zu erkennen. Für viele Frauen ist dies keine leichte Entscheidung. Denn was soll eine Schwangere tun, wenn sich herausstellt, dass ihr Kind möglicherweise das Down-Syndrom hat? Manche wollen auf jeden Fall erst einmal eine Beratung in Anspruch nehmen, bevor sie sich entscheiden. Für andere ist es selbstverständlich, alle Möglichkeiten zur pränatalen Diagnostik zu nutzen. Welche Untersuchungen ÄrztInnen empfehlen, hängt von verschiedenen Faktoren ab, wie z.B.: Gibt es familiäre Vorbelastungen? Wie alt ist die Schwangere? Was lässt sich am Feinultraschall bereits sehen?

In der elften Schwangerschaftswoche gibt es die Möglichkeit der Chorionzottenbiopsie. Dabei werden über die Bauchdecke mittels einer Nadel Bestandteile der Plazenta (Mutterkuchen), die Chorionzotten, entnommen und untersucht. Diese Methode gehört zu den invasiven pränatalen Diagnostikinstrumenten.

Aufschluss über mögliche genetische Besonderheiten kann auch die Nackenfalte des Fötus geben. Die Dicke der Nackenfalte wird per Ultraschall gemessen, in der Regel etwa in der 14.

Schwangerschaftswoche. Zeigt die Nackenfalte Auffälligkeiten, wird die Ärztin zur genaueren Abklärung eventuell eine Amniozentese vorschlagen.

Die Fruchtwasssuntersuchung (Amniozentese), die etwa in der 16. Schwangerschaftswoche gemacht wird und bei der über die Bauchdecke mittels einer Kanüle Fruchtwasser abgesaugt wird, ist von der Methode her nahezu identisch mit der Chorionzottenbiopsie. Aus dem Fruchtwasser kann per Analyse herausgelesen werden, ob das Kind genetisch auffällig ist und z.B. das Down-Syndrom hat oder an einer komplizierten Krankheit leidet.

Für viele Frauen ist es klar, dass sie wissen wollen, ob ihr Kind behindert oder krank oder einfach ein besonderes Kind ist. Manche entscheiden sich dann für einen Schwangerschaftsabbruch, weil sie sich der Aufgabe, dieses Kind großzuziehen, nicht gewachsen fühlen.

Andere können sich diese Untersuchungen nicht vorstellen, weil sie nicht wissen, wie sie mit einem eventuell Besorgnis erregenden Ergebnis umgehen sollen und weil für sie ein Abbruch nicht in Frage kommt.

Bei einem auffälligen Befund hätte ich vielleicht noch eine weitere Untersuchung machen lassen, um genauer zu wissen, was mit unserem Kind ist. Abgebrochen hätte ich die Schwangerschaft sicher nicht. Das Kind ist ein Geschenk. Wenn wir das Geschenk kriegen, dann nehmen wir es so, wie es uns geschenkt wird.

Simone (43), Mutter von Magnus (2)

Die Pränataldiagnostik ist ein Markt, auf dem viel Geld verdient wird. Sie bietet viele Möglichkeiten, aber sie täuscht darüber hinweg, dass es keine Garantien für gesunde Kinder und problemlose Geburten gibt. Plötzlich findet man sich möglicherweise in einer Situation, in der man eventuell über Leben und Tod entscheiden muss. Es gibt dafür kein „richtig" oder „falsch". Wichtig ist, bewusst und möglichst ohne Druck eine stimmige Entscheidung zu treffen.

Coming-out als werdende Eltern

Lesben, die sich gezwungenermaßen bis ins kleinste Detail mit der Familienplanung beschäftigt haben, wollen, dass man ihnen nicht nur kompetent, sondern auch unvoreingenommen begegnet. Ob allein oder als Paar, werdende lesbische Mütter bzw. lesbische Eltern wollen als solche wahrgenommen werden, schließlich sind Schwangerschaft und das Elternwerden eine sehr aufregende Sache.

Vielleicht ist ja jetzt der Moment gekommen, über ein Coming-out nachzudenken. Wer als Paar die Schwangerschaft bewusst gemeinsam geplant hat, will ja sicher auch die Untersuchungen gemeinsam erleben und die Aufregung und Freude als Paar und nicht als „Freundinnen" zeigen.

Es hat immer etwas Unwürdiges, nicht authentisch zu sein und sich womöglich zu verleugnen. Wer bisher nie etwas über die eigene Lebensform hat verlauten lassen, lässt das Umfeld im Glauben, die Schwangerschaft sei in einem heterosexuellen Kontext entstanden. Es gibt natürlich gute Gründe, sich in bestimmten Zusammenhängen zu schützen und mit dem Lesbischsein diskret umzugehen. Doch der Beginn einer Schwangerschaft ist auch der Beginn einer neuen Zeitrechnung in Bezug auf die eigene Lebensform. Wer ein Kind bekommt, kann nicht mehr nur für sich alleine Entscheidungen treffen. Die Schwangerschaft gibt einen Vorgeschmack auf später, denn Regenbogeneltern müssen sich oft erklären. Frauen mit Kindern werden in der Öffentlichkeit immer für heterosexuell gehalten, auch wenn sie mit einer anderen Frau unterwegs sind. Ein Mann wird stets dazu gedacht. Und mit Kind(ern) lernt man immer wieder neue Eltern kennen, muss sich also immer wieder neu für oder gegen ein Coming-out entscheiden. Ob Spielplatz, Krabbelgruppe, Kita, Schule, Sportverein – überall lauert früher oder später die Frage: „Und was macht Ihr Mann?"

Für eine gute Familienidentität nach innen und nach außen kommt kein Paar um ein regelmäßiges Coming-out herum. Wer, aus welchen Gründen auch immer, selbst nicht offen als Lesbe oder als Schwuler leben kann, muss auch sein Kind zur Verschwiegenheit anhalten – eine schwere Hypothek für ein kleines Wesen, das stolz auf seine Familie sein will, anstatt ein Geheimnis daraus machen zu müssen. Das heißt, familiales Nicht-out-Sein als generelle Haltung bedeutet für die Kinder eine Belastung. Sie erleben dadurch, dass zum einen an ihrer Familie, die sie lieben, irgendetwas nicht stimmt, und es sich dabei gleichzeitig um ein Tabu handelt.

Natürlich gibt es Situationen, in denen man sich ausführliche Erklärungen zu seiner Familie sparen kann. Doch eine der Kernfragen lautet, wie man als Regenbogenfamilie auftreten und sichtbar sein will. Niemand kann nicht-traditionelle Familienmodelle erahnen; die Umwelt braucht Erklärungen. Meistens ist es dann ganz einfach, die Leute sind neugierig interessiert oder auch dankbar für die Information. Der Platz für Selbstverständlichkeit ist geschaffen.

Coming-out im Büro

Nach drei Monaten sollten die Vorgesetzten von den aufregenden Neuigkeiten informiert werden. Eine gesetzliche Verpflichtung gibt es dazu nicht. Allerdings gelten für Schwangere arbeitsrechtliche Schutzbestimmungen wie z.B. das Verbot, nachts zu arbeiten oder Lasten zu befördern.

Die KollegInnen erfahren es meistens etwas später, wenn es sich nicht mehr verbergen lässt. Dann wird es Zeit, darüber zu sprechen, sonst wird getuschelt und niemand traut sich, direkt zu fragen. Es gibt kaum etwas Peinlicheres, als eine Frau zu fragen, ob sie ein Baby bekommt, wenn sie einfach nur „zugelegt" hat. Und wenn eine lesbische Frau schwanger ist, dann ist es umso wichtiger, für Klarheit zu sorgen. Sonst wird aus einer Lesbe durch die Gerüchteküche („die Sabine ist schwanger, dann ist sie doch bestimmt wieder mit einem Mann zusammen") schnell eine heterosexuelle Frau. Der „Flurfunk" funktioniert am Arbeitsplatz meistens besonders gut. Wer sowieso nicht schon lange out ist: Jetzt ist die Gelegenheit da für ein paar offene Worte.

Eine ganz andere Situation entsteht am Arbeitsplatz, wenn eine nicht-biologische werdende Mutter von den aufregenden Neuigkeiten erzählt. Für ein Kollegium, das bereits über die Lebensform Bescheid weiß, ist die Nachricht einer Schwangerschaft eine ziemlich große Überraschung.

Ich habe im Büro erzählt, dass wir Nachwuchs kriegen. Dann war erst mal Stille und es folgten irritierte Blicke auf meinen Bauch. Und dann habe ich gesagt, dass meine Partnerin das

Kind bekommt. Eine Kollegin sagte dann: „Ach, das ist ja wie in ‚Verbotene Liebe‘, wie schön!" Das fand ich ein bisschen seltsam. Nachfragen gab es keine, aber ein Kollege kam dann zu mir und gratulierte mir. In der Folge wurden mir viele Babysachen angeboten, das habe ich schon als Zustimmung empfunden.

Eva (46), Mutter von Magnus (2)

Die Herkunftsfamilie

Spätestens dann, wenn der Bauch richtig sichtbar ist – was natürlich auch davon abhängt, wie man sich kleidet – ist der Zeitpunkt gekommen, es der Herkunftsfamilie zu erzählen. Wie beim ersten Coming-out ist es hier auch häufig die Familie, die „es" als letztes erfährt.

Oft freuen sich die werdenden Großeltern sehr, haben sie sich doch vielleicht schon vor Jahren vom Gedanken an ein Enkelkind verabschiedet, als ihre Tochter lesbisch wurde. Und nun kommt da doch noch ein kleines neues Familienmitglied. Nach der ersten Überraschung ist meist die Freude sehr groß und diese Wendung lässt die verschiedenen Generationen enger zusammenrücken.

Viele Lesben, die Kinder bekommen haben, berichten davon, dass sich das Verhältnis zu ihren Eltern intensiviert hat, seit sie selbst Mütter geworden sind. Häufig sind die eigenen Mütter, manchmal auch Großmütter, eine große Stütze im Alltag, denn ohne Unterstützung geht es eigentlich gar nicht, den Spagat zwischen Beruf und Familie zu meistern.

Mit meinen Eltern habe ich mich schon immer gut verstanden, aber jetzt ist es noch netter als vorher – sie unterstützen mich momentan sehr und dafür bin ich ihnen wirklich dankbar.

Jasna (36), allein erziehende Mutter von Sophie (2)*

Lesbische Frauen, die auf dem Land oder in Kleinstädten aufgewachsen sind, zieht es häufig in die Großstädte. Nach Ausbildung oder Studium wollen die wenigsten wieder in ihre Geburtsorte zurück. So wohnen die Eltern nicht immer am selben Ort, was die Unterstützung im Alltag schwierig macht. Für Ferienaufenthalte wird „Hotel Oma" allerdings gerne genutzt.

Eine heikle Frage ist, wie die eigenen Eltern nach außen zur neuen Regenbogenfamilie stehen. Für viele Eltern ist es schwierig, ihrer Umwelt zu sagen, wie es ist. Stellen wir uns doch mal den Idealfall vor: „Meine Tochter ist ja schon lange lesbisch, sie und ihre Partnerin sind seit fünf Jahren zusammen und jetzt wollten die beiden unbedingt ein Kind. Und da haben sie einen Freund gefragt und der hat ihnen dann mit einer Spende geholfen. Tja, und nun sind sie eine glückliche Familie, das Kind hat zwei Mamas und wir sind stolze Großeltern."

Leider ist diese Version des großelterlichen Coming-out nicht selbstverständlich.[27] Viele Eltern tun sich noch immer schwer mit der Lebensform ihrer Tochter. Sie haben sich für ihr Kind etwas anderes vorgestellt. Sie sind schockiert, dass die lesbische Tochter jetzt auch noch ein Kind bekommt. Sie haben Angst, was die Nachbarn denken, wollen es der Oma mit dem schwachen Herzen ersparen. Oft sind dies nur Ausflüchte, um sich nicht mit der Tatsache auseinanderzusetzen. Doch irgendetwas müssen sie ja sagen, wenn sie auf die schwangere Tochter angesprochen werden, und so bestätigen sie in der Regel die Schwangerschaft, aber verschweigen eventuell die Umstände. Das kann sehr verletzend sein. Es gibt nach wie vor Eltern, die nicht oder nur halbherzig zu ihren lesbischen Töchtern (und schwulen Söhnen) stehen. Das schafft Distanz, und diese Eltern riskieren mit ihrer Blockadehaltung, dass sie den emotionalen Kontakt zu ihrem Kind verlieren und das Enkelkind nicht sehr oft zu sehen bekommen.

Kränkend ist es auch, wenn sich die Familie der nicht-leiblichen Mutter zum Baby überhaupt nicht in Beziehung setzt. Da können Sätze fallen wie: „Was geht mich das an, wenn deine Freundin ein Kind bekommt?" Eine solch distanzierte Haltung gegenüber der Liebesbeziehung und Familienplanung der Tochter ist zum Glück selten. Aber manchen Eltern, die große Probleme mit dem töchterlichen Lebensentwurf haben, ist es nicht möglich, die Partnerin in den Familienkreis aufzunehmen.

---

27 Nannette Gartrell (1999, 2000, 2006) fand in ihrer noch laufenden US-amerikanischen Langzeitstudie über lesbische Familien heraus, dass die Großeltern zu 29% offen mit der lesbischen Lebensweise der Tochter umgingen, als die Kinder ihr zweites Lebensjahr erreicht hatten, zum fünften Geburtstag waren es 63% und als die Kinder zehn Jahre alt wurden, waren 73% der Großeltern out.

Wir haben vorher nie mit unserer Familie über unsere Familienplanung gesprochen. Meine Mutter war hocherfreut, aber Uschis Mutter nimmt sich ganz raus, sie sieht sich nicht direkt als Oma.

Steffi (32) und Uschi (42), Eltern von Emil (6) und Hannah (2)

Sind die Eltern zur Auseinandersetzung bereit, wird sich das Verhältnis entspannen und eine neue Qualität finden können. Aber dieser Prozess braucht Zeit, und sein Gelingen hängt auch davon ab, wie innerhalb der Herkunftsfamilie mit Konflikten umgegangen wird. Setzt man sich einfach an einen Tisch und redet miteinander? In vielen Familien gibt es keine derartige Tradition. Oder kommt z.B. professionelle Hilfe in Frage? Auch dies kann eine Möglichkeit sein, ein schon lange tabuisiertes Thema innerhalb der Familie aufzugreifen und gemeinsam zu bearbeiten. Andere setzen auf den „steten Tropfen". Nur oft genug eindeutige Präsenz als lesbisches Paar zeigen, dann wird es irgendwann selbstverständlich, auch ohne große Reden. Welche Möglichkeit man wählt, hängt von den gemachten Erfahrungen ab.

Die Einführung der Eingetragenen Lebenspartnerschaft hat das gesellschaftliche Klima derart verändert, dass homosexuelle Beziehungen eine weiter verbreitete Anerkennung finden. Die daraus entstehenden verwandtschaftlichen Beziehungen haben zudem juristisches Gewicht. Das heißt nicht, dass die „Homo-Ehe" alle möglichen innerfamilialen Konflikte zu diesem Thema löst, aber viele lesbische und auch schwule Paare berichten, dass ihre Beziehungen seither von ihren Familien ernster genommen werden.

Wenn die Fronten verhärtet sind, nützen allerdings alle Bemühungen nichts. Es gibt Menschen, die eine so eindeutig negative Einstellung zu gleichgeschlechtlichen Lebensweisen haben, dass auch innerhalb einer Familie ein Bruch oder zumindest ein sehr distanzierter Umgang miteinander unvermeidlich ist.

Meine Schwester sieht das Ganze sehr kritisch und findet, dass wir diesem Kind etwas antun. Sie meint, wir haben kein Recht, ein Kind zu bekommen. Ein Kind sollte ein Kind der Liebe sein, und zwar der „richtigen" Liebe zwischen Mann und Frau. Im Grunde kam sie auch mit unserer Beziehung nie zurecht. Dieser Konflikt ist noch nicht gelöst und bei mir ist viel Verletzung da. Seit Magnus auf der Welt ist, ist es besser, aber wir reden nicht wirklich über dieses Thema.

Simone (43), Mutter von Magnus (2)

Dennoch birgt eine Schwangerschaft die Chance, noch einmal neu mit der Herkunftsfamilie in Kontakt zu kommen.

Verschiedene Wege ins Leben – der Ort des Geschehens

Bald wird es Zeit, sich nach einer Klinik oder einem Geburtshaus umzusehen. Vielleicht ist auch eine Hausgeburt eine Möglichkeit. Je mehr Informationen werdende Eltern haben, desto eher lassen sich stimmige Entscheidungen treffen. Meistens gibt es in Kliniken Informationsabende, die einmal im Monat stattfinden. In der Regel genügt es, sich drei Kliniken anzusehen. Fragen könnten sein: Gibt es die Möglichkeit, im Wasser zu gebären? Ist naturheilkundliche Unterstützung während des Geburtsverlaufs möglich, z.B. in Form von Aromatherapie oder Akupunktur? Verfügt die Klinik über eine Kinderintensivstation? Viele Kliniken bieten, wenn sie die Kapazität haben, Familienzimmer an, d.h. die Partnerin wird gegen einen Pauschalbetrag mit aufgenommen und kann während der gesamten Zeit des Krankenhausaufenthaltes mit dabei sein. So kann man von Anfang an immer zusammen sein und gleich als Familie zusammenwachsen. Das Klinikpersonal schätzt dieses Arrangement in der Regel sehr, denn die Partnerin nimmt den Krankenschwestern und -pflegern viel Arbeit ab. Und die erste Zeit ist fast so etwas wie eine „heilige Zeit", da ist es natürlich schade, wenn die Partnerin zum Schlafen nach Hause gehen muss. Manchmal geht es aber einfach nicht anders, und wenn die Geburt komplikationslos abläuft, dann ist der Klinikaufenthalt selten länger als ein paar Tage.

Bei einer Geburt im Geburtshaus gehen die frisch gebackenen Eltern in der Regel etwa drei bis vier Stunden nach Ankunft des Babys nach Hause. Im Geburtshaus arbeiten erfahrene Hebammen, die jederzeit einen Kontakt zu einer Ärztin bzw. einem Arzt herstellen können. Die Räumlichkeiten erinnern eher an eine heimelige Wohnung, die Technik ist diskret „untergebracht". Manche mag der Gedanke verunsichern, bald nach der Geburt wieder zu Hause zu sein, andere finden es wunderbar, so schnell wie möglich wieder in der vertrauten Umgebung sein zu können. Die Teams der Geburtshäuser nehmen Schwangere nach eingehender Untersuchung dann auf, wenn keine Risikoschwangerschaft (Steißlage, Zwillinge, Frühgeburt vor 37. Schwangerschaftswoche, schwere Grunderkrankung der Mutter, bestimmte bekannte Fehlbildungen des Kindes) vorliegt. Erstgebärende über 40 gelten heute nicht mehr automatisch als Risikoschwangere.

Bei einer Entbindung in der Klinik ist es wichtig, sich rechtzeitig um eine Nachsorgehebamme zu bemühen – örtliche Hebammenpraxen können mit Adressen weiterhelfen. Geburtsvorbereitungskurse werden meistens dort angeboten, wo Entbindungen stattfinden. Auch Hebammenpraxen oder Zentren für natürliche Geburt bieten Kurse an. Darüber hinaus gibt es dort alle wichtigen Informationen zu einer Hausgeburt – die privateste Geburtssituation.

Im gesamten „medizinischen Apparat" sind schwangere Lesben natürlich die Ausnahme. Infoabende aller Art sind heterosexuelle Großveranstaltungen, und Lesben fühlen sich dort meistens sehr fremd.

Das war schon sehr komisch als lesbisches Paar inmitten dieser vielen Heteropaare. Wir haben uns beide sehr fehl am Platz gefühlt. Dabei waren wir doch genauso schwanger wie die anderen auch. Erst als wir uns im Gespräch mit einer Hebamme outeten, wurde das Gefühl besser.

Charlotte (41) und Katharina (47), Eltern von Rosa (8)

Die Informationsveranstaltungen in Kliniken bestehen häufig aus Vorträgen und Powerpoint-Präsentationen, die einen Einblick in den Entbindungsalltag und die Kreißsäle geben sollen. Danach ist meist noch Zeit für Fragen. Als lesbisches Paar kann man davon ausgehen, nicht als solches gesehen zu werden. Das Phänomen „schwangere Lesbe" ist noch zu jung und befindet sich, zumindest was die Außenwahrnehmung angeht, noch im Säuglingsstadium.

Um mehr über die Atmosphäre in einer Klinik zu erfahren, kann man sich mit Hilfe spezieller Fragen, wie z.B. ob die Klinik Familienzimmer anbietet o.ä., spontan für oder gegen ein Coming-out entscheiden. An den Reaktionen lässt sich sehr schnell ablesen, ob die Klinik ein guter Ort für die Entbindung sein könnte. Eine

Geburt ist ein sehr intimes und sehr besonderes Ereignis. Es sollte währenddessen keinen zusätzlichen Stress geben. Alle werdenden Eltern sind aufgeregt und unsicher, ganz gleich, wie sie leben. Aber bei Lesben (und Schwulen) kommt immer noch ein Faktor hinzu – so ist es doppelt wichtig, sich an dem Ort, an dem ein neuer Mensch zur Welt kommen soll, wohl und willkommen zu fühlen.

Fast alle haben eine bestimmte Wunschvorstellung von einer Geburt: schöne Atmosphäre, eine natürliche Geburt, die nicht allzu lange dauert etc. Es kann trotzdem ganz anders ablaufen. Deshalb ist es wichtig, einen Plan B zu entwerfen und im Kopf zu behalten, wenn es dann losgeht.

Eigentlich war eine Hausgeburt geplant, aber die Ärztin hat mich ins Krankenhaus eingewiesen, weil das Kind sich bei leichten Wehen nicht schnell genug erholt hat. Die Geburt wurde eingeleitet, das war schrecklich. Ich durfte nicht aufstehen. Ich musste liegen und mir wurde ein ganz fremder Rhythmus auferlegt. Die Hebamme und die Ärzte habe ich als rabiat und wenig mitfühlend erlebt. Keine frauenunterstützende Atmosphäre. „Wir müssen alles tun, damit wir rechtlich nicht belangt werden können." Es geht nicht um die Frau, sondern um die Absicherung der Ärzte. Und dann wurde ratzfatz ein Kaiserschnitt gemacht. Der einzig nette Mensch war der Anästhesist im OP. Zum Glück war dann mit Cassian alles okay.

Gundula (47), Mutter von Cassian (9)

Im Geburtshaus kommen etwa 85% der „angemeldeten" Babys auch dort zur Welt, etwa 15% der werdenden Mütter landen während der Geburt in der Klinik. Manchmal ist auch ein Kaiserschnitt notwendig.

Für viele Frauen kommt nur eine Geburt in der Klinik in Frage. Die (schul)medizinische Betreuung und Überwachung vermittelt eine gewisse Sicherheit, und der Gedanke der Versorgung ist für viele reizvoll. Letztlich gibt es nirgendwo eine Garantie für eine problemlose Geburt. Viele Ärzte wollen auch bei kleinen Unwägbarkeiten auf „Nummer sicher" gehen und empfehlen schneller einen Kaiserschnitt als früher. Gibt es Probleme bei der Geburt, werden Ärzte heutzutage auch häufiger verklagt.

Statistisch gesehen wird bei etwa jeder dritten bis vierten Schwangeren, die sich für die Geburt in der Klinik entscheidet, ein Kaiserschnitt vorgenommen – die Kaiserschnittrate in deutschen Kliniken lag 2008 bei 30,2%. Im Jahre 1987 lag die Rate noch bei etwa 8%.

Kaiserschnittrate in Deutschland

Die Zahl der Schnittentbindungen ist in den letzten 25 Jahren in Deutschland von acht auf ca. 30% angestiegen: 2007 wurden in Deutschland fast 200.000 Schwangerschaften mit einem Kaiserschnitt beendet.

Im internationalen Vergleich rangiert Deutschland mit seiner Kaiserschnittrate im oberen Drittel und liegt damit weit über der Rate von 15%, die von der WHO für notwendig erachtet werden. (Österreich: 26%, Schweiz: 33%)

Ein Grund für diesen starken Anstieg ist die Tatsache, dass immer mehr Frauen sich unabhängig von medizinischen Notwendigkeiten für einen Kaiserschnitt entscheiden. Die Zunahme dieser sogenannten Wunschkaiserschnitte erklärt sich vor allem aus dem Bestreben, die Risiken und möglicherweise auch die Schmerzen zu umgehen, die mit einer normalen Geburt verbunden sind. Die Risiken eines operativen Eingriffs werden dabei häufig unterschätzt. Der Kaiserschnitt kann Probleme verursachen, die bei einer vaginalen Geburt nicht auftreten würden. Das Vertrauen in die Fähigkeit des eigenen Körpers, eine Geburt gut zu bewältigen, hat offenbar abgenommen. Wie viele Frauen sich einen Kaiserschnitt ohne medizinische Indikation wünschen, ist für Deutschland statistisch nicht erfasst. In England beträgt dieser Anteil 5%.

Aber auch auf Seiten der Ärzteschaft ist ein Wandel zu beobachten. Da Schwangerschaft und Geburt immer besser überwacht werden und die diagnostischen Möglichkeiten sich beträchtlich erweitert haben, wird auch immer häufiger die Indikation für einen Kaiserschnitt gestellt. Somit ist die Bereitschaft, schnell einem Kaiserschnitt zuzustimmen, sowohl von Seiten der Frauen als auch der Ärzteschaft gewachsen.[28]

---

28 www.schwanger-info.de: Homepage zu Schwangerschaft
    der Bundeszentrale für gesundheitliche Aufklärung (BzgA), 2009

Manchmal kommen Kinder auch sehr viel früher als erwartet. Da ist noch gar nichts vorbereitet, und plötzlich geht es los.

Wegen einer Komplikation, die sowohl mich als auch mein Kind in Lebensgefahr brachte, musste unser Sohn plötzlich am Ende der 29. Schwangerschaftswoche geholt werden. Danach folgte ein dreimonatiger Krankenhausmarathon, der uns wirklich an unsere Grenzen brachte. Für die Verarbeitung dieser Situation hatten wir erst mal gar keine Zeit, weil wir mit dem Alltag und dem Pendeln zwischen Wohnung und Krankenhaus so beschäftigt waren. Als wir dann endlich alle drei zu Hause waren, wurde es viel besser und mittlerweile geht es dem Kleinen und uns richtig gut. Ich habe allerdings immer mal wieder mit dem Gefühl zu kämpfen, schuld daran zu sein, dass er so früh auf die Welt musste.

Claudia (43), Mutter von Samuel (1)*

Der Nestbau kann beginnen

Wenn klar ist, wo das Kind zur Welt kommen soll, ist ein wenig Entspannung angesagt. Keine Infoabende mehr, die Schwangerschaftsklamotten passen wahrscheinlich bis zum Schluss, und so kann jetzt der Nestbau drankommen, falls nicht schon geschehen.

Der Markt für Baby-Ausstattungen ist heiß umkämpft. Alle möglichen Hersteller präsentieren immer neue Erfindungen, die werdende Eltern scheinbar unbedingt brauchen. Ob Babybadeeimer (unnötig, sieht aber lustig aus) oder luftdicht verschlossener Windeleimer (es geht auch ohne) – es ist wirklich interessant, in die entsprechenden Geschäfte zu gehen und zu staunen.

Am besten, man lässt sich von einer Freundin, die bereits ein Kind hat, erzählen, was sie wirklich in der ersten Zeit gebraucht hat. Viel ist es nämlich nicht, vom Kinderbettchen, dem Kinderwagen, der Babyschale fürs Auto, dem Wickeltisch und dem Heizstrahler für darüber abgesehen. Ein Stubenwagen oder eine Wiege ist schön, aber nicht zwingend. Da Babys am Anfang sehr schnell wachsen, ist es nicht sinnvoll, vorher viele Sachen zum Anziehen zu kaufen, denn es ist ja eine Überraschung, wie groß das Kind sein wird. Sicher ist es eine gute Idee, die vielen angebotenen Leihgaben anzunehmen. Wenn man sich vorstellt, dass Babys im ersten Jahr durchschnittlich 25 cm wachsen, dann bekommt man ein Gefühl dafür, wie schnell der kleine Zwerg den sündhaft teuren Strampelanzug sprengt. Natürlich macht es großen Spaß, Babyklamotten zu kaufen, und ein paar Teile müssen einfach sein. Aber im Laufe der Jahre müssen Eltern noch mehr Dinge kaufen, als ihnen lieb ist.

Während der Schwangerschaft sah ich in einem Laden diese winzig kleinen gestreiften Bodys – ich konnte einfach nicht widerstehen. Und dann hingen diese Teile wochenlang auf der Wäscheleine und jedes Mal, wenn ich sie sah, musste ich lächeln. Sie passten später allerdings genau zwei Wochen.

Charlotte (41), Mutter von Rosa (8)

Wenn schwule Männer guter Hoffnung sind ...

Gründet ein schwules Paar mit einem lesbischen Paar eine Familie, dann heißt das unter Umständen Aufregung mal vier. Denn alle Beteiligten freuen sich, sind aufgeregt und machen sich natürlich auch Sorgen, ob alles gut geht. Bei biologischer Elternschaft zu viert stellt sich die Frage, ob zwischen biologischer und sozialer Elternschaft ein Unterschied gemacht wird.

Es hat jeweils schon nach ein paar Versuchen geklappt und das war toll. Bei jeder Schwangerschaft gibt es natürlich auch die Sorge. Aber im Grunde war es bei beiden Kindern ein freudiges Warten. Wir vier haben uns regelmäßig immer mal zum Frühstücken getroffen. Und natürlich waren wir gespannt und aufgeregt. Zum Glück ging alles gut. Die Geburt war ein Endorphinwasserfall, wir haben alle vor Freude Rotz und Wasser geheult, beim ersten noch ein bisschen mehr als beim zweiten. Es sind beides meine Kinder, auch wenn ich nur von einem der biologische Vater bin. Im Herzen ist es ein ganz kleines bisschen anders. Es wäre gelogen, wenn ich diesen Unterschied ganz negieren würde.

Helmut (43), Vater von Lea (11) und Lukas (8)

Hat das Kind seinen Lebensmittelpunkt bei den Müttern, kann es unter Umständen einige Monate dauern, bis sich ein stimmiger Rhythmus für alle Beteiligten eingespielt hat. Selbst wenn viele Einzelheiten im Vorfeld abgesprochen wurden, sind die Folgen der Hormonüberschwemmung im ersten Jahr nicht immer absehbar – die Väter müssen eventuell einige Geduld aufbringen, bis sie zum Zug kommen.

Mein Partner und ich sind Papi und Papa für ein sieben Monate altes Mädchen, das bei seinen zwei Müttern aufwächst. Ich bin der biologische Vater des Kindes. Wir sehen uns regelmäßig einmal in der Woche und ich fühle mich ganz klar als Vater. Trotzdem habe ich die Einwilligung zur Stiefkindadoption durch die Co-Mutter gegeben. Nach der Vaterschaftsanerkennung habe ich notariell beglaubigen lassen, dass ich alle Rechte abgebe. Emotional stehe ich da nicht ganz dahinter, dass ich rechtlich ganz draußen bin, aber für die Co-Mutter ist es natürlich total wichtig. Das Kriterium ist immer, was wollen wir für die Kinder, was tut den Kindern gut. Ich möchte unsere Tochter nicht haben, sondern mit ihr sein. Ich habe das Vertrauen, dass es auf der emotionalen Basis zwischen uns allen gut läuft.

Klar war, dass wir bei der Geburt nicht dabei sein würden, obwohl wir gerne dabei gewesen wären, doch wurde in den Gesprächen davor klar, dass dies nicht möglich sein würde. Ich habe starke Vatergefühle und würde gerne auch mal eine Vaterpause einlegen, um mich intensiv um die Kleine zu kümmern. Für mein Empfinden war ich am Anfang von der Rolle eines Elternteils zu weit entfernt. In dieser Zeit war die Beziehung zwischen der Kleinen und ihrer Bio-Mutter schon wegen des regelmäßigen Stillens so intensiv, dass wir unsere Tochter meistens nur durch Besuche bei den Müttern erleben konnten. Aber vor Kurzem waren wir ein Wochenende lang zusammen weg, und da hatten wir sie auch mal zwei Stunden lang für uns alleine. Natürlich ist das erste Jahr für die Bio-Mama kompletter Ausnahmezustand. Daher üben wir uns in Geduld. Wir wollen die Mütter nicht drängen, länger und regelmäßiger unsere Tochter hüten zu dürfen. Die Zeit dafür wird von selber kommen.

Es ist sehr schön, dass es da jetzt einen kleinen Menschen gibt, der neu entstanden ist und sich wunderbar entwickelt.

Das freut mich und gibt mir viel Energie. Der größte Wermuts-
tropfen an der Geschichte ist für mich, dass wir nicht zu viert
als Eltern eingetragen sein können. Dabei wäre doch die rechtliche Anerkennung nicht nur ein Gewinn für das Kind, sondern
auch eine Chance für die Gesellschaft.

Mittlerweile basteln wir an einer Großfamilie – Freundinnen
von „unseren" Müttern, die bereits ein Kind haben, wollen noch
ein zweites. Wir sechs verstehen uns sehr gut miteinander.
Jetzt ist mein Partner mit der biologischen Vaterschaft dran.
Und wenn das klappen sollte, dann wären wir sechs Eltern für
insgesamt drei Kinder, das fänden wir alle klasse!

Thomas (36), Vater einer Tochter (1)

**Wenn sich ein Paar dazu entschließt, ein Kind zu adoptieren,
dann wird die Wartezeit häufig wie eine Schwangerschaft empfunden. Manchmal geht die Zeit allerdings so schnell um, dass
vor lauter Behördengängen kaum die Erstausstattung für das
Kind organisiert ist.**

Unsere Wartezeit bis zum tatsächlichen Kindervorschlag be-
trug etwa neun Monate, also so lang wie eine Schwangerschaft. Das passte ganz gut. Allerdings ging diese Zeit sehr
schnell vorbei, weil wir mit dem ganzen Papierkram unglaublich beschäftigt waren. So viele Dokumente mussten übersetzt, beglaubigt und überbeglaubigt werden.

Holger (37), gemeinsam mit Jan (47) Adoptiveltern von Minh Kai (9)

Eine Schwangerschaft der ganz anderen Art: Leihmutterschaft

Im Folgenden erzählt Olivier seine Geschichte. Er lebt in Frankreich und hat sich zur Erfüllung seines Kinderwunsches für eine
Leihmutter in den USA entschieden. Er hat sie, ganz legal, mit
Hilfe einer Agentur, die sich an schwule Männer mit Kinderwunsch richtet, kennengelernt.

Ich wollte schon immer Vater werden, daran erinnere ich mich
noch ganz genau. Bis ich 21 war, hatte ich keine sexuelle Iden-

tität. Dann sprach mich ein Mann auf der Straße an. Ab da war ich schwul und hatte wechselnde Affären und kurze Beziehungen. Ich lebte nach dem Klischee, dass Schwule keine langen Beziehungen haben bzw. haben können. Meinen Kinderwunsch trennte ich stets von meinem Liebesleben, aber während meiner Zwanziger trat er doch ein wenig in den Hintergrund.

Als ich Ende 20 war, begann ich mich wieder damit zu beschäftigen. Ich suchte den Kontakt zu Lesben, mit denen ich ein Co-Elternschaftsmodell entwickeln wollte, d.h. ich traf mich mit einigen lesbischen Paaren, die auch Kinder haben wollten, und wir versuchten herauszufinden, ob wir uns das gemeinsam vorstellen könnten. Fünf Jahre vergingen, in denen ich langsam, aber sicher zu dem Schluss kam, dass die Erwartungen und Bedürfnisse nicht zusammenpassen. Stets wollte ich mehr in die Familie eingebunden sein, als die Frauen sich das vorstellen konnten. Die Lesben wollten zwar einen Vater, aber einen, der in der zweiten Reihe steht. Und das wollte ich nicht.

Dann lernte ich ein Lesbenpaar kennen, mit dem ich mich bald sehr intensiv anfreundete. Zum ersten Mal schien es möglich, dass mein Traum von der eigenen Familie wahr werden könnte. Alles passte und unser Projekt nahm Formen an. Wir planten, zusammenzuziehen, vielleicht sogar gemeinsam ein Haus zu kaufen. Doch dann platzte der Traum, wir zerstritten uns heillos und am Ende ging es um Geld, um verletzte Gefühle und ich war nur froh, dass wir noch nicht begonnen hatten, konkret ein Kind zu „machen". Zehn Jahre sprachen wir nicht miteinander – erst vor zwei Jahren, als wir uns zufällig auf der Straße begegneten, konnten wir wieder miteinander reden.

Ich war Mitte 30 und am Boden zerstört – emotional, finanziell und überhaupt. Nach einiger Zeit suchte ich professionelle Hilfe bei einer Diplom-Psychologin. Sie half mir dabei, wieder Boden unter den Füßen zu bekommen. Und wieder stand mein Kinderwunsch im Raum, aber wie sollte ich denn den jemals verwirklichen? Kinder brauchen doch eine Mutter, oder? Dass es vielleicht eine andere Möglichkeit geben könnte, hätte ich mir damals nicht vorstellen können, denn auch ich hatte bestimmte (homophobe) Vorstellungen internalisiert, z.B. dass man „das" einem Kind nicht antun kann. Aber meine Therapeutin sagte: „Ja, natürlich ist es schön, wenn ein Kind Mutter und Vater hat, aber am allerwichtigsten ist für ein Kind ein stabiles, liebevolles Umfeld. Sie wollen eigene Kinder, wie wäre es denn mit einer Leihmutter?" Im Internet erfuhr ich über diverse Agenturen in den USA und Ende der neunziger Jahre begann sich dann die Idee mit der Leihmutterschaft zu verfestigen. In einigen Staaten der USA ist Leihmutterschaft ein großes und ganz legales Geschäft; in Frankreich und Deutschland ist es verboten, aber ich mache mich nicht strafbar, wenn ich das in einem Land mache, wo es erlaubt ist.

Bei dem Verfahren gibt es zwei Möglichkeiten. Bei der ersten wird eine Frau gesucht, die Eizellen spendet, und eine andere Frau, die das Kind austrägt. Eizelle und Samen des Mannes werden über In-vitro-Fertilisation zusammengeführt und die befruchtete(n) Eizelle(n) wird der austragenden Frau eingesetzt. Bei diesem Verfahren ist die Erfolgsquote relativ hoch, bei etwa 50% bis 60% kommt es beim ersten Versuch zur Schwangerschaft. Die andere Möglichkeit, traditionell genannt, ist medizinisch sehr viel einfacher: Der Samen des Mannes wird per Insemination zum richtigen Zeitpunkt bei der Frau eingeführt und dann wird sie hoffentlich schwanger – allerdings ist die Erfolgsquote sehr viel niedriger – nur 10% bis 20% der Frauen werden beim ersten Mal schwanger. Allerdings kommt es dabei auf so viele Faktoren an, dass dies eben auch nur Statistiken sind.

Ich wollte von vornerein alles mit einer Frau machen, um so nicht noch mehr Komplikationen in die Familienentstehungsgeschichte aufzunehmen. Die Agentur stellte mir verschiedene Frauen vor, wir lernten uns kennen, besprachen alles und mit einigen konnte ich es mir vorstellen. Die Prozedur begann, es folgten unendlich viele transatlantische Flüge, unendlich viele vergebliche Inseminationsversuche, es kostete alles schrecklich viel Nerven und natürlich ebenso viel Geld – ungefähr 100.000 Euro über all diese Jahre.

Warum es nicht klappte? Keine Ahnung. Aber die fünfte Frau sollte dann diejenige sein. Beim ersten Versuch wurde sie schwanger. Die Freude war groß – endlich ein Riesenschritt weiter! Während der Schwangerschaft hatte ich immer wieder Kontakt, allerdings nicht so lückenlos, wie ich es mir gewünscht hätte. Manchmal rief sie nicht zurück oder beantwortete meine E-Mails nicht. Dann wurde ich schon nervös. Aber schließlich ging alles gut und Ende 2002 wurde mein Sohn Mark geboren.

Zu dieser Zeit endete eine fünfjährige Beziehung. Pierre und ich hatten uns schon vorher auseinandergelebt, und die Geburt von Mark brachte uns auch nicht mehr zusammen, im Gegenteil. Ich war dann ein gutes Jahr allein mit Mark und das war schon eine sehr intensive, aber auch grenzwertige Erfahrung. Manchmal ging mir einfach die Kraft aus, und ich wusste nicht, wie ich alles unter einen Hut bringen sollte – mein Beruf als Techniker forderte viel von mir, und gleichzeitig wollte ich auch ein guter Vater sein, der nicht ständig müde ist.

Dann meldete sich die Leihmutter wieder. „Wenn du noch ein zweites Kind möchtest, dann jetzt. Ich habe für dieses Projekt nicht viel Zeit eingeplant, danach habe ich andere Pläne für mein Leben. Also jetzt – oder nie." Ich war allein erziehender Vater und hatte gerade alles ganz gut im Griff und jetzt sollte ich diese Entscheidung treffen! Aber eigentlich musste ich nicht wirklich lange überlegen. Ich wollte immer mehrere Kinder. Also sagte ich zu. Nach drei Versuchen wurde sie schwanger und genau zu dieser Zeit erschien Hector am Horizont, der Mann, mit dem ich nun schon seit fünf Jahren zusammen bin. Eva ist nun vier Jahre und Mark sieben Jahre alt. Zusammen mit Hector sind wir eine richtig glückliche Familie.

Was wirklich nervt, ist unsere rechtliche Situation. So eine Familie wie uns gibt es ja rechtlich gar nicht in Frankreich. Als die Kinder geboren wurden, erklärte die US-amerikanische Leihmutter jeweils vor Gericht, dass sie all ihre elterlichen Rechte und Beziehungen beenden möchte. Dann muss das Gericht entscheiden, ob es diesem Antrag stattgibt, was es in der Regel tut. In Frankreich (und auch in Deutschland) gibt es keinerlei Entsprechung dieses richterlichen Spruches. Wenn eine Frau in Frankreich ein Kind zur Welt bringt, dann muss die alleinige Sorgerechtsübertragung auf den Vater von einem Gericht ausgesprochen werden. Nachdem Leihmutterschaft in Frankreich illegal ist, werde ich auf gar keinen Fall ein französisches Gericht anrufen und das alleinige Sorgerecht offiziell beantragen. Womöglich trete ich da eine ganze Lawine los, wir werden wochenlang von den Medien belästigt und am Ende bekomme ich doch nicht mein Recht. Das möchte ich schon allein wegen der Kinder nicht riskieren.

Nun leben wir in einer rechtlichen Grauzone. In der Regel genügt meine Unterschrift bei kleineren behördlichen Angelegenheiten. Aber manchmal ist doch die Unterschrift der Mutter nötig. Dann muss ich mir irgendeine Geschichte einfallen lassen. Meistens erzähle ich dann von einer Frau in den USA, mit der ich die Kinder bekommen, von der ich mich aber getrennt habe. Und dass wir entschieden hätten, dass die Kinder besser bei mir bleiben sollen. Einmal sollte ich wegen einer Urkunde die Unterschrift der Mutter liefern, was aber natürlich nicht ging. Die Sachbearbeiterin sagte schließlich: „Okay, ich drehe mich um, Sie unterschreiben und ich habe nichts gesehen." Da war ich erleichtert! Zum Glück sind diese Situationen selten.

Ich bin froh, dass es Organisationen wie die APGL (Association des Parents Gays et Lesbiens) gibt, ein Zusammenschluss von Lesben und Schwulen mit Kinderwunsch bzw. lesbisch-schwulen Eltern. Da kann ich mich mit anderen schwulen Vätern austauschen, meine Erfahrungen weitergeben, und wir können uns gemeinsam für unsere Rechte starkmachen.

Und immer wieder bin ich so glücklich, dass sich mein Traum von einer eigenen Familie doch noch erfüllt hat!

Olivier (43), lebt mit seinem Partner Hector
und Marc (7) und Eva (4) in Lyon. *

Pflegschaft

Es gibt verschiedene Gründe dafür, ein Pflegekind aufzunehmen. Bei vielen Familien ging der Entscheidung für ein Pflegekind ein unerfüllter Kinderwunsch voraus. Aber für andere ist Pflegschaft unabhängig davon eine Möglichkeit, einem Kind ein Zuhause zu geben.

Wir haben uns gleichzeitig für ein Pflegekind beworben und parallel dazu inseminiert. Das Schicksal hat uns dann zu unserer Pflegetochter Jana geführt. Mit Marcel lief es ähnlich: Wir haben uns für das zweite Pflegekind beim Jugendamt beworben und zeitgleich einen Samenspender gefunden. Und dann wurden wir nicht schwanger, sondern Marcel kam zu uns. Eine Schwangerschaft war uns nicht so wichtig – Hauptsache Kind.

Judith (43) und Katharina (43), Pflegeeltern von Jana (7) und Marcel (3)

Wir konnten uns alle drei Möglichkeiten vorstellen, leibliches, Pflege- oder Adoptivkind und haben diese Alternativen parallel verfolgt. Schließlich beschlossen wir, uns um ein Pflegekind zu bewerben, weil es viele Kinder gibt, die kein liebevolles Zuhause haben.

Martina (41) und Carola (40), Pflegeeltern von Leon (4)*

Bei manchen Pflegefamilien sind leibliche Kinder gar kein Thema. Viel wichtiger ist die (auch rechtlich) gemeinsame Elternschaft.

Im Freundes- und Bekanntenkreis kamen immer mehr Kinder zur Welt und für uns war klar, dass wir auf jeden Fall auch Kinder haben wollten. Wir hatten das Gefühl, dass wir gut mit Kindern umgehen konnten, dass die Kinder von anderen gerne mit uns zusammen waren. Und es gibt viele Kinder, denen es schlecht bei ihren leiblichen Eltern geht. Wir dachten, wir können da was anbieten. Auf jeden Fall wollten wir beide zusammen zu gleichen Teilen die Verantwortung fürs Kind übernehmen. Bei der Adoption hat der Co-Vater keine Rechte. Das geht bei praktischen Fragen wie Krankheit schon los, man kann ja nicht zu Hause bleiben, wenn das Kind krank ist, wenn man rechtlich gar nicht der Vater ist. Das ist bei Pflegschaft anders.

Nils (33) und Robert (33), Pflegeeltern von Lukas (4)

Bei aller wachsenden Offenheit erleben lesbische und schwule Pflegeeltern immer wieder die ganz alltägliche Homophobie. Wenn ein Pflegekind gleich nach der Geburt vermittelt wird, kann es passieren, dass das halbe Krankenhaus noch seine Meinung zum Prozedere abgibt. Da ist die Unterstützung des Jugendamts gefragt.

Ein Teil des Krankenhauspersonals war entsetzt, dass wir das Kind bekommen sollten, und bis zum Schluss war die Situation sehr angespannt. Eine Ärztin wollte sogar den Chefarzt einschalten. Und die Hebamme fragte uns, warum wir denn nicht selber Kinder kriegen würden. Das war echt übel. Zum Glück schaltete sich dann schnell das Jugendamt ein, und wir mussten nicht mehr mit den Ärzten „verhandeln". Fünf Tage nach der Geburt konnten wir dann endlich mit Jana das Krankenhaus verlassen.

Katharina (43) und Judith (43), Pflegeeltern von Jana (7) und Marcel (3)

Manchmal werden die Vorbehalte auch nicht offen ausgesprochen, sind aber trotzdem da.

Wir haben weitgehend positive Erfahrungen mit dem Jugendamt gemacht. Dennoch hatten wir den Eindruck, wenn ein gleich geeignetes heterosexuelles Paar als Pflegeeltern zur Verfügung steht, dann wird dies dem homosexuellen Paar gegenüber bevorzugt. Dabei kennen wir uns als Lesben doch besonders gut mit Anderssein aus, und Pflegekinder sind ja auch anders. Es gibt Kinder, da gibt es mehrere Bewerber, und Kinder, da gibt es weniger. Bei manchen Kindern ist es besonders schwierig, Pflegeltern zu finden. Da hatten wir dann eine realistische Chance.

Martina (41) und Carola (40), Pflegeeltern von Leon (4)*

Nach den Gesprächen fingen die Seminare an. Wir warteten ewig. Und dann stellte sich heraus, dass wir nicht in die gemeinschaftliche Seminarrunde durften. Das wurde uns auch als wichtig beschrieben, dass man sich da in der Gruppe austauscht und Rollenspiele macht etc. Die Leitung machte dann das Seminar mit uns alleine, weil sie nicht wollte, das es nur um uns geht oder um die Unterschiede zwischen uns und den anderen. Dann hatten wir also ein Privatseminar. Man darf sich von so was nicht ins Bockshorn jagen lassen. Natürlich haben wir uns geärgert, aber heute sagen wir uns, so schlimm war's dann doch nicht.

Nils (33) und Robert (33), Pflegeeltern von Lukas (4)

Wer sich dafür entscheidet, ein Pflegekind aufzunehmen, muss sich darüber im Klaren sein, dass es für die Pflegschaft Gründe gibt, die das Kind prägen. Diese Kinder können traumatisierende Erlebnisse gehabt haben und/oder unter gesundheitlichen Beeinträchtigungen leiden.

Als wir uns um Leon bewarben, wussten wir, dass er einen Herzfehler hat und entwicklungsverzögert sein wird. Nach und nach stellte sich noch heraus, dass er auf dem rechten Ohr eine Hörhilfe braucht.

Martina (41) und Carola (40), Pflegeeltern von Leon (4)*

Lesbische oder schwule Paare haben in ihrer Bewerbung als Pflegeeltern auch einen Vorteil: Es sind primär nur Frauen oder nur Männer im Haushalt – für Kinder, die belastende Erlebnisse mit Angehörigen des einen oder anderen Geschlechts verarbeiten müssen, ein wichtiger Faktor.

Lukas hat schlechte Erfahrungen mit Frauen gemacht. Es waren nur Frauen um ihn herum. Lukas hat eine sehr junge Mutter. Er ist das mittlere von drei Kindern, seine Mutter ist völlig überfordert. Lukas wurde sicher oft alleine gelassen und emotional vernachlässigt. In der Kurzzeitpflege hatte er einen sehr guten Draht zum Pflegevater, deshalb kamen wir sicher in die engere Auswahl.

Nils (33) und Robert (33), Pflegeeltern von Lukas (4)

Jedes Jugendamt handhabt das Prozedere unterschiedlich; es gibt kein bundesweit einheitliches Vorgehen. Auch die Begrifflichkeiten unterscheiden sich. Was in einer Ecke Deutschlands Kurzzeitpflege heißt, wird woanders befristete Vollzeitpflege genannt.

Zu Beginn der Bewerbung muss man sich entscheiden, ob man ein Kind in befristete oder unbefristete Vollzeitpflege aufnehmen will. Häufig ist nicht von vorneherein klar, ob das Pflegeverhältnis auf Dauer angelegt ist. Verbessert sich die Situation in der Herkunftsfamilie deutlich, wird erneut geprüft, ob das Kind wieder bei seinen leiblichen Eltern leben kann. Wird über eine Rückführung nachgedacht, steht das Wohl des Kindes im Zentrum. Die Bindung zu den Pflegeeltern spielt dabei eine wichtige Rolle. Je länger das Kind in der Pflegefamilie lebt und sich dort bindet, desto unwahrscheinlicher wird eine Rückführung. Möglicherweise ist die erste Zeit von der Unsicherheit geprägt, dass das Kind eventuell wieder gehen wird. Dies ist für Pflegefamilien nicht einfach.

Das Schlimmste war, dass wir nicht wussten, ob Jana wirklich bei uns bleibt. Ich dachte die ganze Zeit: „Dieses Kind gebe ich nicht mehr her."

Katharina (43), Pflegemutter von Jana (7) und Marcel (3)

Leichter ist die Situation, wenn von Anfang an klar ist, dass das Pflegeverhältnis auf Dauer angelegt ist.

Wir sind für die Mutter eine Hilfe zur Erziehung ihres Kindes. Es war von Anfang an klar, dass Lukas auf Dauer bei uns bleibt. Die Mutter sieht, dass er sich gut entwickelt, und sie schätzt auch unsere Arbeit. Ihr ist es wichtig, dass es ihm gut geht. Das kann sie auch vor ihre eigenen Bedürfnisse stellen. Bei bestimmten Fragen müssen wir natürlich die Mutter mit einbeziehen, aber das ist kein Problem. Sie ist ja weiterhin die einzige Mama von Lukas. Diese Tatsache hat sie überzeugt.

Nils (33) und Robert (33), Pflegeeltern von Lukas (4)

Selbst wenn klar ist, dass das Kind auf Dauer in der Pflegefamilie bleibt, kann die erste Zeit sehr schwierig sein. Manche Kinder haben bereits zwei Beziehungsabbrüche hinter sich, den ersten von der Herkunftsfamilie, den zweiten möglicherweise von der Bereitschaftspflegefamilie (siehe Seite 173). Diese Erfahrung prägt Pflegekinder stark. Eine Bindung aufzubauen erfordert Zeit, Geduld und Einfühlungsvermögen.

Die Ablösung von der Bereitschaftspflegefamilie, in der er eineinhalb Jahre gelebt hat, und die Eingewöhnung bei uns waren in den ersten Monaten besonders schwierig. Mit vier Monaten hatte er eine Herzoperation, deshalb war er so lange in der Bereitschaftspflege, denn er musste sich erst einmal erholen. So richtig angekommen ist er nach ca. einem Jahr. Inzwischen besteht eine intensive Bindung zu uns. Gleichzeitig haben wir immer noch einen guten Kontakt zur Bereitschaftspflegefamilie.

Martina (41) und Carola (40), Pflegeeltern von Leon (4)*

Unabdingbar ist im Vorfeld die Beschäftigung mit den möglichen Problemen der Herkunftsfamilie. Das können Alkohol- und/oder Drogenprobleme sein oder beispielsweise psychische Krankheiten.

Ich wusste, dass ich auf keinen Fall mit einer Herkunftsfamilie mit Drogenproblematik umgehen wollte. Da ist alles prima, wenn sie clean sind, aber wenn sie „drauf" sind, dann ist es das volle Chaos.

Judith (43), Pflegemutter von Jana (7) und Marcel (3)

Ein Pflegekind hat immer zwei Familien. Für die Kinder ist es wichtig, dass sie die Unterscheidung zwischen Pflegefamilie und Herkunftsfamilie benennen dürfen.

Lotti sagt immer mal wieder: „Du hast mich nicht geboren, aber irgendwie bist du trotzdem auch meine richtige Mutter." Sie ist jetzt seit sieben Jahren bei uns. Beim Pflegekind sitzen ja normalerweise die leiblichen Eltern mit im Boot. Das ist eine ganz andere Herausforderung. Mit unserem Pflegekind ist es jetzt fast so wie mit unserem Adoptivkind, weil wir vor Kurzem die elterliche Sorge von der Herkunftsfamilie übertragen bekommen haben. Damit sind wir natürlich noch mehr ihre Eltern geworden. Trotzdem hat sie noch eine Herkunftsfamilie.

Heide (54), gemeinsam mit Betti (51) Pflegeeltern
von Lotti (10) und Adoptiveltern von Antonia (17)

Die Pflegeeltern sind dazu verpflichtet, den regelmäßigen Kontakt zur Herkunftsfamilie zu halten. Trotz Unterstützung durch das Jugendamt sind diese Kontakte nicht immer einfach. Denn die Angst, dass das Kind wieder in seine Herkunftsfamilie zurückgeht, ist immer dabei. Es ist ja unklar, wie sich die Beziehung zwischen dem Kind und seinen Herkunftseltern über die Zeit entwickelt. Sind die Herkunftseltern beispielsweise wieder stabil, ist dies eine Entlastung für das Kind, doch die Pflegeeltern haben Angst, dass das Kind zurückgehen könnte. Geht es den Herkunftseltern schlecht, kann dies das Kind belasten. Die Pflegeeltern haben ihrerseits ein schlechtes Gewissen, wenn sie nicht hoffen, dass die Herkunftsfamilie sich stabilisiert, denn das bedeutet, dass das Kind, zu dem sie eine intensive Beziehung aufgebaut haben, eher dauerhaft bei ihnen bleibt.

In Pflegeverhältnissen kann es immer wieder zu zeitweise unlösbaren Loyalitätskonflikten kommen. Professionelle Begleitung und Unterstützung sind hier ganz wichtig.

Entspannung tritt meistens dann ein, wenn klar ist, dass das Pflegekind auf Dauer in der Pflegefamilie bleibt. Dann stellt sich eventuell die Frage, ob aus dem Pflegeverhältnis eine Adoption werden könnte. Allerdings kann offiziell ja nur ein Elternteil adoptieren, was gegen diese Lösung spricht. Im Gegensatz zur Adoption ist die Übernahme einer Pflegschaft für lesbische oder schwule Paare gemeinsam möglich.

Wir würden Lukas adoptieren wollen, wenn das Jugendamt uns das anbieten würde. Aber es wäre natürlich eine große Herausforderung für die Beziehung, denn wer wäre dann der rechtliche Vater?

Nils (33) und Robert (33), Pflegeeltern von Lukas (4)

Wir würden Leon gerne adoptieren. Er müsste halt zur Adoption freigegeben sein, dazu hat sich die Mutter bisher nicht geäußert, wir haben auch keinen Kontakt mehr zu ihr. Blöd ist auch, dass nur eine von uns ihn adoptieren könnte. Wenn die Adoption zur Debatte stünde, würden wir für eine gemeinsame Adoption auch eventuell eine Klage ins Auge fassen.

Martina (41) und Carola (40), Pflegeeltern von Leon (4)*

Ein Pflegeverhältnis der anderen Art ist die Bereitschaftspflege. Ein Kind wird aus einer akuten Notsituation herausgenommen und in eine Bereitschaftspflegefamilie vermittelt. Dort bleibt das Kind so lange, bis geklärt ist, wie es weitergeht. Dieser Zeitraum umfasst etwa sechs Monate. Die Bereitschaftspflege stellt eine besondere Herausforderung dar, deshalb wird eine pädagogische Ausbildung vorausgesetzt.

Als ich vor einigen Jahren in einer sozialpädagogischen Tagesgruppe arbeitete, wurde für ein Kind eine Kurzzeitpflegestelle gesucht. Ich sagte ohne Zögern zu, aber der Junge wurde dann doch langzeituntergebracht. Durch diese Geschichte kam etwas in Gang. Ich ging diesem Gefühl nach und entschied mich dann für die Prüfung beim Jugendamt. Mein ganzes Leben hat mich das schon bewegt, dass es Kinder gibt, für die nicht oder nicht gut gesorgt wird. Einen leiblichen Kinderwunsch hatte ich dagegen nie. Mich hätte zeitlich befristete Vollzeitpflege interessiert, also ein bis drei Jahre. Das Jugendamt suchte aber BereitschaftspflegeinteressentInnen. Das war mir im ersten Moment zu heftig. Von jetzt auf gleich ein Kind aufnehmen – komme ich damit klar? Dann habe ich mich mit dem Gedanken angefreundet, die Herausforderung hat mich gereizt. Die Prüfung im Amt hat mit einem guten Jahr recht lange gedauert. Es war aber auch für mich wichtig zu klären, ob ich dieser riesigen Verantwortung alleine gerecht werden kann. Mein Lesbischsein war überhaupt kein Problem. Allerdings hätte ich es einfach gleich zu Beginn sagen sollen. Meine anfängliche Scheu war unbegründet.

Nach der Überprüfung wurde ich relativ schnell mit einem neugeborenen Mädchen belegt. Das war eine ganz schöne Überraschung – ich hatte mit einem Kind im Kindergartenalter gerechnet, denn die zu vermittelnden Kinder sind meistens zwischen neugeboren und fünf Jahren. Etwa sechs Monate ist das Mädchen bei mir, dann wird es wahrscheinlich auf Dauer in eine Pflegefamilie vermittelt. Einmal in der Woche gibt es im Jugendamt eine Stunde Besuchskontakt mit der Herkunftsfamilie. Für mich ist dieser Termin Pflicht. Es haben ja alle Beteiligten ein Recht darauf, aber diese Stunde ist im Grunde tieftraurig.

Wir beide sind schon ganz schön zusammengewachsen in den vergangenen vier Monaten. In ein paar Wochen beginnt der Abschied, dann müssen wir die jetzt entstandene Bindung wieder lösen. Das ist die große Herausforderung. Für den Prozess der Kontaktaufnahme und das Hineinwachsen in die neue Familie sind etwa sechs bis acht Wochen vorgesehen. Allen Beteiligten ist wichtig, dass dieser Beziehungsabbruch zwischen dem Kind und mir so gestaltet wird, dass sich das Kind wieder an eine neue Familie binden kann. Keine leichte Aufgabe. Ich hoffe sehr, dass „meine" Kleine in eine liebevolle Familie kommt und es sogar möglich ist, im Kontakt zu bleiben.

Meine Pause ist etwa drei Monate, ungefähr halbe Belegungszeit. Ich kann dann entscheiden, wann und ob ich noch mal ein Kind übernehme. Es gibt aber keine Garantie, ob ich noch einmal belegt werde. Und vielleicht möchte ich es auch bei diesem einen Mal belassen.

Pia (44)* Mittlerweile hat Pia ihr nächstes Bereitschaftspflegekind.
Zu „ihrer Kleinen" hat sie regelmäßig Kontakt.

Auch für eine Erziehungsstelle, die eine „professionelle sozialpädagogische Familie" darstellt, braucht man eine pädagogische Ausbildung. In der Regel ist man bei einem Träger fest angestellt und betreut Kinder, die einen besonderen Bedarf haben, bei sich zu Hause.

Als Sozialpädagogin bin ich Vollzeit angestellt zur Betreuung für Kinder aus sozial schwachen Familien bzw. Kindern mit schwerwiegenden Auffälligkeiten. Wir haben jetzt zwei Jungs und brauchen aber auf jeden Fall noch eine Erzieherin von außen, damit wir auch einen Freiraum haben und die Kinder mal getrennt werden können. Ich habe meine Tochter Xenia am Anfang gefragt, wie sie denn so was wie Geschwister fände. Sie reagierte positiv, wollte aber lieber eine Schwester als einen Bruder. Es dauerte dann noch eineinhalb Jahre, bis die Jungs zu uns kamen. Nach den ersten Eingewöhnungsschwierigkeiten verstehen sich die drei inzwischen ziemlich gut. Mein Lesbischsein war fürs Jugendamt teilweise ein Problem; ich hatte mit unterschiedlichen Ämtern zu tun. Das jetzige hat damit kein Problem, aber der leiblichen Mutter haben wir das nicht gesagt. Meine Partnerin Michaela wurde von Anfang an als Betreuungsperson eingeführt. Wahrscheinlich ahnt die Mutter der Jungs jetzt, dass wir ein Paar sind, weil Michaela ja immer dabei ist. Nach innen ist Michaela ganz klar genauso Pflegemutter.

Für die beiden Jungs ist es normal, dass Xenia noch eine zweite Mama hat. Die Jungs haben nur einmal gefragt, ob hier auch ein Papa ist. Weitere Fragen gab es nicht von ihnen. Ich weiß nicht, ob ihnen klar ist, dass wir eine Liebesbeziehung zueinander haben. Natürlich sagen wir ihnen, dass wir uns lieb haben, klar.

Ich hoffe, dass wir noch Unterstützung von außen bekommen, aber das ist schon in der Mache. Wir sind halt total kinderlieb, deshalb stimmt unsere Familie so, wie sie jetzt ist.

Ich wünsche mir, dass trotz der drei Kinder die Partnerschaft nicht zu kurz kommt. Michaela, die Kinder und ich verbringen ja sehr viel Zeit miteinander. Manchmal ist das auch anstrengend.

Gerne hätte ich Kontakt zu anderen Pflegemüttern oder auch lesbischen Müttern. Das werde ich jetzt alles nach und nach angehen. Aber es kam so viel zusammen, Umzug, Renovierung, und dann waren plötzlich die Kinder da.

Ingrid (39), Mutter von Xenia (6) und Pflegemutter
von Michael (6) und Andreas (4)*

Trotz aller Schwierigkeiten ist ein Pflegekind, wie jedes Kind, eine große Bereicherung und ein Quell der Freude. Der Blick auf das Leben ändert und weitet sich. Man erfährt viel darüber, unter

welchen Umständen Kinder groß werden. Dadurch kann eine größere Nachsicht gegenüber anderen Menschen entstehen. Und das Lob vom Jugendamt tut auch gut.

Am Anfang überwiegen die Schwierigkeiten: Die Bindung aufbauen, Vertrauen schaffen und gleichzeitig mit den täglichen Herausforderungen umgehen. Aber wenn die Bindung mal da ist, dann ist es eine schöne Erfahrung, den Unterschied zu spüren. Und die Bestätigung durch das Jugendamt, wie gut sich das Kind entwickelt hat, ermutigt uns sehr. Leon hat zu Beginn wenig Körperkontakt zugelassen. Heute, nach zwei Jahren, kann er die körperliche Nähe zu uns sehr genießen.

Martina (41) und Carola (40), Pflegeeltern von Leon (4)*

Adoption

Für lesbische und schwule Paare bieten Adoption und Pflegschaft gleichermaßen den Vorteil, dass beide Elternteile von vorneherein soziale Eltern sind und nicht biologische.

Beim Kinderwunsch steht auch häufig nicht die Weitergabe von Genen im Vordergrund, sondern der Wunsch, ein Kind ins Leben zu begleiten und aufwachsen zu sehen.

Komischerweise hatten wir beide nie den Wunsch, leibliche Eltern zu sein. Wir haben damals natürlich die einschlägige Literatur gekauft, und es war immer klar, dass wir die Familienplanung nicht mit einem lesbischen Paar zusammen machen, denn ich wollte nicht nur Gastvater am Wochenende sein. Und wenn es dann Streit gibt, dann wäre es vielleicht schwierig mit dem Kontakt zum Kind geworden. Auch Leihmutterschaft kam für uns nicht in Frage. Vermehrung der Gene war nicht unser Thema. Wir wollten einem heranwachsenden Menschen etwas mitgeben, aber nicht unsere Gene.

Holger (37), gemeinsam mit Jan (47) Adoptiveltern von Minh Kai (9)

Positiv finde ich, dass die Rollen möglichst gleich verteilt sind. Ich hätte es schwierig gefunden, wenn eine schwanger gewesen wäre und die andere nicht. Und wenn da noch ein Spender im Spiel gewesen wäre, dann hätte mich das gestresst, wie ich diesen Mann da noch integriere.

Heide (54), gemeinsam mit Betti (51) Adoptiveltern
von Antonia (17) und Pflegeeltern von Lotti (10)

Dass lesbische und schwule Paare ein Kind aus dem Ausland adoptieren, ist kein neues Phänomen. Früher war es allerdings weitaus schwieriger, denn die Vorurteile auf Seiten der Behörden saßen noch viel tiefer. Die gesellschaftliche Anerkennung von Regenbogenfamilien ist heute enorm gestiegen.

Wir haben unsere Tochter Antonia im Alter von 14 Monaten aus Brasilien adoptiert. Heute ist sie 17 Jahre alt. In unserem Verfahren lief gar nichts glatt; unsere Lebensform wurde damals noch grundsätzlich in Frage gestellt. Wir mussten viele Gespräche mit Psychologinnen und anderen Fachkräften führen. Bei unserer Pflegetochter Lotti war das schon ganz anders, da merkten wir einen großen Unterschied. Als sie zu uns kam, war sie drei Jahre alt, heute ist sie zehn. Ich glaube allerdings, dass es für Lesben und Schwule einfacher ist, ein Pflegekind zu bekommen, denn da unterstützt man ja den Staat bei der Erziehung. Da denken sich die Behörden, das Kind ist bei Pflegemüttern besser untergebracht als im Heim. Bei Adoptivkindern ist es anders, denn da gibt es ja unter den Adoptionsbewerbern eine große Auswahl, und dann ist dieses Kind für immer in dieser Familie. Ich habe den Eindruck, die Vorbehalte sind bei den Behörden doch noch größer als bei Pflegschaft. Aber vielleicht hat sich das über die Jahre auch verändert.

Heide (54), gemeinsam mit Betti (51) Adoptiveltern
von Antonia (17) und Pflegeltern von Lotti (10)

Unser Sohn Minh Kai war ein Jahr alt, als wir ihn 2002 aus Vietnam adoptierten. Alles ging sehr schnell, was wahrscheinlich daran lag, dass das bilaterale Abkommen zwischen Vietnam und Deutschland nicht mehr verlängert wurde. Danach waren keine Adoptionen mehr aus Vietnam möglich. Die Vermittlungsstelle, mit der wir zusammengearbeitet haben, gibt es heute auch nicht mehr.

Wir haben gute bis sehr gute Erfahrungen mit den Jugendämtern gemacht. Als wir in Deutschland die Adoption anerkennen lassen wollten, gab es Probleme mit den Behörden, weil ich als eingetragener Lebenspartner kein Familienbuch vorweisen konnte. Da unterstützte uns das Jugendamt sofort.

Holger (37), gemeinsam mit Jan (47) Adoptiveltern von Minh Kai (9)

Bei einer Auslandsadoption gibt es natürlich auch schwierige Fragen. Da kann es Unsicherheiten geben, was die Krankheitsgeschichte des Kindes angeht und wie man mögliche Tropenkrankheiten in Deutschland am besten behandelt. Hinzu kommt, dass man nie ganz genau weiß, wie Vermittlungsstellen arbeiten, was mit den ganzen anfallenden Gebühren bezahlt wird und in welche Kanäle dieses Geld eventuell sickert.

Wir wussten nichts über Minh Kai. Er wurde anonym im Kinderkrankenhaus abgegeben und wurde von dort aus in ein Kinderheim gebracht. Es war klar, dass er einen speziellen Herpesvirus hatte, Zytomegalie. Seine Leberwerte waren unfassbar hoch. Später haben wir festgestellt, dass er auch Malaria hatte und unter chronischer Mittelohrentzündung litt. Als wir endlich ein Antibiotikum gefunden hatten, das wirkte, besserte sich sein Gesundheitszustand zunehmend. Heute ist alles gut.

Bei Auslandsadoptionen kann man nie ganz sicher sein, ob immer alles mit rechten Dingen zugeht. Bei der Vermittlung von Kindern fängt schnell der Bereich des Kinderhandels an, das macht es emotional schwierig. Wir kennen Fälle, da hieß es dann: „Dafür bekommen Sie jetzt keine Quittung". Und da wird man schon nachdenklich.

Holger (37), gemeinsam mit Jan (47) Adoptiveltern von Minh Kai (9)

Grundsätzlich gilt: Ein Kind, das „anders" aussieht, fällt auf. Aus dem Ausland adoptierte Kinder, die sich durch Hautfarbe oder andere körperliche Merkmale von ihren Adoptiveltern und von der gesellschaftlichen Mehrheit unterscheiden, werden von der Umwelt durch ihr Aussehen festgelegt. Während ihnen in jungen Jahren in der Regel noch viel positive Aufmerksamkeit zukommt, werden sie früher oder später mit Rassismus konfrontiert. In einer weißen Kultur fühlen sich diese Kinder möglicherweise isoliert. Zur Stärkung und um sich spiegeln und zugehörig fühlen zu können, brauchen sie eine Community, in der die Menschen

so aussehen wie sie und die ihnen einen Zugang zur Kultur ihres Herkunftslandes ermöglichen. Ein Zugehörigkeitsgefühl ist für Kinder und Jugendliche während des Identitätsfindungsprozesses enorm wichtig. Für Adoptivkinder gilt dies möglicherweise noch mehr, denn sie sind nicht automatisch durch die Eltern mit ihrem kulturellen Erbe in Verbindung. Die Adoptiveltern sind hier besonders gefordert, denn sie müssen ihrem Kind diesbezügliche Angebote machen. In dieser Phase ist viel Geduld und Einfühlungsvermögen von Seiten der Eltern gefragt.

Bei Antonia hat das Thema Adoption mehr Priorität als die Tatsache, zwei Mütter zu haben. Nach dem Abitur wollen wir mit ihr nach Brasilien fahren. Mal sehen, vielleicht will sie das auch auf eigene Faust tun. Wir haben immer noch Kontakt zu vier Familien, die alle in Brasilien adoptiert haben. Antonia empfindet sich durch und durch als deutsch. Sie interessiert sich für das Land, in dem sie geboren ist, innerlich getrieben ist sie nicht.

Heide (54), gemeinsam mit Betti (51) Adoptiveltern von Antonia (17) und Pflegeltern von Lotti (10)

Minh Kai fühlt sich als Deutscher, aber auch als Vietnamese. Und das ist für ihn kein Widerspruch. Er ist ganz offen; wenn ihn jemand fragt, erzählt er, wo er geboren ist. Er redet viel über die Themen „andere Hautfarbe, andere Augen" und wir bestärken ihn immer, dass es etwas Tolles ist, solche Augen und solche Haut zu haben. Er hat eine starke Identifikation mit seinem Heimatland.

Holger (37), gemeinsam mit Jan (47) Adoptiveltern von Minh Kai (9)

Grundsätzlich wird bei jedem Adoptivkind irgendwann die Frage auftauchen, warum es nicht bei den leiblichen Eltern bleiben konnte. Manchmal lässt sich über die Herkunftsfamilie kaum etwas oder womöglich gar nichts herausfinden. Dann bleibt eine Wunde.

Der Haupttrauerpunkt in seinem Inneren ist: „Wo ist meine Mama? Warum hat sie mich weggegeben?" Es gibt keinerlei Möglichkeit, sie zu finden, denn Minh Kai ist ja schon absolut anonym abgegeben worden.

Ich glaube, am meisten nervt ihn die Frage, wo er herkommt. Die zwei Väter sind noch ein bisschen spannender. Über unsere Familie spricht er ganz offen.

Holger (37), gemeinsam mit Jan (47) Adoptiveltern von Minh Kai (9)

Die Tatsache, lesbische oder schwule Eltern zu haben, die selbst „anders" sind, kann sich für diese Kinder als ein Vorteil erweisen.

Ich glaube, dass es für die Kinder gar nicht schlecht ist, wenn die Eltern auch eine Ungewöhnlichkeit in ihrem Leben haben. Bei den Eltern, die total der Normalität entsprechen, frage ich mich, wie sie denn ihren Kindern zeigen können, wie man mit Anderssein umgeht. Mit dem Coming-out haben wir das ja dauernd üben müssen. Da können wir gut Vorbild sein.

Heide (54), gemeinsam mit Betti (51) Adoptiveltern
von Antonia (17) und Pflegeeltern von Lotti (10)

Im Folgenden schildert ein schwules Paar seinen Weg von der Zweisamkeit in die Dreisamkeit.

Unsere Familie, das sind wir drei: Johannes, Uli und Sihle, unser zweijähriger Adoptivsohn.

Wir sind seit acht Jahren zusammen. Johannes hatte schon immer einen Kinderwunsch, aber durch das schwule Leben geriet dieser Wunsch ein bisschen in Vergessenheit. Als wir uns dann eigerichtet hatten mit Beziehung, Jobs und Wohnung, kam der Wunsch wieder. Aber wie sollte das gehen? Ein Kind mit einem lesbischen Paar zu teilen kam für uns nicht in Frage. Schließlich wollten wir so viel Zeit wie möglich mit dem Kind verbringen und nicht nur Wochenendpapas sein. Und unsere Gene weitergeben, das war für uns nicht wichtig. Außerdem gibt es so viele Kinder, die in ihrem Herkunftsland keine Chance haben. So kamen wir ziemlich schnell zum Thema Adoption. Im Herbst 2006 rief Johannes beim Jugendamt an mit der Erwartung, dass wir als schwules Paar keine Chance hätten. Aber, o Wunder, wir hatten den Eindruck, offene Türen einzurennen. Schnell stellte sich heraus, dass nur eine Auslandsadoption in Frage käme, denn offiziell konnte ja nur einer von uns adoptieren. Wir wurden aber von Anfang an ganz klar als Paar behandelt, und es war lange auch nicht klar, wer von uns adoptieren würde.

Nach dem ersten Informationsabend zu Auslandsadoptionen, bei dem wir natürlich das einzige schwule Paar waren, erfuhren wir, dass es in Deutschland neben den jeweiligen Landesjugendämtern 13 Adoptionsvermittlungsstellen gibt, die sozusagen von den jeweiligen Landesjugendämtern beauftragt sind, diese Vermittlungen durchzuführen. Diese 13 Stellen, die jeweils mit ein oder zwei Ländern zusammenarbeiten, haben wir durchtelefoniert und keine Stelle wollte an ein schwules Paar ein Kind vermitteln. Der damalige Leiter der Adoptionsstelle in „unserem" Landesjugendamt hat dann entschieden, dass er das mit uns durchziehen will – es sei ja schließlich unser Recht, auf jeden Fall überprüft zu werden. Das Landesjugendamt beauftragt dann das zuständige Stadtjugendamt, die Überprüfung vorzunehmen und einen Sozialbericht zu erstellen. Die Überprüfung ist eine sehr umfangreiche Sache. Zunächst ist jede Menge Schriftverkehr zu bewältigen. Jeder von uns musste einen Lebensbericht schreiben, aus dem hervorgeht, wer man ist, was man denkt, wie man zu dem geworden ist, der man heute ist. Interessen, Wertvorstellungen, Erziehungsziele und Wünsche wurden abgefragt, aber sie wollten natürlich auch herausfinden, ob wir ein Bewusstsein für mögliche Schwierigkeiten haben, die eine Adoption mit sich bringt. Dann gab es noch einen Riesenfragebogen zu unseren finanziellen und beruflichen Verhältnissen. All diese Informationen waren die Grundlage für die folgenden Gespräche. Es gab Einzelgespräche, Paargespräche und einen Hausbesuch. Der Prozess dauerte etwa neun Monate. Im Anschluss daran erstellte unsere Sachbearbeiterin, die ein großer Glücksfall war, einen positiven Sozialbericht, der uns bescheinigte, dass wir geeignet sind.

Im weiteren Kontakt mit dem Landesjugendamt wurde schnell klar, dass als Land nur Südafrika in Frage kam. Zur damaligen Zeit war nur Südafrika bereit, an ein offen lesbisches oder schwules Paar ein Kind abzugeben. Dort gibt es eine komplette juristische Gleichstellung homosexueller und heterosexueller Paare. Und unser Amt war das einzige Landesjugendamt in Deutschland, das mit Südafrika zusammenarbeitete. Und gleichzeitig gibt es in Südafrika viele Kinder, für die keine Eltern im eigenen Land gefunden werden können. Wir waren beide schon einmal dort und hatten so schon einen Bezug dorthin.

Parallel zu diesem ganzen Prozess kam uns ein zeitlicher Glücksfall zu Hilfe. Wir hatten bereits seit Längerem einen Urlaub nach Südafrika geplant. Und obwohl der Sozialbericht zu diesem Zeitpunkt noch längst nicht fertig war, war die zuständige Sozialarbeiterin in Kapstadt nach ein bisschen Hin und Her tatsächlich bereit, uns zu treffen – ein absolutes Novum! Wir hatten ein sehr nettes Gespräch, das wirklich positiv für uns endete. Allerdings machte sie auch deutlich, dass sie erst einen offiziellen Kontakt mit uns aufnehmen würde, wenn alle Papiere vom Landesjugendamt bei ihr auf dem Tisch lägen, was mit den englischen Übersetzungen noch mal etwa neun Monate dauerte.

Was unseren Fall ziemlich kompliziert machte, war die Frage nach der möglichen gemeinsamen Elternschaft. Wie gesagt: In Südafrika können homosexuelle Paare gemeinsam adoptieren. Deutschland und Südafrika haben beide das Haager Abkommen unterzeichnet, das Auslandsadoptionen einen sicheren Rahmen geben und Kinderhandel verhindern soll. Dies bedeutet, dass Deutschland die südafrikanischen Adoptionsgesetze anerkennt. Allerdings hat Südafrika ein Jahr später seine Verfassung geändert und allen Menschen gleiche Rechte zuerkannt. Im Zuge dessen ist die juristische Situation unklar. Deutschland hat ein gemeinsames Adoptionsrecht für Homo-Paare ausgeschlossen. Die Jugendämter haben natürlich ein großes Interesse daran, dass die Auslandsadoptionen auch in Deutschland rechtlich anerkannt werden. Sowohl das Landesjugendamt als auch die zuständige Sozialarbeiterin in Südafrika halten sich strikt an die deutsche Gesetzgebung, d.h. die Tatsache, dass das südafrikanische Gesetz die Möglichkeit der gemeinsamen Adoption vorsieht, nützt de facto einem deutschen gleichgeschlechtlichen Paar gar nichts. Es kann nur einer von beiden adoptieren, sonst wird die Vermittlung durch das Landesjugendamt überhaupt nicht gemacht.

So mussten wir uns, noch bevor unsere Unterlagen nach Südafrika geschickt wurden, entscheiden, wer von uns beiden offiziell adoptiert. Sie haben uns in netter Form die Pistole auf die Brust gesetzt mit den Worten: Wir können keine Adoption unterstützen, die gegen deutsches Recht verstößt. Das war bitter! Aber dann haben wir ganz schnell entschieden, dass der Uli adoptiert, weil wir im Vorfeld schon geklärt hatten, dass er derjenige sein sollte, der zu Hause bleibt und Elternzeit nimmt.

Im Juni 2007 hatten wir uns verpartnert und jeder von uns behielt seinen Namen. Das hätte aber zur Folge gehabt, dass Sihle dann Ulis Namen bekommen hätte. Mittlerweile war es Januar 2008. Damit von außen nicht ersichtlich sein kann, wer denn nun adoptiert, entschieden wir uns in einer Blitzaktion für einen gemeinsamen Familiennamen. Nun haben wir netterweise alle den Nachnamen von Johannes. So musste im Sozialbericht schnell noch Ulis Name geändert werden. Nun wurde der Papierberg übersetzt, beglaubigt und noch mal überbeglaubigt. Das dauerte etwa sechs Wochen und dann konnte es endlich losgehen – der Papierwust startete seine große Reise. Anfang April 2008 waren die Unterlagen in Pretoria. Dann begann das Warten – eine anstrengende Zeit. Die vielen Termine und die Unterlagenbeschaffung, das war eigentlich ganz okay und für uns nicht schwierig – eher interessant. Aber die Ungewissheit, ob es wirklich klappt, was es für ein Kind sein würde und wann wir uns ins Flugzeug setzen konnten – das war wirklich eine harte Prüfung.

Im Vorfeld ging es viel um die Frage, was für ein Kind wir uns vorstellen können und welche Problematik wir uns zutrauen. Wichtig war uns, dass das Kind nicht älter als 18 Monate sein sollte. Wir waren sowohl für ein Mädchen als auch für einen Jungen offen, gerne auch ein Geschwisterpaar. Die damalige Vorgesetzte unserer Sachbearbeiterin sah dies allerdings anders und ließ den Sozialbericht dahingehend auch noch ändern – sie wollte, dass wir einen Jungen vermittelt bekommen, ein Mädchen konnte sie sich bei zwei Männern nicht vorstellen. Auch zu dieser Geschichte nickten wir nur, was hätten wir anderes tun sollen?

Und dann, Ende Juli 2008, war es so weit: Das Telefon klingelte an einem Montagmorgen und die Sachbearbeiterin vom Landesjugendamt sagte: „Wir haben einen Kindervorschlag für Sie! Einen Jungen, Sihle, acht Monate alt." Johannes war dran, und ihm blieb erst einmal der Mund offen stehen. Drei Monate hatten wir auf diesen Anruf gewartet, und plötzlich war unsere Familiengründung in greifbare Nähe gerückt. Wir waren wahnsinnig aufgeregt. Wir wissen nicht, nach welchen Kriterien das sogenannte Matching abläuft, aber klar ist, dass für ein Kind geeignete Eltern gesucht werden und nicht umgekehrt. Sicher war es von Vorteil, dass die Sachbearbeiterin uns in Kapstadt bereits gesehen hatte.

Sihles Mutter ist HIV-positiv und arbeitete zu dieser Zeit als Krankenschwester. Schon während der Schwangerschaft hatte sie sich entschieden, ihn abzugeben, denn sie war allein erziehend und hatte schon zwei größere Kinder. Durch eine gute Betreuung während der Schwangerschaft und der Geburt kam Sihle HIV-negativ zur Welt, da hat sie sich echt gut gekümmert. Sonst ist es nämlich in Südafrika ziemlich normal, dass Kinder einfach zur Welt kommen und irgendwo abgelegt werden.

Zunächst war Sihle drei Monate im Krankenhaus, weil es nirgendwo einen Platz für ihn gab. Dann kam er ins Kinderheim, 1200 km von Kapstadt entfernt.

Normalerweise heißt es, dass man etwa zwei Wochen nach diesem Anruf fliegt. Aber bei unserem Fall fehlte noch eine Urkunde! Und so hieß es noch mal warten, vier Wochen lang, bis das ersehnte Schriftstück in Kapstadt auf dem Tisch lag. Am 31. August 2008 flogen wir dann endlich nach Südafrika – mit unseren Müttern! Die beiden wollten uns unterstützen und waren natürlich sehr neugierig auf das neue Enkelkind. Wir bezogen ein großes Apartment und am 2. September flog eine Mitarbeiterin des Sozialdienstes mit Sihle nach Kapstadt. Die Übergabe fand im Treppenhaus statt – wir konnten es nicht erwarten und rannten ihnen entgegen. Und dann kam der Moment: Wir sahen ihn zum ersten Mal. Ein süßer Junge, sehr dunkel und sehr große Augen. Uli nahm ihn auf den Arm und Sihle schaute einfach nur. Und schaute und schaute. Dann war er bei Johannes auf dem Arm und langsam fing er an, leise zu plappern. Diese ersten Momente waren einfach sehr, sehr schön.

Dann haben wir eine Woche gemeinsam mit unseren Müttern verbracht, bis die beiden zurückflogen. Alles lief prima, Sihle ist ein völlig unkompliziertes Kind. Nach einer weiteren Woche waren alle Papiere fertig und wir flogen nach Hause. Und auch da war alles ganz leicht – Sihle hat ab der ersten Nacht durchgeschlafen. Wir denken natürlich, dass seine Erfahrungen im Heim vielleicht nicht immer die besten waren –

„ich kann schreien, wie ich will, es kommt sowieso keiner" –, aber nun lebt er schon mehr als ein Jahr bei uns, und es läuft richtig gut. Wir können uns gar nicht vorstellen, für ein leibliches Kind mehr Liebe zu empfinden als für ihn. Sihle passt total gut zu uns, und wir glauben, auch wir zu ihm.

Als schwule Eltern bekommen wir sehr viel positive Aufmerksamkeit – manchmal fast ein bisschen zu viel. Sihle ist jetzt in der Krippe und fühlt sich sehr wohl dort. Die Erzieherinnen sind sehr aufgeschlossen, da hatten wir wirklich Glück.

Wir können anderen schwulen Paaren mit Kinderwunsch nur raten: Geht zum Jugendamt!

Zum perfekten Glück fehlt nur noch eins: Ein zweites Kind!

Johannes (34) und Uli (45), Adoptiveltern von Sihle (2),
warten derzeit auf Sihles Geschwisterchen

Adoption kann eine von vielen Möglichkeiten sein, ein Kind auf dem Weg zum Großwerden zu begleiten. Man/frau braucht allerdings einen langen Atem. Aber das sind Lesben und Schwule ja gewöhnt.

Kapitel 7
Vom Paar zur Familie

Und plötzlich ist da ein Kind ...

Die letzten Tage bis zum großen Moment: Bald kommt das Kind. Und dann ist es da. Unabhängig davon, wie das Menschlein seinen Weg gefunden hat – ab jetzt ist nichts mehr wie vorher. Das Kind hat Vorrang. Und die Erwachsenen sind das Personal, das zu Diensten steht. Ungläubig schaut man dieses kleine Bündel an. Dieses Wesen gehört nun dazu. Es hat Hunger, braucht eine frische Windel und möchte schlafen – immer im Wechsel, Tag und Nacht. Es will Zuwendung, Trost und möchte die Welt kennenlernen. Seine Eltern sind sein Tor zur Welt.

Ein Paar überlegt sich meistens im Vorfeld genau, wer wofür zuständig ist und wie das neue Projekt Familie laufen soll. Doch jetzt ist erst einmal Honeymoon zu dritt. Man verbringt Stunden auf dem Sofa im Wohnzimmer und genießt das Zusammensein. Das Glück und die Erschöpfung kennen keine Grenzen. Das erste Lächeln entschädigt für den Schlafmangel und außerdem ist genau dieses Kind das wunderbarste Kind, das es auf der ganzen Welt gibt.

Die erste Zeit war wirklich überwältigend, richtig heilig. Wir waren sehr glücklich und entrückt, aber auch ängstlich, ob wir der Verantwortung gerecht werden können. Aber das Gute ist: Du wächst wirklich hinein.

Charlotte (41) und Katharina (47), Eltern von Rosa (8)

Das Überwältigende war für uns, als das Jugendamt sagte, wir haben einen Fall für Sie. Da bekamen wir weiche Knie. Eine ganz spannende Zeit war, als wir wussten, da ist ein Kind, und das ist noch nicht bei uns, aber es wird kommen. Kurze Zeit später war Lukas da.

Nils (33) und Robert (33), Pflegeeltern von Lukas (4)

Und dann kam das Kind: Minh Kai war ein Jahr alt. Wir hatten beide gleich sehr starke Vatergefühle. Es war ein unsagbares Glück, diesen Jungen im Arm zu halten und zu wissen, das Kind lebt jetzt für immer bei uns. Das erste große Gefühl war sehr warm. Aber ich hatte auch Angst, ich könnte was falsch machen oder was tun, was dem Kind schadet. Minh Kai war ja ziemlich krank am Anfang. Es hat lange gedauert, bis ich die Angst ablegen konnte, wenn er mal Fieber über 38 Grad hatte.

Holger (37), gemeinsam mit Jan (47) Adoptiveltern von Minh Kai

Es ist schön, wenn eine frisch gebackene Familie die ersten Wochen gemeinsam verbringen kann. Das Wochenbett ist eine Zeit, in der man das Kind kennenlernt und zu dritt beginnt, zusammenzuwachsen. In diesen Tagen sollte nicht viel Störung von außen dazu kommen. Sicher, Familie und FreundInnen wollen am liebsten sofort kommen und das Baby bewundern. Und die Versuchung ist groß, der ganzen Welt sofort den Neuzugang zu zeigen. Aber das Kind möchte langsam in dieser Welt ankommen. Die Eltern müssen die vielen Reize, die auf das Baby einströmen, begrenzen. Besonders ab den späteren Nachmittagsstunden zeigen die meisten Babys, dass es jetzt genug ist mit den vielen Einflüssen der Welt.

Es ist schwer vorstellbar, dass man mit einem Baby permanent beschäftigt ist, denn angeblich schlafen diese kleinen Wesen doch andauernd. Viele Babys schlafen tatsächlich häufig, aber bei Weitem nicht alle. Und es gibt ständig etwas zu tun. Das Baby möchte Körperkontakt, eine frische Windel, es hat Hunger oder es ist müde, hat ein Wehwehchen, und plötzlich ist schon wieder ein Tag vorbei. Die Tage vergehen, manchmal ist es in den ersten Wochen geradezu eine Leistung, irgendwann frisch geduscht den Tag zu beginnen. Nach einiger Zeit kommt dann der Punkt, an dem die Außenwelt langsam das Wunder kennenlernen darf. Besuch bedeutet allerdings auch Arbeit, und die haben junge Eltern schon genug. Deshalb sollte Besuch nur einmal am Tag kommen. Vielleicht sind alle Familienmitglieder sehr müde, denn wer weiß, wie die Nacht verlaufen ist. BesucherInnen sollten wissen, dass diese Zeit eine besondere ist. Die Familie braucht möglicherweise in den ersten Wochen viel Hilfe und Unterstützung. Neben der körperlichen Anstrengung birgt die neue Lebenssituation viele emotionale Herausforderungen. Die Verantwortung für ein Kind kann große Angst machen. Und manchmal kommt die Unsicherheit hinzu, wie das alles eigentlich geht, ob man das Kind wirklich liebt und ob man das alles schafft. Da fließen schnell Tränen, das gehört meistens dazu. Manchmal ist es für junge Mütter und Väter richtig anstrengend, ihren Gästen etwas anzubieten. Deshalb sollten BesucherInnen stets etwas zu essen mitbringen, das bereits fertig zum Verzehr ist, und nicht ihrerseits eine gedeckte Kaffeetafel erwarten. Die ersten Wochen sind ein wunderbarer, aber auch oft anstrengender Ausnahmezustand. Es ist wichtig, dass Familie und FreundInnen den neuen Eltern Arbeit abnehmen, anstatt Arbeit zu machen.

Alle jungen Eltern sind zu Beginn unsicher, wie sie mit einem Baby umgehen sollen. Schließlich hat es bei der Ankunft keine Gebrauchsanweisung in der Tasche, egal, ob es als leibliches, Pflege- oder Adoptivkind in die Familie kommt. Aus der Flut der Ratgeber sei auf einige Bücher hingewiesen, die informieren, beruhigen und unterstützen.[29]

Um eine Vorstellung davon zu bekommen, wie rasant die Entwicklung in den ersten drei Jahren verläuft: eine Übersicht im Telegrammstil.

---

29 Höfer, Silvia (2010): Quickfinder. Babys erstes Jahr. Gräfe & Unzer, München.
    Kammerer, Doro (2004): Die ersten drei Lebensjahre. Ein Elternbegleitbuch. dtv, München.
    Largo, Remo (2003): Babyjahre. Die frühkindliche Entwicklung aus biologischer Sicht. Piper, München.

Die ersten drei Jahre

Die Entwicklungsphasen von Babys und Kleinkindern lassen sich zunächst in zwei große Phasen einteilen: Vom Neugeborenen bis sechs Monate und von sechs bis 18 Monate. Die dritte Phase umfasst den Zeitraum zwischen 18 Monaten und drei Jahren. Jedes Kind ist unterschiedlich; die folgenden Ausführungen können nur zur groben Orientierung dienen.

Neugeboren bis sechs Monate

Wenn Babys geboren werden, haben sie neben ihrem Saug- und Greifreflex fast keine Kontrolle über ihren Körper. Ihre primäre Aufgabe besteht darin, Nahrung aufzunehmen, auszuscheiden, zu schlafen und zu schreien.

In den folgenden Monaten lernen sie, zunächst ihren Mund und ihre Augen zu kontrollieren, danach ihre Arme, Hände und Finger, und zum Schluss erlangen sie die Kontrolle über ihre Beine und Füße. Viele Kinder können im Alter von sechs Monaten sitzen oder sich möglicherweise schon ein wenig herumrollen.

Von Anfang an beginnen Babys, ihre Umwelt zu entdecken. Sie können Stimmen, Farben, Formen und Menschen voneinander unterscheiden. Babys lieben Spiel und kognitive Stimulation, aber sie sind auch schnell überfordert. Ein großer Meilenstein ist das erste Lächeln – manche sagen, dass Babys dann beginnen zu lächeln, wenn die Eltern fast keine Energie mehr haben, also etwa nach sechs Wochen.

Das Baby ist völlig auf die Erwachsenen angewiesen. Wenn das Baby weint, ist es nicht immer ganz einfach herauszufinden, was es braucht. Damit eine Bindung entstehen kann, müssen die Eltern dafür sorgen, dass das Bedürfnis des Winzlings nach Nahrung, liebevoller Zuwendung, Trost und einer sauberen Windel erfüllt ist – auch mitten in der Nacht. Das Baby lernt, zuerst seinen Eltern zu vertrauen, dann sich selbst und in der Folge der Umwelt.

Sechs bis 18 Monate

Dies ist eine Zeit, in der die motorische Entwicklung mit riesigen Schritten vorangeht. Das Baby lernt durch Bewegung und Spiel.

Zwischen sieben und zwölf Monaten wird intensiv gekrabbelt, gerobbt und aufgestanden. Mit der Zeit wird das Baby unabhängiger, es kann selbständig von A nach B kommen oder einen Löffel und eine Tasse selbst halten. Das Baby entwickelt ein Bewusstsein dafür, dass es nicht eins ist mit Mutter oder Vater, sondern eine separate Person. Zwischen sechs und zwölf Monaten fremdeln Babys sehr häufig. Sie haben eine starke Bindung zu ihren primären Bezugspersonen und brauchen ihre Nähe besonders dann, wenn fremde Personen auftauchen. Dieses Verhalten geht im Laufe der Zeit vorbei.

Im Alter von 18 Monaten können fast alle Kinder sicher laufen. Dieser Meilenstein motiviert Kinder ungemein, gleichzeitig ängstigt er sie aber auch, d.h. sie müssen sich stets versichern, dass eine Bezugsperson in der Nähe ist, die Sicherheit bietet.

Langsam werden aus einem Brabbeln erste Worte und Namen.

Diese Entwicklungsphase beinhaltet enorme motorische, soziale und kognitive Fortschritte. In Haus und Wohnung müssen Steckdosen gesichert und Treppen- und Herdgitter angebracht werden, sobald das Baby sich selbständig machen kann.

18 Monate bis drei Jahre

Diese Zeit ist in der Regel eine der anstrengendsten Zeiten für Eltern. Da werden Grenzen gesucht und die elterliche Autorität bis zum Anschlag ausgetestet, Gegenstände fliegen durch das Zimmer, und das Frühstück wird verweigert. In dieser Zeit müssen Eltern Grenzen setzen, klare Ansagen machen und konsequent sein – mit liebevoller Strenge. Das Kind erlebt sich als Individuum, das eine eigene Meinung hat, die sich durchaus von der Meinung anderer unterscheiden kann. Auch wenn in der Trotzphase viele Durststrecken enthalten sind – die großen Entwicklungsschritte, die man gerade jetzt beobachten kann, entschädigen für viele Konflikte. Das Kind kann differenzierter sprechen, entwickelt kreative Problemlösungen und wird immer geschickter. Viele Kinder lieben es, im Haushalt zu helfen oder beim Einkaufen dabei zu sein. Am besten, man plant mindestens doppelt so viel Zeit ein, um bestimmte Hausarbeiten gemeinsam zu erledigen, damit es auch Spaß macht.

Zweijährige lieben meist Ballspiele; sie haben eine unerschöpfliche Energie beim Schaukeln und Klettern. Auch die Feinmotorik entwickelt sich, Kinder beginnen die Stifthaltung zu lernen. Mit drei Jahren fahren die meisten Kinder Dreirad. Gerne malen sie und experimentieren mit Farben.

Ein Kind kennt mit 18 Monaten etwa 20 bis 40 Wörter, die meisten Zweijährigen haben einen Wortschatz von etwa 200 Wörtern und Dreijährige kennen zwischen 500 und 1000 Wörter. Die meisten Eltern fördern instinktiv den Wortschatz ihres Kindes, in dem sie ständig Gegenstände bezeichnen. Zwei-Wort- und Drei-Wort-Sätze entwickeln sich im dritten Lebensjahr des Kindes zu komplexeren Satzgefügen.

Kinder zwischen zwei und drei Jahren bewegen sich häufig zwischen der Baby- und der Kleinkindwelt. Sie entdecken ihr separates Ich und verlangen Mitspracherecht, gleichzeitig brauchen sie sehr viel Nähe und das Gefühl, dass immer jemand für sie da ist. Der ständige Wechsel zwischen Abhängigkeit und Unabhängigkeit ist ganz normal und gehört zu dieser Entwicklungsphase dazu.

Jedes Kind will unabhängig von Windeln werden, aber es gibt dabei keine festen Regeln. Die meisten Kinder können mit drei Jahren selbständig tagsüber auf die Toilette gehen, viele tragen mit vier Jahren noch nachts eine Windel. In dieser Hinsicht lässt sich nichts forcieren, jedes Kind hat sein eigenes Tempo.

Stillen – nicht immer leicht ...

Für viele Mütter ist es selbstverständlich, ihr Kind zu stillen. Tatsächlich hat das Stillen viele Vorteile. Gleichzeitig gilt: Stillen ist schön, wenn es klappt, aber es ist auch Arbeit. Es empfiehlt sich, eine stillfreundliche Klinik zu wählen und schon im Vorfeld eine Nachsorgehebamme zu suchen, die sich gut mit dem Stillen und den eventuell auftretenden Hindernissen auskennt. Manchmal klappt es nach der Geburt ganz schnell, bei anderen Müttern kann es mitunter zwei oder sogar drei Tage dauern, bis die Milch richtig gut fließt.[30] Ein Milchstau ist schmerzhaft, deshalb ist gute Unterstützung in der Klinik bzw. im Wochenbett unabdingbar. Anfangsschwierigkeiten sind mit der entsprechenden Hilfe meist

---

30 Unverzichtbar für Still-Interessierte: Hannah Lothrop (2006): Das Stillbuch. Kösel, München.

schnell überwunden. Muttermilch ist ein guter Schutz gegen Allergien, und das Stillen kann eine wunderbare Nähe zwischen Mutter und Kind schaffen. Aber Kinder können auch ohne Muttermilch zu fröhlichen und gesunden Menschen werden – keine Mutter sollte sich mit einem schlechten Gewissen herumquälen, wenn sie sich aus welchen Gründen auch immer gegen das Stillen entscheidet.

Der Vorteil vom Stillen besteht darin, dass die Nahrung immer griffbereit und in der richtigen Temperatur zur Verfügung steht. Wird das Baby dagegen mit der Flasche gefüttert, können dies verschiedene Personen übernehmen – die Biologie ist also hier nicht ausschlaggebend! Der leiblichen Mutter verschafft dies Freiräume, die den Alltag durchaus vereinfachen. Es ist natürlich praktisch, wenn das Leben von der einen Mutter nicht in Zwei-bis-vier-Stunden-Abstände eingeteilt ist und man sich in der Nacht abwechseln kann. Es gibt auch die Möglichkeit, Milch abzupumpen, zu kühlen bzw. einzufrieren und bei Bedarf per Flasche zu füttern. Manche Babys akzeptieren dies problemlos.

Ich war froh, als das Stillen gut lief – allerdings fand ich es nach ein paar Wochen toll, ab und zu mal abzupumpen und am Abend länger wegzugehen. So hatte Katharina auch regelmäßig die Gelegenheit, per Flasche Rosas Hunger mit Muttermilch zu stillen.

Charlotte (41), Mutter von Rosa (8)

Es gibt allerdings auch Babys, die eine ziemlich dezidierte Vorstellung davon haben, wie die Nahrungsaufnahme abzulaufen hat. Diese Kinder sind sehr auf die Brust fixiert und verweigern die Flasche, selbst wenn „das Richtige" drin ist.

Konkurrenz

Nun wünschen sich viele Paare, von Anfang an gleichermaßen ganz nah am Kind dran zu sein. Ist das Kind auf die Brust der leiblichen Mutter fixiert, kann die nicht-biologische Mutter schon mal schnell ins Hintertreffen geraten. In dieser Situation können Emotionen auftreten, die für alle Beteiligten schmerzvoll sind. Die leibliche Mutter ist vielleicht zwischen verschiedenen

Gefühlen hin- und hergerissen, sie genießt möglicherweise ihre Monopolstellung, möchte andererseits nicht, dass ihre Partnerin sich ausgeschlossen fühlt. Die Nicht-Bio-Mutter wiederum ist vielleicht eifersüchtig und fragt sich, welchen wichtigen Part sie denn in der Anfangszeit übernehmen könnte. Manche Paare werden in dieser Phase eventuell noch einmal daran erinnert, dass die Entscheidung, welche von beiden das Kind austrägt, doch nicht so leicht zu treffen war. Es gibt Babys, die grundsätzlich eine Zeit lang sehr auf eine Person konzentriert sind. Sie können sich erst später auf einen zweiten Elternteil einlassen.

Die klassische Psychoanalyse hat zu diesem Thema die Theorie der Triangulierung anzubieten. Danach müssen Säuglinge zuerst eine gelungene Zweierbeziehung aufbauen, um auf dieser Basis zu weiteren engen Beziehungen fähig zu sein und die Triangulierung – also die Einbeziehung der dritten Person ins Beziehungssystem – erfolgreich zu bewältigen. Diese Theorie geht davon aus, dass durch das Stillen diese erste symbiotische Zweierbeziehung automatisch diejenige zwischen Mutter und Kind ist. Die dritte Person ermöglicht dem Kind, die Symbiose zur Mutter zu lockern.[31] Wenngleich die Funktion der Triangulierung für die Entwicklung des Kindes unbestritten ist, werden das Stillen und die genetische Verbindung zwischen Mutter und Kind überhöht. Denn auch in heterosexuellen Beziehungen wird nicht jedes Kind gestillt, nicht immer ist die biologische Mutter die primäre Bezugsperson und nicht jede Familie hat eine biologische Verbindung zueinander.

Bei zwei gleichgeschlechtlichen Elternteilen kann der Triangulierungsprozess ähnlich ablaufen. Auch hier muss die Biologie nicht automatisch zu einem emotionalen Monopol auf das Kind führen. Deshalb ist eine biologische Mutter nicht davor gefeit, sich mit Gefühlen von Konkurrenz bzw. Eifersucht auseinandersetzen zu müssen.

Am Anfang war ich sehr leicht zu verunsichern. Durch das Stillen hatte ich zwar eine klare Position, aber Katharina konnte Rosa trotzdem manchmal leichter beruhigen. Und als ich Rosa

---

31 Dammasch, Frank et al. (Hg.) (2008): Triangulierung. Lernen, Denken und Handeln aus psychoanalytischer und pädagogischer Sicht. Brandes & Apsel, Frankfurt a. M.

abgestillt hatte, musste ich erst mal sehen, wo mein Platz war
und welchen Part ich in der Familie hatte.

Charlotte (41), Mutter von Rosa (8)

In manchen Regenbogenfamilien kann sich ein Konkurrenz-
kampf entwickeln, wer die bessere Mutter bzw. der bessere Vater
ist, anderen ist dieses Problem wiederum fremd. Entlastend könnte sein, sich bei täglich wiederkehrenden Ritualen abzuwechseln,
zumindest abends – eine gute Möglichkeit für beide, auf jeden
Fall täglich intime Momente mit dem Baby zu teilen. Es empfiehlt
sich, mit einer derartigen Routine früh zu beginnen. Babys lieben gleiche Rhythmen; Wiederholungen geben ihnen Sicherheit.
Doch tägliches Abwechseln nach festen Plänen ist nicht unbedingt bei allen Eltern beliebt und passt auch nicht für jede Familie. Deshalb ist es sinnvoll, einmal entwickelte Routinen immer
wieder auf ihre Stimmigkeit zu überprüfen. Fühle ich mich wohl
damit? Fühlt sich das Kind wohl damit? Überhaupt bedeutet Familie ein hohes Maß an Kommunikation. Es gibt so viele Dinge,
die besprochen und entschieden werden müssen. Elternsein bedeutet eben auch, über ein gemeinsames Arbeitsprojekt miteinander verbunden zu sein. Und für viele Eltern stellt sich erst einmal
nicht die Frage nach ständigem Abwechseln, weil ein Elternteil
vielleicht die meiste Zeit des Tages außer Haus der Erwerbsarbeit
nachgeht.

Das bedeutet, ein Elternteil ist häufig sehr viel mehr mit dem
Kind zusammen, was zur Folge haben kann, dass sich der andere
Elternteil leicht ausgeschlossen fühlt. Gleichzeitig können aber
während der Elternzeit auch Isolationsgefühle aufkommen, wenn
man den ganzen Tag nur mit einem Kleinkind zusammen ist und
keinen Kontakt zu anderen Erwachsenen hat.

Am Anfang gab es den Konflikt, dass ich mich in der Elternzeit
schnell vereinsamt gefühlt habe. Und Jan fühlte sich ausgeschlossen wegen der engen Beziehung zwischen mir und Minh
Kai. Wir haben viel gestritten und Grundsatzfragen gestellt.
Eine Lösung bestand dann darin, dass ich wieder in den Beruf eingestiegen bin, dann konnte Jan sich mehr um Minh Kai
kümmern. Jan wurde dann auch von Minh Kai viel stärker als
Elternteil akzeptiert. Es war auch weniger ein Konkurrenzpro-
blem, sondern eher ein Klammerproblem, denn ich konnte zu

Beginn schwer loslassen. Ich habe mich einfach so gesorgt. Jan nimmt die Dinge leichter.

Holger (37), gemeinsam mit Jan (47) Adoptiveltern von Minh Kai (9)

Es ist nicht leicht, sich auf alle Eventualitäten vorzubereiten, wenn man eine Familie plant. Niemand weiß, wie dieses Wesen so ist, dass da neu in eine Familie kommt. Manche Kinder teilen die Vorstellungen der Eltern von „Wir machen beide alle Aufgaben immer abwechselnd" überhaupt nicht. Andere Babys wiederum können sich gut auf beide Elternteile einlassen.

Auch wenn es platt klingt: Locker bleiben! Dieses Kind wird beide Elternteile lieben, das ist keine Frage. Aber es wird jeden Elternteil auf unterschiedliche Art und Weise besetzen – je nach Persönlichkeit.

Darüber hinaus gilt: Das Einfinden in die neue Rolle braucht Zeit. Jede Mutter und jeder Vater müssen sich ausprobieren und mit der Partnerin bzw. dem Partner austauschen. Ein Feedback wirkt manchmal Wunder.

Adieu Freiheit!

Nun sind der lesbische und der schwule Lebensentwurf in den meisten Fällen von einem hohen Maß an Selbstbestimmung geprägt. Jede und jeder entscheidet für sich und ist häufig finanziell unabhängig und führt neben der Beziehung ein eigenes Sozialleben. Ein Kind bedeutet für diese oft sehr privilegierte Situation eine radikale Veränderung. Plötzlich müssen die Erwachsenen sehr nah zusammenrücken, weil es mit Kind viel zu organisieren gibt. Die ganze Familie muss immer mitgedacht werden. Im Alltag bedeutet dies z.B.: Wenn ein Elternteil einen Abendtermin hat, muss der andere Elternteil zu Hause bleiben oder Babysitting organisieren. Letzteres ist ad hoc selten möglich. Es heißt außerdem, dass spontane Kinobesuche zu zweit der Vergangenheit angehören und regelmäßige Terminabsprachen unabdingbar sind – eine Situation, die viele Jahre andauert und die manche Eltern als sehr einengend empfinden.

Manchmal finde ich es sehr schwierig, wenn mir Charlotte ihre Termine auf den Tisch legt und ich damit schon für viele Tage verplant bin. Ich bin ganz gerne abends alleine zu Hause; es ist der fehlende Freiraum, dem ich manchmal nachtrauere. Und klar, wir machen selten etwas zu zweit außer Haus, das ist auch schade.

Katharina (47), gemeinsam mit Charlotte (41) Eltern von Rosa (8)

Wie die erste Zeit in der neuen Familiensituation empfunden wird, hängt auch ein großes Stück davon ab, wie viel das Baby schläft, ob es sich wohlfühlt oder z.b. viel von Koliken geplagt ist. Manche Babys schlafen schon nach ein paar Wochen in der Nacht sechs oder sogar mehr Stunden am Stück, andere wachen monatelang jede Nacht alle zwei bis drei Stunden auf. Es gibt Schreibabys und es gibt Kinder, mit denen alles scheinbar ganz mühelos läuft. Das Gute und gleichzeitig Schwierige daran ist, dass man auf vieles wenig Einfluss hat. Manche Probleme verschwinden nach ein paar Tagen oder Wochen, bei anderen können KinderärztInnen helfen. Ob Schlaftraining oder Schreikindsprechstunde: Wichtig ist, sich Hilfe und Unterstützung zu holen, wenn die Erschöpfung überhandnimmt und die Nerven blank liegen. Mittlerweile gibt es fast überall Beratungsstellen, die auch telefonisch Tipps geben.

Alltag und Entlastung

Es ist natürlich wichtig, vorher die Alltagsgestaltung zu besprechen. Wollen und können beide Elternzeit abwechselnd nehmen? Dazu ist eine Verpartnerung notwendig. Steigt eine/r erst einmal für längere Zeit ganz aus dem Berufsleben aus, hat dies eventuell Konsequenzen für die berufliche Zukunft. Gibt es einen kooperativen Arbeitgeber, können bei einem kürzeren Ausstieg vielleicht individuelle Lösungen gefunden werden, die einen möglichen Karriereknick in erträglichen Grenzen halten. Viele Eltern wünschen sich, ihre Arbeitszeit zu reduzieren, um sich nachmittags bei der Kinderbetreuung abzuwechseln. Natürlich hängen solche Lösungen viel von der finanziellen Situation der Familie ab. (Lesbische) Frauen verdienen häufig weniger Geld als (schwule) Männer. Gleichzeitig sind Männer oft in Unternehmen tätig, die hundertprozentigen Einsatz erwarten und Elternzeit als unwichtig erachten. Hinzu kommt, dass in manchen Regionen Plätze in

Kinderbetreuungseinrichtungen Mangelware sind. Gerade in den Großstädten ist ein Betreuungsplatz für Kinder unter drei Jahren keineswegs selbstverständlich, und die Versorgung für Kinder ab drei Jahren ist auch nicht überall gewährleistet. Den Spagat, Beruf und Familie miteinander vereinbaren zu wollen, müssen alle Familien gleichermaßen leisten. Die Rollen bei Regenbogenfamilien sind aber nicht unbedingt festgelegt, d.h. die Beteiligten haben eventuell ein wenig mehr Spielraum, um ihr individuelles Alltagsmodell auszuhandeln.

Ein weiteres Feld ist die Frage nach der Entlastung. Wenn die junge Familie an ihre Grenzen kommt, braucht sie einen Rettungsanker. Die neue Situation zu dritt stellt eine große Herausforderung dar. Die bisherigen Verpflichtungen in Beruf (zumindest nach einer gewissen Zeit) und Haushalt sind weiterhin zu erledigen. Hinzu kommt eine Aufgabe, die totalen Einsatz fordert. Die Bedürfnisse eines Kindes sind nicht aufzuschieben; sie müssen fast immer sofort erfüllt werden. Ein Kind steht die ersten Jahre derart im Zentrum einer Familie, dass Erschöpfungszustände an der Tagesordnung sind.

Doch nicht nur die Eltern brauchen Zeit zum Auftanken, die Paarbeziehung verlangt ebenso Pflege. Auch wenn es während der ersten Monate unvorstellbar scheint, ein Abendessen gemeinsam außer Haus einzunehmen – ein Elternpaar sollte es trotzdem machen! Sicher redet man erst einmal nur über das Kind – aber nach einiger Zeit kommen bestimmt andere Themen auf den Tisch. Denn neben dem Elternsein sollte das Paarsein nicht ganz untergehen.

Das erste Mal sind wir nachmittags zusammen drei Stunden weg gewesen, da war Rosa gerade acht Wochen alt. Es fiel uns nicht leicht und wir waren total aufgeregt, aber Rosa hat die ganze Zeit bei ihrer Oma geschlafen.

Charlotte (41) und Katharina (47), Eltern von Rosa (8)

Für manche lesbische oder schwule Familien ist die Herkunftsfamilie der Rettungsanker. Leben die eigenen Eltern in der Nähe und sind noch fit, sind sie eventuell schon fest eingeplant. Vielleicht können sie es schon gar nicht mehr erwarten, bis sie das Enkelkind mal ein ganzes Wochenende für sich haben können. Es kann auch sein, dass sie sich mit der Familiengründung des eigenen Kindes schwer tun, weil sie mit dem gleichgeschlechtlichen Lebensentwurf ein Problem haben, und erst nach einer gewissen Zeit tieferes Interesse am Enkelkind zeigen können. Dann heißt es, Geduld haben, ihnen Zeit lassen. Manche frisch gebackenen Regenbogeneltern wollen erst einmal ihre Ruhe, anderen ist es wichtig, sich mit ihren Eltern auseinanderzusetzen. Schwierig wird es allerdings, wenn die eigenen Eltern die soziale Mutter oder den sozialen Vater nicht als gleichwertigen Elternteil ansehen. In diesem Fall wird den jungen Eltern einiges abverlangt. Es ist leider erwiesen, dass die Erwachsenen in Regenbogenfamilien am ehesten von der eigenen Herkunftsfamilie Diskriminierung erfahren.[32] Vielfach werden jedoch durch ein Kind die Wogen geglättet und die vormals konflikthaften Beziehungen klären sich oder werden einfacher. Das Kind ist nun der Mittelpunkt, zu dem sich alle in Beziehung setzen können. Als Großeltern können die eigenen Eltern über vieles hinwegsehen, was ihnen Angst macht oder unangenehm ist. Oder sie setzen sich noch einmal ganz neu mit der Situation auseinander und alle gewinnen dabei. Für Kinder ist es einfach schön, Großeltern zu haben. Und die Entlastung für die Eltern ist Gold wert.

Wenn die eigenen Eltern oder Verwandten als Entlastung nicht in Frage kommen, dann können eventuell FreundInnen oder Bekannte aus der Nachbarschaft helfen. Jugendliche, die schon Babysittererfahrungen gesammelt haben und sich ihr Taschengeld aufbessern wollen, bieten am schwarzen Brett im Supermarkt ihre Dienste an. In vielen Regionen gibt es einen Service, der Leihomas oder -opas vermittelt. Mit dem Aufbau eines Babysitternetzes sollte man nicht zu lang warten. Für Babys ist es am einfachsten, wenn sich von Anfang an zusätzliche Betreuungspersonen um sie kümmern. Je älter die Kinder sind, desto schwerer fällt es ihnen, jemand anderes zu akzeptieren, der sie ins Bett bringt.

Sich Unterstützung zu holen kann auch bedeuten, sich gleichzeitig neue Fähigkeiten anzueignen. Denn neben der großen Anstrengung fühlen sich Eltern manchmal unsicher, was ihren Erziehungsauftrag angeht. Eine gute Familienatmosphäre lässt sich nicht immer herstellen, wenn beim Kind die Trotzphase be-

---

32 Rupp, Marina (Hg.) (2009): Die Lebenssituation von Kindern in gleichgeschlechtlichen Lebenspartnerschaften. Bundesanzeiger Verlag, Köln.

ginnt und die elterlichen Nerven blank liegen. Manchmal kann ein Elterntraining Abhilfe schaffen. Seit einigen Jahren haben diese Kurse Hochkonjunktur. Sie werden beispielsweise vom Kinderschutzbund oder von Bildungsträgern angeboten. Darin wird Eltern vermittelt, wie sie mit ihrem Kind besser kommunizieren und wie das Familienklima harmonischer gestaltet werden kann. Dabei wird besonders darauf geachtet, Eltern darin zu unterstützen, Konflikte so auszufechten, dass sich sowohl der Elternteil als auch das Kind als „GewinnerIn" fühlen kann.

Mama und Mami? Papa Ralf und Papa Dieter?

Mit der neuen Lebenssituation entwickelt sich eine Familienidentität. Dafür sind stimmige Bezeichnungen enorm wichtig, denn damit wird ein Bild von der eigenen Familie nach außen vermittelt. Zentral für diese Frage sind die Namen, die die Familienmitglieder sich geben. Sie geben viel Aufschluss über das familiale Selbstverständnis.

„Wir haben es leider versäumt, dass unser Sohn uns Mama und Mami oder Mama mit Vornamen nennt. Es schien uns erst nicht wichtig oder auch zu kompliziert. Aber in der Wirkung ist das fatal – zum einen in der Außenwirkung, da wird dann nur die leibliche Mutter als Mutter wahrgenommen. Zum anderen bei unserem Kind selbst, der alle Bemerkungen (z.B. „sag mal der Mama ...“), Hinweise und Darstellungen (z.B. in Büchern), die die Mutter betreffen, auf die von ihm „Mama" genannte Mutter bezieht. Wir haben mehrfach versucht die Wortwahl bzw. Anrede zu verändern, aber unser Sohn (inzwischen ist er sechs Jahre alt) hat sie nicht mehr angenommen. Ach, was würde ich drum geben, das Wort „Mama" auch mal auf mich gemünzt zu hören!

Gudrun (43), Mutter von Joshua (6)

Für uns war es ganz klar, dass wir uns von Anfang an eindeutige Mutterbezeichnungen geben wollten. Denn unser Kind sollte mit dem Bewusstsein aufwachsen, dass ihre Eltern eben zwei Frauen sind. Rosa hat zwei Elternteile und nicht eine Mama und eine Katharina. Das sollte auch von außen sichtbar sein.

Charlotte (41), gemeinsam mit Katharina (47) Eltern von Rosa (8)

Die heteronormative Außenwelt unterscheidet in der Regel sehr stark zwischen biologischer und sozialer Elternschaft. Eine Familie mit zwei Müttern oder zwei Vätern löst in der Regel Irritationen aus. Regenbogenfamilien erleben sehr häufig, dass gefragt wird: „Wer ist denn die richtige Mutter/der richtige Vater?" Dahinter steht zum einen die Neugier, wer denn das Kind geboren bzw. möglicherweise gezeugt hat, zum anderen ist darin der Wunsch nach Orientierung zu erkennen. Die Konfrontation mit einer unbekannten Familienform verunsichert ungemein und schafft manchmal sogar Aggression. Will man dem „Es-kann-nur-eine-richtige-Mutter-geben-Syndrom" etwas entgegensetzen, hilft nur ein konsequentes Auftreten in der Öffentlichkeit. Manche Mütter wollen ab und zu auch einfach verschweigen, wer das Kind geboren hat, um dieser Festlegung zu entgehen. Manchmal reicht einfach eine kleine Erwiderung samt Gegenfrage: „Wir sind beide die richtigen Mütter. Möchtest du mit deiner Frage erfahren, welche von uns das Kind geboren hat?" Dies setzt in der Regel eine interessante Diskussion in Gang, vorausgesetzt, die Mütter können sich darauf einlassen. Noch bis vor einigen Jahren war es gängige Praxis, die sozialen Elternteile jeweils als Co-Mutter bzw. Co-Vater zu bezeichnen. Mittlerweile wird nur noch von Müttern und Vätern gesprochen, denn die Vorsilbe impliziert eine Rangfolge, die von den meisten Regenbogeneltern abgelehnt wird. Eine Unterscheidung wird über die Begriffe „biologisch" und „sozial" erzielt.

Ein Kind wächst mit den Begriffen auf, die die Eltern einführen. Lange noch bevor es selbst sprechen kann, entwickelt das Kind ein Verständnis dafür, was welches Wort bedeutet. Mit Worten wird das Konzept einer Familie transportiert. Regenbogenfamilien erfinden ihre Familien selbst. Umso wichtiger ist es, sich mit den Bezeichnungen wohlzufühlen, sei es Mami und Mama oder Papa Ralf und Papa Dieter. Es sind aber auch ganz andere Lösungen möglich – nicht alle Familien sind Zwei-Eltern-Familien, und manche Mütter oder Väter wollen alles ganz anders machen.

Auch die Wahl des Nachnamens ist von Bedeutung – falls es durch Verpartnerung, Einbenennung oder Stiefkindadoption die Möglichkeit gibt, diesbezüglich Entscheidungen zu treffen. Namen haben viel mit Identität zu tun. Deshalb ist es wichtig, sich im Vorfeld gut darüber auszutauschen. Eine Überlegung beinhaltet die Frage, ob es einen gemeinsamen Familiennamen geben soll. Manche Familien mit leiblichen Kindern teilen die „Befugnisse" pragmatisch auf: Ein Elternteil ist für die Gene zuständig, der andere für den Nachnamen. So tragen manche Familien ganz bewusst den Namen des nicht-biologischen Elternteils als gemeinsamen Familiennamen. Ganz unabhängig von biologischen Verbindungen – eine Zusammengehörigkeit nach außen drückt sich am deutlichsten in einem gemeinsamen Namen aus.

Zu einem gemeinsamen Familiennamen können sich allerdings nicht alle Paare durchringen. Denn gerade lesbische Frauen, die sich als Feministinnen verstehen, wollen häufig ihren Namen auch nach einer Verpartnerung behalten. Schließlich können sich einige noch an eine Zeit erinnern, in der Frauen nach einer Heirat den Namen des Mannes annehmen mussten und keine freie Wahl hatten. Gibt es ein gemeinsames Kind, entscheiden sich manche Paare allerdings auch noch später für einen gemeinsamen Familiennamen.

Und wer gehört noch zur Familie?

Einige Familien haben für sich das Verständnis, der Innenteil einer erweiterten Familie zu sein. Zur erweiterten Familie können PatInnen oder auch enge FreundInnen gehören. Für Kinder ist es wichtig, dass dieses Familiennetz jenseits biologischer Verwandtschaft benannt wird. Gespräche über die Frage, wer zur Familie gehört, sind in diesem Zusammenhang sehr beliebt. Kinder wollen zum Beispiel immer wieder die Geschichte hören, wie sie zur Welt kamen, wer als Erstes zu Besuch kam etc. Und am schönsten ist es, dabei gemeinsam Fotoalben anzusehen.

Wenn Rosa richtig unruhig wurde, haben wir uns aufs Sofa gesetzt und Fotoalben angeschaut. Das war ein wunderbares Beruhigungsmittel und wirkt bis heute. Dadurch hat sie auch ein Bewusstsein darüber, wie viele Menschen sich über ihre Geburt gefreut haben und wer zu unserem engsten Familien- und Freundeskreis gehört.

Charlotte (41) und Katharina (47), Eltern von Rosa (8)

Regenbogenfamilien sind oft kleine Familien. Laut erster deutscher Studie zu Kindern aus Regenbogenfamilien wächst in zwei Dritteln der Familien mit Eingetragener Lebenspartnerschaft nur ein Kind auf. Vier von zehn Familien mit einem Kind möchten die Familien vergrößern. Familien ohne Eintragung weisen eine etwas größere Kinderzahl auf.[33]

Manchmal sind Großeltern selten oder gar nicht verfügbar, weil sie weit weg wohnen oder schon verstorben sind. Auch Tanten und Onkel haben oft keinen regelmäßigen Kontakt zu ihren Nichten und Neffen, da Regenbogenfamilien häufig gerade nicht in der Nähe der Herkunftsfamilie leben. Doch Kinder brauchen viele Kontakte nach außen, natürlich zu Kindern, aber auch zu Erwachsenen. Diese Beziehungen sollten schon früh geknüpft werden, denn Kinder benötigen ganz unterschiedliche Frauen und Männer – als Vorbild, zur Orientierung und auch zur Abgrenzung von den Eltern. Schön ist es, wenn sich schon im Vorfeld eine

---

33 Rupp, Marina (Hg.) (2009): Die Lebenssituation von Kindern in gleichgeschlechtlichen Lebenspartnerschaften, S. 283, Bundesanzeiger Verlag, Köln.

Freundin und/oder ein Freund dafür entscheidet, für das Kind eine Patenschaft zu übernehmen. Das kann, aber muss nicht im religiösen Sinn sein. Für alle Beteiligten können diese Beziehungen eine große Bereicherung sein.

Es ist immer ein Geschenk, ein kleines Menschlein beim Groß-werden begleiten zu dürfen und zu beobachten, welche Talente und Interessen sich ausbilden. Ich erlebe das einfach mit – mal näher dran, mal weiter weg – und dann kommen diese Entwicklungssprünge, und plötzlich hat sich das Kind wieder total verändert.

Barbara (49) ist Patin eines achtjährigen Mädchens, das zwei Mütter hat.

Jede Familie definiert ihre kleine Einheit ein bisschen anders. Regenbogenfamilien tun dies vielleicht noch ein bisschen leidenschaftlicher.

Ich würde es alles wieder ganz genau so machen. Es ist das Beste, eine Familie zu sein. Für mich ist Familie das, was wir selbst als Familie definieren. Da muss nicht unbedingt ein Kind dabei sein, sondern mindestens zwei Menschen stehen füreinander ein. Mit Kind ist es natürlich wunderbar – Minh Kai ist das Wertvollste, was es für mich gibt.

Holger (37), gemeinsam mit Jan (47) Adoptiveltern von Minh Kai (9)

Kapitel 8
Alltag und Familienleben

Alltag

Nach einer gewissen Zeit stellt sich so etwas wie Alltag ein. Man hat einen Rhythmus gefunden. Die Tage kommen und gehen. Vielleicht fällt einem irgendwann die Decke auf den Kopf. Die täglichen Spaziergänge sind zwar eine willkommene Abwechslung, aber ein bisschen mehr Kontakt zu anderen Menschen, die in einer ähnlichen Situation sind, wäre schön. Das Baby ist nicht mehr ganz so klein, vielleicht könnte eine Krabbelgruppe bei aufsteigenden Isolationsängsten Abhilfe schaffen.

Krabbelgruppen bestehen meist aus Müttern und den dazugehörigen Babys. Es gibt auch Vätergruppen, die von Familienbildungsstätten oder Bildungswerken angeboten werden. Man trifft sich entweder privat, in Mütterzentren, Gemeindehäusern oder Bildungseinrichtungen. Es ist schön, wenn die Babys Platz zum Krabbeln haben, auch wenn sie zu Beginn erst einmal nur auf einer Decke liegen – nach ein paar Monaten werden die Kleinen schon ziemlich mobil.

In dieser Zeit kann es sein, dass einfach nur die neue Lebenssituation im Vordergrund steht und das Lesbisch- oder Schwulsein kaum eine Rolle spielt. Die sexuelle Identität ist ja nur ein Merkmal im Leben – plötzlich Verantwortung für ein Kind zu haben ist eine große Veränderung, die man ab jetzt mit vielen anderen frisch gebackenen Eltern teilt. Meistens sind Rückbildungskurse nach der Geburt für Mütter auch eine Art Kontaktbörse – je nachdem, wo die Kurse stattfinden, stellen vielleicht einige Frauen fest, dass sie in der Nachbarschaft voneinander wohnen. Erfahrungsgemäß sind diese Gruppen für den Austausch und die Unterstützung sehr wichtig. Die ersten Monate mit einem Baby sind ein großes Abenteuer. Vieles ist nicht vorhersehbar, und Gespräche mit anderen Müttern bzw. Vätern sind in dieser Zeit unschätzbar. Schließlich ist es auch ganz normal, dass sich alles nur um das tollste Kind der Welt dreht – vielleicht gibt es diese Erfahrung nur ein Mal im Leben und es bleibt bei einem Kind. Und die ersten Jahre, in denen man noch ganz nah am Kind dran ist, sind schneller um, als man denkt.

In der ersten Zeit konnte ich mir nicht vorstellen, dass ich mich irgendwann mal wieder freier fühlen würde. Jetzt sind acht Jahre vergangen, und ich frage mich, wo die Zeit geblieben ist. Alle sagen es dir – und es stimmt wirklich: Die Zeit vergeht unheimlich schnell.

Charlotte (41), Mutter von Rosa (8)

Allein unter Heteros?

Nie mehr trifft man so viele verschiedene Leute – ob man das nun mag oder nicht. Es werden jede Menge interessante Kurse und Gruppen angeboten, die gut gegen mögliche Isolationsgefühle helfen und bei denen man viel über die Kleinen lernen kann. Nach den ersten Babykursen (z.B. Massage, Singen, Krabbeln) steht vielleicht schon bald der Krippenbesuch an – und wieder lernt man viele unterschiedliche Familien kennen. Mit manchen entsteht sofort eine Verbindung; andere Eltern bleiben fremd. Und so geht es mit den nächsten Institutionen weiter: Kindergarten, Musikschule, Sportverein – überall sind Eltern und Kinder, die sich im gleichen Kosmos befinden und ihren Kindern Angebote zu Bewegung, Musik und Kreativität machen. Früher oder später wird es sehr anstrengend, immer und überall die einzige Regenbogenfamilie zu sein. Alle reden von den möglichen Fragestellungen und Problemen eines heterosexuellen Lebensstils.

Bei Lesben und Schwulen läuft alles ein bisschen anders – nicht unbedingt problemlos, aber eben anders.

Und dann drängt sich die Frage auf: Wo sind bloß die anderen Regenbogenfamilien?

Das Gefühl, die einzige weit und breit zu sein, ist manchmal sehr unangenehm. Man fühlt sich entfremdet und verunsichert. Lesben und Schwule sind zwar eigentlich überall, aber es stimmt eben doch nicht so ganz, und außerdem haben bei Weitem nicht alle Kinder. Diese Situation beginnt sich langsam zu verändern, denn seit einigen Jahren werden viele Kinder in die lesbisch-schwule Community geboren.

Vielleicht gibt es andere lesbische Mütter oder schwule Väter in der Nähe, zumindest in Großstädten. Aber selbst in einer großen Stadt kann es sein, dass gerade die lesbisch-schwulen Familien mit den kleinen Kindern am anderen Ende der Stadt wohnen oder die persönliche Chemie nicht stimmt. In jedem Fall ist das Internet mit seinen vielen Foren und Blogs eine unerschöpfliche Quelle an Informationen und Kontakten.[34]

Neben möglichen Entfremdungsgefühlen stellt sich bei jeder neuen Begegnung die Frage nach dem Coming-out. Der Spagat zwischen Authentizität und Unsichtbarkeit bleibt auch nach dem x-ten Mal spürbar. Es ist jedes Mal wieder eine Entscheidung: Sag ich es oder sag ich es nicht? Manchmal gibt es einen günstigen Moment, dann ist es ganz einfach, aber immer wieder muss man warten, ob es gerade passt. Das Coming-out ist ein lebenslanger Prozess.

Und dieser Prozess muss auch den eigenen Kindern gegenüber immer wieder altersadäquat gestaltet werden. Denn Kinder haben erst einmal kein Gefühl dafür, ob die Familie, in der sie aufwachsen, etwas Besonderes ist oder nicht. Für sie ist ihre Familie, so wie sie ist, etwas Selbstverständliches. Nicht immer fragen Kinder von sich aus, ob oder warum sie keinen Papa oder keine Mama haben. Andere sind wiederum sehr früh dran.

---

34 Das Projekt Regenbogenfamilien ist auf den Familienseiten des LSVD (Lesben- und Schwulenverband in Deutschland) zu finden: www.lsvd.de
Unter dem Dach des LSVD gibt es Regionalgruppen der ILSE (Initiative lesbisch-schwuler Eltern): www.ilse.lsvd.de
Unter www.eltern.de ist auch ein Regenbogenfamilienforum zu finden.
Ausgewählte Blogs: siehe Anhang

Als Cassian zweieinhalb war, fragte er bereits, ob er auch einen Papa hätte – das war für uns doch sehr früh. Aber wir haben ihm dann einfach gesagt, wer sein Papa sei und den kannte er schon von Geburt an.

Gundula (47), Mutter von Cassian (9)

Meistens vermittelt erst die Umwelt den Kindern aus Regenbogenfamilien, dass ihre Familien anders sind. Darauf sollten Kinder vorbereitet werden. Es gibt dafür keine Patentrezepte, aber grundsätzlich gilt: Wenn lesbische oder schwule Eltern ihren Kindern gegenüber Schuldgefühle haben, dass sie z.B. keinen Papa bzw. keine Mama vorweisen können, dann spüren die Kinder das. Als Folge davon werden sie mit einem Gefühl von Mangel aufwachsen. Mit welcher Konnotation die Eltern die Familienform vermitteln, hat entscheidenden Einfluss auf das Selbstverständnis und das Selbstwertgefühl des Kindes. Dies wiederum ist die Basis dafür, wie das Kind mit seiner Familiensituation umgeht. Dafür brauchen Kinder aus Regenbogenfamilien passende Worte und Sätze, und die können sie nur von ihren lesbischen und schwulen Eltern kriegen. Es ist nie zu früh dafür, den Kindern Basiswissen zum Thema „gleichgeschlechtliche Familienformen" zu vermitteln. Dieses Feld kommt so überhaupt nicht in gängigen Bilder- und Lesebüchern vor, dass lesbische und schwule Eltern dies umso deutlicher ausgleichen müssen. Auch Kinder, die in einen lesbisch-schwulen Kosmos hineingeboren wurden, müssen immer wieder darüber aufgeklärt werden, wie ihre Familie entstanden ist und wie sie sich zusammensetzt. Denn im Kontakt mit der Außenwelt gibt es irgendwann Situationen, in denen die Kinder ihr Familienkonzept erklären müssen, manchmal auch früher als gedacht. Je mehr sie darüber wissen, desto selbstbewusster können sie mit Fragen von anderen umgehen. Bereits mit zwei, spätestens mit drei Jahren erfassen andere Kinder in der Kindertagesstätte, dass Lisa und Ben zwei Mamas haben. Nicht immer ist eine pädagogische Kraft gerade in diesem Moment anwesend, und so gibt es Situationen, in denen Kinder die Frage „Wieso hast du denn zwei Mamas?" selbständig beantworten müssen.

Rosa hat im Kindergarten immer gesagt: „Ich habe zwei Mamas, weil meine Eltern zwei Frauen sind. Die haben sich lieb und haben sich ein Kind gewünscht. Etwas später erzählte sie dann auch, dass „ein Freund uns Samen gegeben hat". Diese Information teilt sie mittlerweile nicht mehr so großzügig mit allen. Aber meistens sagt sie dann noch einen Satz über die Vielfalt von Familienformen.

Katharina (47), Mutter von Rosa (8)

Bevor beispielsweise der Eintritt in eine neue Kindergruppe ansteht, ist es sinnvoll, gemeinsam ein passendes Buch zur Familienentstehungsgeschichte zu lesen.[35] Je positiver die Familienidentität von den Eltern vermittelt wird, desto stolzer und unbefangener können die Kinder anderen Menschen von ihrer Familie erzählen.

... doch nicht so anders?

Alle jungen Eltern befassen sich mit ähnlichen Fragen. Sie müssen Entscheidungen treffen und sind meistens müde und erschöpft, ganz unabhängig davon, mit wem sie ihr Leben teilen. Oft tritt die Frage der Lebensform total in den Hintergrund. Denn es geht vielleicht gerade darum, ob das erst ein paar Monate alte Kind denn wirklich schon geimpft werden soll oder welche Gefühle die Krippenanmeldung ausgelöst hat – man kann sich doch noch gar nicht vorstellen, dieses kleine Bündel in andere Hände zu geben. Vielleicht wäre eine Tagesmutter ja doch besser, aber das kostet noch viel mehr. Und wie lässt sich eine geeignete Tagesmutter finden? Gleichzeitig muss die Betreuung frühzeitig organisiert werden, sonst bleiben berufliche Pläne auf der Strecke. Die meisten Mütter und Väter fühlen sich ziemlich unter Druck. Das Hamsterrad des Alltags dreht sich, und die Anforderungen an junge Familien sind enorm. Den Kindern gerecht werden, viel Zeit für sie haben, ihnen Anregungen geben, ihre Talente aufspüren, feste Tagesabläufe einführen, von Anfang an Grenzen

---

35 Sehr empfehlenswert: Thorn, Petra/Herrmann-Green, Lisa (2009): Die Geschichte unserer Familie. Ein Buch für lesbische Familien mit Wunschkindern durch Samenspende. FamART Verlag, Mörfelden. Sehr schön illustriert.
Link, Michael/Schöneich, Sabine (2002): Komm, ich zeig dir meine Eltern. Edition Riesenrad, Hamburg. Die Geschichte von Daniel, der von zwei Papas adoptiert wird.

setzen – Elternratgeber bieten gute Tipps und bearbeiten manche Fragestellung, an die die neuen Mütter und Väter noch gar nicht gedacht haben. Die Babywelt ist eben ein eigener Kosmos.

Fremdbetreuung – die erste Ablösung

Den ersten großen Einschnitt erlebt die Familie dann, wenn das Kind in eine Krippe, Kita oder zu einer Tagesmutter geht. Die Elternzeit ist vorbei; die Rückkehr an den Arbeitsplatz steht an, ob in Voll- oder in Teilzeit. Die meisten Eltern erleben diesen Schritt mit ambivalenten Gefühlen. Ein gewisser „Hüttenkoller" und die Vorfreude auf berufliche Herausforderungen paaren sich mit Zweifeln, ob es dem Kind in der Krippe gut gehen wird, und der Traurigkeit darüber, nicht mehr so viel Zeit mit der Tochter oder dem Sohn verbringen zu können. Das Loslassen gehört ja zu den großen Aufgaben, die von allen Beteiligten zu lernen sind.

Ob ein Kind nach der Eingewöhnungszeit gerne in eine Einrichtung geht oder nicht, hängt von vielen Faktoren ab. Natürlich spielt es eine Rolle, ob das Kind eher schüchtern und ängstlich ist oder ob es früh in die Selbständigkeit drängt. Doch mindestens genau so wichtig ist es, dass sich die Eltern mit ihrer Entscheidung wohlfühlen und zu Krippe, Tagesmutter oder Kindergarten stehen können. Kinder merken genau, wenn Eltern unsicher sind, und übernehmen diese Unsicherheit häufig. Deshalb ist es wichtig, sich frühzeitig geeignete Einrichtungen anzusehen, mit dem Personal dort zu sprechen, sich an andere Eltern zu wenden und nach Empfehlungen zu fragen. Meistens sind nach einer kürzeren oder längeren Eingewöhnungszeit alle Probleme schnell vergessen. Denn Kinder lieben es, mit anderen Kindern zusammen zu sein.

Je kleiner die Kinder sind, desto behüteter ist das Umfeld. Eine Tagesmutter betreut meistens nicht mehr als vier bis fünf Kinder, in einer Krippengruppe sind selten mehr als zwölf Kinder. Der Kindergarten bzw. die Kindertagesstätte bedeutet eine größere Veränderung, denn oft sind in einer Gruppe bereits 25 altersgemischte Kinder, die von zwei pädagogischen Fachkräften betreut werden. Manchmal werden die ErzieherInnen auch von PraktikantInnen oder Zivildienstleistenden unterstützt. Die Zusammenarbeit zwischen Eltern und Institution ist sehr unterschiedlich. In den allermeisten Einrichtungen ist Elternengagement erwünscht, manchmal sogar erforderlich, wie beispielsweise in Elterninitiativen. Engagierte Eltern sind immer gerne gesehen. Es ist sinnvoll, sich als Regenbogeneltern in den Elternbeirat wählen zu lassen, um leichter Kontakt zum Personal und zu anderen Eltern zu bekommen. Denn dann ist es einfacher, die eigenen Anliegen zu formulieren. Natürlich ist es immer wieder eine grundsätzliche Frage, wie offen man als Regenbogenfamilie auftreten möchte. Aber je mehr die Einrichtung Bescheid weiß, desto geschützter sind die Kinder. Ist die Einrichtung eher persönlich und informell ausgerichtet, kann das Coming-out einfacher ablaufen, muss es aber nicht. Noch entscheidender ist die Leitung bzw. die Person, die hauptsächlich mit dem Kind betraut ist und mit der man in der Regel spricht. Welche Erwartungen eine lesbische Mutter oder ein schwuler Vater in Bezug auf das Thema „gleichgeschlechtliche Lebensweisen und Regenbogenfamilien" an die Institution hat, spielt natürlich auch eine Rolle. Es ist immer gut, Angebote zu machen. Beispielsweise könnte eine Regenbogenfamilie anbieten, in den Kindergarten zu kommen und etwas über diese Familienform erzählen. Oder die Kita bietet einen Themenvormittag an, bei dem verschiedene Familienmodelle von den jeweiligen Eltern vorgestellt werden können. Es gibt eine Reihe von Familien, die nicht sichtbar sind. Lesbische Mütter, die allein erziehend sind, müssen sich ständig damit auseinandersetzen, dass man sie meistens nicht sieht.

Wie soll ich ein Coming-out formulieren? Vielleicht so: „Wenn ich mich verlieben und eine neue Beziehung eingehen würde, dann wäre das mit einer Frau." Das finde ich schon ein bisschen schwierig. Also bin ich meistens einfach allein erziehend. In weiteren Gesprächen lässt sich ein Coming-out dann schon einbauen, aber es wäre natürlich viel einfacher, wenn ich mit einer Partnerin auftauchen würde.

Lena (39), allein erziehende Mutter von Mia (1)*

Für die ganze Thematik ist entscheidend, ob die Einrichtung offen ist, ob die ErzieherInnen sich auf das eventuell neue Themenfeld einlassen können bzw. wollen. Da es leider immer noch keine allgemein verbindlichen Standards in Bezug auf verschiedene Familienformen gibt, sind Regenbogenfamilien letztendlich immer auf den guten Willen der einzelnen MitarbeiterInnen angewiesen. Klar ist, dass eine gleichgeschlechtliche Familie in der Regel ihre Bedürfnisse gegenüber einer Kita formulieren muss, denn es ist beileibe nicht selbstverständlich, dass das Personal Regenbogenfamilien stets mitdenkt und auch mitformuliert. Es ist ein Balanceakt – einerseits möchte die Familie den eigenen Lebensentwurf in der Einrichtung auch vertreten sehen, andererseits möchte man auch nicht „nerven". Dieses Dilemma ist schwer aufzulösen. Man kann nach einer gewissen Zeit um einen Gesprächstermin bitten und hoffen, dass beim Thema „lesbische bzw. schwule Eltern" nicht gleich Widerstände beim Gegenüber ausgelöst werden. Manche Erzieherin hat von dieser Familienform vielleicht noch nicht einmal gehört – und sie bekommt Angst, was da nun von ihr gefordert wird. Häufig geht es erst einmal darum, dass sich Regenbogenfamilien wünschen, dass PädagogInnen sie wahrnehmen und das eigene Verhalten in Bezug auf Familienformen kritisch reflektieren. Ist beispielsweise beim gemeinsamen Durchblättern von Bilderbüchern bei zwei großen und einem kleinen Elefanten stets von Papa Elefant, Mama Elefant und Baby Elefant die Rede, wird damit das traditionelle Familienbild zementiert. Bei Liedern und Fingerspielen ist der Text oft schon mit „Mama" und „Papa" vorgegeben. Da hilft dann nur, wenigstens zu Hause die Texte umzudichten.

Aber das Wichtigste ist wirklich die Sensibilisierung dahingehend. Dass man im Rollenspiel halt locker sagt: „Phillip, du willst den Thomas heiraten – das ist aber schön!". Und nicht „Das geht doch nicht! Die Nelly ist doch lieb, nimm doch lieber sie!". Und natürlich auch umgekehrt.

In München ist es schon super, dass die meisten Formulare beschriftet sind mit: Personensorgeberechtigter 1 und 2. Jetzt braucht man nur noch die Leitungen, die dies auch so formulieren und nicht bei jeder Mutter automatisch fragen: „Und wie heißt Ihr Mann?"

Susanne (38), gemeinsam mit Doreen (34) Eltern von Moritz (3)
sowie stellvertretende Leitung einer Kinderkrippe

All diese Beispiele sind scheinbar harmlos, aber stets kommen verschiedene Familienformen nicht vor – z.B. das Kind, das bei den Großeltern aufwächst, die Einelternfamilie in einer WG, die gleichgeschlechtliche Familie etc. Doch steter Tropfen höhlt den Stein – schon die zweite Regenbogenfamilie wird in einer Kita erheblich davon profitieren, dass sie eben nicht die erste dort ist. Und in manchen Einrichtungen sind Regenbogenfamilien schon Thema – dank engagierter Leitungen, die für ihre Teams Fortbildungen buchen und auf entsprechende Literatur hinweisen.[36]

Seit einigen Jahren gibt es Büchlein, die an Pixibücher erinnern und die sich an Regenbogenfamilien wenden.[37] Es wäre ein großer Fortschritt, auch diese in den Kitas zu etablieren.

Richtige Mädchen, richtige Jungs?

Mütter sind das Beste, die können einfach alles.

Cassian (9) beim Baumhausbau mit seinen Müttern

Kinder, die in nicht-heteronormativen Zusammenhängen aufwachsen, bekommen andere Alltags- und Familienmodelle vorgelebt als Kinder aus Heterofamilien. Sie wachsen ganz selbstverständlich damit auf, dass Frauen bzw. Männer alle Tätigkeiten verrichten, die innerhalb und außerhalb des Hauses anfallen. Studien aus den späten neunziger Jahren haben ergeben, dass gleichgeschlechtliche Familienmodelle in der Tendenz demokratischer im Aufteilen von Erwerbs- und Familienarbeit sind als herkömmliche Modelle. Spätestens nach der Geburt des ersten Kindes dominiert in heterosexuellen Beziehungen eine geschlechtspezifische Arbeitsteilung. Dies ist in Regenbogenfamilien anders. Aufgaben werden nach Neigungen und Können vergeben, vorgefertigte Rollenvorstellungen werden meist abgelehnt. Es fragt sich, ob Kinder aus gleichgeschlechtlichen Partnerschaften aus

---

36 Empfehlenswert: Wagner, Petra (Hg.) (2008): Handbuch Kinderwelten. Vielfalt als Chance – Grundlagen einer vorurteilsbewussten Bildung und Erziehung. Herder, Freiburg.
37 www.regenbogenmini.de: Dani von Eiff hat mittlerweile sechs verschiedene Geschichten erzählt und gezeichnet.

diesem Grunde toleranter und offener sind.[38] Sicher führt nicht
nur das elterliche Vorbild, den Kindern ein partnerschaftliches
Organisationsmodell vorzuleben, zu solchen Ergebnissen. Auch
aktives Tun erweitert den Spiel- und Handlungsraum für alle.
Lesbischen und schwulen Eltern ist es in der Regel wichtig, mit
Geschlechterrollen bewusst umzugehen, denn viele von ihnen
haben bereits bei der eigenen Identitätssuche gegen eine bestimmte Einengung rebelliert. So möchten sie ihre Kinder nicht
auf ein geschlechtsstereotypes Verhalten festlegen. Das bedeutet
zum Beispiel, ihren Töchtern und Söhnen eine größere Auswahl
an Spielsachen anzubieten, Kleidung in verschiedenen Farben
zu kaufen, Musik- und Bewegungsangebote möglichst für beide
Geschlechter offenzuhalten und ein bestimmtes geschlechtsrol-
lenstereotypes Verhalten kritisch mit ihren Kindern zu diskutieren. Trotzdem gilt auch hier einmal mehr der Satz: Kinder sind
Individuen. Sie bringen schon eine eigene Persönlichkeit mit.
Auch Regenbogeneltern können Töchter und Söhne haben, die
an Barbiepuppen oder Rambos erinnern.

Es gehört zur Entwicklung dazu, dass viele Mädchen und
Jungen dazu neigen, in einer bestimmten Phase die Welt sehr
geschlechtsstereotyp einzuteilen. Mädchen wollen plötzlich nur
noch rosa „Mädchensachen", Jungs sind möglicherweise auf
Spielsachen fixiert, die als „Jungssachen" bezeichnet werden.
Eine klassische Geschlechtertrennung tritt bei Kindern zum ersten Mal in der Vorschulzeit bzw. in der frühen Schulzeit auf.
Damit sie sich in ihrer Geschlechtsidentität sicherer fühlen,
müssen die Kategorien „Mädchen" und „Junge" von den Kindern häufig zunächst übertrieben mit Inhalten gefüllt werden.
Kinder haben zwar bereits im Alter von etwa drei Jahren ein
Grundwissen darüber, dass es Mädchen und Jungen gibt und
dass sie (in der Regel) entweder dem einen oder dem anderen
Geschlecht angehören. Welche Bedeutung dies anatomisch, hor-
monell, sozial und emotional bedeutet, können sie noch lan-

---

38 Bereits in Studien der achtziger und neunziger Jahre aus dem anglo-
    amerikanischen Raum wurden bei Kindern mit lesbischen oder schwu-
    len Eltern eine größere Toleranz und Offenheit festgestellt als bei
    Kindern aus vergleichbaren Heterofamilien. Siehe Berger et al. (2000):
    Lesben – Schwule – Kinder. Eine Analyse zum Forschungsstand. Minis-
    terium für Frauen, Jugend, Familie und Gesundheit des Landes NRW.
    Düsseldorf.

ge nicht begreifen. Mit etwa vier Jahren wird ihnen klar, dass Mädchen und Jungen unterschiedliche Geschlechtsteile haben, aber erst im Alter von etwa sechs oder sieben Jahren haben sie ein Bewusstsein darüber, dass sich an ihrer Anatomie nichts Grundlegendes mehr ändert, dass sie Babys bekommen können oder eben nicht.

Wenn also ein dreijähriger Junge ankündigt, dass er später einmal ein Baby bekommen wird, ist dies ganz normal – auch wenn er zwei Mütter oder zwei Väter hat. Diese Tatsache spielt nämlich in diesem Zusammenhang keine Rolle. Kinder glauben lange an magische Kräfte und vieles von dem, wie die Welt funktioniert, blenden sie aus, denn es ist ihnen noch viel zu kompliziert. Wenn Kinder dann eines Tages verstehen, dass das Geschlecht (in der Regel) eine unabänderliche Tatsache darstellt, nehmen sie alle Botschaften auf, die damit verbunden sind. Wie sollen Mädchen sein, was wird von Jungen erwartet, welche Kleidung, welches Verhalten ist angemessen? Kinder lernen, ihre Geschlechterrollen auszufüllen, und sie wollen es „richtig" machen. Dabei orientieren sie sich an ihren Eltern, an Gleichaltrigen und an dem, was sie in den Medien sehen. Manche Kinder aus Regenbogenfamilien spielen auch mit Hingabe „Papa, Mama, Kind", selbst wenn es ihrer eigenen Lebensrealität nicht entspricht. Dieses Verhalten gehört zur psychosexuellen Entwicklung dazu, unabhängig von der Lebensform der Eltern.

Mit der Zeit werden Kinder meist wieder flexibler, die Spielgruppen können aus Mädchen und Jungen bestehen – allerdings nur bis zum Beginn der Pubertät. Dann sind die Mädchen und Jungen noch einmal sehr starr, was die Geschlechterrollen betrifft. Im sozialen Miteinander gibt es fast ausschließlich reine Mädchen- bzw. Jungsgruppen. Erwacht ein Interesse am anderen Geschlecht, sind die engsten Freundschaften weiterhin mit Angehörigen des gleichen Geschlechts.

Natürlich gibt es Ausnahmen; nicht alle Kinder verhalten sich nach diesem Muster. Und außerdem: Es ist alles eine Phase.

Studien, die sich mit der psychosexuellen Entwicklung von Kindern aus gleichgeschlechtlichen Lebensgemeinschaften beschäftigen, kommen alle mehr oder weniger zum gleichen Ergebnis: Die Kinder verhalten sich geschlechtsrollenkonform, d.h. Mädchen spielen gern Prinzessin und Jungen interessieren sich für Autos. Natürlich sind diese Ergebnisse für eine kritische

Fachwelt wichtig, denn damit werden homophobe Argumente, die aus Vorurteilen gespeist werden, entkräftet. Es sei an dieser Stelle dennoch die Frage aufgeworfen, ob diese Ergebnisse wirklich so beruhigend sind. Kann es wirklich sein, dass die Bemühungen lesbischer und schwuler Eltern, ihren Kindern eine große Bandbreite an Spielsachen und geschlechtsdifferenzierten Verhaltensmöglichkeiten aufzuzeigen, keine Folgen nach sich ziehen?

Die Angst, dass Mädchen und Jungen, die sich gleichermaßen für „Mädchensachen" und „Jungensachen" interessieren, unter Geschlechterrollenverwirrung leiden könnten, ist jedenfalls völlig unbegründet. Wenn allen Kindern ein größerer Verhaltensspielraum zugestanden wird, dann können auch alle davon profitieren.

Die Väter- und Männerfrage

In unserer Gesellschaft wird die Bedeutung eines Vaters für die kindliche Entwicklung sehr hoch eingeschätzt. Selbst wenn viele heterosexuelle, verheiratete Mütter de facto allein erziehend sind, weil ihre Ehemänner sich sehr selten Zeit für die Kinder nehmen, wird dem Thema „Vater" eine große Wichtigkeit beigemessen.

Dieses ganze Getue um die Väter geht mir ziemlich auf die Nerven – kaum sitzt ein Vater auf dem Spielplatz, wird er nur für seine Anwesenheit bewundert. Wie wenig es braucht, um als Vater Anerkennung zu kriegen, das haut mich immer wieder um!

Katharina (47), Mutter von Rosa (8)

Lesbische Eltern werden oft mit der Frage konfrontiert, wie ihre Söhne ohne männliches Rollenvorbild eine gute und starke männliche Identität ausbilden können und wie ihre Töchter lernen sollen, mit Männern adäquat umzugehen. Dahinter steckt die Angst, ohne einen Mann im Haushalt könnten Jungs nicht lernen, wie man ein „richtiger Mann" wird und womöglich zu feminin werden. Mädchen hingegen hätten vielleicht keine Ahnung, wie Männer ticken, und könnten sich deshalb entweder gar nicht für sie interessieren oder viel zu viel. Das Vorurteil, Lesben wären alle männerfeindlich, hält sich in diesem Zusammenhang ebenfalls hartnäckig. Dabei kann man beispielsweise auf Spielplätzen ein interessantes Phänomen beobachten: Am männerfeindlichsten sind Heterofrauen, die in unglücklichen Beziehungen mit Männern leben. Lesbische Frauen haben sich für ein Leben mit und für Frauen entschieden. Männer stehen einfach nicht im Zentrum ihrer emotionalen Aufmerksamkeit.

Lesbische Frauen können natürlich auch als ein Stück männliches Rollenvorbild dienen, wenn es um all diejenigen Tätigkeiten geht, die traditionell Männern zugeschrieben werden, denn viele Lesben können sowohl kochen und Kinder erziehen als auch Dinge im Haushalt reparieren oder den Autoreifenwechsel bewerkstelligen.

Doch es geht auch noch um etwas anderes – um den Kontakt zu einem männlichen Wesen. Die meisten lesbischen Eltern achten sehr darauf, dass ihre Kinder regelmäßig Kontakt zu Männern haben. Tatsache ist, dass in unserer Welt alle Kinder Kontakt zu beiden Geschlechtern haben. Ob in der Verwandtschaft, im Freundeskreis oder im Sportverein – Kinder aus lesbischen Familien haben viele Möglichkeiten, mit Männern zusammenzukommen, die als Vorbild und/oder erwachsener Freund in Frage kommen. Einige lesbische Familien haben auch den biologischen Vater in ihren Alltag eingebunden; andere pflegen einen intensiven Kontakt zur Herkunftsfamilie, um ihrem Kind den Großvater, Onkel und die Cousins nahezubringen.

Die meisten lesbischen Mütter von Jungs helfen ihren Söhnen ganz bewusst dabei, ein Ich-bin-stolz-darauf-ein-Junge-zusein-Gefühl zu entwickeln. Analog dazu ist für Töchter natürlich genauso wichtig, eine selbstbewusste weibliche Identität auszubilden.

Wenn die Kinder älter werden, suchen sie sich selbständig ihre männlichen Bezugspersonen. Vielleicht gibt es auch einen Mann, den sie gerne häufiger sehen möchten. Es ist wichtig, auf diese Signale zu achten und die Kinder in ihrer Kontaktaufnahme zu unterstützen.

Kinder aus Lesbenfamilien wachsen in der Regel ohne Mann im Haushalt auf. Sie haben Frauen als körperlich und emotional nahe und unmittelbare Bezugspersonen in ihrer Familie. Die Männer in ihrem Leben sind „weiter weg". Ohne eine Alltagsnähe kann es durchaus sein, dass das eine Mädchen oder der andere Junge Männer als unbekanntes Mysterium empfindet. Vielleicht werden diese Kinder Männer überhöhen, möglicherweise fühlen sie sich in der Anwesenheit von Männern verunsichert – alles eine Frage der Zeit. Verunsicherungen kommen bei allen Kindern vor, unabhängig von der Familienform.

Die Mütter- und Frauenfrage

Analog zur Männerfrage stellt die Umwelt schwulen Eltern die Frauenfrage. Bei schwulen Männern wird noch viel seltener der Familienkontext als Möglichkeit mitgedacht. In der Tat ist es für sie schwierig, sich ihren Traum von der eigenen Familie zu erfüllen. Für Schwule liegen die Hürden noch ein wenig höher als für Lesben, denn während lesbischen Frauen die Mutterschaft qua Geschlecht noch eher zuerkannt wird, kämpfen schwule Väter nach wie vor gegen das Vorurteil, pädophil veranlagt zu sein und sich deshalb Kinder zu wünschen. Hinzu kommt die Vorstellung, bei zwei Vätern würde die Mutter fehlen. Unabhängig davon, wie schwule Familien ihren Alltag leben – Frauen spielen in jedem Fall eine Rolle, nur nicht unbedingt als Mutter, sondern als Tante, Freundin oder Vertraute. Weibliche Rollenmodelle müssen nicht im selben Haushalt leben, um für Kinder als Orientierung oder Vorbild zu dienen.

Ob Kinder starke Persönlichkeiten werden, hängt von ganz anderen Faktoren ab. Ihre Chance, gut im Leben zurechtzukommen, ist umso größer, wenn sie liebevolle und zuverlässige Erwachsene in ihrem Leben haben, Frauen wie Männer.

Das Paar

Es ist im Vorfeld schwer vorstellbar, wie denn das Projekt Familie tatsächlich läuft. Aber irgendwann läuft es. Der Alltag ist strukturiert, die Aufgaben sind verteilt, die Tochter oder der Sohn ist einen Teil des Tages außer Haus und die Erwachsenen gehen in Voll- oder Teilzeit ihrer Berufstätigkeit nach.

Die Familie trifft sich abends am heimischen Esstisch, es werden Tageserlebnisse ausgetauscht, organisatorische Fragen geklärt, es ist Zeit für abendliche Rituale, bevor ein Elternteil das Kind ins Bett bringt. Und dann? Früher oder später kommt der Punkt, an dem sich ein Paar gegenübersitzt und sich fragt: Gibt es uns eigentlich noch als Paar? In den letzten ein oder zwei Jahren war das Kind der Mittelpunkt und alles hat sich an den Bedürfnissen des Kindes orientiert. Die Gespräche drehen sich um fast nichts anderes, der Bekanntenkreis besteht mittlerweile mehrheitlich aus Eltern, und die kinderlosen FreundInnen beschweren sich immer häufiger, dass sie vernachlässigt werden. Fast alle Eltern stellen eines Tages fest, dass sie mehr für ihre Beziehung tun müssen und auch tun wollen, um ein harmonisches Familienklima immer wieder neu herzustellen.

Paarzeit ohne Kind? Da wären wir ohne unsere Eltern ganz schön aufgeschmissen. Sie wohnen zwar nicht am Ort, aber wenn es brennt, sind sie für uns da. Das ist toll.

Wir haben derzeit keinen festen Babysitter, das ist schade. Ich bin allerdings so ein bisschen zögerlich. Mit dem Gedanken an einen fremden Babysitter fühle ich mich nicht so wohl.

Holger (37), gemeinsam mit Jan (47)

Adoptiveltern von Minh Kai (9)

Jedes Paar hat seine eigenen Rituale, wie es Nähe und Verbundenheit herstellt. Die einen gönnen sich ein Wochenende zu zweit, falls das schon geht, die anderen führen einen Beziehungsabend pro Woche ein. Manche wünschen sich Regelmäßigkeit, für andere ist Ab-und-zu-ins-Kino-Gehen schon Beziehungspflege genug. Hauptsache, es wird etwas bewusst für die Beziehung getan.

Auch das Thema Sexualität gehört natürlich dazu. Die Erschöpfung, der Schlafmangel und das völlig veränderte Zeitmanagement tragen wesentlich dazu bei, dass viele Paare nach dem ersten Kind ihr gemeinsames sexuelles Leben wieder neu organisieren müssen. So unterschiedlich Paare ihre Sexualität leben – mit Kind ergibt sich eine heiße Liebesnacht keineswegs so einfach wie früher. Wenn Kinder nicht durchschlafen, sondern unberechenbare Schlafrhythmen haben, wird das mit dem Sex eher schwierig. Da heißt es dann, die Gelegenheit nutzen – eine durchaus gewöhnungsbedürftige, aber effektive Methode, das Liebesleben am Laufen zu halten.

Du musst die Gunst der Stunde nutzen. Das heißt, beide müssen sich auf so eine Spontaneität einlassen. Wenn das Kind Mittagsschlaf hält und eine die Initiative ergreift, dann muss die andere natürlich mitmachen. Klar, es könnte an der Tür läuten oder das Kind plötzlich aufwachen, aber lieber es darauf ankommen lassen als verzichten.

Gundula (47) und Nicolin (46), Eltern von Cassian (9)

Man muss Abstriche am Romantikfaktor machen. Es geht eigentlich nur über Verabredungen. Das war schon gewöhnungsbedürftig. Mittlerweile haben wir den Freitagabend für uns als Paar reserviert. Bis vor einiger Zeit war das ja auch so, dass ständig so ein kleines Wesen an dir dranhängt, und dann will man auch irgendwann seine Ruhe haben. Da hatte ich gar nicht so das Bedürfnis nach Sexualität. Ach, aber die Sonntagmorgen von früher vermisse ich schon.

Sabine (42) und Nina (40), Eltern von Raphael (6) und Antonia (2)

Es sagt einem kein Mensch, dass im ersten Jahr wirklich kaum was läuft. Du bist einfach völlig fertig. Im Durchschnitt haben Lesben eh weniger Sex als Heteros; anscheinend kommen wir auch so schön ohne Sex aus. Und wenn dann noch ein Baby da ist, dann ist das noch ein zusätzliches Hindernis.

Mindestens eine muss dafür sorgen, dass nach einer gewissen Zeit das Sexleben wieder in Gang kommt. Wenn die Kinder größer werden, dann übernachten sie auch mal bei FreundInnen. Das ist eine große Erleichterung. Denn die Angst, dass die Kinder aufwachen, ist einfach immer da. Und bei uns war „L-Word" auch eine nicht zu unterschätzende Bereicherung.

Jean (46) und Vera (48), Eltern von Johanna (10) und Jonah (6)

Ganz anders stellt sich die Situation dar, wenn die Kinder schon da sind, bevor sich das Paar zusammentut. Es fehlt die Zeit als Paar ohne Kinder, in der man zusammenwächst und einen Vorrat an Intimität sammelt, bevor die Familienphase beginnt.

Für uns waren die Kinder von Anfang an da; es gab sie ja schon lange vorher. Martina und ich hatten also keine Paarbeziehung vor den Kindern. Es war ja nur der eine Elternteil „ausgetauscht" worden bzw. ein neuer Elternpartner dazu gewonnen worden. Am schwierigsten war natürlich die erste Zeit, als wir uns irgendwo treffen mussten, ohne einen eigenen gemeinsamen Lebensraum zu haben. Wir konnten uns natürlich nicht im jeweiligen alten Familienhaus sehen oder nur, wenn der Ehemann nicht da war und die Kinder versorgt in Schule und Kindergarten waren. Das hat in der allerersten Zeit unserer Beziehung zu manch brisanter Situation geführt, wenn z.B. mein Sohn Andreas vorzeitig aus der Schule heimkam und uns „überraschte", was ihm vielleicht gar nicht weiter aufgefallen ist, aber wir uns ertappt fühlten. Oder wir haben uns abends, wenn die Väter zu Hause waren, irgendwo außerhalb getroffen und so das hiesige Nachtleben intensiv kennen-, aber nicht unbedingt lieben gelernt.

Anders wurde die Situation, als ich aus der ursprünglichen Familie ausgezogen war und eine eigene Wohnung hatte, wo mich Martina (mit oder ohne Kinder) und mein Sohn Andreas dann besuchten. Da hatten wir natürlich Zeit für uns und konnten so etwas wie eine Paarbeziehung entstehen lassen, weil ja nicht immer Kinder anwesend waren. Zum normalen Alltag wurde unsere neue Familienkonstellation allerdings erst, als wir unsere gemeinsame Wohnung erstanden hatten (wo wir jetzt seit 18 Jahren leben). Da entwickelte sich zum ersten Mal eine Art Alltagsroutine, in der wir schon genug Winkel fanden, um unsere Paarbeziehung zu leben.

Wir hatten natürlich den Vorteil, dass es die Väter gab (und gibt), die sich für die Kinder ebenso verantwortlich gefühlt haben. Vor allem Martinas Ex-Mann hatte ein großes Interesse daran, seine Töchter so oft wie möglich zu sehen, so dass Martina und ich häufig sturmfreie Bude hatten, wenn die Kinder ein Wochenende beim Vater verbrachten oder auch mit ihm in Urlaub gefahren sind – ein unschätzbarer Freiraum für uns!

Katja (62) und Martina (54), Eltern von Andreas (33),
Christine (28), Annette und Birgit (26)

Ein Kind stellt eine Beziehung enorm auf die Probe, und es ist nicht einfach, die Paarebene und die Elternebene miteinander in Einklang zu bringen. Umso wichtiger ist es, über diesen Balanceakt miteinander im Kontakt zu bleiben. Das ist ab und zu

richtig schwierig. Eine mögliche Unterstützung kann darin bestehen, in manchen Phasen der Beziehung Begleitung von außen in Anspruch zu nehmen. Regenbogenfamilien sollten sich nicht scheuen, Angebote zu nutzen, die der allgemeinen Öffentlichkeit zur Verfügung stehen. Die meisten Paar- und Familienberatungsstellen sind mittlerweile souverän im Umgang mit lesbischen und schwulen Paaren.

Ein zweites Kind?

Viele Familien haben den großen Wunsch, nach dem ersten Kind noch ein zweites zu bekommen. Eine wichtige Rolle im Entscheidungsprozess spielt dabei, wie die Herkunftsfamilie beschaffen ist, wie sich das Verhältnis zu den Geschwistern gestaltet oder auch welche Bilder man selbst von Familie hat. Das können Lebensträume von der Großfamilie sein oder die feste Vorstellung, eine Familie sei nur mit zwei Kindern komplett. Landläufig besteht die Meinung: Es ist natürlich schön, wenn Kinder mit Geschwistern aufwachsen. In Deutschland wächst allerdings in mehr als der Hälfte aller Familien nur ein Kind heran.[39]

Manchmal kommt der Wunsch nach einem zweiten Kind erst nach einiger Zeit. Und nicht immer geht er in Erfüllung.

Zunächst wollten wir eins, und die ersten zwei Jahre hatte ich noch nicht das Bedürfnis nach einem zweiten, denn Cassian schlief nicht durch, und unser Alltag mit Kleinkind und Arbeit musste sich auch erst einspielen. Als Cassian dann zwei war, wollte es meine Partnerin Nicolin probieren. Das klappte aber nicht. Wir haben auch ernsthaft erwogen, ein Pflegekind anzunehmen, uns dann aber dagegen entschieden. Wir waren uns zu unsicher darüber, was das mit unserer Familie machen würde, weil ja nicht klar ist, was für ein Kind zu uns kommen würde. Was heißt das für das leibliche Kind? Auch die Vorstellung, dass wir das Pflegekind zu seiner leiblichen Mutter eventuell hätten zurückgeben müssen, fanden wir ganz schrecklich.

Gundula (47) und Nicolin (46), Eltern von Cassian (9)

---

39 www.familienhandbuch.de

Zu Beginn war ich sehr enttäuscht, dass ich wegen meiner Endometriose-Erkrankung und der daraus folgenden Konsequenzen kein Kind mehr bekommen konnte. Ich hätte es mir sehr gewünscht, denn ich wollte uns beide gerne in beiden Rollen – biologische und soziale Mutter – erleben. Nach Cassians Geburt hat mich diese Frage sehr beschäftigt, ob es ein Unterschied ist oder nicht. In der Stillzeit war die Beziehung zwischen Gundula und Cassian sehr eng, und ich musste schauen, wo mein Platz ist, auch in der Beziehung zu Cassian. Und ich musste anfangs noch viel mehr kämpfen um die Akzeptanz von außen. Heute ist das alles ganz anders. Im Laufe der Jahre habe ich keinen Unterschied mehr feststellen können. Ich denke, dass ich das alles gut verarbeitet habe. Doch ich finde es nach wie vor sehr schade, dass wir Cassian kein Geschwisterchen mehr bieten konnten.

Nicolin (46) und Gundula (47), Eltern von Cassian (9)

Wir haben jetzt vier Jahre auf unser zweites Adoptivkind gewartet. Das ist eine sehr lange Zeit. Deshalb überlegen wir, ob wir vielleicht ein Pflegekind aufnehmen. Mittlerweile ist der Altersunterschied zwischen den Kindern sehr groß. Minh Kai hat ein sehr ambivalentes Gefühl. Er erlebt viele Familien mit zwei Kindern. Er hätte gerne einen kleinen Bruder, aber er hat auch Zweifel, ob wir ihn dann immer noch genauso lieb haben.

Holger (37), gemeinsam mit Jan (47) Adoptiveltern von Minh Kai (9)

Natürlich kam nach ca. eineinhalb, zwei Jahren die Frage nach einem zweiten Kind auf (wieder ausschließlich von mir ausgehend). Ruth sprach sich sehr klar dagegen aus, was für mich nicht einfach war (und teilweise noch ist). Daher bleibt mir einerseits nichts anderes übrig, andererseits respektiere ich Ruths Gründe und Entscheidung gegen ein zweites Kind vollständig.

Vielleicht wäre die Belastung für unsere Beziehung tatsächlich zu groß geworden, wie sie befürchtet. Nicht zuletzt angesichts einiger Trennungen von Eltern im engeren und weiteren Umfeld, lange bevor das erstgeborene Kind das zehnte Lebensjahr erreicht hat, bin ich immer noch und immer wieder froh und dankbar, wenigstens ein Kind auf seinem Lebensweg zu begleiten und dabei in einer intakten, glücklichen Beziehung zu leben.

Katrin (46), gemeinsam mit Ruth (53) Eltern von Jakob (9)

Die Familienvergrößerung ist auch eine Frage der Machbarkeit. Die finanziellen Möglichkeiten müssen abgewogen werden – von der größeren Wohnung zum möglicherweise anderen Auto. Auch die persönlichen Energiereserven stehen auf dem Prüfstand. Ein zweites Kind ist vielleicht ganz anders; es schläft nicht so gut wie das erste. Und wer nimmt dem völlig erschöpften Paar zwei Kinder ab, damit beide Eltern mal durchschlafen können?

Natürlich haben Kinder, die Geschwister haben, den Vorteil, dass sie immer ein anderes Kind in ihrer Nähe haben. Sie können eine Streitkultur entwickeln, sie müssen teilen und sich manchmal in Geduld üben, bis die elterliche Aufmerksamkeit wieder ganz ihnen zuteil wird. Sie können sich im besten Fall auf Schwester oder Bruder verlassen und sich gegen die Eltern solidarisieren. Und sie sind als Regenbogenkind nicht alleine.

Trotzdem ist diese Entscheidung groß, denn die Familie verändert sich. Kommt noch ein Wesen hinzu, verschiebt sich die Dynamik. Das kann Herausforderung und Bereicherung bedeuten. Ein zweites Kind schafft möglicherweise auch einen Ausgleich, damit nicht nur auf der Erwachsenenseite, sondern auch auf der Kinderseite zwei Personen stehen. Beim Thema Konkurrenz bringt ein zweites Kind wieder Leben in eine vielleicht verhärtete Situation.

Eine Zeit lang war es so, dass Raphael mich bevorzugt hat. Die zweite Schwangerschaft von Nina war da ein gutes Gegengewicht. Und als ich beruflich noch sehr mit meiner Ausbildung beschäftigt war, half die Schwangerschaft uns beiden, besser mit der Konkurrenz umzugehen.

Sabine (42), gemeinsam mit Nina (40)
Eltern von Raphael (6) und Antonia (2)

Regenbogenfamilien müssen erneut überlegen, wie sie es denn dieses Mal anstellen. Im Grunde stehen alle Fragen noch einmal zur Debatte. Soll es ein leibliches Kind, ein Adoptiv- oder ein Pflegekind sein? Alles so wie beim ersten Kind? Dieselbe Bio-Mama, derselbe Bio-Papa? Derselbe Spender?

Vera hat unser erstes Kind bekommen und für das zweite haben wir noch mal neu überlegt. In meiner Firma war ich nicht mehr sehr glücklich. Gerne wollte ich eine Babypause machen. Rechtlich gesehen hatte ich ja damals zu Johanna noch keinerlei Position, deshalb wäre es toll gewesen, wenn ich Jonah bekommen hätte, dann hätte wenigstens jede ein rechtliches Kind. Und dann kam plötzlich ein Angebot von meiner Firma, mehr Verantwortung zu übernehmen. Und so bekam Vera auch unser zweites Kind. Aber jetzt ist durch die Stiefkindadoption sowieso alles im grünen Bereich.

Jean (46) und Vera (48), Eltern von Johanna (10) und Jonah (6)

Manche Familien mit leiblichen Kindern möchten unbedingt bei derselben Konstellation bleiben, damit die Geschwister auch biologische Geschwister sind.

Für uns war das klar, dass wir es wieder genau so wie beim ersten Mal machen wollen, zum einen weil die Zusammenarbeit mit dem Spender sehr gut geklappt hat und die Schwangerschaft schnell eintrat und gut verlief. Zum anderen war uns die Verwandtschaft der beiden Kinder wichtig, dass sie denselben Vater haben, an dem sie sich auch abarbeiten können.

Sabine (42), gemeinsam mit Nina (40) Eltern
von Raphael (6) und Antonia (2)

Bei anderen Familien ist das gar nicht möglich, weil der Spender nicht mehr zur Verfügung steht oder die Rollen, wer das Kind austragen soll, aus gesundheitlichen Gründen getauscht werden müssen. Beim zweiten Mal werden die Debatten über die unendlich vielen Fragen, die geklärt werden müssen, nicht mehr so lange dauern. Schließlich haben sich alle Beteiligten schon nächtelang die Köpfe darüber zerbrochen. Das Projekt Familie ist bereits gestartet und wird meistens nicht mehr grundsätzlich hinterfragt. Was wahrscheinlich am längsten dauern wird, ist der Prozess der Entscheidung, das Ringen um den „idealen" Zeitpunkt und das Warten – auf das Adoptiv- oder Pflegekind oder auf den lila Strich beim Schwangerschaftstest.

Wir wollten auf jeden Fall zwei Kinder, eigentlich drei, aber dafür waren wir schon zu alt. Bei zweien ist es irgendwie runder, und die Kinder können sich gegen uns verbünden. Wir hatten uns eine Grenze gesetzt: Anjas 40. Geburtstag und die letzte Portion Samen, die wir hatten. Diese beiden Faktoren fielen zufälligerweise zusammen. Für unser zweites Kind haben wir 24 Mal probiert. Nachdem es beim ersten Kind schon beim achten Versuch geklappt hat, waren wir dementsprechend resigniert. Dass es beim 24. Mal dann tatsächlich geklappt hat, war wirklich ein Wunder. Wir waren regelrecht geschockt, weil wir uns in vorausschauendem Pessimismus damit auseinandergesetzt hatten, nur ein Kind zu haben. Und wir konnten unsere kleinen wiedergewonnenen Freiheiten schon sehr genießen, denn unser erstes Kind wurde langsam größer. So versuchten wir einfach, uns damit anzufreunden, aber mit der Gewissheit, dass da ein Stück Trauer bliebe. Sicher hätten wir uns dann noch mehr in den Beruf gestürzt. Als Anja tatsächlich schwanger war, bekam ich total Angst, dass irgendetwas mit dem Kind passieren könnte. Aber dann habe ich mich wie verrückt gefreut.

Maja (51), gemeinsam mit Anja (41) Eltern von Lynn (5) und Nima (1)

Für viele Regenbogeneltern ist das Geschlecht des Kindes zweitrangig. Der Wunsch, dass das Kind gesund ist, lässt alles andere in den Hintergrund treten, und auf die Natur kann man/frau nur sehr begrenzt einwirken. Dennoch gibt es natürlich Präferenzen – aus den unterschiedlichsten Gründen.

Ich hätte gern einen Jungen gehabt, damit Raphael noch einen männlichen Vertreter in der Familie hat. Mir hat es anfangs für ihn sehr leidgetan, als es dann doch ein Mädchen wurde. Wir sind zu dritt und er ist allein auf weiter Flur. Ich fühlte mich als Jungsmutter schon einigermaßen sicher und die Rolle der Mädchenmutter war für mich neu. Ich hatte Angst, wie das später mal wird, denn Mutter-Tochter-Beziehungen können sich ja in der Pubertät sehr schwierig gestalten. Aber mittlerweile finde ich es total prima, dass wir auch noch ein Mädchen haben.

Sabine (42), gemeinsam mit Nina (40) Eltern
von Raphael (6) und Antonia (2)

Maja hat sich ein zweites Mädchen gewünscht. Ich war neutraler, weil wir ja schon ein Mädchen hatten. Als es dann noch ein zweites Mädchen wurde, fand ich das richtig schön. Unser Umfeld hat uns eher vermittelt, dass es doch gut sei, dass wir noch mal ein Mädchen bekommen haben, denn ein Junge hätte es vielleicht in der Situation mit zwei Müttern schwerer. Ich glaube das aber nicht.

Anja (41), gemeinsam mit Maja (51) Eltern von Lynn (5) und Nima (1)

Manche Eltern empfinden ein zweites Kind nach einer gewissen Zeit geradezu als Entlastung, weil sie dann nicht mehr permanent AlleinunterhalterIn spielen müssen, andere empfinden die Belastung ungleich höher als erwartet. Und möglicherweise ändert sich auch etwas ganz Grundsätzliches am Selbstverständnis der Familie. Mit zwei Kindern ist man noch viel mehr eine Familie, und zwar mit allen Konsequenzen. Es gibt noch weniger Zeit für Aktivitäten außerhalb der Familie. Es dauert Jahre, bis zwei Kinder zur gleichen Zeit bei FreundInnen übernachten, damit die Eltern mal einen Samstagabend und einen Sonntagmorgen für sich haben. Auch der Freundeskreis reagiert unterschiedlich auf die erneute Familienvergrößerung. Wer keine Kinder hat, tut sich schwer, sich einfach nur zu freuen, denn für eine gewisse Zeit dreht sich alles erst mal wieder um das Baby. Und das kann Außenstehenden manchmal auf die Nerven gehen.

Es ist schon heftig mit zwei Kindern. Der Schritt vom ersten auf das zweite ist sehr groß. Mittlerweile tritt manchmal eine kleine Entlastung ein, dass sie sich zeitgleich mit demselben Thema befassen oder für kurze Zeit gemeinsam am Spieltisch sitzen. Als Eltern ist man einfach noch viel mehr gefragt und hat noch weniger Zeit für sich und für andere Sachen, denn da sind zwei Kröten, um die man sich kümmern muss. Aber natürlich ist es auch wunderbar.

Sabine (42), gemeinsam mit Nina (40) Eltern von Raphael (6) und Antonia (2)

Im ersten Jahr mit dem ersten Kind ist alles neu und ungewohnt; beim zweiten Kind hast du schon die Übung und kannst vieles besser einschätzen. Du hast dich an den Schlafentzug gewöhnt. Johanna hat als Kleinkind kaum alleine gespielt und ständig von uns verlangt, dass wir uns mit ihr beschäftigen. Als Jonah sechs Monate alt war, haben die beiden Geschwister schon glücklich nebeneinander gespielt, was für uns eine große Erleichterung war. Bald fing dann Johanna an, auch ab und zu ein bisschen Verantwortung für ihren kleinen Bruder zu übernehmen. Das bedeutete auch Entlastung. Allerdings war es schon eine große Veränderung von einem Kind auf zwei. Als wir nur eins hatten, erlebten wir uns eher als ein „Paar mit Anhang". Unsere alten Kontakte konnten wir noch recht gut aufrechterhalten. Mit zwei Kindern sind wir endgültig eine Familie, und die kinderlosen FreundInnen, die das nicht mittragen können, fallen leider hinten runter.

Jean (46) und Vera (48),
Eltern von Johanna (10) und Jonah (6)

Die Schule: Der Ernst des Lebens?

Viele Eltern erinnern sich gern an die Zeit zurück, in der die Tochter oder der Sohn eine Kita besuchte. Meistens gab es einen guten Kontakt zwischen Einrichtung und Eltern. In Tür-und-Angel-Gesprächen waren oft wichtige Hinweise auf Erziehungsfragen enthalten, und der Ton war locker.

Gegen Ende der Kindergartenzeit fiebern alle dem ersten Schultag entgegen. Besonders die Kinder – jedenfalls die meisten von ihnen – können es schon gar nicht mehr erwarten. Und dann ist es so weit. Die Schultüten, prall gefüllt mit sinnvollen Utensilien und Süßkram aller Art, sind größer als die Kinder selbst. Alle sind unglaublich aufgeregt, die Eltern und oft auch die Großeltern sind gerührt, und der Gemütszustand der Kinder schwankt zwischen Angst und Vorfreude. Der erste Schultag ist ein Meilenstein auf dem Weg zum Großwerden.

Das erste Schuljahr bringt für alle Familien große Veränderungen mit sich. Die Eltern müssen ein gutes und pädagogisch ansprechendes Betreuungsmodell finden, wenn sie weiterhin berufstätig sind, denn der Unterricht in einer Regelschule endet manchmal bereits um 11.30 Uhr. Ganztagsschulen sind häufig nicht vorhanden und kommen auch für viele Eltern nicht in Frage. Der Alltag muss anders organisiert werden, wenn der in Aussicht gestellte Hortplatz doch nicht frei wird oder die Mittagsbetreuung bereits um 14.30 Uhr schließt.

Auch auf die Kinder wartet jede Menge Neues: Sie müssen sich daran gewöhnen, sich zu melden, wenn sie etwas sagen wollen. Das viele Sitzen, die manchmal komplizierten Aufgaben, die Konzentration und Sorgfalt erfordern, die neuen Kinder und die damit verbundenen Unsicherheiten, die Lehrkraft – das erste Schuljahr ist für die meisten Mädchen und Jungen eine Ansammlung von Anpassungsleistungen. Im Idealfall sind diese Leistungen mit Spaß verbunden, was bei den meisten Kindern zum Glück der Fall ist.

Lesbischen und schwulen Eltern stellen sich ein paar zusätzliche Fragen. Ob das Kind gut geschützt ist, um bei möglichen Hänseleien gewappnet zu sein? Wie werden Lehrkräfte auf die Familienkonstellation reagieren? Lassen sie sich auf Gespräche überhaupt ein? Auch die vielen anderen Familien sind ein Thema, denn in der Schule werden sehr schnell Kontakte unter den Kindern geknüpft. Und manchmal spüren schwule Väter, dass es ihnen womöglich doch nicht zugetraut wird, ein Kind großzuziehen – auch wenn ihnen das niemand so direkt sagen würde.

Rosas Lehrerin will überhaupt nicht über unsere Familiensituation sprechen. Es ist für sie ein großes Tabu; sie hat einfach totale Widerstände dagegen. Das nervt ziemlich. Aber was sollen wir tun? Wir können sie ja nicht zwingen. Also warten wir ab und hoffen, dass die nächste Lehrkraft offener ist. Mit den anderen Kindern gab es bisher zum Glück keine Probleme. Wir hoffen dennoch, dass die Lehrerin im Falle eines Falles Rosa unterstützt. *Charlotte (41), Mutter von Rosa (8)*

Bei dem Kind, bei dem alles gut läuft, da kommt viel Anerkennung von der Schule zu uns zurück. Sicher ist bei einigen Lehrkräften diese Anerkennung mit einer Haltung verbunden: Das Kind schafft das „trotz allem" sehr gut. Also trotz der zwei Mütter oder trotz der Tatsache, adoptiert zu sein. So lange die Kinder gut in der Schule sind, sind alle immer voll des Lobes. Gibt es Auffälligkeiten, dann wird das oft auf die Familiensituation mit zwei Müttern und keinem Vater geschoben. Da fühle ich mich aufgefordert, dass ich mich und meine Familie verteidigen muss. Eine Mischung aus Unsicherheit und Vorurteil schlägt mir da entgegen.

Andere Familien reagieren meistens mit Wohlwollen und Interesse, da kommt uns zugute, dass viele Frauen, ob verheiratet oder allein, mit diesen traditionellen Rollenmodellen Probleme haben. Die beneiden uns so richtig um die geteilte Verantwortung und um unser Modell, Arbeit und Kinder zusammenzubringen.

Heide (54), gemeinsam mit Betti (51) Adoptiveltern
von Antonia (17) und Pflegeeltern von Lotti (10)

Fabian ging ganz offen mit unserer Familiensituation um, alle wussten das. In der weiterführenden Schule wollte er aber nicht mehr, dass ich mit zum Elternabend gehe. Und dann gab es eine Familie, die ihrem Sohn verboten hat, mit Fabian zu spielen. Das waren Akademiker, kaum zu glauben. Die wollten die Jungs auseinanderbringen. Aber das hat nicht funktioniert; die beiden haben sich dann eben heimlich getroffen. Das war aber das einzig Blöde, was jemals passiert ist.

Frank (49), acht Jahre Vater von Fabian (heute 18)*

Minh Kai erklärt seine Familie so: „Ich habe keine Mama, ich habe zwei Papas – Papa Holger und Papa Jan. Die haben mich in Vietnam adoptiert, und das ist meine Familie." Manchmal sagt er, wenn er ganz gut drauf ist: „Es gibt eine Mama, aber die lebt in Vietnam und die kenne ich nicht."

In der Schule hatten wir noch nie ein Problem. Mit den Kindern sowieso nicht. Bei den Eltern gibt es die große Fraktion, die über die Lehrerin versuchen, etwas herauszufinden. Die sind vielleicht interessiert, aber sehr zurückhaltend.

Ins Gesicht hat es uns noch niemand gesagt, dass sie es nicht gut finden, dass zwei Männer ein Kind erziehen. Interessanterweise gibt es bei Schwulen eigentlich nur zwei Reaktionen: entweder total begeistert oder „bleib mir fort mit Kindern". Die Lesben haben es bei diesem Thema schon leichter. Das Vaterbild passt einfach gar nicht zu Schwulen. Väter erziehen ja sowieso keine Kinder, das machen die Mütter. Wenn die Väter schwul sind, können sie es erst recht nicht, und außerdem sind sie vielleicht pädophil. Frauen können Kinder kriegen und selbst wenn sie lesbisch sind, wird ihnen zumindest noch eine gewisse Erziehungskompetenz zugeschrieben.

Holger (37), gemeinsam mit Jan (47)
Adoptiveltern von Minh Kai (9)

Gleichgeschlechtlich lebende Eltern sind in einem Dilemma. Es gibt sie, sie sind gesellschaftliche Realität. Doch gleichzeitig sind sie unsichtbar und werden nirgendwo abgebildet. Denn der dazugehörige gesellschaftliche Prozess, dass nämlich Bilder von diesen Familien überall Eingang finden, fehlt fast gänzlich. Für einen Großteil der Regenbogenfamilien ist es nach wie vor eine individuelle Aufgabe, für ihre eigene Sichtbarkeit zu sorgen. Vor 30 Jahren ging es den allein Erziehenden ähnlich. Es hat Jahrzehnte gedauert, bis wertfreie Bilder und Geschichten von Einelternfamilien in Schulbüchern oder in allgemeinen Kinder- und Jugendmedien zu finden waren.

Dabei ist das Wissen um die familiale Vielfalt wichtig für alle Kinder (und Erwachsenen). Wenn sich z.B ein Kind aus einer traditionellen Familie mit einem Kind aus einer lesbisch-schwulen Familie befreundet, wäre es gut, wenn dieses Kind schon von Regenbogenfamilien gehört hätte. Die Thematisierung unterschiedlicher Familienformen kommt allen Kindern zugute, denn beim genauen Hinsehen gibt es in einer einzigen Schulklasse viele verschiedene Familienmodellbeispiele. Wenn sich alle Kinder mit ihrer spezifischen Familie wahrgenommen fühlen, gibt es weniger Ausgrenzung. Auch diejenigen Kinder und Jugendlichen, die eventuell selbst einmal lesbisch oder schwul werden, profitieren von einer Schulatmosphäre, in der das Thema vorkommt. Dabei ist es wichtig, dass „gleichgeschlechtliche Lebensweisen" nicht nur im Zusammenhang mit sexueller Identität im Aufklärungskontext besprochen werden, sondern auch beispielsweise dann, wenn es um das Themenfeld Familie geht. In der Debatte um gleichgeschlechtliche Lebensweisen findet eine Sexualisierung statt, die eine sachliche Auseinandersetzung erschwert. Da sorgen sich LehrerInnen darum, was die Eltern sagen, wenn sie mit den Kindern und Jugendlichen über Lesben und Schwule sprechen, selbst wenn es überhaupt nicht um sexuelle Zusammenhänge geht. Hier tut Aufklärung not.

Es wird Zeit, dass die Berücksichtigung von Vielfalt der Lebens- und Familienformen als Querschnittsaufgabe verstanden wird und zwar besonders in der Schule. Dafür gibt es eine Reihe von Angeboten unterschiedlicher Art. Seit vielen Jahren gibt es in den Großstädten lesbisch-schwule Aufklärungsprojekte. Junge Lesben und Schwule kommen auf Einladung in die Schule, bieten Workshops an, erzählen aus ihrem Leben und beantworten Fragen. Für die Unterrichtsgestaltung sind mittlerweile zahlreiche Materialien zum Thema per Bestellung erhältlich. Das Internet bietet auch eine Spielseite für Neun- bis Zwölfjährige zum Thema Lebens- und Familienformen an.

Eine Auswahl an Materialien und Fortbildungsangeboten

van Dijk, Lutz/van Driel, Barry (Hg.) (2008): Sexuelle Vielfalt lernen. Schulen ohne Homophobie. Eine Fundgrube zum Umgang mit Homophobie, mit vielen Beiträgen aus aller Welt.

Themenheft „Sexuelle Orientierung" (2007) der „Schule ohne Rassismus": Beispielhafte Unterrichtsmaterialien. Bezug: www.schule-ohne-rassismus.org

Handreichung „Lesbische und schwule Lebensweisen" für weiterführende Schulen der Berliner Senatsverwaltung für Bildung, Wissenschaft und Forschung (2008): Vielfältige Ideen für Lehrkräfte. Kostenloser Bezug: infopunkt@senbwf.berlin.de

Martin Ganguly (2003): Ganz normal anders – lesbisch, schwul, bi: Lebenskundesonderheft zur Integration gleichgeschlechtlicher Lebensweisen. Gute Unterrichtsmaterialien. Kostenloser Bezug: Humanistische Lebenskunde, Wallstr. 61-65, 10179 Berlin. info@lebenskunde.de

www.schwulelehrer.de: Bietet eine umfangreiche Unterrichtsmaterialsammlung

www.kofferbuntesleben.de: Sechs verschiedene Spiele zu Lebens- und Familienformen zum Anklicken. Herausgegeben von der Koordinierungsstelle für gleichgeschlechtliche Lebensweisen der Landeshauptstadt München.

www.diversity-muenchen.de: Der Münchner Dachverband der LesBiSchwulen Jugendgruppen Münchens bietet Workshops für Schulklassen, Jugendzentren und Vereine an.

www.fluss-freiburg.de: Freiburgs lesbisch-schwules Schulprojekt
www.kombi-berlin.de: Fortbildungen für pädagogische Fachkräfte sowie Aufklärungs- und Infoveranstaltungen für Jugendliche

Lesbische oder schwule Lehrkräfte, die Kinder haben, tun sich oft schwer, an ihrer Schule für mehr Offenheit und Toleranz zu werben. Häufig sind sie gar nicht out. Anders kann es sich verhalten, wenn man eine Leitungsfunktion an einer Schule innehat. Dann kann man durchaus etwas bewirken.

Bei der Haltung meiner LehrerInnen kann ich als kommissarischer Leiter einer Grundschule Einfluss nehmen, was das Thema angeht. Ich lebe da sicher auch etwas Positives vor. In meinem Kollegium habe ich bei der Vorstellungsrunde ganz offen von meinem Adoptivsohn und meinem Lebenspartner erzählt, das kam sehr gut an. Bei den Eltern bin ich sehr zurückhaltend, denn viele kommen aus einem konservativen muslimischen Milieu.

Holger (37), gemeinsam mit Jan (47) Adoptiveltern von Minh Kai (9)

Nicht nur jede Schule, sondern auch jede Lehrkraft reagiert anders auf eine Regenbogenfamilie. Auch wenn die offensive Strategie letzten Endes sicher den Kindern zugutekommt und für viele Eltern nichts anderes geht – manchmal ist viel Geduld erforderlich. Es gibt LehrerInnen, die nach einigen Monaten auftauen, und es gibt LehrerInnen, die keinerlei Berührungsängste haben. Und natürlich gibt es nach wie vor diejenigen, die sich schlichtweg weigern, sich mit der Thematik auseinanderzusetzen. Eltern müssen sich an den Gedanken gewöhnen, nicht alles beeinflussen oder gar steuern zu können. Aber diese Lektion beginnt ja für alle Eltern schon zu dem Zeitpunkt, an dem sie beschließen, Eltern zu werden.

Die schönsten Wochen des Jahres – im Urlaub als Regenbogenfamilie

Die Planung des ersten Urlaubs mit Kind ist für alle Eltern eine aufregende Sache. Es stellen sich viele Fragen nach dem idealen

Reiseziel, dem richtigen Zeitpunkt, dem Verkehrsmittel und natürlich nach der passenden Unterkunft. Urlaub – allein schon das Wort löst viele Gefühle und Erwartungen aus. Endlich mal ausspannen, den Alltag hinter sich lassen, aber halt – eure Hauptaufgabe (neben dem Gelderwerb) nehmt ihr mit! Und Babys oder Kleinkinder fahren nicht unbedingt gerne in den Urlaub. Sie lieben die gewohnte Umgebung, in der sie sich auskennen. Urlaub ist etwas, das sich Eltern wünschen und brauchen. Und vielleicht wünschen sie sich auch einmal ein paar Stunden oder Tage Urlaub vom Kind. Deshalb sieht man an Urlaubsorten viele Familien, die in drei Generationen unterwegs sind: Die Großeltern sind auch dabei, damit die Eltern tatsächlich ein bisschen Urlaub machen können. Es gibt allerdings viele Familien, für die die großelterliche Urlaubsbegleitung keine Möglichkeit darstellt. Dann heißt es, in der Planung realistisch zu sein. Je kleiner das Kind, desto eingeschränkter die Bewegungsfreiheit. Die allermeisten Kleinkinder brauchen im Urlaub ihre gewohnten Rhythmen aus dem Alltag. Die veränderte Umgebung, ein Klimawechsel, viele unbekannte Reize – für Babys oder Kleinkinder kann Urlaub Stress bedeuten, d.h. sie schlafen vielleicht schlecht oder sind quengelig. Ob eine Fernreise für sehr kleine Kinder wirklich sein muss, sei dahingestellt. Ein Ferienziel mit sehr langer Anreise ist in jedem Fall eine Herausforderung für alle Beteiligten.

Natürlich wird alles einfacher, wenn die Kinder größer werden. Sie können sich besser verständlich machen, ein Mittagsschlaf ist nicht mehr ganz so zwingend oder lässt sich leicht in einen Tagesausflug einbauen. Ist das Kind durch Spielgruppe oder Krippe schon an Gruppensituationen gewöhnt, können im Urlaub erste Kontakte von Kind zu Kind geknüpft werden. Am Strand ist es besonders einfach für Kinder, andere Kinder kennenzulernen. Aber auch Ferien auf dem Bauernhof sind für kleine und große Kinder eine Attraktion. Bei der Auswahl des Ferienziels ist es sinnvoll, darauf zu achten, dass es sowohl für Eltern als auch für Kinder geeignete Freizeitmöglichkeiten gibt, damit Kinder und Eltern gleichermaßen auf ihre Kosten kommen. Dies gilt besonders dann, wenn das Kind schon größer ist und Vorlieben z.B. in Bezug auf Sport und Bewegung bereits ausgeprägter sind. Eine Möglichkeit sind auch Reiseveranstalter, die Ferienwohnungen in Kombination mit Kinderbetreuung anbieten.

Und dann kommt die Familie im Hotel bzw. in der Ferienwohnung an oder baut ihr Zelt auf dem Campingplatz auf. Und was sieht sie? Lauter Vater-Mutter-Kind-Familien. Meistens sind nette Urlaubsbekanntschaften möglich, aber die Gefahr, sich im Urlaub noch ein wenig fremder zu fühlen als zu Hause, besteht durchaus. Die anderen Leute schauen neugierig, vielleicht bildet man sich das aber auch nur ein. Höflichkeitshalber spricht natürlich niemand eine Regenbogenfamilie direkt auf die Familienverhältnisse an, denn das gehört sich einfach nicht. Manchmal kann sich an diesem Punkt schon mal eine kleine Urlaubskrise einstellen. Vielleicht ist das Kind durch die ungewohnte Umgebung schlecht gelaunt, die Atmosphäre steifer als erwartet, und dann kommt noch das Gefühl dazu, anders zu sein und am Rand zu stehen. Nun ist es ja nicht so, dass Regenbogenfamilien in den Urlaub fahren, um hauptsächlich andere Leute kennenzulernen. Doch über die Kinder entstehen schnell sehr viele Kontakte, auf die man ja auch aus Gründen der Höflichkeit und des Respekts reagiert. Da stellt sich automatisch irgendwann die Frage, wann bzw. wie sagen wir etwas zu unserer Familie. Sind die Kinder größer, reden sie auch ungefragt über ihre Familie, wenn sie sich wohl damit fühlen – das sollten sie aber nicht anstelle ihrer Eltern tun müssen. Das Coming-out ist in jedem Fall Elternsache, schon allein, um das Kind zu schützen. Manchmal bleibt die Atmosphäre auch nach dem Coming-out ein bisschen steif und verklemmt, denn viele Menschen haben Angst, etwas Falsches zu sagen oder zu fragen. Und eine kleine Minderheit hat ein Problem mit Lesben und Schwulen, die Eltern sind.

Vor einigen Jahren waren wir in einer Ferienanlage im Urlaub. Eine andere Mutter versuchte dann, über die Kinderbetreuerin etwas über uns herauszukriegen. Sie konnte nicht direkt auf uns zugehen und uns fragen, weil sie Vorbehalte gegenüber Regenbogenfamilien hatte. Das war ein doofes Gefühl. Wir haben daraus die Konsequenz gezogen, ab und zu mit einer anderen Regenbogenfamilie wegzufahren. So können wir zum einen anders auftreten und zum anderen sind wir unabhängig, weil die Kinder sich haben.

Charlotte (41), Mutter von Rosa (8)

Aber in der Regel ist nach dem Coming-out alles ganz locker und der Rest des Urlaubs findet in freundlicher und entspannter Atmosphäre statt. Viele Eltern, denen ein Dauer-Coming-out zu anstrengend ist, wählen auch eine andere Strategie: Einfach selbstverständlich auftreten, ohne die Familiensituation explizit zu thematisieren. Sicher gibt es Situationen, in denen es unkomplizierter ist, nicht alles genau zu benennen. Doch die Grenzen zum Nicht-offen-Sein sind fließend. Während es für die Erwachsenen diesbezüglich jede Menge Spielraum gibt, ist es für die Kinder anders: Sie werden meistens von anderen Kindern nach ihrer Familie gefragt, ob sie das nun wollen oder nicht. Es fällt ihnen leichter, auf diese Fragen selbstbewusst und stolz zu antworten, wenn die Eltern die Familiensituation thematisieren. Die Frage nach dem Coming-out stellt sich also den Kindern zuliebe immer und immer wieder.

Was das Thema „Urlaub" betrifft, ist in anderen Ländern die Regenbogenfamilien-Community schon ein bisschen weiter. Die US-amerikanische Talkmasterin Rosie O'Donnell gründete bereits 2003 ein Unternehmen[40], das sich auf Kreuzfahrten für Regenbogenfamilien spezialisiert hat. In England organisierte vor Kurzem ein schwules Väterpaar als erster europäischer Anbieter[41] eine Reise in den Pariser Vergnügungspark Disneyland.

Der Markt bietet bereits viele Reiseangebote für Lesben und Schwule. Diese sind in der Regel allerdings nicht kindgerecht. Hinzu kommt, dass man ja im Urlaub vielleicht gar nicht immer und ausschließlich von anderen Lesben und Schwulen umgeben sein möchte. Denn diese eine Gemeinsamkeit bedeutet noch lange nicht, auch sonst vieles gemeinsam zu haben. Andererseits fühlen sich Regenbogenfamilien bei den Reiseveranstaltern, die speziell Familien im Blick haben, häufig nicht angesprochen, weil das Konzept der Vielfalt zwar theoretisch bei einigen Anbietern schon angekommen sein mag, sich aber in den Katalogtexten nicht niederschlägt. Aus diesem Grund ist es sicher nur eine Frage der Zeit, bis sich auch in den deutschsprachigen Ländern ein Reisemarkt für lesbische und schwule Eltern entwickelt. Manche Kinder würden sich vielleicht sehr darüber freuen, andere Kinder aus Regenbogenfamilien im Urlaub kennenzulernen. Dies lässt

---

40 www.rfamilyvacations.com
41 www.rainbowfamilyholidays.com

sich allerdings in manchen Regionen Deutschlands schon jetzt realisieren: Verschiedene ILSE-Regional-Gruppen[42] organisieren Camping- oder Hüttenwochenenden für Regenbogenfamilien mit Kindern aller Altersstufen.

Pubertät: Manchmal wollen unsere Kinder einfach „normal" sein

Es gibt eine Zeit, in der Kinder bzw. Jugendliche und ihre Eltern der pubertären Unzurechnungsfähigkeit zum Opfer fallen. Die Pubertät ist eine große Wundertüte; es gibt keine Gesetzmäßigkeiten. Die Stimmungslage schwankt zum Teil innerhalb von Minuten, der Ton ist rau, Tochter oder Sohn wollen sich abgrenzen, FreundInnen sind das Allerwichtigste. Grundsätzlich gibt es in diesen Jahren besonders viele Kämpfe – Hausaufgaben, Ausgehzeiten, Kleidung, Geld, Fernsehen, Handy, Computerspiele, kein Konflikt wird ausgespart. Da werden Grenzen bis zum Anschlag ausgetestet, und so gut wie alle Eltern bekommen Schwierigkeiten mit ihren Kindern. Eltern dürfen keine Konflikte scheuen, und Kinder müssen etwas haben, woran sie sich abarbeiten können. Werden Kämpfe nicht ausgefochten, hintergehen Jugendliche ihre Eltern möglicherweise. Gleichzeitig müssen die Jugendlichen mitgestalten und mitbestimmen können – ein schwieriger Balanceakt. Es sollte keine willkürlichen Verbote geben, aber manchmal muss man einfach hart bleiben. Ein Elternteil darf nicht die beste Freundin bzw. der beste Freund seines Kindes sein wollen. Aus der Sicht der Eltern spült die Kleinkindzeit alle Konflikte der eigenen Kindheit hoch – und in der Pubertät passiert dasselbe dann noch einmal. Aus der Ratgeberflut sei ein Buch empfohlen.[43]

Nach neuesten Erkenntnissen vollzieht sich auch im Gehirn von Teenagern während der Pubertät ein Reifeprozess.[44] Dachte

---

42 ILSE: Initiative lesbischer und schwuler Eltern, bundesweites Netzwerk, das beim Lesben- und Schwulenverband in Deutschland (LSVD) angesiedelt ist.

43 Empfehlenswert: Guggenbühl, Allan (2009): Pubertät – echt ätzend: Gelassen durch die schwierigen Jahre. Herder, Freiburg.

44 Eine Reise in das Gehirn von Heranwachsenden: Strauch, Barbara (2004): Warum sie so seltsam sind. Gehirnentwicklung bei Teenagern. Bvt, Berlin.

man bis vor Kurzem, dass die Gehirnentwicklung mit drei Jahren abgeschlossen sei, so kann man jetzt davon ausgehen, dass das Gehirn während der Pubertät noch einmal eine große Baustelle darstellt, auf der jede Menge neue Nervenzellen produziert werden, die allerdings „richtig verschaltet" werden müssen.

Vielleicht war bis vor Kurzem die Tatsache, zwei Mütter oder zwei Väter zu haben, für die Tochter bzw. den Sohn eine Selbstverständlichkeit, und enge FreundInnen wissen seit Langem Bescheid. Viele Regenbogenfamilien haben ein offenes Haus, und nicht selten äußern andere Kinder und Jugendliche den Wunsch, dass sie auch gerne so ein lockeres Elternhaus hätten.

Dennoch kann eines Tages der Punkt kommen, an dem die Kinder mehr Diskretion brauchen. Vielleicht bitten sie ihre Mütter bzw. Väter, einschlägige Zeitschriften und Bücher wegzuräumen oder sich „unauffällig" zu verhalten, was immer das bedeuten mag. Der Wunsch, „normal" zu sein, kann manchmal alles andere in den Hintergrund stellen. In der Regel ist dies kein Indikator dafür, dass die Kinder sich in der Familie nicht wohlfühlen oder ein Problem mit ihrer Familienkonstellation haben. Aber sie müssen sich in dieser Zeit abgrenzen – das ist ihre Aufgabe. Die physischen und psychischen Veränderungen setzen der kindlichen Seele in diesem Prozess sehr zu. Es ist manchmal einfach zu viel verlangt, auch noch stolz und aufrecht „anders" zu sein, wenn man doch nur seine Ruhe haben will. Und die sollten Töchter und Söhne an diesem Punkt auch bekommen.

Stolz sind sie beide nicht. Die Normierung unter Jugendlichen ist ja sehr brutal. Wie man auszusehen hat, wie man sich kleiden muss, da ist jedes Anderssein absolut unbeliebt. Antonia schaut genau, wem sie es sagt. Ihre FreundInnen wissen es natürlich. Und bei uns zu Hause sind nur die, mit denen sie vertraut ist. Lotti ist da ein bisschen anders, sie erzählt ungenierter.

Heide (54), gemeinsam mit Betti (51) Adoptiveltern
von Antonia (17) und Pflegeeltern von Lotti (10)

Für Regenbogeneltern ist es wichtig, entspannt zu bleiben und sich an der Tatsache festzuhalten, dass alles mit Kindern eine Phase ist. Für die Jugendlichen ist es nicht ganz einfach, die Balance zu halten zwischen dem eigenen Bedürfnis nach „Normalität", so zu sein wie die anderen, und dem Wunsch, sich den eigenen Eltern gegenüber loyal zu verhalten. Es kann vorkommen, dass Jugendliche zu Hause nichts von homophoben Hänseleien erzählen, weil sie nicht wollen, dass sich die Eltern aufregen, und weil sie vielleicht auch keine Möglichkeit sahen, sich zu wehren oder sich so zu verhalten, wie es womöglich die Eltern erwarten. Manchmal wollen sie einfach von dem ganzen Thema nichts wissen, denn die eigenen Eltern sind zu bestimmten Zeiten sowieso peinlich. Aber das ändert sich meistens, und nach ein paar Jahren, wenn aus Jugendlichen plötzlich Erwachsene geworden sind, normalisiert sich in der Regel die Situation, und das Thema Regenbogenfamilie ist wieder eines unter vielen.

Es gibt in fast jeder Eltern-Kind-Beziehung Zeiten, in denen sich das Kind bzw. der Jugendliche für die Eltern in irgendeiner Form schämt (Aussehen, Auftreten u.ä.), insbesondere zu Beginn der Pubertät. Das Thema Homosexualität kann dann ein großes angstbesetztes Thema werden. Es wäre wichtig, dass im Elternhaus ein Klima herrscht, dass man es ansprechen kann. Denn es muss erlaubt sein, dass das Kind seine lesbischen oder schwulen Eltern genau deshalb peinlich findet. Der Satz „Manchmal hätte ich gerne ein ganz normales Elternpaar" wird früher oder später fallen. Das Thema mit der Peinlichkeit mal von der Elternseite aus zu erwähnen, ist sicher gut. Kinder hören das, wenn sich die Eltern darüber Gedanken machen. Kleine Bemerkungen genügen da schon.

Michael Bastian, Dipl.-Sozialpädagoge,
Kinder- und Jugendpsychotherapeut in freier Praxis, München

Die Pubertät lässt sich überstehen – es ist nur eine Frage der Zeit. Ein Trost kann sein, dass alle Eltern mit ihren Kindern diesen Prozess durchlaufen. Hinterher kann man sich zurücklehnen und sich über so manche kindliche oder elterliche Anwandlung gemeinsam amüsieren.

Werden Töchter und Söhne von lesbischen und schwulen Eltern auch lesbisch oder schwul?

Es ist wissenschaftlich erwiesen, dass Kinder aus Regenbogenfamilien nicht signifikant häufiger lesbisch oder schwul sind als
Kinder aus Heterofamilien.[45] Aber es gibt dennoch einige Unterschiede. Zum einen machen sich Kinder von lesbischen oder
schwulen Eltern mehr Gedanken über die Thematik. Sie fragen
sich, ob die sexuelle Identität ihrer Eltern einen Einfluss auf ihre
Identität hat. In diesem Zusammenhang müssen die Eltern für
Aufklärung sorgen. Homosexualität ist weder erblich noch ist es
möglich, Kindern eine bestimmte sexuelle Identität anzuerziehen.
Der beste Beweis für diese These: Fast alle Regenbogeneltern haben heterosexuelle Eltern.

In Regenbogenfamilien wird in der Regel ganz selbstverständlich über Lebensformen und Identitäten gesprochen. Dies könnte
der Grund dafür sein, dass Töchter und Söhne aus solchen Familien sich eher Beziehungen zu Angehörigen des gleichen Geschlechts vorstellen können oder auch bereits Experimentierpha-
sen hinter sich haben. Alle Heranwachsenden durchlaufen eine
Zeit, in der sie in Bezug auf ihre Identität zutiefst verunsichert
sind. Sie müssen sich suchen und finden. Experimente gehören
dazu.[46]

Töchter und Söhne sorgen sich möglicherweise auch, ob Gleichaltrige sie wegen ihrer Eltern für homosexuell halten könnten.
Hier ist es wichtig, dass die Eltern ihre Kinder durch Gespräche
stärken und an der Schule offene Worte finden. Haben bereits
Hänseleien stattgefunden, ist ein Gespräch mit der Klassenlehr-
kraft oder der Schulleitung unabdingbar, denn Diskriminierung
darf nicht toleriert werden. Hinzu kommt, dass vielen Menschen
tatsächlich nicht klar ist, dass die sexuelle Identität der Eltern die
der Kinder nicht beeinflusst.

---

45 Berger, Walter/Reisbeck, Günter/Schwer, Petra (2000): Lesben -
Schwule - Kinder. Eine Analyse zum Forschungsstand. Hg.: Ministerium für Frauen, Jugend, Familie und Gesundheit des Landes Nordrhein-Westfalen, Referat Öffentlichkeitsarbeit, Düsseldorf.
46 Ein empfehlenswertes Buch zum Thema Sexualität: Harris, Robie H./
Emberley, Michael (2002): Total normal. Was Du schon immer über
Sex wissen wolltest. Beltz, Weinheim. (ab ca. 10 J.)

Es gibt Regenbogeneltern, die sich wünschen, ihre Kinder mögen doch bitte heterosexuell werden, damit es alle leichter haben und die Umwelt sehen kann, wie „normal" ihre Familie ist. Lesbische und schwule Eltern haben aber manchmal auch lesbische Töchter oder schwule Söhne. Die Reaktionen darauf fallen sehr unterschiedlich aus. Es gibt bestimmt Eltern, die sich mit ihren Kindern darüber freuen können. Im ersten Moment mag man denken, dass es die Kinder aus Regenbogenfamilien in Bezug auf dieses Thema viel leichter haben. Das stimmt sicherlich auch, zumindest in der Hinsicht, dass das Coming-out wahrscheinlich problemloser ist. Schwieriger wird es mit der Abgrenzung von den Eltern werden.

Es ist nicht ganz so einfach für diese Kinder. Für sie ist es leichter, wenn sie hetero werden, denn dann sind sie anders als die Eltern.

Michael Bastian, Dipl.-Sozialpädagoge,
Kinder- und Jugendpsychotherapeut in freier Praxis, München

Manche Regenbogeneltern fragen sich, ob die homosexuelle Identität ihrer Kinder ein Zeichen übergroßer Loyalität ist, und hoffen auf eine „Phase, die vorübergeht".

Es ist nicht einfach, in dieser Situation immer locker zu bleiben. Das gesellschaftliche Vorurteil, Lesben und Schwule würden ihre Kinder auch zu Lesben und Schwulen erziehen, kann ein Stressfaktor sein. Deshalb nehmen diese Eltern ihre Kinder anfangs möglicherweise gar nicht ernst. Aber irgendwann bleibt ihnen nichts anderes übrig, und es bleibt zu hoffen, dass die lesbischen und schwulen Töchter und Söhne aus Regenbogenfamilien alle erdenkliche Hilfe und Unterstützung von ihren Müttern und Vätern bekommen – eine Unterstützung, wie die Eltern sie sich wiederum von ihrem Elternhaus gewünscht hätten.

Kapitel 9
Konflikte gehören dazu

Zu jeder Beziehung, ob lesbisch oder schwul, homo- oder heterosexuell, gehören Konflikte. Es gibt viele Streitpunkte, die sich, unabhängig von der Lebensform, an ähnlichen Themen entzünden. Je nachdem, ob sich zwei Frauen, zwei Männer oder eine Frau und ein Mann zusammentun, variieren allerdings die Schwerpunkte und sicherlich auch der grundsätzliche Umgang mit Konflikten.

Konflikte in schwulen Beziehungen: Männer sind Männer sind Männer

Schwule und lesbische Beziehungen haben zwar eine gewisse gesellschaftliche Diskriminierung gemeinsam, sie unterscheiden sich aber sonst sehr stark, denn Frauen und Männer durchlaufen eine sehr unterschiedliche Sozialisation. Während „Beziehung" in der weiblichen Sozialisation einen hohen Stellenwert genießt, ist „Autonomie" stärker mit dem männlichen Prinzip verbunden. Beide Prinzipien unterliegen in unserer männlich dominierten Gesellschaft sehr unterschiedlichen Bewertungen – das, was mit „männlich" assoziiert wird, steht in der Hierarchie über dem, was landläufig als „weiblich" gilt. So ist es nicht verwunderlich, dass ein häufiger Streitpunkt die Rollenverteilung betrifft. Bei schwulen Paaren wollen oft beide Karriere machen. Dies hängt auch mit einem gewissen Druck zusammen: „Richtige" Männer schaffen den beruflichen Aufstieg. Das Feld, das in traditionellen heterosexuellen Beziehungen die Frauen übernommen haben, wird oft für weniger wichtig erachtet. Darunter fällt die Beziehungspflege, aber letzten Endes auch der Haushalt. Es ist nicht leicht, alle Aufgaben gleichberechtigt zu verteilen, deshalb schleicht sich eine gewisse Rollenverteilung oft unmerklich ein. Und negative Bewertungen von außen werden in der Beziehung übernommen. Wer den Haushalt führt, ist „die Frau" und hat damit die schlechtere Position.

Die gesellschaftliche Homophobie ist ja im Grunde die gesellschaftliche Ablehnung des Weiblichen bzw. dessen, was als weiblich angesehen wird. Im Rahmen des Kampfes um Integration in der Gesellschaft stellen die meisten Schwulen das Männlichkeitsbild nicht in Frage, sondern unterwerfen sich dem Prinzip der permanenten Konkurrenz. Ein hoher Preis für die Emanzipation! Schwule Männer müssen heute männlicher sein als jeder Hetero. Deswegen rennen sie alle ins Sportstudio. Das Tuntige ist ja unter Schwulen überhaupt nicht (mehr) beliebt. Aber das Problem ist ja die Spaltung zwischen dem, was als männlich und was als weiblich gilt. Deshalb gab es früher so viel mehr Tunten, denn man hat unbewusst dieses Vorurteil übernommen: Wenn ich schwul bin, bin ich kein Mann. Die militanten Schwulen haben das Tuntige aber auch als Kampfmittel und Waffe benutzt, um die Abwertung den Heteros wieder zurückzugeben bzw. vorzuführen.

Manfred Edinger, Psychotherapeut und Psychoanalytiker, München

Ein häufiger Konflikt dreht sich um die Frage, ob die Beziehung offen oder geschlossen gelebt werden soll. Oft möchte einer der Partner die Beziehung öffnen, und der andere lässt sich notgedrungen darauf ein. Sexuelle Treue und der Umgang mit Affären ist ein Thema, das altersunabhängig in vielen schwulen Beziehungen kontrovers diskutiert wird. Das unter Männern stark verbreitete Konkurrenzverhalten macht vor Schwulen nicht halt.

Promiskuität ist ein ganz heikles Thema. Die meisten Beziehungen sind promisk, aber die Partner können damit eigentlich gar nicht umgehen. Denn was das alles für Gefühle macht, trauen sich viele schwule Männer nicht anzusprechen. Oft spüren sie die damit verbundenen Verletzungen selbst nicht mal, denn die offenen Beziehungen sind ja erlaubt. Es ist aber viel schwieriger, als wir es uns zugestehen.

Michael Bastian, Dipl.-Sozialpädagoge und Gestalttherapeut, München

Konkurrenz spielt im erotisch-sexuellen Bereich eine sehr große Rolle. Dadurch, dass die schwule Welt sehr sexualisiert ist, stellen sich alle die gleichen Fragen: „Wie komme ich an, wie ist mein Marktwert? Wer von uns beiden wird mehr angeschaut bzw. mehr angemacht?" Viele ziehen sich dann auch zurück und gehen nicht mehr so gerne aus, weil sie Angst haben, der Partner wird abgeworben. Das Ausgehen ist häufig nicht ein Mittel zur Kommunikation, sondern ein Testen des Marktwerts. Hinzu kommt, dass sich Männer schwertun, über ihre Gefühle zu reden. Und sobald einer von beiden das nicht gut kann, ist das immer ein Problem. Da sind lesbische Beziehungen vielleicht im Vorteil.

Manfred Edinger, Psychotherapeut und Psychoanalytiker, München

Eine Partnerschaft über längere Zeit hinweg lebendig zu halten, kann nur gelingen, wenn man sich Konflikte bewusst macht, darüber spricht und daran arbeitet. Dies gilt für alle Beziehungen. Natürlich gibt es jede Menge schwule Paare, die sich dafür entscheiden, sich aufeinander einzulassen, und versuchen, Spannungen und Probleme miteinander zu klären. Meistens geht es um grundsätzliche Fragen.

Hinter Beziehungskonflikten steckt ganz oft eine fehlende Entscheidung füreinander, nach dem Motto: Es könnte ja noch was Besseres kommen. Per definitionem müssen Männer als Männer konkurrieren und immer besser sein. Dieses Prinzip verhindert das Sich-füreinander-Entscheiden, denn Entscheidung bedeutet Begrenzung.

Manfred Edinger, Psychotherapeut und Psychoanalytiker, München

Wenn Kinder da sind, stellt sich die Beziehungsfrage neu. Wer sich in einen schwulen Vater mit Kind verliebt, wird mit einer ganz anderen Beziehungsdynamik konfrontiert.

Schwule, die sich in einer heterozentrierten Welt ihren Kinderwunsch erfüllen wollen, sehen sich darüber hinaus vielfältigen Aufgaben gegenübergestellt. Hat ein Kind einen sicheren Platz in dieser Beziehung? Oder besteht die Gefahr, das Kind als Ersatzpartner oder als Statussymbol zu instrumentalisieren?

Für den neuen Partner ist das eine sehr große Umstellung, dass da ein Kind ist. Es löst eine enorme Beziehungsdynamik aus. Zunächst finden die meisten Männer es schön, dass da ein Kind ist, und sie sind daran interessiert, ein gemeinsames Familiensystem aufzubauen. Ein häufiger Konflikt besteht darin, dass der Vater in einen Loyalitätskonflikt zwischen seinem Partner und seinem Kind gerät. Er weiß oft nicht, wie er es allen recht machen kann. Erst braucht das Kind seinen Platz, und den muss es auch bekommen. Der neue Partner muss sich zurücknehmen. Dann kommen grundsätzliche Fragen: Wen liebst du mehr, mich oder dein Kind? Erst wenn diese Phase überwunden ist und alle ihren Platz gefunden haben, dann kann es gemeinsam losgehen. Zwei Männer, die mit Kind leben, bekommen oft sehr positive Reaktionen. Das kommt sehr gut an, denn damit wird ja gegen bestimmte Vorurteile gearbeitet, z.B. schwule Männer würden nur Party machen.

Michael Bastian, Dipl.-Sozialpädagoge und Gestalttherapeut, München

Schwule Männer mit Kinderwunsch müssen sich wirklich mit ihren Rollen von Grund auf auseinandersetzen. Aber das ist ja gut, denn dann können sie ihre mütterlichen Anteile zulassen. Der Stress um die ständige Konkurrenz macht die Liebe zwischen Männern sehr schwer. Aber sie kann gelingen.

Manfred Edinger, Psychotherapeut und Psychoanalytiker, München

Konflikte in lesbischen Beziehungen: Frauen sind Frauen sind Frauen

Wenn sich zwei Frauen zusammentun, ist die weibliche Sozialisationsgeschichte doppelt vorhanden. Infolgedessen ist es nicht verwunderlich, dass Frauenpaare häufig zu sehr miteinander verschmolzen sind. So positiv eine enge Verbindung zu sehen ist – die andere Seite der Medaille zeigt sich darin, dass in einer symbiotischen Beziehung fast keine Differenz mehr da ist. Unterscheidung und Abgrenzung voneinander sind jedoch notwendig, um eine lebendige Sexualität in der Beziehung zu erhalten. Viele Konflikte entzünden sich rund um die Themen Sexualität und Erotik. Oft wünscht sich eine der beiden Partnerinnen mehr sexuelle Begegnungen, die andere fühlt sich unter Druck und zieht sich zurück. Dann kommt es darauf an, erst einmal herauszufinden, wie viel Nähe und Distanz zwischen den beiden Frauen grundsätzlich vorhanden ist. Vielleicht hängt der Rückzug der einen Partnerin mit anderen, nicht erfüllten Bedürfnissen zusammen. Darüber gilt es, ins Gespräch zu kommen.

Eine besondere Angewohnheit von Frauenpaaren besteht darin, permanent in Verbindung miteinander zu stehen. Da wird telefoniert, gesimst, gemailt und sich die Luft zum Atmen genommen. Man kann sich nicht mehr gegenseitig sehen. Unterschiede können nicht mehr wahrgenommen werden; die Frauen sehen sich als eine Person. Dies alles ist wunderbar in weiblicher Sozialisation erlernt. Bedürfnisse der anderen blitzschnell wahrnehmen, darauf reagieren und das eigene Bedürfnis darüber vergessen. In der Verbindung dazu taucht häufig das Thema Sexualität auf. Wenn es in der Sexualität nicht mehr so klappt, sie selten oder gar nicht mehr stattfindet, hat es eher seltener damit zu tun, dass das Paar schon völlig entfremdet ist. Sondern es zeigt, dass es keine Differenz mehr gibt, keine Unterscheidung. Diese Paare haben meist eine sehr gute Basis. Oft helfen schon ganz praktische Fragen, die sich jede der beiden Frauen stellen kann: Welche Bedürfnisse habe ich in der letzten Zeit vernachlässigt? Mit wem möchte ich mich mal wieder alleine treffen und nicht nur als Paar? Und dann sollten sich die Frauen nicht immer alles gleich erzählen, damit wieder ganz harmlose Geheimnisse entstehen können.

Marion Kolb, Dipl.-Sozialpädagogin, FTZ-Frauentherapiezentrum,
Psychosoziale Beratung, München

Mit Kindern verschärfen und vertiefen sich die Konflikte, die vorhanden sind, und es tauchen neue auf. Sind bereits Kinder da und hat eine Trennung vom Vater der Kinder stattgefunden, steht meist die Mutter der Kinder stark unter Druck. Sie wird von

Schuldgefühlen geplagt, und für die Kinder ist vieles vollkommen unverständlich – sie sind traurig und verstört. Der Vater der Kinder und die Großeltern haben Bedürfnisse und Interessen, die vielleicht für das neue Paar bedrohlich sind. Der neue lesbische Lebensentwurf ist mit einigen Schwierigkeiten verbunden. Das soziale Umfeld verändert sich; alte FreundInnen können diese Veränderung möglicherweise nicht mittragen. Angst vor Ablehnung oder gar Isolation tritt in dieser Situation sehr häufig auf. Ist die Mutter noch mit dem Coming-out beschäftigt, stellt dies eine zusätzliche Herausforderung dar. Die neue Partnerin, die vielleicht schon lange lesbisch lebt, muss in jedem Fall viel Geduld mitbringen, bis sie für sich und mit ihrer Freundin eine stimmige Position in der Familie ausgehandelt hat.

Der Ex-Partner und die Eltern haben oft ein Problem damit, dass die Frau bzw. die Tochter jetzt mit einer Frau lebt. Das bringt häufig Ablehnung der neuen Partnerin mit sich. Die neue Partnerin hat eine sehr schwere Position, sie ist allein und schutzlos. Die Frau mit den Kindern fühlt sich zwischen den Stühlen und will allen gerecht werden. Sie hat Schuldgefühle, die Familie verlassen zu haben und dann auch noch lesbisch zu leben. Die neue Partnerin hat ganz andere Wünsche und möchte vor allem gemeinsame Zeit. Aber ihre Rolle ist erst einmal völlig unklar. Irgendwann muss die Frau mit den Kindern deutlich Position beziehen, sonst kann die Patchworkfamilie nicht funktionieren. Es ist ein steter Aushandlungsprozess darum, wie dann die neue Partnerin in die Familie integriert werden kann und damit das neue Familiensystem Sicherheit bekommt.

Marion Kolb, Dipl.-Sozialpädagogin, FTZ-Frauentherapiezentrum,
Psychosoziale Beratung, München

Entschließt sich ein Paar zur Familiengründung, erleben die Beteiligten zunächst all das, was alle Eltern erleben, wenn sie ein Kind bekommen: Sie sind überfordert, sie durchleben emotionale Höhen und Tiefen, die Nerven liegen wegen des permanenten Schlafmangels immer mal wieder blank.

Was alle Paare wissen, sich aber dennoch nicht richtig vorstellen können, ist die Tatsache, dass mit Kind plötzlich sehr viel weniger Paarzeit da ist. Lesbische Paare leben meist sehr enge Beziehungen mit viel gemeinsamer Nähe. Mit Kind bleibt davon in der ersten Zeit nicht viel übrig. Hinzu kommt, dass sich der Wunsch nach körperlicher Nähe verändern kann. Da fühlt sich die biologische Mutter vom Stillen ausgelaugt und möchte keinen Körperkontakt, die nicht-leibliche Mutter fühlt sich zurückgewiesen und befürchtet, sich in Zukunft mit sehr viel weniger Nähe zufriedengeben zu müssen.

Frauenpaare haben häufig vor der Familiengründung sehr viel Zeit miteinander verbracht. Plötzlich ist ein totaler Bruch da, dieser Umstand ist sehr gewöhnungsbedürftig. In Heterofamilien findet oft eine ganz andere Dynamik statt. Die Frauen holen sich bei den Kindern das, was sie bei den Männern nicht bekommen, wie also Kontakt oder Zärtlichkeit. Das gibt es in Lesbenfamilien strukturell so nicht – vereinzelt kommt es natürlich auch mal vor. Lesbische Paare müssen hingegen mehr darauf achten, wie sie ihre gewohnte Nähe weiter haben können, wenn ein Kind kommt.

Marion Kolb, Dipl.-Sozialpädagogin, FTZ-Frauentherapiezentrum,
Psychosoziale Beratung, München

Konkurrenz bei lesbischen Paaren hat unterschiedliche Gesichter. Es gibt zwei potenzielle leibliche Mütter. Die Entscheidung, welche das Kind austrägt, kann vielfältige Gefühle auslösen. Vielleicht sind es altersbedingte, berufliche oder gesundheitliche Gründe – eine Auseinandersetzung damit ist mitunter sehr schmerzlich. Wird der Kinderwunsch in die Tat umgesetzt, bleibt die Nicht-Bio-Mutter häufig unsichtbar, besonders während der Schwangerschaft und der Stillzeit. Die Umwelt, auch die lesbische oder schwule, bezieht sich nur auf den runder werdenden Bauch. Der anderen Partnerin, die ja schließlich auch Mutter wird, wird kaum Aufmerksamkeit geschenkt. Damit sie gleichermaßen selbstbewusst mit der zukünftigen Mutterrolle umgehen kann, muss die Bio-Mutter viel dafür tun, die nicht-biologische Mutter und deren (gleichwertige) Rolle immer wieder deutlich zu machen. Das kann mit der Zeit ganz schön anstrengend werden, ist aber unerlässlich, sonst wird sich die nicht-leibliche Mutter bald fragen, welche Rolle sie denn nun hat bzw. welche Rolle sie auch möglicherweise von der Partnerin zugewiesen bekommt. Wie viel Konkurrenz unter den beiden Müttern innerhalb der Beziehung zum Tragen kommt, hängt unter anderem auch davon ab, wie die Aufgaben verteilt sind.

Und schließlich kann vom Spender und seiner Rolle in der Familie für alle Beteiligten Konflikt- und Konkurrenzpotenzial ausgehen. Da sind vielleicht vorher (juristisch unhaltbare) Verträge gemacht und es ist viel über alles geredet worden – wenn die Hormonüberschwemmung einsetzt, stellt sich manchmal alles ganz anders dar. Die Frauen hüten ihr Kind wie die Löwinnen, und der Spender entdeckt möglicherweise versteckte Vatergefühle. Oder die Bio-Mutter und der Bio-Vater rücken näher zusammen – es ist alles möglich.

In diesem Zusammenhang kommen oft Fragen auf wie: Wer hat das Kind im Bauch getragen? Warum hast du das Kind bekommen und nicht ich? Es ist sehr wichtig, die nicht-leibliche Mutter genauso als werdende Mutter wahrzunehmen, auch innerhalb der Beziehung. Die leibliche Mutter muss einen großen Schritt auf die andere zugehen, damit das Projekt gelingen kann, denn ihre Rolle ist im Gegensatz zur Rolle der sozialen Mutter sehr klar. Die soziale Mutter bleibt hingegen z.B. während der Schwangerschaft und der Stillzeit häufig unsichtbar in ihrer Rolle als Mutter.

Wenn das Kind dann da ist, hängt es vom Modell ab, das die Mütter gewählt haben, wie sich eine mögliche Konkurrenz zeigen kann. Kümmert sich eine mehr um das Kind, die andere mehr um die Existenzsicherung, dann stehen Fragen an wie: „Steht das Kind zwischen uns? Liebst du es mehr als mich?" Wenn sich das Paar die Aufgaben demokratisch aufteilt, wollen beide mitreden und fühlen sich in der Verantwortung. In diesem Fall geht es mehr um das Aushandeln von Erziehungsstilen. Da gibt es ebenfalls oft schon Konkurrenz, die ja sehr bereichernd sein kann, wenn sie nicht zerstörerisch wird, sondern auf einer wertschätzenden Basis geschieht.

Wenn es einen Spender gibt, der eine aktive Vaterrolle einnehmen möchte, können von Seiten der sozialen Mutter ganz unerwartete Gefühle von Neid und Eifersucht aufkommen. Dann hat sie Angst, sich draußen zu fühlen, womöglich die Nähe zur Partnerin zu verlieren und plötzlich die biologischen Eltern als „das Elternpaar" zu sehen.

Marion Kolb, Dipl.-Sozialpädagogin, FTZ-Frauentherapiezentrum,

Psychosoziale Beratung, München

Es gibt kaum eine größere Herausforderung für eine Beziehung als ein Kind. Probleme, die es vorher schon gab, werden deutlicher und werden häufig auf die Kinder projiziert. Kinder wiederum tun alles, damit die Eltern zusammenbleiben – nicht immer zum Vorteil der Familie, denn es gibt durchaus Beziehungskonstellationen, die nicht gut auf Dauer funktionieren. Wenn Paare zunehmend unglücklich sind und sich nur noch streiten, ist es kein Zeichen von Schwäche, sondern von Stärke, sich Unterstützung zu suchen. Manchmal reichen schon wenige Sitzungen, um wieder etwas Gutes in Gang zu bringen, denn eine neutrale Person kann blinde Flecken aufspüren und den Paaren helfen, aus einer Sackgasse wieder herauszufinden. Aber man sollte nicht zu lange damit warten, professionelle Hilfe in Anspruch zu nehmen.

Die Gefahr, dass das Kind die Rolle übernimmt, die Familie zusammenzuhalten, ist immer da. Leider kommen die Paare oft erst in die Beratung, wenn schon viele Verletzungen gelaufen sind. Da stellt sich dann die Frage: Sind diese Wunden noch heilbar? Die Paare sollten sich viel früher Unterstützung holen. Oft braucht es gar keine wöchentlichen Termine; manchmal ist ein längerer Abstand viel sinnvoller. Die Paare müssen zwischen den Terminen die Zeit und die Möglichkeit haben, ihre Ressourcen wieder zu nutzen und Entwickeltes auch anzuwenden oder auszuprobieren. Manche Paare legen sich dann auch sehr ins Zeug, sich positiv zu verändern und es dem Kind zuliebe zu schaffen. Kinder haben „Sprengpotenzial" in vielerlei Hinsicht. Sie sind eine große Herausforderung und sie verfügen auch über eine ganz tolle Sprengkraft. Sie bringen viel in Bewegung: sich, die Umwelt, die Eltern. Ich habe Hochachtung vor Frauen, die diesen Spagat hinkriegen: Sich selbst achten, die Beziehung pflegen und Mutter sein. Das alles zusammen ist eine großartige Leistung.

Marion Kolb, Dipl.-Sozialpädagogin, FTZ-Frauentherapiezentrum,
Psychosoziale Beratung, München

Zwei Kulturen – zwei Nationen – zwei Sprachen ...

Sind Paare in verschiedenen Milieus aufgewachsen oder haben sie eine unterschiedliche ethnische Herkunft, können Missverständnisse und Spannungen entstehen, besonders dann, wenn eine/r der PartnerInnen der Mehrheitskultur angehört, der/die andere dagegen einer Minderheitskultur. Bikulturelle Paare müssen sich häufig mit Rassismus und/oder einem Machtgefälle innerhalb der Partnerschaft auseinandersetzen – all diese Faktoren beeinflussen die Beziehungsatmosphäre. Finanzielle Probleme können zum Dauerstreit führen, besonders dann, wenn PartnerInnen unterschiedlich viel verdienen. Auch der Haushalt, die Freizeitgestaltung oder die Kindererziehung sind mögliche Konfliktherde.

Wir sind ein italienisch-deutsches Paar und seit 16 Jahren zusammen, acht Jahre davon verpartnert. Konflikte gibt es bei uns selten, aber wenn, dann geht es oft um unsere verschiedenen Kulturen. Weil wir in beiden Sprachen kommunizieren, gibt es manchmal Missverständnisse, denn die sprachlichen Nuancen sind schwer zu erfassen. Hinzu kommt unsere sehr unterschiedliche Bindung an die Familie. Ich habe viel Sehnsucht nach meinen Eltern und Geschwistern in Italien, Johannes kann nicht so viel Nähe zur Familie ertragen. Natürlich haben wir viele gemeinsame Interessen, aber manche Lebensauffassungen sind schon sehr anders. Ich hätte z.B. sofort „ja" zu einem Kind gesagt, aber Johannes hatte immer Angst vor der Verantwortung.

Giuseppe (49) und Johannes (58),
hüten regelmäßig den Sohn von Freunden

Bei uns als deutsch-französischem Paar gab es viele Unterschiede in der Wahrnehmung. Ich habe ein sehr enges Verhältnis zu meiner Familie. Die Prägung und der Zusammenhalt in französischen Familien sind einfach sehr viel intensiver.

Maxime (43), allein erziehende Mutter von Louna (3)*

Wir haben zehn Jahre zusammengelebt, davon fast sechs Jahre mit Kind. Als Deutsche hatte ich in vielerlei Hinsicht stets eine bessere Position als meine slowenische Ex-Partnerin. Und als biologische Mutter unseres Wunschkindes war ich auf der sicheren Seite, das löste bei mir ein schlechtes Gewissen aus. Ich wünschte mir, dass ich die binationale Situation, das Ungleichgewicht, wie z.B. den Aufenthaltsstatus, persönlich und politisch hätte verändern können. Wir waren beide politisch aktiv, um anderen Paaren Austausch, Information und Unterstützung zu geben. Ich frage mich heute, ob wir damit unsere ungleiche Position kompensiert haben. Aber wir haben auch viel von unseren Kulturen lernen können. Ich hatte dadurch z.B. viele Gespräche über die Situation des Zweiten Weltkriegs, und es gab so etwas wie eine neue freundschaftliche Begegnung als Deutsche und SlowenInnen – zwei Kulturen, die auch viel gemeinsam haben.

Nena (49), allein erziehende Mutter von Tom (12)*

Auch der Bereich Religion kann Konflikte bergen. Dazu müssen die PartnerInnen nicht unbedingt zwei unterschiedlichen Konfessionen angehören. In manchen Familien ist der Glaube wichtig, in anderen fängt Religion erst dann an, eine Rolle zu spielen, wenn Kinder da sind. Und natürlich gibt es auch Eltern, die weder gläubig sind noch einer Konfession angehören. Wenn man ein Kind bekommt, muss man sich entscheiden, ob und wie weit das Kind religiös erzogen werden soll. Da können Eltern jedweder Identität durchaus verschiedener Meinung sein. Ob Taufe nach christlichem oder Beschneidung nach jüdischem Ritus – die ersten Entscheidungen sind schon wenige Monate nach der Geburt zu treffen. Hilfreich kann im Vorfeld das Wissen sein, dass es in der Auseinandersetzung mit religiösen Fragen für viele Regenbogeneltern mehr um Tradition als um Religion geht. Nun sind nicht alle Gemeinden gleichermaßen offen gegenüber Lesben und Schwulen. Vielleicht kann ein Gespräch mit dem Pfarrer bzw. der Pastorin dennoch ein wenig Klarheit bringen.

Homophobie ist überall, und deshalb müssen Regenbogeneltern „besser" sein!

Lesbische und schwule Beziehungen sind gesellschaftlich weniger anerkannt als heterosexuelle Beziehungen. Viele Lesben und Schwule tun sich nach wie vor mit ihrem Coming-out schwer, nicht alle gehen stolz und selbstbewusst durchs Leben. Über die Frage, wie out das Paar sein will, herrscht oft Uneinigkeit.

Noch bis vor einiger Zeit war es für Lesben und Schwule ganz üblich, wegen ihres Kinderwunschs ihre homosexuelle Identität zu unterdrücken.

Ich wusste immer, dass ich schwul bin, aber ich wollte Kinder haben und habe es deshalb einfach verdrängt. Eines Tages habe ich mich in der Stadt auf eine Bank gesetzt und eine Strichliste angefertigt, wem ich mehr hinterherschaue. Und dann war es eindeutig, es waren die Männer. Da war ich 20, und dann trennte ich mich von meiner Freundin, mit der ich noch heute Kontakt habe.

Frank (49), acht Jahre Vater von Fabian (heute 18)*

Die von Lesben und Schwulen internalisierte (verinnerlichte) Homophobie kann auch der Hintergrund für Konflikte in Beziehungen darstellen. Internalisierte Homophobie im Zusammenhang mit lesbisch-schwuler Elternschaft besteht im Wesentlichen aus vier Hauptannahmen:

- Lesbisch- oder Schwulsein ist im Grunde falsch.
- Lesben und Schwule können keine guten Eltern sein.
- Kinder brauchen Vater und Mutter für ein gutes Aufwachsen.
- Kinder von lesbischen und schwulen Eltern werden durch die Lebensform ihrer Eltern beeinträchtigt.

Ich glaube, dass manche schwulen Väter mit Kindern aus Heterobeziehungen viele Probleme haben mit internalisierter Homophobie. Sie sind oft mit ihrem Coming-out sehr spät dran, obwohl sie es häufig schon sehr lange wussten, dass sie eigentlich schwul sind.

Michael Bastian, Dipl.-Sozialpädagoge und Gestalttherapeut, München

Lesbische und schwule Eltern wollen besonders gute Eltern sein – manchmal des Guten zuviel. Die Erwartung an sich selbst ist groß, denn viele Regenbogenfamilien haben den Eindruck, unter gesellschaftlicher Beobachtung zu stehen und deshalb beweisen zu müssen, dass die Anwesenheit beider Geschlechter im Haushalt nicht zwingend ist, damit das Familienprojekt gelingt.

Viele wollen noch besser als alle anderen sein, um damit ihren Makel, schwul zu sein, auszugleichen. Sie machen sich wahnsinnig große Sorgen. Das macht totalen Druck, der sich möglicherweise in der Beziehung entlädt.

Michael Bastian, Dipl.-Sozialpädagoge und Gestalttherapeut, München

Von außen war die Erwartung da, dass das schiefgeht mit uns, denn die Großeltern von Fabian waren sehr kritisch. Es war ja auch eine besondere Situation – Fabian war sechs, als seine Mutter starb, und sein Vater Rainer und ich waren erst seit ein paar Wochen ein Paar. Und dann starteten wir eine Familie. Auch meine Eltern waren skeptisch und fragten mich, ob ich mir das wirklich antun will. Die waren sehr besorgt. Im Gegenzug hatte ich schon das Gefühl, dass ich es den anderen beweisen muss und auch werde.

Dieses Projekt hat dann sehr schnell Früchte getragen, denn Fabian blühte auf. Alle sahen das und schätzten das sehr wert. Er hat mit uns ja auch viele tolle Sachen erlebt.

Frank (49), acht Jahre Vater von Fabian (heute 18)*

Je selbstverständlicher Regenbogenfamilien werden, desto mehr wird der Druck abnehmen, perfekt zu sein. Dennoch: Der Wunsch nach gesellschaftlicher Anerkennung ist bei den meisten Lesben und Schwulen sehr groß. Das fängt schon bei der Herkunftsfamilie an. Mit einem Kinderwunsch ist oft auch die Hoffnung verbunden, von der eigenen Familie mehr akzeptiert zu werden, wenn erst einmal ein Enkelkind da ist.

Ist das Lesbisch- bzw. Schwulsein im Elternhaus ein unangenehmes Thema, wird die mögliche Kinderplanung nicht automatisch auf offene Ohren treffen – ein Problem, mit dem sich Heteropaare nur bedingt herumschlagen müssen. Auch rechtliche und finanzielle Benachteiligungen sind ein Ausdruck dafür, wie lesbischen und schwulen Familien die Anerkennung und Wertschätzung verweigert werden. Und schließlich sind die Hürden auf dem Weg zur Familie nicht immer leicht zu überwinden – die Suche nach einem Spender, ein Jugendamt, das eventuell Vorbehalte gegenüber lesbischen oder schwulen Pflege- bzw. Adoptiveltern hat, das mögliche Versteckspiel in Kinderwunschpraxen, fehlende Unterstützung – dies sind nur einige Beispiele dafür, wie gesellschaftliche Verhältnisse einen nicht zu unterschätzenden Einfluss auf Beziehungen und Familien haben.

Aller Anfang ...

Gründen Lesben und Schwule nach ihrem Coming-out eine Familie, dann sind sie meist in einem Alter, in dem das Nachtleben nicht mehr ganz so wichtig ist. Manche Partys müssen wohl gestrichen werden, aber nach einer gewissen Zeit lässt sich durch Babysitting wieder einiges organisieren. Solange die Kinder klein sind, können sie unter Umständen auch mitgenommen werden. Trotzdem können viele stressige Situationen entstehen, denn die Person, die sich mehr um das Kind kümmert, fühlt sich schnell überfordert.

Manche Paare sind allerdings so konflikterprobt, dass sie darauf vertrauen, die anstrengende erste Zeit gemeinsam gut durchzustehen.

Am Anfang war ich ziemlich gestresst. Ich war in Elternzeit, Johannes arbeitete Vollzeit. Ich musste mich erst daran gewöhnen, mit Sihle so viel Zeit zu verbringen. Natürlich wollte ich auch alles richtig machen. Der, der arbeiten geht, sieht das Kind weniger und der, der zu Hause ist, will natürlich auch mal Entlastung. Aber das ist halt so. Am Anfang der Elternzeit dachte ich, der Johannes soll doch ein bisschen zurückstecken arbeitsmäßig. Aber manchmal geht das einfach nicht. Es hat sich mit der Zeit relativiert. Und jetzt haben wir Rollen getauscht. Ich arbeite wieder Vollzeit und Johannes ist in Elternteilzeit, das ist ideal. Wir haben jetzt mehr Zeit als früher, als ich noch stressigen Schichtdienst hatte. Natürlich ist bis 20 Uhr unser Sohn Sihle der Mittelpunkt, aber danach haben wir den Abend für uns. Wir haben einen super Freundeskreis, vielleicht machen wir etwas weniger als vor der Familiengründung. Aber wir waren auch früher nicht so Szenegänger. Wir nehmen Sihle zu unseren Freunden einfach mit, das ist völlig unkompliziert.

Uli (45), gemeinsam mit Johannes (34) Adoptiveltern von Sihle (2)

Wir waren schon acht Jahre zusammen, bevor Cassian kam, und natürlich ist es schwierig, alles unter einen Hut zu bringen. Aber die Toleranz ist größer, wenn man schon länger zusammen ist. Ich hatte diese tiefe Sicherheit, diese anfängliche Durststrecke auch gemeinsam zu meistern.

Gundula (47) und Nicolin (46), Eltern von Cassian (9)

Kommen zwei Menschen zusammen, die jeweils schon Kinder aus anderen Beziehungen mitbringen, müssen sich alle erst einmal zusammenraufen. Gemeinsame Paarzeit ist immer knapp, besonders dann, wenn man kleine Kinder hat. Da können schnell Eifersuchtsgefühle aufkommen.

Mein Sohn Maximilian und meine verstorbene Partnerin Maria – diese Beziehung war nicht immer einfach, die beiden waren sich nicht wirklich nah. Für Maximilian war Maria der Mensch, den seine Mama geliebt hat. Maria hatte ja ihre drei Kinder, und manchmal fiel es ihr schwer, mich mit Maximilian teilen zu müssen. Die Patchworkfamiliensituation war schon eine große Herausforderung. Trotzdem war unsere Familie auch ein Stück „heile Welt" – die Kinder haben sich super miteinander verstanden.

Silvi (48), allein erziehende Mutter von Maximilian (12).
Maria starb 2004 an Lungenkrebs. *

Kommunikation

Viele Paare sind schon mehrere Jahre zusammen, bevor ein Kinderwunsch auftaucht und die PartnerInnen sich damit auseinandersetzen. Gemeinsam ein Kind zu bekommen und zu begleiten ist eine einmalige Erfahrung. Hat ein Paar schon viel miteinander erlebt und durchgestanden, ist möglicherweise die Wahrscheinlichkeit größer, den Herausforderungen, die die frühe Familienphase mit sich bringt, auch standzuhalten, aber das ist nicht unbedingt gesagt. In den ersten Lebensjahren steht das Kind im Mittelpunkt. Klar, gehört zum Allgemeinwissen. Dennoch – sich in das neue Leben hineinzufinden dauert einfach seine Zeit. Da gibt es viele Fragen, und man hofft, alles gut zu machen. Anfangs

können unausgesprochene Erwartungen, die das Familienenga-
gement betreffen, zu mittleren Krisen führen. Die Paare müssen
viel miteinander reden, um ein passendes Arrangement rund um
Familie und Beruf zu finden.

Ein zentraler Punkt in Beziehungen ist die Kommunikation.
Man muss sich mitteilen und zuhören, wenn man wirklich in
Kontakt kommen und bleiben will. Nicht immer lassen sich Konflikte gleich besprechen, manchmal sind viel Geduld und Disziplin vonnöten. Womöglich stellen die PartnerInnen fest, dass sie
sehr unterschiedlich mit dem Kind umgehen und sich schwertun,
diese Tatsache zu akzeptieren. Mal hat die eine mehr Geduld, mal
gehen mit dem anderen die Nerven durch. Im Klartext: Mit einem
Kind lernt man sich gegenseitig neu kennen. Es kann sein, dass
dabei auch die eine oder andere Seite zum Vorschein kommt, die
man so noch gar nicht gesehen hat. Gerade über sensible Dinge miteinander im Gespräch zu bleiben, ist nicht immer leicht,
schließlich will man das geliebte Gegenüber nicht verletzen. Auf
der anderen Seite ist Ehrlichkeit unerlässlich. Auch wenn möglicherweise der Aggressionspegel steigt – dies kann auch positive
Seiten haben.

In den letzten zwei Jahren unserer achtjährigen Beziehung
gab es zunehmend Schwierigkeiten. Rainer konnte sich einfach nicht mitteilen. Er war so introvertiert und wollte alles mit
sich ausmachen. Das war unser Hauptproblem und das hat
auch zur Trennung geführt, weil sich so viel aufgestaut hatte,
was nicht besprochen werden konnte. Zwischendurch waren
wir auch in Beratung. Das hat eine Zeit lang geholfen, damit
konnte wenigstens über den Therapeuten mal ein Austausch
stattfinden.

Frank (49), acht Jahre Vater von Fabian (heute 18)*

Bei uns ist der Ton mit den Jahren etwas rauer geworden. Aber
ich finde das gar nicht so schlecht. Manchmal war mir das
Ganze auch zu aggressionsgehemmt. Man muss halt schau-
en, dass man noch Zeit zu zweit hat. Zeit für sich selbst fällt
total unter den Tisch, das ist am doofsten an dem Ganzen. Ich
pendle zwischen Arbeit und Familie. Jede Verabredung, die in
die Zeit fällt, wo die Kinder nicht betreut sind, muss erkämpft
werden. Dabei hat jede das Gefühl, sie kommt zu kurz. Zum

Glück konnten wir schon immer ganz gut miteinander reden und das stärkt uns. Wir waren schon vorher konflikterprobt.

Sabine (42), gemeinsam mit Nina (40)
Eltern von Raphael (6) und Antonia (2)

Gefährlich finde ich, dass heraufkommende Konflikte manchmal nicht gleich angesprochen werden können, weil der Zeitpunkt nicht stimmt oder die Kinder noch nicht schlafen oder es einfach keine Möglichkeit gibt. Die Kinder stärken aber auch die Beziehung. Wenn wir früher Probleme hatten, gab es sofort große Krisengespräche. Dafür ist jetzt gar nicht die Zeit da. Heute vertrauen wir auf die Stärke unserer Beziehung. Das Warten auf die Gesprächsmöglichkeit hat den Vorteil, dass die erste Wut schon wieder verraucht ist. Aber es erfordert auch eine ungeheure Disziplin, das Thema noch einmal anzusprechen. Einige Konflikte drehen sich um Erziehungsfragen. Aber natürlich gibt es auch andere Themen.

Jean (46) und Vera (48), Eltern von Johanna (10) und Jonah (6)

In lesbischen Beziehungen wird in der Regel sehr viel kommuniziert – manchmal womöglich ein wenig zu viel. Im Bemühen der Eltern um einen guten Kontakt untereinander kann sich ein Kind auch überfordert fühlen.

Zwei Mütter zu haben ist für Antonia nicht schwierig, aber manchmal ist ihr mit uns zu viel Emotionalität da. Dieses ewige Fragenstellen. Sie redet nicht so gerne – und wenn, dann über Sachthemen anstatt über Befindlichkeiten. Deshalb ist Antonia gerne mit Jungs zusammen. Natürlich hat sie auch gute Freundinnen, aber die sind ihr manchmal auch zu anstrengend.

Heide (54), gemeinsam mit Betti (51) Adoptiveltern
von Antonia (17) und Pflegeeltern von Lotti (10)

Gleichheit versus Konkurrenz

Die Themen „Gleichheit" und „Konkurrenz" tragen für viele Paare ein großes Konfliktpotenzial in sich. Gerade bei lesbischen Paaren wird Unterschiedlichkeit häufig als Bedrohung erlebt. Als Folge davon werden Konflikte unter den Teppich gekehrt. Und mögliche Konkurrenzfelder gibt es einige, wenn ein Kind da ist. Davor sind auch schwule Väter nicht gefeit. Doch sie sind tendenziell aufgrund ihrer Sozialisation als Männer häufiger daran gewöhnt, in Konkurrenz zueinander zu stehen.

Gibt es zwei Mütter, dann kommen schnell Eifersucht und Konkurrenz ins Spiel. Beide konkurrieren um die gleiche Rolle: die Mutterrolle. Vielleicht wählt das Kind dezidiert eine der beiden als diejenige aus, die die Rolle der „Mama" ausfüllen soll. Möglicherweise bietet sie von ihrer Persönlichkeit her dem Kind etwas an, das für traditionelle mütterliche Wärme steht. Das kann, muss aber nicht unbedingt diejenige sein, die das Kind ausgetragen hat. Wenn sich das Kind besonders in den ersten Jahren für Trost und Zärtlichkeit eine „Lieblingsmama" aussucht, bedeutet dies für die andere Mutter eine schwierige Situation. Schließlich muss sie mit einer Zurückweisung umgehen. Für sie stellt sich dann die Frage: Welche Rolle habe ich? Wo kann ich mich spiegeln? Die zweite Frau fühlt sich vielleicht in der zweiten Reihe und nicht auf einer Ebene mit der anderen. Es heißt dann, diese andere Mutterrolle – denn natürlich ist sie auch eine „richtige Mutter" – zu füllen und anzunehmen. „Mutter" kann ja auch eine Identität heißen, die Inhalte und Vorstellungen in sich trägt, die traditionell eher Vätern zugeschrieben werden. Vielleicht gibt es Bereiche, die die andere Mutter ganz exklusiv mit ihrem Kind teilt. Das können bestimmte Tätigkeiten im Haus sein oder Hobbys wie Musik oder Sport. Lesbische Familien haben die Aufgabe, gängige Konzepte und Modelle zu „Mütterlichkeit" zu hinterfragen. Das bedeutet, traditionelle Bewertungen aufzugeben und „Muttersein" neu zu definieren. Der Raum für zwei Mütter muss auch in den Köpfen geschaffen werden.

Ähnliche Aufgaben stellen sich ebenso für schwule Väter. Für ein Kind ist es grundsätzlich positiv, wenn seine Eltern verschiedene Persönlichkeiten aufweisen. Es wird sich mal mit dem einen und mal mit dem anderen Elternteil identifizieren.

Wir versuchen, darauf aufzupassen, dass es bei uns nicht zu viel Konkurrenz gibt, weil wir nicht wollen, dass sich Sihle auf eine Seite schlägt. Wenn einer mehr mit dem Kind zusammen ist, dann fällt der andere schnell raus. Da muss man gegensteuern.

Uli (45), gemeinsam mit Johannes (34) Adoptiveltern von Sihle (2)

Ich glaube, dass viele lesbische Beziehungen damit kämpfen, eine gute Streitkultur zu entwickeln, weil sie Probleme mit Unterschieden haben. Wenn die Sachen mal richtig auf den Tisch kommen, kann es extrem heftig werden. Kinder bringen mehr Unterschiedlichkeit rein, weil ja viele Aufgaben zu bewältigen sind. In den Erziehungsvorstellungen kann der Gleichheitswahn allerdings auch weitergehen. Es fühlen sich beide Mütter zuständig, jede will es möglicherweise besser wissen. Das große Thema ist Konkurrenz: Wer ist die bessere Mutter? Wer hat das bessere Verhältnis zum Kind? Wer hat es besser im Beruf? Mit einem Kind muss jede schauen, welchen Stellenwert sie dann bei der anderen hat – die Nummer 1 oder die Nummer 2. Aber wenn man sich die Konkurrenz eingestehen kann, dann ist das schon die halbe Miete und ein wichtiger Entwicklungsschritt.

Sabine (42), gemeinsam mit Nina (40)
Eltern von Raphael (6) und Antonia (2)

Als soziale Mutter musste ich mir und der Umwelt in den ersten zwei Jahren beweisen, dass ich genauso eine Mutter bin. Jetzt ist es kein Problem, anderen zu sagen, wer die biologische Mutter ist, aber früher haben wir es einfach nicht gesagt, um meine Position zu stärken. Dabei haben wir die Leute auch etwas auf den Arm genommen – die hatten noch nie ein Baby mit zwei Müttern gesehen und wussten nicht, wie sie es einschätzen sollten. Aber wir haben uns auch über uns selbst lustig gemacht: Wenn wir uns beide gleichzeitig um das Kind gekümmert haben, benutzten wir den Spruch „two mothers, no waiting" (auf deutsch: Zwei Mütter, keine Wartezeiten).

Jean (46) und Vera (48), Eltern von Johanna (10) und Jonah (6)

Es gab ein großes Thema: Wir sind beide gleich und gleichwertig, als Mütter und als Lesbenpaar mit Kind. Dahinter stand aber unbewusst die Frage: Wer ist die bessere Mutter? Meine Ex-Frau empfand sich oft als die bessere Mutter, und ich fühlte das eigentlich auch. Durch mein schlechtes Gewissen, als biologische Mutter alle Rechte zu haben, sollte sie wenigstens den Part der kompetenteren Mutter übernehmen können. Sie sang ja auch viele wunderschöne slowenische Lieder für Tom und hatte mehr Freude daran, mit ihm zu spielen. Es gab von

Anfang an Vorwürfe von ihr, dass ich nicht loslassen könne. Ich hatte den großen Traum, in vielerlei Hinsicht gleichberechtigt und ohne Bewertungen als lesbisches Paar mit Kind zu leben – und zwar genauso gut, nein, besser als Heteroeltern zu sein.

Nena (49), allein erziehende Mutter von Tom (12)*

Wenn die Kinder aus dem Gröbsten raus sind, dann ...

Werden die Kinder größer, kann wieder mehr Freiraum für die einzelnen Familienmitglieder entstehen, je nachdem, wie die Familie in der Kleinkindzeit den Alltag organisiert hat. Doch der Balanceakt zwischen all den verschiedenen Alltagsaufgaben, die es neben Beruf und Haushalt in einer Familie gibt, und den eigenen Bedürfnissen bleibt bestehen. Zeit ist immer eine knappe Ressource – häufig wird hart darum gekämpft. Jede/r möchte Zeit für sich, und auch die Beziehung braucht Pflege. Schließlich wollen wieder neue Seiten entdeckt werden. Und dafür braucht ein Paar den Raum und – ganz wichtig – die Muße.

Zum einen hat man wieder mehr individuellen Freiraum, und für die Beziehung ist auch viel mehr möglich. Es kommt zunehmend das Bedürfnis zu schauen, wo sind unsere Themen als Paar nach 16 Jahren. Wo stehen wir? Was macht unsere Beziehung aus, neben Vertrautheit und Eingespieltheit? Wie können wir unsere Beziehung aufregender oder bereichernder gestalten? Wir versuchen, wieder neue Inhalte zu entwickeln und uns gegenseitig neu zu entdecken. Manchmal meint man ja, sich vorauseilend schon in- und auswendig zu kennen. Ab und zu organisieren wir für uns Abende, an denen wir versuchen, neue Themen zu entdecken.

Gundula (47) und Nicolin (46), Eltern von Cassian (9)

Wir schaffen jetzt mehr Platz für jede von uns einzeln. Die Beziehung kommt leider immer noch zu kurz. Aber das liegt auch daran, dass wir keine Großeltern am Ort haben und Babysitting immer Geld kostet und organisatorisch aufwendig ist. Wir schaffen es einfach nicht, einmal im Monat regelmäßig einen

Babysittingtermin für unsere Beziehung zu organisieren. Aber im letzten Jahr haben wir dreimal einen Tag gleichzeitig Urlaub genommen, ohne Kinder. Und das wollen wir unbedingt weitermachen.

Jean (46) und Vera (48),
Eltern von Johanna (10) und Jonah (6)

Wenn die Kinder größer werden, dann bekommt die Familie so einen WG-Charakter. Natürlich sind wir für unsere große Tochter noch als Mütter da, aber sie hat schon viele eigene Bereiche. Es gibt mehr Zeit für die Beziehung. Manchmal trifft man sich und teilt gute Gespräche. Jugendliche sehen uns jetzt viel mehr als Paar und als Angehörige einer anderen Generation.

Der große Altersabstand unserer Töchter ist schwierig, weil wir nicht mehr so gut Sachen zusammen machen können. Die Aktivitäten sind sehr getrennt. Wir sind dann auch als Paar viel aufgeteilt. Da muss man die Kinder jeweils loslassen – die eine fährt mit der Kleinen zum Reiterhof, und die andere macht mit der Großen was anderes.

Heide (54), gemeinsam mit Betti (51) Adoptiveltern
von Antonia (17) und Pflegeeltern von Lotti (10)

Wenn es ganz schlimm wird ...

Es gibt Momente in Beziehungen, da wird es so schwierig, dass die eine oder der andere vielleicht an Trennung denkt. Wenn es weitergehen soll, muss sich jede/r immer wieder für die Beziehung entscheiden und bereit sein, Kompromisse einzugehen. Wenn Kinder da sind, geben sich die Beteiligten in der Regel mehr Mühe, damit das Familienprojekt gelingt. Paarberatung ist eine Möglichkeit, sich durch eine neutrale Person von außen helfen zu lassen. Aber dazu müssen beide bereit sein.

Allerdings gibt es auch Belastungsfaktoren, bei denen erst nach und nach deutlich wird, welche Herausforderung sie für eine Beziehung darstellen. Dazu gehören beispielsweise eine psychische Erkrankung, eine Sucht- oder eine Gewaltproblematik. In diesem Fall ist professionelle Hilfe unabdingbar.

Ich hätte mir die Bereitschaft von Linda gewünscht, mit mir in eine Beratungsstelle zu gehen, um sich wirklich mal über alles offensiv auseinanderzusetzen. Denn es kann so viel bringen, mit einer unabhängigen Person zu reden und sich trauen, die eigenen Sachen anzuschauen, ohne Angst, dass die andere eine niedermacht, aber sie wollte nicht. Vielleicht hätte das unsere Beziehung doch noch retten können, aber ich weiß es nicht.

Ingrid (39), Mutter von Xenia (6) und Pflegemutter
von Michael (6) und Andreas (4)*

Meine Ex-Partnerin hatte bereits, als wir uns kennenlernten, eine posttraumatische Belastungsstörung. Wie schlimm das war, war mir damals nicht bewusst. Als das Kind kam, wurde es schwieriger und unsere Situation spitzte sich zu. Paarberatung wollte sie nicht. Ich habe dann eine Therapie begonnen, weil ich nicht mehr wusste, wo ich eigentlich bin. Vor Tom lebten wir sehr symbiotisch zusammen. Ich bat sie, Hilfe anzunehmen, was sie aber erst nach der Trennung schaffte.

Nena (49), allein erziehende Mutter von Tom (12)*

Wenn wir in schwierigen Phasen sind, stellen wir uns die Grundsatzfrage: Was ist es? Warum läuft es gerade so schlecht? Worum geht es eigentlich? Wenn wir uns streiten, ergreift eine die Initiative und sagt, ich kann so nicht weitermachen. Und dann, nach einer Pause, versuchen wir weiterzureden. Es muss sich jede immer wieder für sich entscheiden, ob sie die Beziehung weiter leben will, sonst kann sich keine auf einen Kompromiss einlassen.

Wenn der Leidensdruck richtig groß ist, dann kommen schon mal Trennungsgedanken. In dem Moment, wo wir wieder einen anderen Umgang mit dem Problem spüren, kann es wieder weitergehen. Aber es müssen sich beide bewegen, damit Kompromisse möglich sind.

Gundula (47) und Nicolin (46), Eltern von Cassian (9)

Erziehung macht manchmal keinen Spaß

Wenn man gemeinsam ein Kind erzieht, erlebt man sich gegenseitig auf ganz neue Weise. Bei jeder Mutter und jedem Vater kommt die eigene Geschichte als Tochter oder Sohn stark zum Tragen. Welchen Erziehungsstil man auswählt, hängt davon ab, wie man selbst erzogen wurde und was man davon übernehmen möchte und was nicht. Dann kommen noch diverse Erziehungstheorien dazu, die man favorisiert oder ablehnt. Sicher setzt sich ein Paar im Vorfeld damit auseinander, wie es mit Grenzen umgehen möchte und welche Werte es dem Kind vermitteln will. Doch auch bei grundsätzlicher Einigkeit kann es häufig passieren, dass man mit Entscheidungen der Partnerin bzw. des Partners nicht einverstanden ist. Wie mit einem Konflikt umgegangen wird, hängt nämlich nicht nur mit der jeweiligen Einstellung zu einem bestimmten Thema zusammen, sondern hat sehr viel mit der Persönlichkeit und der Lebensgeschichte des einzelnen Menschen zu tun.

Man erzieht so, wie man selbst ist. Es geht ständig um das Thema Grenzen. Wie gehe ich in der Erziehung mit Grenzen um, und wie gehe ich in meiner Beziehung mit Grenzen um? Da geht es um Strukturthemen: Die eine trifft sich gerne mit vielen Menschen oder hat gerne einen vollen Kühlschrank, die andere möchte einen übersichtlichen Kühlschrank und trifft lieber ab und zu ein paar wenige Menschen. Ganz schnell werden Erziehungskonflikte zu Paarkonflikten. Wenn man Kinder hat, führen diese Unterschiedlichkeiten schnell zu Spannungen, weil man sich mit Kind immer so viel absprechen muss. Und man muss auf so viel mehr verzichten. Wenn das Gefühl zu groß wird, und man Dinge gar nicht mehr so machen kann, wie man will, dann wird die Spannung zu groß. Zu viele falsche Kompromisse erschöpfen und leeren die Beziehung energiemäßig.

Heide (54), gemeinsam mit Betti (51) Adoptiveltern
von Antonia (17) und Pflegeeltern von Lotti (10)

Früher habe ich mich über unsere starke Unterschiedlichkeit ab und zu amüsiert. Heute führt sie regelmäßig zum Streit. Denn ich finde Katharina häufig nicht konsequent genug. Sie wiederum wirft mir vor, dass ich zu aufbrausend und zu streng bin. Das führt dazu, dass sich Rosa in vielen Fragen an Katharina wendet, in der Hoffnung, sie wird es schon erlauben. Und mit mir streitet und kämpft sie ganz viel.

Charlotte (41), gemeinsam mit Katharina (47) Eltern von Rosa (8)

Aus ungelösten Konflikten um Unterschiedlichkeit entsteht schnell eine verhärtete Situation. Für das Kind ist es wichtig, sich in der Familie seine Projektionsflächen zu suchen, d.h. in den Augen des Kindes ist jeder Elternteil für bestimmte Themen und Verhaltensweisen zuständig. Daran kann sich das Kind dann sozusagen „abarbeiten". Für das Kind ist es gut, wenn die Eltern sehr verschieden sind, gerade dann, wenn beide das gleiche Geschlecht haben. Für die Eltern hingegen ist diese Situation anstrengend. Im Klartext kann das heißen: Je größer die Unterschiedlichkeit der Eltern, desto konflikthafter der Alltag. Häufig bekommt ein Vater bzw. eine Mutter den Hauptteil der kindlichen Aggression ab, nämlich der/diejenige, der/die sich besser dafür eignet. Selbst wenn Eltern unter einer solchen Festschreibung leiden – das Kind besetzt jeden Elternteil unterschiedlich und hat sich gut mit der Rollenverteilung und der Familiendynamik arrangiert, die im Zusammenspiel über Jahre entstanden ist. Ganz wichtig ist es, auf der Paarebene darüber im Gespräch zu bleiben. Schließlich will man ja an einem Strang ziehen. Der Alltag mit einem Kind ist von ständig wiederkehrenden Konflikten geprägt. Da wird manchmal um alles gekämpft: um das Zähneputzen oder das Haarebürsten, um das tägliche Klavierüben oder die Hausaufgaben – Erziehung ist Konflikt und macht ab und zu keinen Spaß.

Erziehung ist wirklich nicht immer ein Traumjob. Es ist knallhart und bitter, dauernd konsequent sein zu müssen. Manchmal habe ich echt nicht die Kraft dazu, das immer durchzuziehen. Da möchte ich einfach nur Spaß mit meinem Kind haben.

Holger (37), gemeinsam mit Jan (47) Adoptiveltern von Minh Kai (9)

Häufig werden Konfliktebenen vermischt. Ein Streit zwischen Elternteil und Kind kann schnell zu einem Streit auf der Paarebene führen, wenn es unterschiedliche Meinungen zum Umgang mit der Streitsache gibt. Die Regel, sich nicht einzumischen und die Entscheidungen des jeweiligen Elternteils mitzutragen, lässt sich trotz aller Bemühungen nicht immer durchhalten. Es braucht ein genaues Hinsehen, wirklich wichtige Erziehungskonflikte durchzukämpfen und bei nicht ganz so wichtigen Fragen einfach mal lockerzulassen.[47]

Wenn allerdings ein Elternteil fast nur noch schreit, anstatt in Zimmerlautstärke zu kommunizieren, dann stimmt etwas Grundsätzliches nicht. Ein Paar sollte sich dann ernsthaft überlegen, eine Beratungsstelle aufzusuchen. Manchmal können schon wenige Sitzungen dazu führen, dass das Familienklima wieder harmonischer wird. In einer Beratung können auch die verschiedenen Beziehungsebenen, die in einer Familie bestehen, wieder genauer auseinandergehalten werden. Viele Konflikte, die auf das Kind projiziert werden, sind in Wirklichkeit Paarkonflikte.

Alle Eltern hinterfragen zu bestimmten Zeiten ihre Lebensentscheidungen. Da kommen Gedanken darüber auf, wie das Leben wohl ohne Kinder verlaufen wäre. Es ist ganz normal, manchmal Teile seines „alten Lebens" zu vermissen, die Freiheit oder das Ausschlafen am Wochenende. Aber dafür haben Eltern etwas anderes: ein Kind, das sie immer wieder überrascht.

Manchmal male ich mir schon aus, wie es jetzt wäre, wenn wir keine Kinder hätten. Und dann frage ich mich, ob ich nicht in eine Sinnkrise geraten würde. Mein altes Leben war gut. Aber wenn es so weitergelaufen wäre, dann würde mir jetzt etwas fehlen.

Vera (48), gemeinsam mit Jean (46) Eltern von Johanna (10) und Jonah (6)

Selbst in den schwierigsten Zeiten haben wir das Familienprojekt nicht wirklich in Frage gestellt. Rosa bringt uns natürlich ständig an unsere Grenzen. Aber das Staunen über sie wiegt alles immer wieder auf.

Charlotte (41) und Katharina (47), Eltern von Rosa (8)

---

47 Zu empfehlen: Largo, Remo (2009): Kinderjahre. Die Individualität des Kindes als erzieherische Herausforderung. Piper, München.

Kapitel 10
Wenn die Beziehung
zu Ende geht ...

Es gibt unendlich viele Gründe für eine Trennung. Eine Beziehung lebendig zu halten, sie zu pflegen, damit auch noch nach vielen Jahren ein Interesse aneinander gegeben ist, erfordert den Willen, immer wieder in die Beziehung zu investieren. Der Schlüssel dafür ist die Kommunikation. Die eigene Befindlichkeit wahrnehmen, sich gegenseitig mitteilen, einander zuhören, neugierig und offen auf die andere Person zugehen – das unterstützt Beziehungen am stärksten. Aber genau das fällt vielen Paaren so schwer. So ist es manchmal die bessere Entscheidung, sich zu trennen, als monate- oder gar jahrelang in einer Beziehung zu verharren, die nicht mehr von Liebe und gegenseitigem Respekt geprägt ist.

Ich rate zur Trennung, wenn es den Partnern dauerhaft nicht mehr möglich ist, sich das Gute und Liebe zu zeigen, sondern das Gegenteil, und sie sich somit nicht mehr gegenseitig fördern, unterstützen und halten können.

Michael Bastian, Dipl.-Sozialpädagoge und Gestalttherapeut

Die Wahrscheinlichkeit, die ganzen Probleme mit der nächsten Frau auch zu haben, ist sehr groß. Deshalb stellt sich die Frage, ob es nicht doch gut wäre, sich die Beziehung noch mal anzuschauen. Aber wenn sich ein Paar nicht mehr liebt, dann ist eine Trennung möglicherweise eine gute Entscheidung. Mit Liebe meine ich ein Gefühl der Wertschätzung, der Achtung und die Neugierde auf die/den anderen. Wenn Paare nicht mehr neugierig aufeinander sind, dann spult sich immer dasselbe ab und dann wird es eng, wenn mich die andere gar nicht mehr interessiert. Diesen Kreislauf zu durchbrechen, dafür braucht es Mut und Toleranz. Sind beide bereit, nach all den Verletzungen noch einmal Vertrauen zu schöpfen?

Marion Kolb, Dipl.-Sozialpädagogin, Frauentherapiezentrum München

(Internalisierte) Homophobie

Jede Trennung hat eine individuelle Geschichte. Häufig sind es aber auch gesellschaftliche Strukturen, die darüber hinaus eine große Belastung darstellen. Die Angst vor den möglicherweise negativen Reaktionen auf die gleichgeschlechtliche Lebensweise zwingt viele Paare dazu, versteckt zu leben. Gerade in dörflichen Gegenden, in denen keine schützende Anonymität gegeben ist, gibt es nach wie vor Paare, die sich nicht outen, weil sie die Konfrontation fürchten. Doch eine Beziehung steht sehr unter Druck, wenn sie nicht offen gelebt wird. Können die daraus entstehenden Probleme nicht gemeinsam bearbeitet werden, wird die Situation schwierig.

Wir hatten schon immer viele Probleme. Während unserer gemeinsamen 21 Jahre haben wir sehr lange versteckt gelebt. Das späte Coming-out hatte nachhaltige Folgen für unsere Beziehung. Wir wollten im Dorf nicht konfrontativ leben, also haben wir uns einfach auch in der Öffentlichkeit zurückgehalten, weil wir die dörfliche Anerkennung nicht aufs Spiel setzen wollten. Das hat uns aber nicht gutgetan. Meiner Ex-Partnerin hat die öffentliche Zuneigung sehr gefehlt. Das hat sie mir leider nicht genug vermittelt, und wir waren gefangen in uns selbst.

Wir wollten beide gleichermaßen mit Kindern leben. Ich habe sie zwar nicht ausgetragen, aber die Kinder waren ganz klar unsere gemeinsamen Kinder.

Erst als das Trennungschaos war, haben mehrere Nachbarn sich große Sorgen um mich gemacht. Ich habe dann erst gemerkt, wie akzeptiert wir eigentlich waren. Natürlich wussten viele, dass wir ein Paar waren, wir haben es bloß nicht deutlich nach außen gelebt, wir waren einfach so verklemmt. „Warum hast du nie etwas gesagt?", hat mich eine Nachbarin gefragt. Ich hatte einfach Angst, über unsere Probleme als zwei Frauen zu reden. Ich staune heute, dass ich hier alleine in unserem selbst gebauten Traumhaus im Dorf so akzeptiert und aner- kannt bin. Ich fühle mich sehr wohl hier und hoffe, die ange- drohte Zwangsversteigerung, die durch meine Ex-Partnerin entstanden ist, abwenden zu können.

Angela (44), getrennt lebende Mutter von Darius (9) und Alisa (4)*

Nicht nur homophobe gesellschaftliche Strukturen können Men- schen sehr zusetzen. Gibt es in der Partnerschaft große Unter- schiede, was den gesellschaftlichen Status betrifft, hat dies auch direkte Auswirkungen auf die Beziehung. Macht und Einfluss definieren sich über Sprache, Bildung, berufliche Position und Verdienst.

In binationalen Partnerschaften kann es sein, dass eine/r der beiden über mehr sprachliche und/oder finanzielle Macht ver- fügt. Daraus entstehen viele Konflikte, die unüberwindbar schei- nen. Manchmal ist eine Trennung notwendig, um sich selbst zu beweisen, dass man auf eigenen Füßen stehen kann. Vielleicht gibt es dann auch einen Weg in die Beziehung zurück.

Nach ein paar Jahren musste ich mal raus aus der Beziehung. Ich war direkt von meinem italienischen Elternhaus zu Johan- nes gezogen, und weil ich noch nicht so gut deutsch konn- te, fühlte ich mich auf verschiedenen Ebenen sehr abhängig. Noch nie war ich auf mich alleine gestellt. Und so bin ich für ein paar Monate abgehauen. Es tat mir sehr leid, Johannes so wehzutun, aber es musste sein. In der Entfernung konnte ich erst sehen, welchen Schatz ich hatte. Nach drei, vier Monaten kam ich zurück. Das war nicht einfach, denn Johannes war na- türlich in seinem Stolz verletzt. Wir haben viel geredet, und in dieser Zeit haben wir gemerkt, dass wir zusammengehören. Heute würde ich sagen, dass dieser Schritt sehr gut für unsere Beziehung war. In dieser Zeit bin ich erwachsen geworden. Wir haben uns danach verändert. Ich kann heute z.B. Kritik an mei- ner Familie besser vertragen – das ist für einen Italiener sehr schwer. Du darfst doch nicht einfach eine italienische Mutter kritisieren! Heute sehe ich die Dinge realistischer. Nach der Trennung haben wir uns noch mal mehr aufeinander eingelassen und Johannes' Familie ist jetzt meine zweite Familie. Wir sind seit 16 Jahren zusammen.

Giuseppe (49) und Johannes (58),
hüten regelmäßig den Sohn von Freunden

Gewalt

In jeder Beziehung können Konfliktsituationen eskalieren. Auch bei Lesben und Schwulen kommt Gewalt in Beziehungen vor. Allerdings ist Gewalt in lesbischen Beziehungen eines der großen Tabus. Dies hängt mit der gängigen Auffassung zusammen, dass Frauen qua Sozialisation nicht gewalttätig seien. Doch bereits 1993 gab die Soziologin Constance Ohms ein Buch zum Thema heraus.[48] Mittlerweile ist die Thematik in den Lesbenberatungsstellen sehr präsent. Es gibt auch einen Dachverband der Lesbenberatungsstellen, die sich mit dem Thema Gewalt gegen Lesben auseinandersetzen. Hierbei geht es sowohl um homofeindliche Gewalt als auch um Gewalt in lesbischen Beziehungen.[49]

Viele Problemstellungen betreffen lesbische und schwule Paare gleichermaßen. Hat ein/e Partner/in mehr Erfolg und Zufriedenheit in Beruf und Freizeit, kann sich die/der andere schnell minderwertig fühlen. In vielen Beziehungen gibt es Probleme mit Eifersucht. Stellt sich die Eifersucht als unbegründet heraus und entzünden sich die Konflikte weiterhin an dieser Thematik, kann dies auf eine Selbstwertproblematik hinweisen. Dahinter liegen meist psychische Probleme, die eine Beziehung irgendwann nicht mehr auffangen kann. Kommen dann noch Kommunikationsprobleme hinzu, droht schnell eine Eskalation.

---

48 Ohms, Constance (1993): Mehr als das Herz gebrochen. Gewalt in lesbischen Beziehungen. Orlanda Frauenverlag, Berlin. Gesammelte Beiträge aus unterschiedlichen Perspektiven sowie Interviews. Der Klassiker.
Das aktuelle Buch von Constance Ohms (2008): Das Fremde in mir: Gewaltdynamiken in Liebesbeziehungen zwischen Frauen. Soziologische Perspektiven auf ein Tabuthema. transcript Verlag, Bielefeld.
49 www.broken-rainbow.de

Schon während unserer Beziehung war Rainer sehr eifersüchtig. Er versuchte, alle meine Freunde und meine Familie schlechtzumachen, und wollte mich nur für sich haben. Für ihn ist das bis heute so, dass ich ihn wegen eines anderen verlassen habe. Das erzählte er auch allen möglichen Leuten. Das stimmt aber nicht. Ich habe bis heute keine neue Beziehung.

Als die Probleme wieder schlimmer wurden, eskalierte die Situation regelmäßig. Rainer konnte die Konflikte nicht mehr verbal lösen, sondern er griff mich an oder schmiss mit Sachen. Nach der Gewalterfahrung mit ihm musste ich in Therapie. Ich habe nur mit Polizeischutz meine Möbel aus der Wohnung herausholen können. Zum Glück hatte ich gute Freunde und ein gutes soziales Netz.

Frank (49), acht Jahre Vater von Fabian (heute 18)*

Wenn es einfach nicht klappt mit der Schwangerschaft ...

Generell ist das Schwierige an einer Trennung das Scheitern eines Projekts, an dem man als Beziehung gearbeitet hat. Das konnte die gemeinsame Wohnung sein, berufliche Ideen oder Konzepte, die man zusammen realisieren wollte. Oder es gab einen Traum, z.B. gemeinsam ein Kind zu bekommen und zu begleiten, und diesen Traum muss man jetzt aufgeben.

Ist bei der Trennung ein Kind oder ein Kinderwunsch involviert, kommen bei Lesben und Schwulen zusätzliche Erschwernisse hinzu, denn der Weg zu einem Kind kann sehr steinig sein. Manchmal dauert der Prozess vom ersten Gefühl des Kinderwunsches bis zur Umsetzung viele Jahre. Vielleicht gibt es Hindernisse in Form von verinnerlichten gesellschaftlichen Vorurteilen, die im Rahmen einer Therapie bearbeitet werden. Auch die Frage der konkreten Umsetzung lässt sich oft nicht so einfach beantworten. Medizinische und rechtliche Informationen müssen eingeholt werden, und die Suche nach einem passenden Spender kann sehr zeitaufwendig sein. Diese Zeit ist für eine Beziehung häufig belastend. Hinzu kommen viele Unwägbarkeiten. Endlich scheint alles im Vorfeld geklärt – und dann will es einfach nicht klappen mit der Schwangerschaft. Der Spender steht auch nicht immer zeitlich unbegrenzt zur Verfügung, was einen zusätzlichen Druck auslösen kann. Steht ein unerfüllter Kinderwunsch jahrelang im Zentrum einer Beziehung, kann irgendwann der Punkt kommen, an dem die Partnerin diesen schwierigen Weg nicht mehr mitgeht. Ist der Kinderwunsch sehr stark, lässt er sich nicht einfach aufschieben. Für Trennungen gibt es in der Regel unterschiedliche Gründe. Ein unerfüllter Kinderwunsch kann aber ein Auslöser sein.

Meine Partnerschaft wurde sehr belastet durch die frustrierenden Versuche, schwanger zu werden mit insgesamt 22 Versuchen über zwei Jahre. Ich selbst war gegen Ende dieser Zeit ziemlich fertig und depressiv. Überall habe ich nur noch glückliche Mütter und vor allem Schwangere gesehen. Ich fühlte mich in meiner Identität als Frau sehr erschüttert. Unser ganzes Leben hat sich nach Eisprüngen gerichtet, was meiner Partnerin irgendwann zu viel wurde. Drei Inseminationen bei ihr haben auch nicht geklappt und ich glaube, ich wäre damals mit einer schwangeren Partnerin aufgrund eigener Insuffizienzgefühle überfordert gewesen. Groteskerweise wurde ich schwanger, als die Trennung schon fast klar war, aber es blieb bei mir sicher ein Rest Hoffnung, dass wir dann doch noch zusammenbleiben. Als ich meiner Ex aber sagte, dass ich schwanger sei, hat das an unserer Situation nichts verändert. Kurz danach suchte sie eine Wohnung und zog aus, als ich in der vierten Woche war. Danach ging es mir logischerweise sehr schlecht; ich habe bis zur zwölften Woche immer wieder an Abtreibung gedacht. Die Schwangerschaft und die Geburt waren für mich eine emotional sehr schwierige, einsame und depressive Zeit.

Ich glaube, was die Trennung angeht, lässt sich nur sagen: Es gibt nie nur einen Grund, sondern ganz viele, die auf verschiedenen Ebenen zu finden sind. Es tut einfach sehr weh.

Jasna (38), allein erziehende Mutter von Sophie (2)*

Unterschiede schaffen Spannung – manchmal zu viel

Immer wieder tun sich zwei Menschen zusammen, obwohl sie sehr unterschiedlich sind und man die Gemeinsamkeiten fast mit der Lupe suchen muss. Aber gerade das ist für viele der Reiz bzw. das Geheimnis. Unterschiede schaffen Spannung, die für eine gewisse Lebendigkeit in der Beziehung sorgt. Unterschiede können auch eine Distanz herstellen, die vor zu großer Verschmelzung schützt. Allerdings kann es im Alltag sehr schwer sein, immer wieder Nähe zueinander herzustellen. Kommt ein Kinderwunsch hinzu, brauchen die Beteiligten einen genauen Blick. Ist das wirklich ein gemeinsamer Wunsch? Sind wir beide bereit? Und wie schaffen wir es, auch mit Kind im Alltag regelmäßig zusammenzukommen und unsere Beziehung zu pflegen?

In unserer zehnjährigen Beziehung gab es schon immer Spannungen aufgrund unserer großen Unterschiede. Sie ist spontan, ich brauche Regelmäßigkeit, ich bin nicht sportlich, sie schon, ich bin kulturell interessiert, sie ging halt mit usw. Es wurde schwieriger, als wir zusammengezogen sind. Aus dieser ständigen Spannung heraus haben wir uns beide zurückgenommen. Schließlich hat sie sich innerlich entfernt und in jemand anders verliebt. Sie hat das über ein Jahr heimlich gelebt, und dann hat sie sich getrennt. Ich hatte keine Chance. Es war einfach aus.

Der Reiz des Unterschieds hat uns zusammengehalten. Das Fremde hat mich sehr angezogen; es war eine große Liebe, trotz aller Schwierigkeiten. Sie war der erste Mensch für mich, mit dem ich eine Familie gründen wollte. Ich dachte, vielleicht ist es normal, dass Zusammenleben so anstrengend ist. Es ist so mühsam gewesen, immer wieder zu kämpfen, um zueinanderzukommen. Im Nachhinein betrachtet haben sich unsere Probleme extrem verschärft, als das Kind da war. Ihr großes berufliches Engagement hat dazu geführt, dass ich de facto allein erziehend war. Sie hat einfach ihr Leben weitergelebt. Auch in der Schwangerschaft war sie nicht so wie ich mit dem Herzen dabei. Ich hatte von Anfang an den meisten Bezug zu Louna. In der Babyzeit hat sich meine frühere Partnerin wie ein klassischer Mann verhalten – meistens saß sie am Schreibtisch.

Die ersten Wochen gingen gut, da haben noch die Hormone gewirkt. Nach vier oder fünf Monaten ging es dann los. Ich wollte, dass sie sich mehr einbringt. Aber sie zog sich einfach zurück. Ich war wütend, weil ich keine Antworten auf meine Fragen bekommen habe. Ich dachte, wir wollten zusammen ein Kind und plötzlich war ich alleine. Im ersten Jahr hat sie dann die Beziehung zu der anderen Frau aufgebaut, und ich wusste nicht, warum ich mich so einsam fühlte. Letztlich war der Kinderwunsch nicht wirklich ihr Wunsch, sondern meiner. Damals dachte ich, wir wollten es beide gleichermaßen, heute denke ich, dass ich es eher wollte und sie mir gefolgt ist.

Maxime (43), allein erziehende Mutter von Louna (3)*

Sexualität

Wenn in Beziehungen die Sexualität brachliegt, geschieht dies oft in gemeinsamer Absprache. Lesbische Beziehungen können häufig auch ohne Sexualität auskommen – allerdings stellt sich die Frage, wie lange diese Abmachung gut für beide funktioniert. Wird die Anziehung dann woanders gesucht und flackert die Leidenschaft dort auf, erlebt zumindest eine der Partnerinnen das gemeinsam besprochene oder unbesprochene Arrangement plötzlich als großen Verzicht. Durch lange nicht gelebte Sexualität entsteht in der Folge eine Vehemenz, die großes Sprengpotenzial hat. Allerdings ist die Orientierung nach außen immer ein Zeichen. Verliebtheiten oder kleine Affären kommen in jeder langjährigen Beziehung vor, auch wenn innerhalb der Beziehung noch Sexualität gelebt wird. Man kann jedoch auf sehr unterschiedliche Weise mit Außenreizen umgehen. Spielt eine dritte Person eine wichtige Rolle und wird sie als mögliche neue Beziehungspartnerin in Erwägung gezogen, ist eine Trennung oft die logische Konsequenz.

Meine erste Regenbogenfamilie ist mit meiner Ex-Frau Linda entstanden. Unsere Tochter Xenia ist heute sechs Jahre alt. Wir waren verpartnert, Linda hatte Xenia adoptiert und wir hatten das gemeinsame Sorgerecht. Die Schwierigkeiten begannen, als Xenia etwa zweieinhalb war. Linda orientierte sich nach außen, und ich hatte sehr mit Eifersucht zu kämpfen. Ich hoffte darauf, dass wir wieder zusammenkommen würden, als wir nach einiger Zeit auseinanderzogen, aber dem war nicht so. Michaela, meine jetzige Partnerin, kannte ich schon vorher über meine Ex-Frau, und als wir dann zusammenkamen, war das doch eine sehr schwierige Zeit. Ich war damals sehr hin- und hergerissen zwischen Linda und Michaela. Das Ganze war ein regelrechter Alptraum. Ich wäre gerne schneller zu einer Klarheit gekommen. Im ersten halben Jahr habe ich völlig chaotische Aktionen gebracht, mal dachte ich, ich will die Beziehung retten, und dann wieder nein, ich muss einen Strich ziehen. Diese wahnsinnige Angst, alles zu verlieren, hat mich fast um den Verstand gebracht. Wenn ich mich komplett löse, was dann? Du weißt es einfach nicht, ob es dann klappt oder nicht. Im Grunde war mir klar, dass meine Ehe zu Ende ist, aber ich konnte diese Familie nicht loslassen, weil mir immer die Angst im Rücken saß, auch mein Kind zu verlieren. In der ersten Zeit hat Michaela mir geradezu das Leben gerettet. Heute sehe ich die Trennung als die beste Entscheidung meines Lebens. Auch für Xenia war es richtig. Unter einer nicht funktionierenden Beziehung hätte sie vermutlich mehr gelitten. Jetzt ist sie ein ausgeglichenes und fröhliches Kind.

Ingrid (39), Mutter von Xenia (6) und
Pflegemutter von Michael (6) und Andreas (4)*

Gemeinsame Elternschaft nach Trennung

Wenn Kinder da sind und diese Kinder auch als gemeinsame Kinder verstanden werden, versuchen die meisten Paare, die Beziehung doch noch zu retten. Eine Trennung wird hinausgezögert, bis es keine andere Lösung mehr gibt. Manche Paare können sich erst trennen, wenn sie eine Vorstellung davon haben, wie sie eine Trennung so regeln können, dass eine gemeinsame Elternschaft weiterhin möglich ist. Eine Vision davon zu entwickeln setzt eine Auseinandersetzung mit eigenen Familienbildern voraus. Diesen Schritt haben lesbische und schwule Paare in der Regel schon im Vorfeld geleistet, denn jede Regenbogenfamilie ist anders und auf ihre Art individuell konzipiert. Deshalb sind die meisten Regenbogeneltern darin geübt, alternative Familienmodelle zu entwickeln. Häufig sind lesbische und schwule Paare früher in der Lage, sich zu trennen als heterosexuelle Paare, denn die PartnerInnen verfügen meist über eine größere finanzielle Unabhängigkeit.

Wie eine gemeinsame Elternschaft aussehen könnte, lässt sich im Vorfeld schwer ausmachen. Viele verpartnerte Paare regeln zwar Eigentumsfragen, aber häufig werden die Folgen einer Trennung, die das Kind betreffen, nicht besprochen. Oft verpartnern sich lesbische Paare auch erst, wenn ein Kind unterwegs ist, und behandeln in einem möglichen Partnerschaftsvertrag die Thematik rund um gemeinsame Elternschaft nach einer Trennung nur am Rande.

Zur Eintragung haben wir verschiedene Abmachungen zu Eigentum und möglichen Ausgleichszahlungen getroffen. Um das Kind ging es nur insofern, als dass wir festgelegt hatten, dass meine Ex-Partnerin das Kind adoptieren wollte, was sie dann auch tat.

Maxime (43), allein erziehende Mutter von Louna (3)*

Als ich 1997 schwanger war, haben wir eine Hochzeitszeremonie gefeiert, mit Segnung und allem. Notariell haben wir uns auch abgesichert. Verpartnert haben wir uns sofort, nachdem es möglich war, 2001. Wir haben uns früher oft gefragt, was als Erstes eintritt: Die EU-Zugehörigkeit Sloweniens oder die Verpartnerung in Deutschland. Diese Gedanken waren mit der unbefristeten Aufenthaltserlaubnis für meine Ex-Frau verbunden, die uns damals vieles erleichtert hätte.

Nena (49), allein erziehende Mutter von Tom (12)*

Bis die gemeinsame Elternschaft konstruktiv gelebt werden kann, sind viele Hürden zu überwinden. Beide PartnerInnen stehen vor großen emotionalen Herausforderungen. Das Familienprojekt, für dessen Realisierung viele Hindernisse überwunden werden mussten, scheitern zu sehen, ist sehr schwer. Hinzu kommen die klassischen Scheidungsfragen, die fast alle Paare mit Kindern gleichermaßen betreffen. Wie soll die Trennung vollzogen werden, wer zieht aus und – bei wem bleibt das Kind? Bei lesbischen und schwulen Paaren sind die gemeinsamen Kinder nicht automatisch rechtlich gemeinsame Kinder. Also stellt sich die Frage nach dem gemeinsamen Sorgerecht, das nur durch die Stiefkindadoption erlangt werden kann. Oder hat ein Elternteil nur ein Umgangsrecht? Im Zusammenhang mit einer Trennung gibt es unendlich viele Ängste. Manchmal sind auch gerichtliche Auseinandersetzungen nicht zu vermeiden.

Linda und ich hatten beide Angst davor, das Kind womöglich nicht mehr regelmäßig zu sehen. Wir wollten beide das Beste für Xenia, das war klar. Aber in dieser Zeit hat jede der anderen viel unterstellt. Irgendwann ging Linda sogar zur Anwältin, weil sie das Aufenthaltsbestimmungsrecht für Xenia wollte. Wir gingen dann zur Beratung ins Jugendamt. Es war klar, dass auf der Paarebene noch viel zu klären ist. Bei Gericht habe ich dann zugestimmt, dass Xenia bei Linda wohnen bleiben kann. Aber niemals hätte ich auch nur einen Teil des Sorgerechts abgegeben. Auch das Jugendamt hat dies nicht befürwortet. Offiziell lebt Xenia also bei Linda, aber sie ist auch mindestens zehn Tage im Monat bei mir. Seit ich die Pflegekinder habe, bin ich als Erziehungsstelle auch flexibler als Linda. Mein Wunsch wäre eine Fifty-Fifty-Lösung, da wir ziemlich in der Nähe voneinander wohnen und Beziehungen zu FreundInnen für Xenia einfach gut weiterlaufen könnten. Ich hätte mir gewünscht, dass wir es ohne Gericht geschafft hätten. Ich hatte den Druck, dass dieses Familienprojekt unbedingt gelingen muss. Wir haben ja so viele Strapazen auf uns genommen, um zu diesem Kind zu kommen. Es war ein absolutes Wunschkind. Und das dann alles den Bach runtergehen sehen zu müssen, das war hart.

Ingrid (39), Mutter von Xenia (6) und Pflegemutter
von Michael (6) und Andreas (4)*

Als die Stiefkindadoption möglich wurde, waren wir schon in Trennung begriffen. Wir haben alle diesen großen politischen Erfolg gefeiert. Aber was sollte ich machen? Die Situation war sehr schwierig für mich, denn meine Ex-Frau durchlief wegen eines posttraumatischen Belastungssyndroms immer wieder schwere Krisen.

Ich habe mich dann schweren Herzens entschlossen, der Adoption nicht zuzustimmen. Ich wollte nicht, dass um Tom gestritten wird. Ich wollte bestimmen und bemühte mich, es zu seinem Wohl zu tun. Ich habe sehr lange darum gerungen und dann die Bedingung gestellt, dass wir Beratungsgespräche machen, damit der Übergang zur gemeinsamen Elternschaft gut läuft. Die psychische Belastung meiner Ex-Frau war zentral für unsere Probleme. Als ich gegangen bin, war sie lange Zeit sehr instabil. Sie hat das damit begründet, dass ich ihr das Kind wegnehmen wolle. Rückblickend hätte ich schon gehen sollen, als Tom drei war. Meine Liebe zu ihr war nicht mehr lebbar. Aber ich wollte unseren gemeinsamen Traum einer schönen und gelungenen lesbischen Elternschaft nicht verraten. Dieser Traum sollte überleben. So bin ich noch drei weitere Jahre geblieben.

Nena (49), allein erziehende Mutter von Tom (12)*

Richtig schwierig wird es, wenn es finanziell eng ist und eine Verpartnerung aus finanziellen Gründen nicht in Frage kommt, z.B. weil der Status als offiziell allein Erziehende/r aus verschiedenen Gründen günstiger ist. Ohne Verpartnerung und Stiefkindadoption ist die soziale Mutter bzw. der soziale Vater im Falle einer nicht-einvernehmlichen Trennung in einer sehr schwierigen Situation. Manchmal gibt es einen regelrechten Kampf um die Kinder, unter dem die Beteiligten sehr stark leiden. Hinzu kommt die Frage, ob das Jugendamt diese rechtlich nicht existente Familie trotzdem als Familie anerkennt und den nicht-leiblichen Elternteil unterstützt. Hier wird deutlich, welchen Einfluss homophobe Strukturen auf eine in Trennung befindliche Regenbogenfamilie haben können.

Trotzdem ist es manchmal sicher besser, sich nicht zu verpartnern – Gründe gibt es genug. Vielleicht ist das Beziehungsfundament für eine derartige Verpflichtung nicht stark genug oder das Vertrauen fehlt.

Die Frage nach dem Umgangsrecht bleibt in jedem Fall schwierig. Wenn der leibliche Elternteil der Ex-Partnerin bzw. dem Ex-Partner den Kontakt zum Kind untersagt, hält sich das Kind in der Regel daran, selbst wenn es schon fast erwachsen ist. Die Gefühlsmischung aus Angst, Loyalitätskonflikten und Misstrauen, die Töchter und Söhne während und nach nicht-einvernehmlichen Trennungen häufig empfinden, ist für sie eine große Belastung. Sie wollen sich schützen und opfern dafür möglicherweise eine wichtige Beziehung.

Finanziell war es schwierig. Meine Ex-Partnerin hat als allein erziehende Mutter gelebt und staatliche Unterstützung bekommen. So kam die Eingetragene Lebenspartnerschaft für uns nicht in Frage. Wegen der Ungleichbehandlung hätte ich für sie aufkommen müssen und wir hätten die steuerliche Entlastung nicht bekommen. Laut meinem Arbeitgeber hätte ich bei einer Hetero-Heirat 400 Euro mehr bekommen.

Darius lebte nach der Trennung zunächst für etwa vier Wochen bei mir, weil meine Ex-Partnerin und er noch nie so wirklich gut miteinander klarkamen. Darius' Beziehung zu mir ist sehr eng. Meine Ex sagte, dass Darius in ihrer neuen Beziehung störe. Ich hatte mit der ganzen Situation große Probleme und bin irgendwann ausgerastet. Dann kam die Polizei, und meine Ex-Partnerin hat veranlasst, dass ihre Eltern Darius von mir wegholten, um mir wehzutun. Er wollte das natürlich nicht. Aber er hat es mit sich geschehen lassen, denn das, was Mama sagt, muss gemacht werden. Wir haben seine Sachen gepackt, und dann wurde er weggebracht. Ich bin dann sofort in die Psychiatrie. Die Beziehungstrennung war schon schlimm genug, Alisa war weg, aber dann noch die Trennung von Darius, das gab mir den Rest. Zwischen September und Dezember 2009 habe ich die Kinder zwei Mal gesehen. Meine Ex-Partnerin will nach wie vor, dass ich die Kinder nicht mehr sehe. Seit Dezember 2009 ist durch ein Gespräch mit einer Anwältin und Mediatorin geklärt, dass ich Anspruch auf Umgang (Umgangsrecht § 1685 BGB) habe, obwohl wir nicht eingetragen waren. Seither sehe ich die Kinder etwa jedes zweite oder dritte Wochenende. Ich genieße es sehr, sie zu treffen. Aber ich muss immer darum betteln. Das Jugendamt hatte mich in meinen Bemühungen nicht unterstützt. Das Verständnis von den Ämtern ist gar nicht vorhanden, wenn das nicht rechtlich auf dem Papier steht. Ich hätte nie gedacht, dass das mal ein Problem sein könnte.

Angela (44), getrennt lebende Mutter von Darius (9) und Alisa (4)*

Rainer wollte immer, dass wir uns verpartnern. Aus finanziellen Gründen kam eine Verpartnerung für mich nicht in Frage. Rainer hatte Witwerrente bekommen, auf die er dann hätte verzichten müssen. Als wir uns kennengelernt haben, hatte er bereits Schulden. Und dann kam noch seine Kaufsucht dazu.

Ich wollte ihn auch deshalb nicht heiraten, weil ich gemerkt habe, dass etwas zwischen uns nicht passt. Es hat einfach nicht gut funktioniert. Ich dachte zwar, ich kann das dem Jungen nicht antun, dass er schon wieder eine Familie verliert, aber irgendwann ging es einfach nicht mehr.

Über Trennung hatten wir nie so richtig gesprochen. In Bezug auf Fabian gab es keine Regelungen.

Rainer hat mir nach der Trennung unter Androhung von Anwalt und Gericht den Umgang mit Fabian verboten. Es ging ihm nie um das Kindeswohl, sondern er wollte mich bestrafen. Ich weiß nicht, ob es gut gewesen wäre, wenn ich gerichtlich Umgang hätte erwirken können. Denn Fabian ist so unter dem Einfluss von Rainer, das wäre sicher nicht gut für das Kind gewesen.

Frank (49), acht Jahre Vater von Fabian (heute 18)*

Nicht immer werden Gerichte eingeschaltet, wenn es um die Kinder geht. Manchmal werden sich die PartnerInnen auch einig, wie die künftige Regelung aussehen soll. Oft dauert es allerdings viele Monate, bis beide Seiten sehen können, dass sie ihre Konflikte nicht auf dem Rücken der Kinder austragen wollen. Dies ist aber erst dann möglich, wenn die Trennung tatsächlich vollzogen wurde und ein Stück gemeinsame Verarbeitung möglich ist.

Nach den ersten Trennungswehen sind wir irgendwann an den Punkt gekommen, dass wir akzeptierten, dass die Trennung Fakt war. Wir haben festgestellt, dass wir dieses gemeinsame Kind beide wollten und dass wir unsere Probleme nicht über das Kind austragen durften. Mittlerweile geht das auch ganz gut, wenn es Xenia betrifft. Und meine neue Partnerin akzeptiert, dass Linda und ich natürlich wegen Xenia weiterhin Kontakt haben.

Ich zahle Unterhalt für Xenia. Darüber gibt es auch keinen Streit mehr. Entscheidungen treffen wir inzwischen am Runden Tisch. Organisatorisches klären wir ein halbes Jahr im Voraus. Aber das ist flexibel, wir tauschen schon auch Wochenenden. Weihnachten wechseln wir theoretisch jedes Jahr ab; dazu müssen wir aber noch verhandeln. Im Normalprogramm ist Xenia alle 14 Tage von Donnerstag bis Montag bei mir und dann noch alle 14 Tage einen zusätzlichen Tag in der Woche.

Wenn ich das Kind mehr sehen möchte als ausgemacht, dann telefonieren wir, und dann komme ich sie bei Linda besuchen, oder meine neue Partnerin und ich holen sie mal extra ab. Aber eigentlich halten wir uns schon an den Plan. Am Anfang hatte ich sie nur alle zwei Wochen am Wochenende, das ist heute schon viel besser. Es braucht eben Zeit, die Rhythmen festzulegen. Natürlich würde ich sie gerne öfter bei mir haben. Von seinem Kind getrennt zu sein ist auch mit guten Regelungen schmerzhaft. Ich denke mir dann immer, wenn sie älter sind, muss man die Kinder sowieso loslassen. Bei mir fängt das eben schon früher an. So bleibt es erträglich.

Ingrid (39), Mutter von Xenia (6) und Pflegemutter
*von Michael (6) und Andreas (4)**

Es war klar, dass meine Ex-Partnerin auszieht. Am Anfang hat sie sich wegen ihrer Schuldgefühle nicht getraut, Forderungen zu stellen. Aus Vernunftgründen habe ich mich bemüht, Louna zwei Mütter zu erhalten. Aber dieser permanente Kontakt zu meiner Ex hat mich verrückt gemacht. Am Anfang fragte sie immer: Soll ich sie dir abnehmen? Diese Frage hat mich auch rasend gemacht. Als ob Louna nur eine Last für mich und gar nicht ihre Tochter gewesen wäre. Heute sagt sie: Ich will sie einmal in der Woche sehen. Wir haben dann alles sachlich geklärt. Am Anfang wollte ich Louna gar nicht abgeben. Aber jetzt ist sie acht Tage im Monat bei ihr, alle zwei Wochen vier Tage. Ich habe gemerkt, dass ich diese Auszeiten brauche, um mich zu regenerieren, und dass sie letztendlich mir und auch Louna guttun.

Ich versuche, den Kontakt zu meiner Ex-Frau auf das Notwendigste zu minimieren. Das will sie auch. Es ist nach wie vor so, dass ich mich um alles kümmere, was Louna betrifft. Dann konfrontiere ich sie mit den Entscheidungen, die ich treffen möchte. Meistens ist sie einverstanden. Manchmal würde ich ihr mehr Verantwortung geben wollen, dann fällt es mir aber schwer, weil ich ihr seit der Trennung nicht mehr traue. Sie macht sich keine Gedanken im Vorfeld, sondern handelt einfach. Wenn z.B. die Frage kommt, ob wir impfen wollen oder nicht, dann lese ich ein ganzes Buch und sie sagt: „Na, dann impfen wir eben."

*Maxime (43), allein erziehende Mutter von Louna (3)**

Als Maria psychisch wieder stabiler war und aus der Klinik wieder nach Hause durfte, hatte sie Tom immer zur Hälfte. Maria hat mir nie getraut. Sie hat es so lange hinausgezögert, Hilfe anzunehmen, weil sie Angst hatte, dass sie dann Tom nicht mehr bekäme. Aber das stand für mich nie zur Debatte. Auch wenn ich wegen ihrer psychischen Probleme in Sorge um Tom war – es war immer sehr wichtig für mich und für ihn, dass er Kontakt hat, und das habe ich unterstützt, so gut es ging. Jetzt sind wir geschieden, und Tom ist jedes zweite Wochenende und einen Tag in der Woche bei Maria.

Nena (49), allein erziehende Mutter von Tom (12)*

Unterschiedliche Erziehungsstile

Ist die Paarbeziehung beendet und hat sich die gemeinsame Elternschaft nach der Trennung im Alltag langsam etabliert, gilt es noch mal mehr, mit den unterschiedlichen Erziehungsstilen möglichst tolerant umzugehen. Durch die Kränkungen und Verletzungen, die jeweils ausgeteilt und eingesteckt werden mussten, ist dies kein einfaches Unterfangen. Aber zur Heilung der vielen Wunden ist ein gesunder Abstand und die damit einhergehende zunehmende Souveränität unabdingbar. Auch die Nerven werden geschont, wenn nicht jedes zusätzliche Gummibärchen im jeweils anderen Haushalt eine neuerliche Eskalation mit sich bringt. Zwingend ist es für beide Elternteile, in grundsätzlichen Fragen gemeinsam an einem Strang zu ziehen, um einerseits eine Spaltung der Eltern durch das Kind zu verhindern und um andererseits sich auf klare Regeln verlassen zu können. Ist dies nicht der Fall, werden früher oder später große Konflikte entstehen.

Wir haben unterschiedliche pädagogische Vorstellungen. Linda ist eher für Kompromisse, ich war schon immer strenger, besonders als Xenia noch klein war. Mittlerweile können wir unsere Unterschiede leichter akzeptieren. Und dann gelten eben unterschiedliche Regeln an manchen Punkten. Am Anfang war es oft umgekehrt, da hatte ich ein so schlechtes Gewissen wegen der Trennung, dass ich oft nachsichtig war, was Xenia betraf. Da griff meine neue Partnerin öfter durch. Und das war gut so. Ich muss manchmal klarere Grenzen ziehen. Grundsätzlich ziehen Linda und ich schon am gleichen Strang, was Xenia betrifft, aber in anderen Fragen sind wir oft unterschiedlicher Meinung. Das hat sicher etwas damit zu tun, dass Linda aus Polen stammt und kulturelle Unterschiede mit hineinspielen. Während unserer Beziehung hat das aber nie eine Rolle gespielt. Linda hat einen deutschen Pass, und wir waren auch regelmäßig in Polen. Xenia spricht auch fließend polnisch. Meine neue Partnerin hat auch einen polnischen Hintergrund. Das ist Zufall, aber ein sehr schöner. So habe ich mir den Kontakt zu Land und Sprache erhalten.

Ingrid (39), Mutter von Xenia (6) und Pflegemutter von Michael (6) und Andreas (4)*

Ich mache das so, wie ich will, und Lounas andere Mutter macht es so, wie sie will. Im Großen und Ganzen haben wir dieselben Grundvorstellungen über die Lebenswerte. Der Erziehungsstil im Alltag ist vielleicht etwas anders. Ich habe am Anfang versucht zu intervenieren, z.B. beim Essen. Sie darf dort sicher mehr Süßigkeiten essen und schläft unregelmäßiger. Ich muss loslassen, aber das ist schwer. Die Erziehungsberaterin unterstützt mich da sehr.

Maxime (43), allein erziehende Mutter von Louna (3)*

Wir reden über erzieherische Fragen eigentlich gar nicht mehr. Sie macht manchmal Dinge, die ich nicht gut finde. Es gibt nur noch wenige Absprachen. In der Schule sind wir immer noch als Familie geführt; manchmal bespreche ich etwas mit ihr. Aber bei Elterngesprächen ist sie meistens nicht mehr dabei.

Nena (49), allein erziehende Mutter von Tom (12)*

Selbst wenn die Familie wohl überlegt geplant und realisiert wurde: Manchmal sind Trennungen nicht zu verhindern und letztlich, wenn es nur noch Streit gibt, vielleicht auch besser für alle Beteiligten. Jede Trennung ist schmerzhaft. Um das Geschehene zu verarbeiten und sich zu regenerieren, ist es wichtig herauszufinden, was diesen Prozess unterstützt oder möglicherweise beschleunigt. Dabei gibt es keine geraden, linearen Wege. Die Gratwanderung zwischen Nähe und Distanz ist schon allein

wegen des Kindes nicht zu vermeiden. Es müssen alltägliche Dinge, grundsätzliche Erziehungsfragen und Entscheidungen besprochen werden. Gleichzeitig wollen beide vom Alltag der anderen Person so wenig wie möglich mitbekommen, um sich zu schützen. Das Kind erzählt natürlich aus beiden Haushalten, was es dort jeweils erlebt. Das muss es auch dürfen. Letzten Endes ist für den Realitätsabgleich eine regelmäßige Konfrontation mit der anderen Person zwar schmerzhaft, aber dennoch heilsam.

Allein Erziehen

Allein erziehend zu sein, ist nach einer Trennung eine neue Erfahrung. Auch wenn diese Lebensform nicht selbst gewählt ist: Sie kann neue Türen öffnen, und bei aller Anstrengung auch Entlastung in einen ehemals konfliktreichen Alltag bringen.

Gibt es eine neue Partnerschaft, muss die gemeinsame Elternschaft des früheren Paares integriert werden. Bis ein für alle Beteiligten stimmiges Konzept entwickelt werden kann, damit diese Aufgabe gut bewältigt wird, müssen alle viel Geduld und guten Willen mitbringen. Es ist hilfreich, dabei in erster Linie an das Kind zu denken und ein bisschen weniger an sich selbst.

Was mir am meisten hilft, ist, wenn ich meine Ex-Partnerin ein paar Wochen am Stück nicht sehe. Die Zeit lindert den Schmerz nach und nach. Mit jeder Sache, die ich ohne sie erlebe, wächst eine kleine Schutzschicht. Doch manchmal lebe ich immer noch in einer Traumwelt. Und dann muss ich sie sehen, denn die kleinen Hämmer, die sie ab und zu bringt, rütteln mich wach und helfen mir zu begreifen und zu akzeptieren, dass es wirklich vorbei ist. Schön ist die sehr nahe Beziehung zu Louna. Es gibt keine dritte Person im Haushalt und keine Erziehungskonflikte. Mit Louna zusammenzuleben ist ein riesiges Glück. Und dann entdecke ich mich selbst wieder mehr. Ich kann so langsam meine Interessen wieder mehr verfolgen, meinen Lebensrhythmus selbst bestimmen, für meine Freundinnen da sein, und das ist schön.

Sehr anstrengend finde ich, dass ich rund um die Uhr die volle Verantwortung trage, egal in welcher Verfassung ich bin, ich muss einfach funktionieren, das ist körperlich und seelisch eine große Herausforderung. Es ist, als würde ich schneller altern.

Maxime (43), allein erziehende Mutter von Louna (3)*

Kinder sind das Schönste, was es gibt. Wenn Beziehungen zu Ende gehen, dann sollten die Beteiligten den Kindern zuliebe die gemeinsame Elternschaft gut hinkriegen. Es ist hilfreich, wenn die neuen Partnerinnen die gemeinsame Elternschaft akzeptieren. Das ist schwierig, muss aber sein, sonst gibt es totalen Stress.

Ingrid (39), Mutter von Xenia (6) und
Pflegemutter von Michael (6) und Andreas (4)*

Ich finde, dass allein Erziehen ein Riesenspagat ist. Gerne hätte ich mehr Austausch mit meiner Ex-Frau, aber das gestaltet sich schwierig. Jetzt muss ich zwei Elternteile sein, liebevoll zugewandt und Grenzen setzend. Aber ich habe viel gelernt, und das Leben mit Tom macht mir viel Freude. Den Augenblick kann ich jetzt immer öfter ganz und gar genießen. Und ich lerne täglich zu vertrauen und loszulassen. Ich habe jetzt viel mehr Raum, Freiheit und Selbstbestimmung.

Nena (49), allein erziehende Mutter von Tom (12)*

Die Reaktionen der Kinder

Wie die Kinder auf die Trennung ihrer Eltern reagieren, ist sehr unterschiedlich. Sind sie noch sehr klein, ist es sicher leichter für sie. Der andere Elternteil wohnt eben jetzt woanders, aber da gibt es auch das eigene Zimmer, vertraute Spielsachen und gewohnte Rituale.

Ist das Kind größer, wird es schwieriger, zumal es dann auch mehr von den Auseinandersetzungen mitbekommt. Ist die Trennung mit massiven Eskalationen verbunden und verweigert ein Elternteil dem anderen den Kontakt zum Kind, dann kann diese Erfahrung traumatisierend sein. Auf jeden Fall ist der Verlust der Beziehung auf beiden Seiten sehr groß. Das Kind oder der Jugendliche kann in der Regel nicht frei entscheiden, ob sie oder er den Kontakt weiterhin aufrechterhält, denn dies würde einem schweren Loyalitätsverstoß dem einen Elternteil gegenüber gleichkommen – ein großes Dilemma. Dem Elternteil, der mit dem erzwungenen Ende der Beziehung zum Kind zurechtkommen muss, bleibt nur die Hoffnung, dass das Kind eines Tages aus eigenen Stücken den Kontakt wieder sucht.

Darius möchte bei mir leben, aber er darf mich nicht anrufen, und ich ihn auch nicht. Er tut mir so leid, weil er zwischen mir und meiner Ex-Partnerin steht. Ich tue alles mir Mögliche, um die Kinder auf ihrem Lebensweg zu unterstützen, und wenn es erst mal unsere Vier-Augen-Gespräche sind. Wenn wir uns sehen, redet er jetzt schon davon, dass er an seinem 18. Geburtstag zu mir ziehen will – bis dahin sind es noch neun Jahre.

Angela (44), getrennt lebende Mutter von Darius (9) und Alisa (4)*

Louna hat die Trennung nur am Rande mitbekommen; sie war ja noch sehr klein. Meine Ex-Partnerin ist ausgezogen, als wir im Urlaub waren. Als wir zurückkamen, war das Zimmer leer. Am Anfang kam sie noch regelmäßig nach Hause, um Louna zu hüten. Es war komisch für Louna, dass sie danach wieder ging. Für sie ist es heute Normalzustand, dass die Mami woanders wohnt. Dort ist sie regelmäßig. Dass wir, ihre andere Mutter und ich, vor ihrer Geburt neun Jahre zusammen waren, versteht sie noch nicht. Es war für mich so anstrengend, mich in das neue Leben einzufinden, und ich war so mit meinem eigenen Trennungsschmerz beschäftigt, dass ich einfach nur gehofft habe, Louna würde nicht allzu viel davon merken und nicht darunter leiden. Dies war aber auch gleichzeitig eine meiner größten Sorgen.

Maxime (43), allein erziehende Mutter von Louna (3)*

Am Anfang haben wir Xenia nichts gesagt. Sie hat da viel auch gar nicht gemerkt. Natürlich hat sie mitbekommen, dass wir uns streiten, da hat sie auch oft gesagt: „Nicht so laut!" Aber sie kann sich nicht daran erinnern, dass wir drei zusammengewohnt haben. Und mit Michaela, meiner neuen Partnerin, haben wir das Zusammensein ganz langsam eingeführt. Wir haben ihr schon gesagt, dass Mama und Mami sich nicht mehr so lieb haben wie früher und dass wir uns deshalb nicht mehr so oft sehen. Und dass ich jetzt Michaela ganz doll lieb habe und die Mama auch bei jemand anderem ist. Xenia hat von Anfang an positiv auf Michaela reagiert. Michaela ist auch sehr kinderlieb. Heute ist sie ganz eindeutig Bezugsperson, die auch was zu sagen hat. Wir sprechen uns ab und haben ähnliche Vorstellungen. Manchmal nennt Xenia sie auch Mama Michaela, das fängt gerade an und wir finden das schön.

Ingrid (39), Mutter von Xenia (6) und
Pflegemutter von Michael (6) und Andreas (4)*

Fabian war ja bei all diesen schrecklichen Auseinandersetzungen dabei, und das war grauenhaft. Rainer wurde ja wegen Körperverletzung verurteilt. Sogar zur Gerichtsverhandlung hat er Fabian mitgenommen. Ich weiß nicht, wie Fabian auf die Trennung reagiert hat. Ich habe ihn seit der Trennung vor dreieinhalb Jahren zweimal gesehen. Fabian hat sich nie bei mir gemeldet. Ich weiß nicht, warum. Vielleicht hat Rainer mich schlechtgemacht, ich kann es mir nicht erklären. Ob ein 15-Jähriger das alles kapiert und die Wahrheit von Lügen unterscheiden kann, keine Ahnung.

Der Verlust war schrecklich. Über verschiedene Leute habe ich erfahren, dass er sich gut entwickelt. Da war ich ganz beruhigt. Ich war froh, dass Rainer mir nicht weiter nachgestellt hat; er hat mich ja eine ganze Zeit lang verfolgt. Ich will auch keinen Kontakt, ich habe heute noch Angst.

Eine Verbindung habe ich noch mit Fabians Schwester aus der ersten Ehe von Fabians Mutter. Wir haben ein gutes Verhältnis. Wenn Fabian auf eigenen Beinen steht, vielleicht meldet er sich dann. Aber da muss noch ein bisschen Zeit vergehen.

Frank (49), acht Jahre Vater von Fabian (heute 18)*

Midlife Crisis

Binden sich Paare sehr früh im Leben und sind beide PartnerInnen vielleicht die erste Liebe füreinander, kann möglicherweise bei einer Person irgendwann Torschlusspanik ausbrechen. Hinzu treten häufig ab einem bestimmten Alter grundsätzliche Fragen auf, z.B. danach, was man im Leben erreicht hat. Die vielfach nicht ernst genommene Midlife Crisis kann plötzlich ausbrechen und der Satz „Ich gehe mal eben Zigaretten holen" als Synonym für „Ich haue jetzt ab" wird auch bei lesbischen und schwulen Paaren manchmal in die Tat umgesetzt.

Das Gefühl, etwas versäumt zu haben, oder die Frage, ob es nicht noch etwas anderes gibt als das bisher gelebte Leben – diese Mischung kann mitunter sehr explosiv sein. Sind dann auch noch grundsätzliche Zweifel an der eigenen Identität im Spiel und steht der Wunsch im Raum, ein heterosexuelles Leben ausprobieren zu wollen, dann kommen so viele Faktoren zusammen, dass an eine Fortführung der Beziehung meist nicht zu denken ist.

Wenn in der Folge das bisher gemeinsam gelebte Leben verleugnet werden muss, wird trotz individueller Lebensgeschichte deutlich, welch großen Anteil an dieser Verleugnung homophobe Strukturen in unserer Gesellschaft haben. Es ist sehr verletzend für lesbische und schwule Paare, wenn ihnen nicht die gleiche Anerkennung zuteil wird wie heterosexuellen Paaren und sie, aus welchen Gründen auch immer, das Gefühl haben, versteckt leben zu müssen.

Für uns beide war es etwas ganz Besonderes: Die erste große, einzigartige, wahre Liebe. Meine Ex-Partnerin hatte nie vorher mit einem Mann geschlafen und wollte das mal erleben. Dann hat sie übers Internet nach Männern gesucht, mit denen sie Erfahrungen sammeln konnte. Fürchterlich war dann, dass ich mit den Kindern unterwegs war und sie währenddessen das erste Mal mit einem Mann in unserem Haus geschlafen hat. Mit dem ist sie jetzt zusammen.

Meine Ex-Partnerin lebt jetzt ein Heteroleben mit einem Mann und unseren Kindern. Sie versucht, ihr lesbisches Leben auszulöschen, und bekommt, seit sie mit diesem Mann zusammen ist, die Anerkennung, die sie sich immer gewünscht hat. Die Kinder dürfen nicht erzählen, dass ihre Mama so lange mit einer Frau gelebt hat. Sie erzählen auch nicht, dass sie zwei Mamas haben. Das war früher nicht so.

Angela (44), getrennt lebende Mutter von Darius (9) und Alisa (4)*

In den USA gibt es immer wieder Prozesse zwischen lesbischen Elternteilen, in denen es um das Sorgerecht für gemeinsame Kinder geht. In vielen Bundesstaaten gibt es keine Möglichkeiten, im Vorfeld die Familie abzusichern und damit dem nicht-leiblichen Elternteil eine solide rechtliche Position zu verschaffen. Entscheidet sich ein Elternteil während oder nach der Trennung für ein heterosexuelles Leben, werden in manchen Fällen aus den ehemals gemeinsamen Kindern in den Augen der leiblichen Mutter plötzlich Kinder, die vor der anderen Mutter, die weiterhin lesbisch lebt, geschützt werden müssen. Manchmal werden sogar von der Bio-Mutter religiöse bzw. erzkonservative homophobe Gruppen eingespannt, um sie in ihrem Kampf zu unterstützen.

Durch die rechtlichen Möglichkeiten, die Regenbogenfamilien in Deutschland bereits erstritten haben, ist zu hoffen, dass sich derartige Prozesse in Deutschland nicht ereignen – aber ausgeschlossen ist dies nicht.

Unterstützung

Um eine Trennung einigermaßen überstehen und verarbeiten zu können, braucht es Unterstützung von möglichst vielen Seiten. In Krisenzeiten zeigt sich, ob die Herkunftsfamilie oder der Freundeskreis hilfreich zur Seite steht. Manchmal gibt es auch Hilfe von unerwarteter Seite.

Meine Familie hat mir sehr geholfen, meine Eltern und meine Geschwister. Mein Freundeskreis hat sich wunderbar um mich gekümmert, nicht nur Schwule, sondern auch Lesben und Heteros.

Frank (49), acht Jahre Vater von Fabian (heute 18)*

Mein Chef hat mir sehr geholfen. Mein Arbeitgeber wusste seit einigen Jahren, dass ich lesbisch bin, und ich hatte ihm meine Familie vorgestellt. Er war sehr offen. Seit ich ihm von der Trennung erzählt habe, unterstützt er mich sehr. Ich war erst mal sechs Wochen krankgeschrieben. Jetzt nehme ich Medikamente, mache weiter Therapie und arbeite viel. Die Arbeit macht mir großen Spaß. Am allerschönsten ist die Zeit mit meinen Kindern. Die Liebe von den Kindern kommt von ganzem Herzen bei mir an, und das gibt mir die Kraft, weiterzuleben.

Angela (44), getrennt lebende Mutter von Darius (9) und Alisa (4)*

Eine neue Beziehung

Ist bei einer Trennung eine dritte Person involviert und geht infolgedessen eine Beziehung in die nächste über, ist dies eine schwere Hypothek für die neue Partnerschaft. Wer jahrelang Tisch und Bett geteilt hat, löst sich nur schwer voneinander, es sei denn, eine/r von beiden hat sich schon während der Beziehung innerlich verabschiedet. Die neue Partnerin bzw. der neue Partner wird mit Unsicherheiten und Eifersucht zu kämpfen haben. Die Verarbeitung einer Trennung braucht ihre Zeit.

Die Person, die verlassen wird, kann sich in der Regel erst einmal keine neue Beziehung vorstellen. Sind Kinder involviert, stellt sich die Situation noch schwieriger dar, denn der verlassene Elternteil und das Kind rücken meist enger zusammen. Und als allein Erziehende/r jemand Neues zu finden, ist auch nicht so einfach.

Ich bin mir nicht sicher, ob ich für eine neue Partnerschaft bereit wäre. Ich habe anderthalb Jahre niemanden angeschaut. Seit einiger Zeit habe ich mein Profil im Internet. Manchmal habe ich da schon nette Männer kennengelernt, aber keinen, wo es irgendwie weitergehen könnte. Ich wäre auch offen für einen Mann mit Kind, aber das Kind müsste schon älter sein. Ich würde mein Privatleben nicht mehr so zurückschrauben wollen, wie ich es damals für Fabian gemacht habe. Es war auf jeden Fall eine gute Erfahrung, ich war sicher ein guter Vater, ein guter Zweitvater, aber noch mal wollte ich das nicht machen.

Frank (49), acht Jahre Vater von Fabian (heute 18)*

Ich bin noch lange nicht offen für eine neue Partnerin, es ist viel zu früh. Langsam denke ich manchmal darüber nach. Was soll kommen, was klappen könnte? Ich dachte, ich hätte die Richtige gefunden. Und dann frage ich mich, wie finde ich eine neue Partnerin, und wie lebe ich da mit Kind eine Beziehung?

Maxime (43), allein erziehende Mutter von Louna (3)*

Ich habe mir lange Zeit keine Beziehung vorstellen können. Jetzt habe ich mich in einen Mann verliebt und genieße dieses Anders-als-ich-Sein sehr – ganz ohne Wertung. Ich bin immer noch mit der lesbischen Kultur und den dazugehörigen Inhalten verbunden; es ist ein Teil von mir. So wie es auch ein Teil von mir ist, mich wieder auf eine Beziehung mit einem Mann einzulassen. Es gibt kein besser oder schlechter, weder in Hetero- noch in Lesbenbeziehungen.

Nena (49), allein erziehende Mutter von Tom (12)*

Leider sind neue Erkenntnisse oft nur um den Preis großer Schmerzen zu haben. Im Nachhinein würden viele Menschen Dinge anders entscheiden oder eine unglücklich machende Beziehung früher verlassen. In der Regel kann man nicht einfach noch einmal von vorne anfangen und eine neue Familie gründen, mit der dann alles anders läuft. Umso wichtiger ist es, andere Eltern an den Erkenntnissen teilhaben zu lassen.

Die Therapie im Antigewaltprojekt hat mir sehr viel geholfen. Das AGP ist ein Projekt für Männer, die Gewalt erlebt haben und die Gewalt ausüben. Dort habe ich gelernt, dass ich viel zu lange in der Beziehung geblieben bin. Eigentlich hätte ich die Beziehung früher beenden sollen. Aber ich wollte Fabian nicht verlieren. Es war einfach so schön mit ihm. Wir haben so viel miteinander gemacht, gespielt und gelernt.

Frank (49), acht Jahre Vater von Fabian (heute 18)*

Ich dachte, dass unsere innige, einzigartige Liebe und alles, was wir uns erkämpft haben, uns für den Rest des Lebens zusammengeschweißt hätte. Ich habe mich um Lebenspartnerschaft und Adoption einfach nicht gekümmert, weil ich davon überzeugt war, dass wir bis ans Ende unserer Tage zusammenbleiben. Das hatten wir uns mal geschworen. Dass ich die Kinder nicht adoptiert habe, ist der größte Fehler meines Lebens. Ich selbst kann aus biologischen Gründen keine Kinder austragen. Meine Botschaft an andere Lesben mit Kindern lautet: Adoptiert eure Kinder! Seht zu, dass es auch vor dem Gesetz eure Kinder sind. Lebt offen! Man geht selbst daran kaputt. Wir hätten viel früher daran arbeiten sollen, jetzt ist es zu spät.

Angela (44), getrennt lebende Mutter von Darius (9) und Alisa (4)*

Der Part „soziale Mutter" und „leibliche Mutter" ist in meinen Augen ein großer Unterschied. Nicht im Sinne von, was ist besser oder schlechter, sondern ich finde es wichtig, die Schönheit in beiden Rollen zu sehen und die Unterschiede nicht zu negieren, sondern sogar als etwas Wichtiges und Wesentliches herauszustellen. Es ist eine enorme Leistung, was wir tun. Wir sollten uns viel mehr wertschätzen. Und wir dürfen auch als lesbische Eltern Fehler machen. Daraus lernen wir und daran wachsen wir. Holt euch Unterstützung, wenn es schwierig wird, weil es für uns lesbische Eltern sowieso immer noch schwerer ist!

Nena (49), allein erziehende Mutter von Tom (12)*

Wenn ihr einen Kinderwunsch habt, dann verwirklicht ihn auf jeden Fall! Es ist ein großer Vorteil, dass wir Frauen Kinder selber bekommen können. Es ist stressig, aber es ist nicht schwer. Ich hätte für meine frühere Partnerin auf ein Kind verzichtet, wenn sie es wirklich nicht gewollt hätte. Jetzt sage ich, das wäre total blöd gewesen, weil ich es auf immer und ewig bereuen würde.

Maxime (43), allein erziehende Mutter von Louna (3)*

Bis dass der Tod uns scheidet ...

Manche Beziehungen enden mit dem Tod des Lebenspartners bzw. der Lebenspartnerin. Ob man sich vorbereiten kann oder nicht, ob der Tod plötzlich eintritt oder nach langer Krankheit – der Schock über den Verlust ist groß. Wie soll das Leben weitergehen?

Trauer

Wer seine/n LebenspartnerIn verliert, fällt erst einmal in ein tiefes Loch und steht unter Schock. Die Dipl.-Psychologin Verena Kast[50] hat den darauf folgenden Trauerprozess in vier Phasen eingeteilt:

In der ersten Phase wird der Verlust verleugnet. Man hofft, aus einem bösen Traum bald wieder aufzuwachen. Der oder die Trauernde ist leer und scheinbar gefühllos. Die erste Phase dauert ein paar Tage bis wenige Wochen.

---

50 Kast, Verena (2006): Zeit der Trauer. Kreuzverlag, Stuttgart.

In der zweiten Phase kommen vielfältige Gefühle zum Ausdruck: Trauer, Wut, Zorn, Angst und Ruhelosigkeit. Sie sind häufig mit Schlafstörungen verbunden. Es wird nach „Schuldigen" gesucht. Aggressive Gefühle helfen den Trauernden dabei, nicht in Depressionen zu verfallen. Diese Phase ist eine große Herausforderung, denn in unserer Gesellschaft besteht die Tendenz, Trauer zu verdrängen, anstatt Gefühle zu durchleben. Doch das Zulassen dieser Gefühle ist die Voraussetzung dafür, die nächste Trauerphase zu erreichen.

In der dritten Phase wird die verlorene Person idealerweise zu einem Begleiter bzw. einer Begleiterin, mit dem/der man durch einen inneren Dialog in Verbindung tritt. In dieser Phase besteht allerdings die Gefahr, dass die/der Trauernde sich dem Leben und den Lebenden entfremdet. Es ist wichtig, dass die/der Verlorene zu einer inneren Person wird, die sich weiterentwickeln und verändern darf, damit die nächste Phase der Trauerarbeit erreicht werden kann. Können in dieser Phase ungelöste Beziehungskonflikte mit der verstorbenen Person aufgearbeitet werden, kann der nächste Schritt erfolgen.

In der vierten Phase ist der Verlust so weit akzeptiert, dass sich der verlorene Mensch zu einer inneren Figur entwickelt hat. Das Wissen um die Vergänglichkeit des Lebens ist in das neue Leben integriert. Im Idealfall können neue Beziehungen eingegangen werden. Es ist sehr schwer, einen Verlust zu ertragen, aber es ist möglich.

Krankheit

Menschen sterben bei Unfällen, an Herzinfarkten oder an Krebs. In den achtziger und den neunziger Jahren war Aids eine der häufigsten Todesursachen bei schwulen Männern. Fast jede/r aus der LGBT-Community betrauerte Freunde, die an Aids gestorben waren; die Community rückte enger zusammen. Auch Lesben engagierten sich stark im Kampf gegen die Krankheit. Viele AktivistInnen aus dieser Zeit glauben, dass der Babyboom in der Community auch mit der Aids-Krise zusammenhängt. Wenn so viele Menschen sterben, kommt der Wunsch auf, neues Leben zu schaffen. Besonders in den USA, wo es eine starke Tradition lesbisch-schwuler Zusammenarbeit gibt, taten sich seit Mitte der neunziger Jahre viele Lesben und Schwule zusammen, um Queerfamilys zu bilden.

Heute ist die Situation für HIV-positive Männer und Frauen viel besser. Der medizinische Fortschritt hat dazu geführt, dass eine HIV-Infektion nicht mehr automatisch den Ausbruch von Aids zur Folge hat. Medikamente haben weitaus weniger Nebenwirkungen und die Lebensqualität ist gut. Dennoch ist die Neuinfektionsrate hoch, denn Safer-Sex ist leider nicht immer selbstverständlich.

Krankheit und Tod sind Themen, die bedrohlich sind. Wenn eine Person beispielsweise an Krebs erkrankt, ist ein offensiver Umgang damit nicht immer möglich, weder für die betroffene Person noch für die Angehörigen. In einer Gesellschaft, die den Tod verdrängt und ausblendet, kann es besonders schwierig sein, offen über die Erkrankung und ihre Folgen zu sprechen.

Manchmal wird eine Krankheit aber auch einfach nicht wahrgenommen. Man hofft, sich durch eine gesunde Lebensführung zu schützen, und versucht, Krankheitssymptome zu verdrängen.

Wir haben als Patchworkfamilie mit vier Kindern gelebt, Maria hatte drei und ich eins. Und was haben wir alles unternommen – als Paar und als Familie. Wandertouren, im Sommer Badeausflüge, ständig waren wir unterwegs. Vielleicht ahnte Maria auch da schon, dass ihr nicht mehr allzu viel Lebenszeit blieb. Maria war sportlich, sehr naturverbunden und gesundheitsbewusst. Doch immer, wenn wir bergauf gingen, bekam sie schlecht Luft. Aber weil sie der Schulmedizin nicht traute und sehr ungern zum Arzt ging, verdrängte sie ihre Atemnot. Eines Tages spuckte sie auf einmal Blut. Da waren wir gerade fünf Jahre zusammen. Maria hatte Lungenkrebs, und es war klar, dass sie bald sterben muss. *Silvi (48), allein erziehende Mutter von Maximilian (12). Maria starb 2004 an Lungenkrebs.* *

Wenn klar ist, dass die gemeinsame Zeit begrenzt ist, will man meist so viel wie möglich zusammen sein. Es gibt viel zu entscheiden und viel zu beweinen. Manchmal kommt einem in diesem Moment das Schicksal zu Hilfe.

Dann hatte ich, Glück im Unglück, einen Arbeitsunfall, mein Knie war gebrochen. Wir waren dann beide zu Hause und haben versucht, die Zeit gut zu nutzen und es uns irgendwie schön zu machen. Es blieben uns noch zehn Monate. Maria ist zu Hause gestorben. Ich war bei ihr, als sie ihren letzten Atemzug tat. Darüber bin ich sehr dankbar. Ich habe getan, was ich tun konnte.

Silvi (48), allein erziehende Mutter von Maximilian (12).

Maria starb 2004 an Lungenkrebs. *

Kinder gehen oft anders als Erwachsene mit Trauer um. Es ist nicht ungewöhnlich, dass sie den Trauerprozess für einige Monate verschieben, um dem verwitweten Elternteil die Möglichkeit zu geben, über die schlimmste erste Zeit hinwegzukommen und gleichzeitig ein stabiles Umfeld zu schaffen, damit auch sie die Trauer zulassen können. Im Übrigen trauern Kinder je nach Alter immer wieder, je nachdem, in welcher Entwicklungsphase sie sich befinden und wie sie den Tod als eine unabänderliche Tatsache verstehen können. Kinder brauchen Raum für ihre Trauer. Die Form, in der sie ihre Gefühle ausdrücken, verändert sich im Laufe der Wochen und Monate. Manchmal fangen sie an zu weinen – scheinbar völlig unvermittelt, weil sie plötzlich mit einer Erinnerung konfrontiert sind. Und im nächsten Moment sind sie wütend. Es ist wichtig, den Kindern mit Verständnis zu begegnen und ihnen viel Zeit für die Verarbeitung zu geben. Mittlerweile gibt es auch kunsttherapeutische Angebote, die in der Trauerarbeit für Kinder sinnvoll sein können.

Wenn sich im Zusammenhang mit dem Tod eines Menschen plötzlich das gesamte Umfeld ändert, ist dies für Kinder besonders schwer zu begreifen.

Kaum war Maria gestorben, kam der Vater und nahm die Kinder mit. Für Maximilian war dies das Allerschlimmste an Marias Tod. Schließlich sind sozusagen seine Geschwister einfach abgeholt worden. Es gibt keinen Kontakt zwischen den Kindern, dem Vater und uns. Ich weiß nicht, wie Marias Kinder den Tod ihrer Mutter verkraftet haben. Vielleicht haben sie mich damals auch irgendwie für ihren Tod verantwortlich gemacht.

Silvi (48), allein erziehende Mutter von Maximilian (12).

Maria starb 2004 an Lungenkrebs. *

Um es Kindern leichter zu machen, mit dem Verlust eines Elternteils umzugehen, setzen manche Eltern möglicherweise auf ein Verwöhnprogramm. Letzten Endes hilft das den Kindern aber nicht, mit der Trauerarbeit voranzukommen. Im Gegenteil: Es

behindert sie in ihrem Lernprozess, mit schwierigen Situationen zurechtzukommen. Kommt jemand Neues in die Familie, wird die Frage nach dem Umgang mit dem Verlust des Elternteils eventuell in Frage gestellt. Eine neue Partnerin bzw. ein neuer Partner hat vielleicht ganz andere pädagogische Vorstellungen.

Rainer hatte Schwierigkeiten, sich an Dinge zu halten, die ich mit Fabian ausgemacht hatte. Er sagte immer „Das arme Kind, es hat seine Mutter verloren." Das hat mich verrückt gemacht. Die Familie von Rainer hat Fabian von Anfang an total verwöhnt und ihm nicht dabei geholfen, sich durch eine Schwierigkeit durchzubeißen.

Frank (49), acht Jahre Vater von Fabian (heute 18).
Fabians Mutter starb, als Fabian sechs Jahre alt war.*

Wer einen geliebten Menschen verloren hat, braucht viel Unterstützung, um diesen Verlust zu verarbeiten und gut weiterleben zu können. Ganz wichtig ist es, sich in dieser schwierigen Situation an eine professionelle Stelle zu wenden. In den meisten Städten gibt es angeleitete Trauergruppen. FreundInnen sind in existenziellen Krisenzeiten natürlich unerlässlich; sie können und sollen aber in keinem Fall eine Begleitung oder Therapie ersetzen.

Nach Marias Tod bin ich wieder zu meiner Caritasberaterin gegangen. Die hat mir viel geholfen. Am meisten hat mich Birgit gestützt, die mich so angenommen hat, wie ich bin. Sie war eine gemeinsame Freundin von uns. Wir konnten zusammen über Maria reden. Das war sehr wichtig für mich, über alles sprechen zu können, wieder und immer wieder, ohne ein schlechtes Gewissen zu haben. Dann war ich bei einer Psychologin, bei der ich wahnsinnig viel geheult habe. Jetzt mache ich alles noch mal durch und bin wieder in Therapie. Mein Lichtblick ist Maximilian. Ich finde, er ist ein sehr netter Junge – gut gelungen, sozusagen. Es ist schön mit ihm.

Silvi (48), allein erziehende Mutter von Maximilian (12).
Maria starb 2004 an Lungenkrebs.*

Einen geliebten Menschen zu verlieren ist immer ein Schock. Es dauert lange, bis man diesen Schicksalsschlag verarbeitet. Das Leben ist hinterher ein anderes. Aber es kann weitergehen.

Kapitel 11
Was brauchen Kinder aus Regenbogenfamilien?

Im ersten Moment mag die Frage nach der Unterstützung für Kinder aus Regenbogenfamilien unpassend sein. Brauchen sie denn etwas Besonderes, nur weil sich ihre Eltern für eine andere Lebensform als die Mehrheit entschieden haben?

Regenbogenfamilien leben nicht auf einer Insel, und in konservativen Kreisen halten sich Vorurteile gegenüber Homosexuellen hartnäckig. Nicht alle Menschen sehen Lesbisch- oder Schwulsein als eine gleichberechtigte Lebensform unter vielen an. Manche bezweifeln nach wie vor, dass Lesben und Schwule grundsätzlich in der Lage sind, Kinder erfolgreich im Leben zu begleiten. Der Begriff Familie wird zwei Frauen oder zwei Männern mit Kind nicht immer selbstverständlich zugestanden. Ab und zu werden sie gar verdächtigt, sexuelle Übergriffe zu begehen oder ihre Kinder zur Homosexualität zu erziehen.

Auch bei Kindern werden verschiedene Defizite angenommen, weil sie in einer Regenbogenfamilie aufwachsen. Da wird gemutmaßt, dass sie ein niedriges Selbstwertgefühl aufweisen, Störungen in ihrer psychosexuellen Entwicklung zeigen und/oder Hänseleien erleben.

Massive Vorurteile werden fast nie direkt geäußert; in ihrer starken Ausprägung werden sie auch dank der gesellschaftlichen und politischen Fortschritte glücklicherweise immer weniger. Trotzdem sind wir alle von einem latent homophoben Klima geprägt –

schließlich weist fast jedes Land eine Geschichte von Verleumdung und Ausgrenzung homosexueller Frauen und Männer auf. Durch diese Prägung wirken Vorurteile weit in die Gesellschaft hinein.

Gleichzeitig kann man sagen, dass sich gerade durch die neuere Gesetzgebung vieles bewegt und sachliche Informationen verstärkt in den Blick geraten. Denn entgegen vorhandener Vorurteile zeichnen wissenschaftliche Studien, die sich mit Regenbogenfamilien beschäftigen, ein ausnehmend positives Bild: Lesbische und schwule Eltern erziehen ihre Kinder sehr bewusst. Sie leben ein partnerschaftliches Beziehungsmodell vor, stellen einengende Geschlechtsrollenbilder in Frage und zeigen trotz manchmal schwieriger Bedingungen als Familie Widerstandsfähigkeit und Stärke. Kindern aus Regenbogenfamilien geht es mindestens genauso gut wie Kindern aus vergleichbaren heterosexuellen Familien. Sie sind meist tolerant und offen gegenüber anderen, haben ein feines Gespür für Unterschiede, und ihre soziale Kompetenz ist stark ausgeprägt. Die Entwicklung ihrer sexuellen Identität erleben sie in der Regel sehr reflektiert. Trotz erlebter Hänseleien sind die meisten gut in ihr soziales Umfeld integriert. (Mehr dazu siehe Kapitel 14)

Das Coming-out der Kinder

Regenbogenfamilien leben in einem Spannungsfeld zwischen Unsichtbarkeit, gesellschaftlicher Akzeptanz und möglicher Diskriminierung. In dieser (manchmal verunsichernden) Situation sind lesbische und schwule Eltern immer wieder mit der Entscheidung für oder gegen ein Coming-out gefordert. Was manche Regenbogeneltern nicht immer mit bedenken: Ihre Kinder sind in der gleichen Situation. Auch sie müssen sich überlegen und entscheiden, wie offen sie mit ihrer Familiensituation umgehen wollen. Das Konzept einer Regenbogenfamilie mit Inseminationskind bzw. -kindern berührt zwei große gesellschaftliche Tabus: Homosexualität und „künstliche" Befruchtung. Ein Coming-out eines Regenbogenkindes kann schon allein aus diesem Grund Widerstände auslösen. Nun betrifft das Thema Homosexualität erst einmal nur die lesbischen bzw. schwulen Eltern. Doch die Familienentstehungsgeschichte und die damit einhergehende Insemination gehören für immer zur individuellen Lebensgeschichte eines Inseminationskindes dazu. Regenbogenkinder sind Kinder der Liebe. Sie sollten mit ihrer Entstehung positive Gefühle verbinden können. Neben regelmäßigen Gesprächen mit den Eltern können Netzwerke und Freundschaften mit anderen Regenbogenkindern bzw. Samenspenderkindern maßgeblich die Identität als Inseminationskind stärken. Grundsätzlich gilt: Für ein Kind aus einer Regenbogenfamilie ist das Coming-out nie abgeschlosssen.

Bis zu einem bestimmten Alter übernehmen die Eltern, wenn sie sich dafür entscheiden, einen Teil dieser Aufgabe, d.h. sie sprechen mit pädagogischen Fachkräften der Krippe, der Kindertagesstätte bzw. der Schule. Die Kinder müssen sich dennoch häufig zu Fragen äußern wie „Hast du denn keinen Papa/keine Mama?" oder „Wer ist denn dieser andere Mann/diese andere Frau?" – und zwar von Anfang an. Andere Kinder in der Kita bzw. in der Schule formulieren Fragen so, wie sie ihnen in den Sinn kommen, frei und unverblümt. Das bedeutet, Kinder aus Regenbogenfamilien können jederzeit in die Situation kommen, ihr Familienmodell erklären zu müssen.[51] Diese Tatsache sollten Regenbogeneltern im Kopf behalten.

Wenn die Kinder größer sind, übernehmen sie selbst die Verantwortung, d.h. sie entscheiden ganz bewusst, wem sie was von ihrer Familie erzählen. Das kann dann auch bedeuten, dass sie nicht wollen, dass sich die Eltern an der Schule outen. Gerade in der Pubertät ist dies häufig der Fall.

Es gibt allerdings auch Situationen, in denen Töchter und Söhne nicht frei entscheiden können.

Antonia ist genervt, wenn sie zu einem Coming-out gezwungen wird, z.B. wenn sie in Bewerbungen für ein Praktikum die Eltern oder den Beruf der Eltern angeben muss und daraus dann das Geschlecht der Eltern ersichtlich ist. Wenn sie die Leute nicht kennt, dann fürchtet sie Nachteile dadurch. Das ist ihr nicht angenehm. Aber sie lernt damit auch was, z.B. wie man mit Dingen umgeht, die einem nicht angenehm sind.

Heide (54), gemeinsam mit Betti (51) Adoptiveltern von Antonia (17) und Pflegeeltern von Lotti (10)

---

51 Für Inseminationskinder sehr empfehlenswert, aber leider nur auf englisch: COLAGE (2010): Donor Insemination Guide. Aus der Sicht eines erwachsenen Inseminationskindes geschrieben. Bezug: www.colage. org/programs/art/

Wie Alina nach außen damit umgeht, ist ihre Sache. Aber in unserem Verhältnis ist es mir sehr wichtig, dass es eine Offenheit zwischen uns gibt und dass mein Schwulsein kein Tabu darstellt. Ich denke, das ging recht gut bisher. Ihre Mutter, bei der Alina lebt, verschweigt es immer noch, dass sie mit einem schwulen Mann zusammen war. Da hat dann Alina irgendwann gesagt, dass ihr diese Heimlichtuerei auf die Nerven geht.

Aber sie wollte nicht, dass ich mit ihrer Lehrerin über mein Schwulsein spreche. Also habe ich mich gegen ein Gespräch mit der Lehrerin entschieden. So ist der Umgang mit dem Thema Alinas Entscheidung. Das ist okay für mich. Darüber hinaus finde ich es unabdingbar, dass gleichgeschlechtliche Lebensweisen gegenüber den Kindern immer wieder thematisiert werden.

Dieter (44), Vater von Alina (14),
seit zehn Jahren mit Wolfgang (51) zusammen

Was als Folge eines Coming-out passieren kann, variiert erheblich. Häufig geschieht gar nichts; die Tatsache wird zur Kenntnis genommen – fertig. Aber es können auch Hänseleien, Ausgrenzungen oder gar Mobbing folgen, das hängt von vielen Faktoren ab. Auch gravierende Nachteile sind möglich, aber keinesfalls die Regel. Der schwierige Punkt ist die Unvorhersehbarkeit und die Angst vor möglichen negativen Konsequenzen. Die Angst ist stets größer als das, was dann tatsächlich passiert. Dies hängt damit zusammen, dass Lesben und Schwule, historisch gesehen, bis vor Kurzem gesellschaftlich noch ganz unten standen.

Kinder ärgern sich fast immer gegenseitig. Dabei entsteht oft eine Dynamik, die sich verselbständigt. Selten ist der Grund für Hänseleien ersichtlich. Vielmehr geschieht es häufig, dass erst hinterher ein Merkmal als Grund für die Hänseleien durch die Gruppe der Gleichaltrigen konstruiert und festgelegt wird. Ethnische Herkunft, körperliche Besonderheiten oder die Religionszugehörigkeit können Merkmale sein, aufgrund deren Kinder gehänselt werden. Weicht das Familienmodell von einer gängigen Familienform ab oder verhält sich ein Kind nicht wie ein „typischer" Junge oder wie ein „typisches" Mädchen, kann dies auch zu Hänseleien führen.

Manchmal sind die Reaktionen positiv. Es kann durchaus cool sein, eine lesbische Mutter oder einen schwulen Vater zu haben und damit ein möglicherweise lockeres Elternhaus vorweisen zu können.

Meine zwei Leben finde ich nicht schlecht. Manchmal reicht es mir mit meiner Mutter. Aber ich bin ja jedes zweite Wochenende mit meinem Vater zusammen. Diesen Wechsel finde ich gut. Meine Freundinnen freuen sich, wenn sie mit zu meinem Vater dürfen, weil der in einer coolen Stadt lebt und es bei uns locker zugeht.

Alina (14), verbringt jedes zweite
Wochenende mit ihrem schwulen Vater

Unterstützung kann von vielen Seiten kommen

Für den positiven Umgang mit unangenehmen Situationen gibt es eine Reihe von Unterstützungsfaktoren: Da ist zuallererst die Eltern-Kind-Beziehung. Alle Kinder brauchen das verlässliche Gefühl, geliebt zu werden.

Unsere Kinder brauchen, wie alle Kinder, eine große Verlässlichkeit – jederzeit in allen Lebenslagen. Minh Kai sehnt sich jeden Tag nach den Worten „Ich habe dich unendlich lieb".

Sie brauchen ein Umfeld, in dem sie sich verstanden und in allen ihren Fragen und Sorgen akzeptiert fühlen. Unsere Kinder brauchen Vorbilder, damit Regenbogenfamilien Alltag werden und keine „Hingucker" mehr sind. Wir sind die Vorbilder für zukünftige Regenbogenfamilien. Ich würde mir aber auch wünschen, dass alle Minderheiten sich trauen, ihr Anderssein offensiv und selbstbewusst zu leben!

Holger (37), gemeinsam mit Jan (47)
Adoptiveltern von Minh Kai (9)

Sie brauchen die Liebe der Eltern, Wurzeln für die Bindung und Flügel für die Selbständigkeit. Ich glaube nicht, dass sie etwas Besonderes brauchen. Wir müssen ihnen einfach die Stärke und das Rückgrat geben, damit sie sich im Falle eines Falles wehren können.

Helmut (43), Vater von Lea (11) und Lukas (8)

Ich finde, die Kinder brauchen Offenheit und Verlässlichkeit. Und in unserem Fall ist für Alina wichtig, dass ich trotzdem ihr Vater geblieben bin, völlig unabhängig davon, ob ich jetzt schwul bin oder nicht. Wenn Kinder wissen, ich bin die Nummer 1, dann ist es okay, dann können alle möglichen Menschen dazu kommen. Für Alina ist dann mein Partner Wolfgang auch keine Konkurrenz. Das Thema Geliebtsein ist das Allerwichtigste. Es ist mir auch ein Anliegen, ihr durch meine Beziehung zu Wolfgang zu zeigen, dass ich ein liebenswerter Mensch bin.

Dieter (44), Vater von Alina (14),
seit zehn Jahren mit Wolfgang (51) zusammen

Die primären Bezugspersonen sind für ein harmonisches Familienklima zuständig. Sie geben Trost und wissen auf fast alle Fragen eine Antwort – auch auf die Frage nach der eigenen Familiengeschichte. Die Eltern sind die ersten, die ihren Kindern ein Familienselbstverständnis vermitteln. Dazu gehört, die Kinder mit Worten auszustatten und ihnen Sätze mitzugeben, mit denen sie ihre Familiensituation adäquat erklären können. Das kann in sehr unterschiedlicher Form geschehen. Nicht alle möchten bis ins kleinste Detail der Öffentlichkeit mitteilen, wie ihre Familie entstanden ist. Doch offene Worte entlasten die Kinder. Wenn sie noch klein sind, gehen sie ja ganz selbstverständlich davon aus, dass ihre Familie so gut ist, wie sie ist. Erst in der Konfrontation mit der Umwelt merken sie mit der Zeit, dass ihre Familien „anders" als andere sind. Selbstverständliche Sätze wie: „Ich habe keinen Papa, ich habe zwei Mamas. Meine Eltern sind zwei Frauen, die sich lieb haben. Sie haben sich ein Kind gewünscht, und dann kam ich" bringen die Tatsachen auf den Punkt. Oder: „Ich habe zwei Papas, und weil Männer keine Kinder kriegen können, haben sie mich adoptiert." Wenn das biologische Verständnis bei den Kindern schon größer ist und mehr Fragen kommen, sollten die Eltern mit den Kindern überlegen, ob sie weitere Informationen preisgeben möchten. „Ein Freund hat uns geholfen" ist eine Variante, aber natürlich gibt es immer die Möglichkeit, Fragen zurückzuweisen, die als zu intim empfunden werden.

Kinder von lesbischen und schwulen Eltern sind sehr aufmerksam, was die öffentliche Meinung angeht. Sie hören zu, wenn die Eltern sich beispielsweise über die Ungleichbehandlung von lesbischen und schwulen Paaren unterhalten. Aber sie können diese Fakten oft noch nicht einordnen. Deshalb ist es unerlässlich, immer mal wieder den „Wissensstand" zu überprüfen. Dabei stellt sich manchmal heraus, dass selbst Kinder, die in einen „Homo-Kosmos" hineingeboren sind und viel mit Lesben und Schwulen zusammenkommen, immer mal wieder nicht wissen, was bestimmte Worte bedeuten.

Obwohl Rosa von Anfang an viel über das Thema „Lesben und Schwule" gehört hat und sich völlig selbstverständlich in unserem lesbisch-schwulen Freundeskreis bewegt, kommt es immer wieder vor, dass sie fragt: „Was ist noch mal schwul?" Daran merken wir, dass wir die Gespräche darüber immer wieder führen müssen.

Katharina (47), Mutter von Rosa (8)

Manchmal kann es sinnvoll sein, Was-wäre-wenn-Gespräche zu führen oder in kleinen Szenen mögliche Situationen durchzuspielen. Dabei können die Kinder ausprobieren, wie sich Sätze anfühlen und selbst stimmige Antworten auf mögliche Hänseleien herausfinden. In jedem Fall brauchen Kinder Raum für ihre Fragen und das Gefühl, dass ihre Eltern jederzeit bereit sind, sie zu unterstützen. Wird die lesbisch-schwule Lebensweise innerhalb und außerhalb der Familie offen kommuniziert, gibt es viel weniger Angriffsfläche. Kinder, die selbstverständlich mit ihrer Familiensituation umgehen können, sind meist nicht so leicht zu verunsichern.

Natürlich sind FreundInnen als Unterstützung unerlässlich. In schwierigen Situationen ist es für Kinder und Jugendliche beruhigend, wenn sich die beste Freundin bzw. der beste Freund für sie einsetzt und sich öffentlich solidarisch erklärt.

Stärkung kann z.B. auch von der Community kommen. In Großstädten gibt es mittlerweile Netzwerke, Gruppen oder Stammtische für Regenbogenfamilien. Dabei werden meistens in regelmäßigen Abständen Aktivitäten für die ganze Familie geplant. Neben dem Austausch der Erwachsenen können sich so auch die Kinder kennenlernen, was ab einem bestimmten Alter für die Kinder wichtig werden kann. Wachsen sie nicht nur mit einem Bewusstsein darüber auf, dass es viele Kinder aus Regenbogenfamilien gibt, sondern kennen sie auch einige davon, können diese Kinder leichter ein solides Selbstverständnis entwickeln. Denn für Kinder bzw. Jugendliche kann es eine große Bereicherung darstellen, wenn sie sich mit anderen, die in der gleichen Situation leben, austauschen und solidarisieren können. Dies fördert einen reflektierten Umgang mit der eigenen Situation. Für die Eltern ist der Kontakt gleichermaßen wichtig, schützt er doch vor dem Gefühl, die einzige Regenbogenfamilie zu sein.

Lotti hat noch einen Jungen in der Klasse, der zwei Mütter hat, in einer anderen Klasse ist auch noch ein Kind mit zwei Müttern. Dann gibt es in der Nachbarschaft noch eine lesbische Familie mit einem kleinen Kind. Für die Kinder ist es schön zu sehen, dass auch andere Kinder zwei Mamas haben, sie nicht die Einzigen sind, die in so einer Konstellation aufwachsen. Für uns ist es auch angenehm, unsere Lebensform in unserem Lebensumfeld repräsentiert zu sehen.

Heide (54), gemeinsam mit Betti (51) Adoptiveltern von Antonia (17) und Pflegeeltern von Lotti (10)

Unsere Gruppe ist eine riesige Bereicherung. Sie besteht aus etwa zehn lesbischen Familien mit leiblichen Kindern zwischen neugeboren und 16 Jahren. Diese Gruppe ist sehr wichtig für Tom und mich. Die Vielfalt und den Austausch finde ich sehr gut. Es ist vieles möglich, was es in keiner anderen Gruppe gibt. Schön ist es, die Kinder aufwachsen zu sehen. Wir brauchen Vorbilder, die wir viel zu wenig haben. Harmonisch ist unsere Gruppe nicht gerade, aber das ist das Gute daran.

Nena (49), allein erziehende Mutter von Tom (12)*

Natürlich legt allein der Faktor, auch zwei Mütter oder zwei Väter zu haben, nicht automatisch den Grundstein für eine Freundschaft. Die Kinder müssen auch etwas miteinander anfangen können und im Alter zueinanderpassen. Die etwas älteren Kinder haben dabei manchmal das Nachsehen – das Gros der Regenbogenkinder in Deutschland, die in lesbisch-schwule Beziehungen hineingeboren sind oder von Anfang an in einer Regenbogenfamilie aufwachsen, ist noch unter sechs Jahren.

Minh Kai hat wenig Kontakt zu anderen Kindern aus Regenbogenfamilien. Die Kinder hier in unserer Gruppe sind alle so viel jünger. Da können die Kinder nicht viel miteinander anfangen.

Holger (37), gemeinsam mit Jan (47) Adoptiveltern von Minh Kai (9)

Bereits vor 20 Jahren wurde in den USA ein großes Netzwerk von Töchtern und Söhnen aus Regenbogenfamilien gegründet – COLAGE (Children of Lesbians and Gays Everywhere).[52] In Deutschland gibt es immer mal wieder Ansätze von Jugendlichen und jungen Erwachsenen, sich zu organisieren. Sicher wird es in nicht allzu ferner Zukunft auch in Deutschland einen größeren Zusammenschluss geben, denn die vielen Kinder, die in den letzten Jahren in Regenbogenfamilien zur Welt gekommen sind, sind auch bald Jugendliche, die möglicherweise ein Bedürfnis danach haben werden, sich zu vernetzen.

Problematisch ist die Situation immer noch an den Schulen. An den meisten Institutionen herrscht keine Offenheit zum Thema Vielfalt. Dabei wäre gerade die Schule der Ort, an dem am meisten am Bewusstsein der Kinder gearbeitet werden könnte. Für lesbische und schwule Jugendliche ist der Verlauf des Coming-out stark davon abhängig, wie die Stimmung diesbezüglich an ihrer Schule ist.

Unsere Kinder brauchen eine Umwelt, die Platz macht für Regenbogenfamilien, also bewusste Lehrkräfte, die aktiv gegen homophobe Äußerungen vorgehen. Wenn jemand „Judensau" rufen würde, da gäbe es sofort eine Intervention, bei „Schwule Sau" gibt es das nicht. Auch offene lesbische oder schwule Lehrkräfte braucht es ganz dringend, das täte unseren Kindern so gut. In den weiterführenden Schulen ist das Thema so wichtig, denn in diesem Alter geht es doch um sexuelle Identität und Selbstfindung. Da wird im Biologieunterricht vermittelt: In der Pubertät beginnen sich Mädchen für Jungs zu interessieren und umgekehrt. Dass es auch noch andere Möglichkeiten gibt, davon ist keine Rede – was für ein Stress für lesbische und schwule Jugendliche.

Dr. Lisa Herrmann-Green (40), Dipl.-Psychologin,
gemeinsam mit Monika Herrmann-Green (47)
Eltern von Lena (14), Dylan (10) und Mia (8) sowie
Forscherin und Beraterin für Lesben mit Kinderwunsch

---

52 www.colage.org

Gibt es an der Schule ein Diversity[53]-Leitbild, sind Projekttage zu unterschiedlichen Lebens- und Familienformen vielleicht bald keine Zukunftsmusik mehr. Regenbogenfamilien treten immer selbstbewusster auf und bringen sich auch an Schulen ein. Es gibt Töchter und Söhne, die ein Engagement ihrer Eltern an ihrer Schule durchaus schätzen und stolz darauf sind.

Wichtig sind ansprechende Materialien zu Regenbogenfamilien, die bereits in der Grundschule eingesetzt werden können.[54] Kinder wollen sich in Lehrbüchern wiederfinden, und der Aufklärungsauftrag zu unterschiedlichen Lebensweisen liegt bei der Schule, nicht beim Kind selbst. In der dritten bzw. vierten Klasse ist in den meisten Lehrplänen eine erste Aufklärungseinheit festgeschrieben – eine Möglichkeit für Regenbogeneltern, entsprechenden Einfluss zu nehmen. (Siehe auch Kapitel 8, Thema Schule)

Es ist völlig unvorhersehbar, wie in der Schule auf die Lebensform der Eltern reagiert wird, deshalb sollten Eltern ihre Kinder darin unterstützen, sich zu schützen. Das kann auch bedeuten, ihre Entscheidung, „es" erst einmal nicht zu sagen, als kluge Strategie anzuerkennen und sich nicht zu fragen, ob ihr Kind sich in der Familie nicht wohlfühlt. In den meisten Fällen schämen sich die Kinder nicht wegen ihrer lesbischen oder schwulen Eltern, sondern sie reagieren auf die allgegenwärtige Homophobie, von der sie umgeben sind.

Regenbogenfamilien müssen in der Regel selbst dafür sorgen, dass sich ihr Umfeld homofreundlich entwickelt. Diese Aufgabe ist nicht von einem Tag auf den anderen zu bewerkstelligen. Die folgenden Vorschläge für Eltern und pädagogische Fachkräfte sind als langfristige Empfehlungen zu sehen.[55]

---

53 Diversity (engl.): Vielfalt
54 Sehr gut für Kita und Grundschule: Thorn, Petra/Herrmann-Green, Lisa (2009): Die Geschichte unserer Familie. Ein Buch für lesbische Familien mit Wunschkindern durch Samenspende. FamART Verlag, Mörfelden.
55 Aus: Familien- und Sozialverein des Lesben- und Schwulenverbands in Deutschland (LSVD) e.V (Hg.) (2007): Regenbogenfamilien – alltäglich und doch anders. Beratungsführer für lesbische Mütter, schwule Väter und familienbezogenes Fachpersonal. Köln. Online: www.family.lsvd. de/beratungsfuehrer/index.php

Handlungsempfehlungen für Eltern

1. Zeigen Sie sich – machen Sie sich und Ihre Familie zum Thema. Sprechen Sie mit anderen Eltern und mit PädagogInnen in Kita und Schule über Regenbogenfamilien. Erwarten Sie nicht, dass andere auf Sie zugehen, sondern laden Sie Ihr Umfeld dazu ein, etwas Neues zu erfahren.[56]

2. Ihre Kinder sollen kontrollieren können, wann und wie viel Informationen über ihre Familie an der Schule bekannt werden. Sprechen Sie mit ihnen darüber.

3. Benutzen Sie eindeutige Begrifflichkeiten. So kann Ihr Gegenüber mögliche Ängste und Unsicherheiten verlieren. Sprechen Sie Worte wie „lesbisch", „schwul" oder auch „Insemination" ganz selbstverständlich aus, bekommen Fachkräfte ein Gespür dafür, wie sie sich gegenüber Regenbogenfamilien verhalten sollen bzw. welche Worte adäquat sind.

4. Suchen Sie das Gespräch mit den pädagogischen Fachkräften, informieren Sie sich über Lehrpläne und fordern Sie eine inhaltliche Berücksichtigung von gleichgeschlechtlichen Lebensweisen und Regenbogenfamilien. Bieten Sie Ihre Unterstützung an, in dem Sie Literatur oder anderes Material empfehlen oder auch selbst in die Klasse kommen. Bleiben Sie dran – Kinder aus Regenbogenfamilien bleiben sonst im Unterrichtsalltag weiterhin unsichtbar.

5. Bringen Sie sich ein – engagieren Sie sich in der Kita bzw. in der Schule Ihres Kindes. So zeigen Sie, dass Sie an einer guten Zusammenarbeit interessiert sind. Wer sich für die Wahl zum Elternbeirat aufstellen lässt oder regelmäßig Kuchen für die Klassenfeste backt, verringert Berührungsängste.

---

56 Gute Vorbereitung für ein Gespräch: Herrmann-Green, Lisa: Infoblatt über geplante lesbische Elternschaft – für Lehrkräfte, ErzieherInnen und andere Betreuungspersonen. Das Wichtigste ist hier in Kürze zusammengefasst. Bezug:
www.family.lsvd.de/beratungsfuehrer/fileadmin/downloads/Lisas_flyer.pdf

6. Warten Sie nicht, bis ein Problem auftaucht, sondern sprechen Sie bereits im Vorfeld über mögliche kritische Situationen. Formulieren Sie dabei konkrete Vorschläge: „Beim Muttertag/ Vatertag würden wir uns wünschen, dass ..." „Wenn andere Eltern über uns etwas wissen möchten, dann ermuntern Sie sie bitte, direkt zu uns zu kommen, wir erzählen gerne etwas." „Schreiten Sie bitte ein, wenn Sie erfahren, dass unser Kind wegen seiner Familie gehänselt wird, und sprechen Sie mit den Kindern darüber."

7. Es ist Teil der Jugendsprache geworden, „schwul" und manchmal auch „lesbisch" in einem negativen Kontext zu verwenden. Bitten Sie die PädagogInnen, mit den Kindern und Jugendlichen über diese Begriffe zu reden und über ihre eigentliche Bedeutung – es geht um Liebe und Sich-Mögen. Für Kinder aus Regenbogenfamilien sind „schwul" oder „lesbisch" keine Schimpfwörter.

8. Suchen Sie sich MitstreiterInnen für mehr Sichtbarkeit und für die Gleichberechtigung aller Familienformen. Suchen Sie sich solidarische Heterosexuelle. Vernetzen Sie sich mit anderen Regenbogenfamilien.

9. Auch PädagogInnen brauchen Wertschätzung: Kommen Ihnen die Fachkräfte entgegen, dann teilen Sie Ihre Freude darüber deutlich mit.

Handlungsempfehlungen für pädagogische Fachkräfte

1. Reagieren Sie, wenn homofeindliche Äußerungen fallen. Kinder und Jugendliche müssen sicher sein, dass es in Bezug auf jedwede Diskriminierung keine Toleranz gibt. Als ErzieherIn oder Lehrkraft sind Sie Schlüsselfigur und für das Lernklima in der Gruppe verantwortlich.

2. Laden Sie die SchülerInnen dazu ein, über ihre Familien zu sprechen, und schaffen Sie eine förderliche und offene Atmo-

sphäre, aber respektieren Sie, wenn Töchter und Söhne aus Regenbogenfamilien zögerlich sind.

3. Besuchen Sie Fortbildungen über „gleichgeschlechtliche Lebensweisen" und informieren Sie sich, welche Bezeichnungen für Regenbogenfamilien stimmig sind und mit welchen Begrifflichkeiten sich Töchter und Söhne von lesbischen und schwulen Eltern wohlfühlen.

4. Thematisieren Sie unterschiedliche Lebensformen, sprechen Sie über Lesben und Schwule, erklären Sie unterschiedliche Familienmodelle. Setzen Sie Material ein, das der Vielfalt von Familienformen Rechnung trägt.

5. Verwenden Sie eine geschlechtergerechte Sprache und vermeiden Sie die Annahme, dass Ihre SchülerInnen alle heterosexuell sind und heterosexuelle Eltern haben. 5% aller Frauen und Männer leben homosexuell, d.h. in jeder Klasse könnte ein Kind aus einer Regenbogenfamilie sitzen bzw. ein Mädchen oder ein Junge, die/der selbst lesbisch oder schwul ist.

6. Rechnen Sie damit, dass zu einem Elternabend auch Regenbogeneltern kommen könnten, und sorgen Sie dafür, dass sie sich willkommen fühlen.

7. Überprüfen Sie Ihre Haltung zu Regenbogenfamilien und setzen Sie sich mit Ihren Vorurteilen auseinander. Töchter und Söhne von lesbischen und schwulen Eltern entwickeln sich genauso gut wie Kinder aus Heterofamilien.

8. Sensibilisieren Sie Schulleitung und KollegInnen und sorgen Sie dafür, dass die Schule zu einem sicheren Ort für alle Kinder werden kann. Dafür sind Fortbildungen sinnvoll, in denen KollegInnen lernen, wie sie mit homofeindlichen Situationen konstruktiv umgehen können.

Ein weiterer Unterstützungsfaktor ist die gesellschaftliche Anerkennung. Sie macht Kinder und Jugendliche stark. Können Regenbogenfamilien gesellschaftlich anerkannte Rituale für sich nutzen, wie z.B. eine Hochzeit, rücken sie weiter vom Rand in die Mitte der Gesellschaft hinein. Die meisten Kinder erzählen gern von der Hochzeit ihrer Eltern – manchmal findet eine Verpartnerung ja erst dann statt, wenn die Kinder schon älter sind.

Zur Anerkennung gehört auch die Gleichstellung. Eine rechtliche Gleichstellung brauchen Kinder aus Regenbogenfamilien in jedem Fall. Denn jede Ungleichbehandlung bekommen diese Kinder zu spüren – eine finanzielle Schlechterstellung bedeutet z.B. möglicherweise weniger gesellschaftliche Teilhabe.

Beim Thema finanzielle Ungleichbehandlung merken wir das sehr. Wir müssen so viel arbeiten, weil wir mehr Steuern als Heterofamilien zahlen müssen. Eigentlich würde ich gerne nur halbtags arbeiten, damit ich mich mehr um die Kinder kümmern kann. Aber das ist finanziell nicht möglich, obwohl meine Partnerin eine volle Stelle hat.

Dr. Lisa Herrmann-Green (40), Dipl.-Psychologin, gemeinsam mit Monika Herrmann-Green (47) Eltern von Lena (14), Dylan (10) und Mia (8) sowie Forscherin und Beraterin für Lesben mit Kinderwunsch

Nicht jedes Kind aus einer Regenbogenfamilie wird gehänselt. Gleichzeitig stellt sich in diesem Zusammenhang auch die Frage, ob Töchter und Söhne ihren Eltern von diskriminierenden Äußerungen erzählen würden. Schließlich geht es dabei ja um einen Angriff, der gegen die Eltern gerichtet ist.

Ich glaube nicht, dass Alina von Diskriminierungserfahrungen erzählen würde. Als ich sie mal gefragt habe, ob jemals etwas vorgefallen sei, hat sie verneint. Ich denke, sie versucht sich schon im Vorfeld zu schützen, z.B. mit einem Freundeskreis, in dem sie sich sicher fühlen kann. Es kann schon sein, dass sie manchmal Wut entwickelt, warum sie einen schwulen Vater hat und warum der nicht „normal" ist. Und dann käme sie ja in einen Loyalitätskonflikt, wenn sie von Diskriminierung erzählen würde.

Dieter (44), Vater von Alina (14), seit zehn Jahren mit Wolfgang (51) zusammen

Als vorbeugende Maßnahme gegen Diskriminierung ist es sinnvoll, dass Eltern sich immer mal wieder mit der eigenen möglichen internalisierten Homophobie beschäftigen. Manchmal wird aus Angst eine potenzielle Diskriminierung bereits vorweggenommen, d.h. man geht von einer Diskriminierung aus, obwohl tatsächlich nichts passieren würde. Denn in der Regel gilt: Je selbstverständlicher und offener Regenbogenfamilien auftreten, desto geschützter sind die Kinder.

Ein Dilemma bleibt allerdings weiterhin bestehen.

Ich wünsche mir für mich und für mein Kind, dass die Umwelt sich mehr für Regenbogenfamilien interessiert. Gleichzeitig möchte ich aber auch, dass mein Kind wie alle anderen behandelt wird.

Lena (39), allein erziehende Mutter von Mia (1)*

Dies ist ein Spagat, der nicht leicht zu stemmen ist. Wer will schon sich und seine Kinder andauernd in den Mittelpunkt stellen? Andererseits ist das Problem der Unsichtbarkeit und der möglichen Tabuisierung nur dadurch zu lösen, indem man das Thema „gleichgeschlechtliche Lebensweisen" konsequent immer wieder anspricht.

Es gibt verschiedene Möglichkeiten, wie Kinder mit Hänseleien aufgrund ihrer Familienform umgehen können.

Mögliche Strategien der Kinder und Jugendlichen

Kinder und Jugendliche favorisieren unterschiedliche Strategien[57]:

- Immer offen mit der Familiensituation umgehen und damit keine Angriffsfläche bieten. „Es wissen alle, und meine Lehrer auch." Mia (13)
- Mit Leuten, die negativ reagieren, den Kontakt abbrechen. „Was soll ich mit Menschen, die meine Mutter ablehnen?" Katrin (17)
- Nicht so ernst nehmen. „Pubertäre Späßchen, die gibt es halt." Karen (20) und Lars (21)

---

57 Gesammelt aus: Streib-Brzič, Uli/Gerlach, Stephanie (2005): Und was sagen die Kinder dazu. Gespräche mit Töchtern und Söhnen lesbischer und schwuler Eltern. Querverlag, Berlin.

- Ignorieren bzw. nicht hinhören. „Wenn man nicht reagiert, wird es dem anderen schnell langweilig." Antonia (10)
- Sich gute FreundInnen als Unterstützung suchen. „Ich habe Freundinnen, die mir helfen und mich dann trösten." Lena (9)
- Umdeuten als Interesse. „Du kannst mich gerne mal zu Hause besuchen, wenn du noch mehr Fragen hast." Ajin (16)
- Nachfragen. „Weißt du überhaupt, was das ist, schwul?" Antonia (10)
- Sich abgrenzen. „Mit denen diskutiere ich nicht." Ajin (16)
- Sich körperlich wehren. „Der Junge hatte danach echt Ehrfurcht." Jannis (12)
- Humorvoll kreativ reagieren: „Ich sage doch auch nicht: Du Heteropfer!" Carolin (14)

Die US-Amerikanerin Abigail Garner, die bei ihrem schwulen Vater aufwuchs, veröffentlichte 2004 ein sehr empfehlenswertes Buch, in dem erwachsene Töchter und Söhne von LGBT-Eltern zu Wort kommen.[58] In der Rückschau formulieren viele von ihnen, dass das Aufwachsen mit lesbischen oder schwulen Eltern durchaus Herausforderungen mit sich brachte. Nicht alle Punkte lassen sich auf Deutschland übertragen, wird doch in den USA der Glaubenskampf zum Thema „Lebensformen" viel heftiger ausgetragen, da die religiöse Rechte eine große gesellschaftliche und politische Macht darstellt. Doch einige Konfliktpunkte sind überall in der westlichen Welt ähnlich.

Manche Kinder hatten das Gefühl, erst einmal beweisen zu müssen, wie „normal" sie sind, um als „anders" akzeptiert zu werden. Dazu gehört, auf jeden Fall heterosexuell zu werden. Sich möglicherweise eine Beziehung zu Angehörigen des gleichen Geschlechts vorstellen zu können, sagt etwas darüber aus, wie man Lesben und Schwulen gegenüber eingestellt ist. Eine heterosexuelle Tochter beschreibt, wie daraus ein völlig anderer Schluss gezogen wird. „Nur weil wir weniger Angst vor dem Thema haben, werden wir gleich als ‚lesbisch' oder ‚schwul' etikettiert." (Aus: Garner, Abigail (2004): Families Like Mine. Children of Gay Parents Tell It Like It Is. Seite 18, Übersetzung: S. Gerlach)

---

58 Garner, Abigail (2004): Families Like Mine. Children of Gay Parents Tell It Like It Is. Harper Collins, New York.

Der Druck, als Eltern perfekt sein zu müssen, kann auf die Kinder übergehen. Viele Jugendliche stellen irgendwann fest, dass sie als Regenbogenfamilien unter gesellschaftlicher Beobachtung stehen und deshalb keine Fehler machen dürfen. Schließlich könnte dies ein negatives Licht auf ihre Familien werfen. Treten Probleme auf, steht die Angst im Vordergrund, dies könnte auf die Lebensform der Eltern zurückgeführt werden. Schließlich gibt es keine andere Bevölkerungsgruppe, bei der man die uneingeschränkte Erteilung von Bürgerrechten u.a. davon abhängig macht, ob deren Kinder sich hetero- oder homosexuell entwickeln.

Kinder hören aufmerksam zu, wenn in der öffentlichen Debatte die Rede davon ist, dass Lesben und Schwule keine Kinder haben sollten. Damit steht sozusagen ihre eigene Existenz in Frage. Äußern sie sich dazu, sprechen sie nie nur für sich selbst, sondern immer auch im Namen anderer Töchter und Söhne von Lesben und Schwulen – keine leichte Aufgabe. Stellen sie sich für die Medien als InterviewpartnerIn zur Verfügung, bekommen sie sehr bald ein Gespür dafür, welche Antworten erwartet werden. Die meisten JournalistInnen wollen hören, dass man einen Vater respektive eine Mutter vermisst. Der 27-jährige Jesse bringt es auf den Punkt: „Meine lesbischen Eltern haben mir nie gesagt, das ich nicht sagen soll, wie es mir damit geht, meinen Vater nicht zu kennen. [...] Ich hatte selbst den inneren Druck und wollte meine Familie schützen. Die politischen Implikationen waren mir sehr bewusst." (Aus: Garner, Abigail (2004): Families Like Mine. Children of Gay Parents Tell It Like It Is. Seite 21, Übersetzung: S. Gerlach)

Selbst wenn die lesbische bzw. schwule Beziehung der Eltern für die Kinder offensichtlich ist: Ein Coming-out gegenüber den Kindern braucht deutliche Worte, es geschieht nicht automatisch. Viele Jugendliche empfanden die Identität der Eltern als ein Tabu, solange nicht darüber gesprochen wurde. Mit einem einzigen Gespräch ist es nicht getan. Das Coming-out ist ein Prozess, der nie ganz abgeschlossen ist – weder für die Eltern noch für die Kinder.

Das (späte) Coming-out der Eltern

Folgt auf das Ende einer heterosexuellen Elternbeziehung ein Coming-out, brauchen die Kinder erst einmal Zeit und Raum, diese Tatsache zu verdauen. Vielleicht ist es überhaupt kein Problem, doch manchmal ist der Verlauf dieses Prozesses dramatisch. Es gibt keine allgemein gültigen Aussagen darüber, wie lange es dauert, bis mögliche Schwierigkeiten überwunden sind.

Eltern können rund um ihr Coming-out mit folgenden Fragen ihrer Kinder rechnen:

Ist es ein Geheimnis – wer weiß noch davon?
Es kann schwierig werden, wenn Töchter und Söhne aus der sexuellen Identität ihrer Eltern ein Geheimnis machen müssen – vielleicht ist es dann sogar besser, erst einmal mit dem Coming-out zu warten. Denn mit diesem Wissen allein zu sein und es womöglich nicht einmal dem anderen Elternteil sagen zu dürfen, ist für Kinder und Jugendliche eine große Bürde.

Die 26-jährige Nikkie, Tochter eines schwulen Vaters, erinnert sich: „Als mein Vater von seinem Schwulsein erzählte, bat er mich, diese Information nicht weiterzutragen. Das war eine schwierige Situation für mich. Ich finde, Eltern sollten mit dem Coming-out gegenüber ihren Kindern so lange warten, bis sie bereit sind, es der ganzen Welt zu sagen." (Aus: Garner, Abigail (2004): Families Like Mine. Children of Gay Parents Tell It Like It Is. Seite 56, Übersetzung: S. Gerlach)

Werde ich dann auch homosexuell?
Bei dieser Frage ist es sehr wichtig, ruhig und gelassen zu bleiben. Ein Satz wie „Aber nein, du wirst sicher heterosexuell" ist unangebracht, denn er impliziert, dass sich die Mutter bzw. der Vater möglicherweise mit ihrer/seiner Identität nicht wohlfühlt, und vermittelt gleichzeitig der Tochter bzw. dem Sohn, dass sie bzw. er heterosexuell werden soll. Besser wäre es, eine offenere Antwort zu formulieren und deutlich zu machen, dass das Kind dies selbst herausfinden wird. „Das Wichtigste ist für mich, dass du glücklich bist, ob du dich nun in einen Mann oder in eine Frau verliebst. Und ich werde dich immer lieb haben."

Warum hast du mir das nicht schon viel früher erzählt?
Die meisten Kinder und Jugendlichen aus Regenbogenfamilien spüren, wenn ihre Eltern ein Geheimnis mit sich herumtragen. Vielleicht ahnen sie auch etwas, finden ein Buch, eine Zeitschrift oder sie hören ein Telefonat mit, das nicht für ihre Ohren bestimmt war. Und dann fragen sich Töchter und Söhne, ob ihre Eltern ihnen nicht vertrauen oder ob es am Ende etwas mit ihnen zu tun hat, dass die Mutter oder der Vater sich so schwer mit dem Coming-out tun. An dieser Stelle ist es sehr wichtig, den Kindern zu vermitteln, dass diese Verzögerung nichts mit mangelnder Liebe ihnen gegenüber zu tun hat, sondern mit eigenen Ängsten.

Phillip (27) wurde erst mit 17 Jahren von seiner Mutter „aufgeklärt". „Ich wusste es eigentlich schon lange, dass meine Mutter lesbisch ist. Meine Schwester und ich fragten uns, warum sie es uns so lange nicht gesagt hat. Unsere Mutter nannte einige Gründe, doch hauptsächlich hatte sie Angst, von ihrer Familie und von FreundInnen zurückgewiesen zu werden. [...] Gleich an diesem Abend versicherte ich ihr, dass ich ganz auf ihrer Seite war." (Aus: Garner, Abigail (2004): Families Like Mine. Children of Gay Parents Tell It Like It Is. Seite 59, Übersetzung: S. Gerlach)

Es gibt keinen richtigen oder falschen Zeitpunkt für ein Coming-out. In ländlichen Gegenden, die sehr religiös geprägt sind, kann es vielleicht besser sein, erst einmal abzuwarten. Dennoch ist es nicht gesagt, dass es gerade dort zu Schwierigkeiten kommt. Anna fand die Entscheidung ihrer Mutter gut, mit dem Coming-out einige Jahre zu warten.

Ich war froh, dass meine Mutter mit dem Coming-out so lange gewartet hat. Ich hätte damals als Achtjährige noch nichts damit anfangen können, und allein als Scheidungskind war man hier auf dem Land schon Außenseiter. Und dann auch noch eine lesbische Mutter – da wäre die Hölle los gewesen. Es wäre für mich früher viel schwieriger gewesen.

Anna (18)

Ein Coming-out-Gespräch braucht günstige Rahmenbedingungen. Es sollte in einem geschützten Ambiente stattfinden, also nicht im Auto, sondern am besten zu Hause, und zwar dann, wenn die Familie Zeit hat und bei den Kindern am nächsten Tag keine wichtigen Prüfungen anstehen. Eltern müssen dafür sorgen, dass die Kinder diese Information von ihnen selbst bekommen und nicht etwa von Oma Lotte, Onkel Bernd oder vom anderen Elternteil. Kinder brauchen Gespräche in offener Atmosphäre mit viel Raum für Fragen.

Der 30-jährige Kirk erfuhr vom Schwulsein seines Vaters von seiner Mutter und seinem Stiefvater. „Mit neun versteht man das Ganze sowieso nicht so richtig, aber ich erinnere mich daran, dass ich negative Gefühle gegenüber meiner Mutter und meinem Stiefvater hegte, weil sie es mir gesagt hatten. Irgendwie fühlte sich das an wie ein Angriff auf meinen Vater." (Aus: Garner, Abigail (2004): Families Like Mine. Children of Gay Parents Tell It Like It Is. Seite 60, Übersetzung: S. Gerlach)

Die Reaktionen der Kinder sind unvorhersehbar. Vielleicht sind sie schockiert, sprachlos, traurig oder wütend. All diese Gefühle brauchen Platz.

Es ist möglich, dass das Lesbisch- oder Schwulsein des Elternteils zunächst überhaupt kein Problem darstellt, solange das Kind noch nicht erfasst, dass mit dieser Lebensform möglicherweise eine soziale Stigmatisierung einhergehen könnte. Sobald ein Kind begreift, dass ein Kuss zwischen zwei Frauen oder zwei Männern nicht überall selbstverständlich akzeptiert wird, kann es plötzlich Jahre später zu Schwierigkeiten kommen.

Der kleine Bruder von Joe (22) hatte, bis er etwa acht Jahre alt war, überhaupt kein Problem mit der Tatsache, eine lesbische Mutter zu haben. „Er wusste plötzlich einfach, Mädchen küssen keine Mädchen. Da hatte er noch keine Ahnung, was ‚lesbisch' bedeutete. [...] Aber dann zählte er zwei und zwei zusammen und brach in Tränen aus." (Aus: Garner, Abigail (2004): Families Like Mine. Children of Gay Parents Tell It Like It Is. Seite 61, Übersetzung: S. Gerlach)

Selbst wenn es wirklich schwierig wird und die Tochter oder der Sohn den Kontakt für eine Zeit lang abbricht, weil sie mit der Tatsache, einen homosexuellen Elternteil zu haben, nicht klarkommen: Lesbische bzw. schwule Eltern sollten niemals die Hoffnung aufgeben, dass sich das Verhältnis zu den Kindern wieder normalisiert. Oft können sich Kinder, wenn sie einen eigenen Haushalt gründen, für eine andere Lesart der Ereignisse öffnen. Es kann lange dauern und viel Geduld erfordern, aber jeder Kontaktversuch von Seiten der Eltern ist wichtig, damit das Kind merkt, es wird nach wie vor geliebt. Manchmal sind noch andere Erwachsene involviert, die es dem Kind unmöglich machen, sich unvoreingenommen zu verhalten. Dann bleibt nur, so lange zu warten, bis das Kind erwachsen ist und sich eine eigene Meinung bilden kann.

Eine 32-jährige Tochter erinnert sich: „Ich war extrem homophob, als ich 16 war. [...] Die Scheidung und das Coming-out meiner Mutter innerhalb von drei Monaten – das war einfach zu viel für mich. [...] Ich war unmöglich zu meiner Mutter. Als ich aufs College ging, hatten wir ein ganzes Jahr keinen Kontakt. Aber sie wollte weiterhin ein Teil meiner Welt sein, hat mir Briefe und Päckchen geschickt und mich regelmäßig angerufen. Wenn man irgendwann kapiert, dass die Welt nicht untergeht und dass Lesben und Schwule ganz normale Leute sind, dann wird es besser. (Aus: Garner, Abigail (2004): Families Like Mine. Children of Gay Parents Tell It Like It Is. Seite 61, Übersetzung: S. Gerlach)

Kinder brauchen das Gefühl, dass sie geliebt werden, auch in schwierigen Zeiten. Vielleicht schämen sie sich später für ihr Verhalten und befürchten, dass die Mutter oder der Vater sie nicht mehr sehen möchte. In diesem Fall ist es umso wichtiger, dass die Tür zu den Eltern immer offen steht. Wichtig ist, dass Eltern Geduld haben und „dranbleiben" müssen. Kommen Eltern und Kinder gemeinsam durch eine schwierige Phase, wird ihre Beziehung hinterher mit Sicherheit eine neue Qualität aufweisen.

Familie ist Vielfalt

Lesbische oder schwule Eltern zu haben bedeutet für Kinder und Jugendliche, ein Stück außerhalb der Norm aufzuwachsen. Es ist für sie selbstverständlich, dass Familie in unterschiedlichen Ausprägungen existiert. Die Qualität der Beziehungen untereinander ist davon unabhängig.

Dadurch entwickeln sie einerseits ein Gespür für ihre eigene Identitätsentwicklung, gleichzeitig ist ihnen meistens ein ausgeprägter Gerechtigkeitssinn zu eigen. Manche Töchter und Söhne wünschen sich, dass die verschiedenen Welten ihrer primären Bezugspersonen mehr Berührungspunkte hätten.

Was ich gut finde, ist, dass Alina einen anderen Familienbegriff mitbekommt. Unsere schwulen Bezüge sind auch familienartige Bezüge.

Alina wünscht sich, dass mal alle zusammenkommen, ihre Heterowelt, die Großeltern und die schwule Welt. Gerne käme sie mal mit ihrer Mutter hierher, wenn wir nicht da sind, aber das will Alinas Mutter nicht. Es ist einfach keine Offenheit da, auch nach zehn Jahren nicht, was ich schade finde.

Ich würde Alina wünschen, dass sie dieses Mehr an Erfahrungen nutzt, das sie mit ihren zwei Leben machen kann und dadurch einen breiteren Horizont für ihr Leben bekommt. Und dass sie Vielfalt als positiven Wert umsetzen kann. Wir sind in dieser Hinsicht hoffentlich ein Vorbild für sie.

Dieter (44), Vater von Alina (14),
seit zehn Jahren mit Wolfgang (51) zusammen

Pflege- und Adoptivkinder aus Regenbogenfamilien sind in einer besonderen Situation. Weil sie eine Lebensgeschichte haben, die sich von der anderer Kinder unterscheidet, hat es sicherlich auch Vorteile, in einer Familie aufzuwachsen, in der „Anderssein" schon immer selbstverständlich war.

Ich glaube, dass es für die Kinder hilfreich sein kann, wenn die Eltern auch anders sind, als es der Norm entspricht. Sie sehen dann bei uns, wie wir mit unserem Anderssein umgehen, und können sich das, was ihnen daran gefällt, zum Vorbild machen. Auf der anderen Seite mutet man ihnen auch eine weitere Andersartigkeit zu.

Heide (54), gemeinsam mit Betti (51) Adoptiveltern
von Antonia (17) und Pflegeeltern von Lotti (10)

Ein interessanter Diskurs, der in die Zukunft gerichtet ist, beschäftigt sich mit der Frage, wie erwachsene heterosexuelle Töchter und Söhne aus Regenbogenfamilien in einer überwiegend heterosexistischen Umwelt eine Heimat finden können – sind sie doch häufig in einem Umfeld aufgewachsen, das von einer lesbisch-schwulen Queer-Kultur geprägt ist. Diese Kultur hat ihre eigenen Sprach- und Verhaltenscodes, mit denen Kinder aus Regenbogenfamilien selbstverständlich groß werden. Als Heterosexuelle fühlen sie sich manchmal wie Fremdkörper in einer vertrauten Welt. Abigail Garner beschreibt dieses Gefühl: „Als Tochter eines schwulen Vaters habe ich mich schon früh mit der Kultur schwuler Männer identifiziert. [...] Ich ging in Konzerte des schwulen Männerchors, las lesbisch-schwule Zeitungen und entwickelte meine Strategien, um in einer überwiegend homofeindlichen Welt stolz und selbstbewusst leben zu können. Ich fühlte mich ganz selbstverständlich zugehörig zu dieser Kultur. Erst als ich nicht mehr automatisch Zugang zu dieser Welt hatte, spürte ich, dass diese Kultur für mich wie das Einatmen von Sauerstoff war – nämlich lebensnotwendig. [...] Als Erwachsene hatte ich lange nicht mehr so einen selbstverständlichen Zugang zur Queer-Kultur. Schließlich fehlte mir mein Vater oder sein Partner Russ als Zugangsberechtigung – ich war eine ‚Verdächtige' von außen, sozusagen eine Touristin zu Hause. [...] Stefan Lynch (31), der erste Vorstand von COLAGE, brachte dieses Dilemma auf den Punkt: Er nannte es ‚kulturell queer, sexuell hetero'". (Aus: Garner, Abigail (2004): Families Like Mine. Children of Gay Parents Tell It Like It Is. Seite 196/197, Übersetzung: S. Gerlach)

Kinder aus Regenbogenfamilien brauchen, wie alle Kinder, starke Eltern an ihrer Seite. Der Alltag als Regenbogenfamilie ist in vielerlei Hinsicht wie der Alltag jeder Familie: anstrengend, wunderschön und selten vorhersehbar. Deshalb gilt auch für alle Eltern: Regenerationsinseln suchen, auftanken, sich um sich selbst und um die Beziehung kümmern und Glücksmomente genießen – denn glückliche Eltern sind für Kinder die beste Unterstützung.

Kapitel 12
Und was sagen die Kinder selbst?

Kinder aus Regenbogenfamilien sind genauso unterschiedlich wie die Familien, in denen sie aufwachsen. Wie vielfältig sich Regenbogenfamilien zusammensetzen und für welche Modelle sie sich entschieden haben, lässt sich schon an den vorgestellten Familien in diesem Buch ablesen – keine Geschichte ist wie die andere.

Die Lebenswirklichkeiten der Regenbogenfamilien-Kinder unterscheiden sich zwar auf den ersten Blick gar nicht so sehr von denen anderer Mädchen und Jungen. Da geht es immer um den Alltag in Krippe, Kindergarten oder Schule, um Freundschaften, erste Lieben oder um die Hausaufgaben und das Flöteüben. Doch in einer Familie zu leben, die von außen als „anders" wahrgenommen wird, weil die Eltern das gleiche Geschlecht haben, erfordert von diesen Kindern, sich zu ihrer Familie zu verhalten. Das heißt, sie müssen sich bewusst für einen Umgang damit entscheiden. Das kann heißen, die zwei Mütter oder die drei Eltern zu verschweigen bzw. sehr genau auszuwählen, wem diese Tatsache erzählt wird. Vielleicht wird die Familienform aber auch bei der ersten Gelegenheit den FreundInnen präsentiert.

Tatsache ist – die wichtigsten Bezugspersonen gehören einer gesellschaftlichen Gruppe an, die bis vor Kurzem mit dem Begriff „Randgruppe" etikettiert wurde. Kinder können zunächst mit diesen Kategorien um gesellschaftliche Hierarchien nichts anfangen.

Für die Kinder aus Regenbogenfamilien ist ihre Familie ganz normal – sie werden erst im Kontakt mit der Umwelt damit konfrontiert, dass ihre Familie „besonders" ist und deshalb vielleicht eine Zielscheibe für Hänseleien darstellt.

Wie die Kinder mit möglichen schwierigen Situationen umgehen könnten, ist in Regenbogenfamilien ein Thema unter vielen. Meistens kommen Hänseleien und Ärgernisse gar nicht so häufig vor – nur, man weiß es eben nicht vorher. Dieser Unsicherheitsfaktor kann stressig für die Kinder sein.

Die Patchworksituation

In einer klassischen Patchworksituation kommt nach einer Trennung der Eltern irgendwann ein neuer Partner oder eine neue Partnerin in die Familie. Hat sich die Mutter in eine Frau verliebt, stehen große innerfamiliale Veränderungen an. Wie verstehen sich die Kinder mit der neuen Partnerin? Wie gehen die Erwachsenen mit ihrer Beziehung um? Für die Kinder ist es wichtig, in diesem Umbruch Orientierung und Unterstützung zu bekommen, um mit der neuen Situation zurechtzukommen.

Ich glaube heute, es wäre auch nicht leicht gewesen, wenn sich meine Mutter in einen anderen Mann verliebt hätte. Aber die Partnerin meiner Mutter und ich, das war einfach sehr schwierig. Ganz viele Dinge haben sich zur gleichen Zeit geändert. Sie hat alles auf den Kopf gestellt, jetzt gab es Regeln, wir mussten plötzlich ganz viel selbst machen. Ich war schon 13, hoch pubertär, hatte kein Beziehungsvorbild, denn die Ehe meiner Eltern war ja schon sehr früh gescheitert. Und dann war da diese lesbische Beziehung. Meine Mutter hatte mir nahegelegt, mit der Information vorsichtig umzugehen. Für mich war das wie ein Geheimhaltungsgebot. An Mamas Partnerin hat sich die ganze Veränderung aufgehängt, sie war die Schlüsselfigur, aber ich habe natürlich auch auf sie alles hingepackt. Meine Mama hat mir neulich mal erzählt, dass sie die ganzen Umbrüche ohne ihre Partnerin gar nicht geschafft hätte. Aber Mamas Partnerin ist so ein schwieriger Mensch! Warum hat meine Mutter gerade sie ausgesucht? Und da hat Mama mir erzählt, wie das lief, als sie noch mal eine Ausbildung gemacht hat und ihre Partnerin ohne Murren in diese Zweitmutterrolle geschlüpft ist. Meine Mutter hat durch diese Beziehung ihr eigentliches Ich gefunden, insofern hatte die Beziehung immer auch etwas sehr Positives. Meiner Mutter tat sie immer gut, bis heute, aber mir damals halt nicht. Heute ist es ein gegenseitiges Akzeptieren.

Hannah (23), wuchs nach der Trennung der Eltern bei ihrer Mutter und deren Partnerin auf

Wer ist meine Familie?

Wer mit mehreren Elternteilen lebt, ob in einem oder in zwei verschiedenen Haushalten, pickt sich das Optimale heraus. Da ist der eine Elternteil strenger, aber der andere weiß dafür mehr über ein bestimmtes Thema. In jedem Haushalt gelten unterschiedliche Regeln.

Mütter und Väter werden von Kindern meist unterschiedlich besetzt. Dies kann sich in der Namensgebung niederschlagen oder auch nicht. Ob Vornamen, Papa, Mama oder individuelle Kreationen – es gibt viele Möglichkeiten, wie die Kinder ihre Eltern oder primären Bezugspersonen nennen.

Dorothea, Nina und Julia nenne ich alle drei Mama. Bei den Hausaufgaben geht mit Dorothea am besten Deutsch, mit Nina geht am besten Englisch, aber mit Julia geht das eigentlich auch ganz gut.

*Leon (10), lebt in einer Queer-Großfamilie und hat drei Mütter**

Die eine erlaubt das und die andere das. Emotional mache ich da keinen Unterschied. Beim Auto frage ich lieber Anne. Wenn ich was in Bio wissen will, frage ich Sabine, ganz einfach. Wenn mich was belastet, dann rede ich mit beiden zusammen. Sabine ist auf jeden Fall strenger. Mama ist nicht sehr strikt, von Natur aus. Manchmal nervt es natürlich, dass Sabine strenger ist. Ich rufe meine Eltern oft „Sa(h)ne", also zusammengesetzt aus Sabine und Anne. Wenn ich eine einzeln meine, sage ich „Mama" oder „Sabi" oder auch „Sa(h)ne" das hat sich so einge-

Und was sagen die Kinder selbst?

bürgert. „Anne" sage ich eigentlich gar nicht, obwohl sie sich das immer gewünscht hat, das würde ihr besser gefallen als „Mama".

Felix (18), lebt mit zwei Müttern

Ich mache eigentlich nur den Unterschied, dass Martina meine biologische und Katja meine soziale Mutter ist. Ich habe mich von Anfang an gut mit Katja verstanden; sie war immer die gute Seele. Für mich ist sie meine Zweitmama. Ich nenne sie Katja.

Christine (28), ist hauptsächlich
mit zwei Müttern aufgewachsen

Ich nenne meine beiden Mütter beim Vornamen – das war schon immer so.

Malte (15), lebt mit zwei Müttern

Meine Familie ist ziemlich groß: Da sind meine Eltern, meine beiden Stiefmütter und meine Schwester, zwei Brüder und meine Stiefbrüder. Zwei Großeltern wohnen bei meinem Vater im Haus. Ich bin die Hälfte der Zeit bei meiner Mutter und ihrer Partnerin und die andere Hälfte bei meinem Vater. Es ist immer ein bisschen Abwechslung in beiden Häusern. Bei meinem Vater sind ja ziemlich viele Leute, also sieben, bei meiner Mutter sind wir nur zu fünft, da ist es etwas ruhiger. In jedem Haus ist es anders. Manchmal sind die Sachen, die ich gerade brauche, im falschen Haus. Aber man kann mit dem Fahrrad hin- und herfahren. Die Partnerin meiner Mutter mag ich gerne, sie ist sehr nett und kümmert sich auch um uns. Sie macht viel und kennt sich mit allem gut aus, sie repariert z.B. unsere Fahrräder. Eigentlich nenne ich sie meine Stiefmutter, denn wir haben schon ein eigenständiges Verhältnis. Ich finde es gut, mit ihr zusammenzuleben als Stiefmutter – besser als mit einem Stiefvater. Das stelle ich mir nicht so schön vor, es wäre natürlich was ziemlich Normales, aber das Besondere an meinem jetzigen Leben gefällt mir recht gut. Angeben kann man jetzt nicht, aber cool ist es schon. Freundinnen kommen gerne in beide Häuser.

Juliane (12), pendelt seit der Trennung
ihrer Eltern zwischen zwei Haushalten

Zu meiner Familie gehören Connie, Evi, meine Oma und mein Opa. Das Urvertrauen habe ich schon in die Connie, weil sie meine Mutter ist. Biologie ist für mich wichtig. Ein bisschen weiter weg ist die Evi, sie ist nicht meine zweite Mutter, auch wenn es Connie gerne hätte und auch wenn die beiden schon 15 Jahre oder so zusammen sind. Sie ist mehr die Vertrauensperson, die in unserer Familie ein bisschen die Mutterrolle übernommen hat, denn Connie hat eher die Vaterrolle. Sie ist strenger. Evi hat einen eigenen Stand. Aber natürlich hat sie mich adoptiert, nachdem die beiden geheiratet haben. Das war eine reine Formsache.

Wenn ich über Connie rede, dann sage ich meine Mom, Evi nenne ich Evi. Über beide rede ich nicht gleichzeitig, weil ich irgendwie immer noch Angst habe, dass es rauskommt, dass die beiden zusammen sind. Das hat mit einer sehr schlechten Erfahrung mit meinem früheren Fußballverein zu tun.

Manuel (17), lebt mit zwei Müttern

Zusammenhalt und Kommunikation

In vielen Regenbogenfamilien wird der starke Zusammenhalt herausgestellt. Die Familienmitglieder legen Wert auf eine gewachsene Familienidentität. Das Klima ist harmonisch, die Kinder fühlen sich geborgen. Eine vorangegangene Trennung muss nicht notwendigerweise negative Auswirkungen haben. Manchmal ist sie sogar die bessere Alternative.

Felix war sieben, seine Schwester Antonia fünf, als sich seine Mutter Anne in eine Frau verliebte – in Sabine, eine Kollegin aus der Klinik, in der Anne als Hebamme tätig war. Das ist jetzt elf Jahre her. Die Ehe zwischen seiner Mutter Anne und seinem Vater war nicht glücklich. Felix' Vater war psychisch labil; die Eltern führten bereits ein sehr getrenntes Leben mit wenigen Gemeinsamkeiten. Schließlich gingen sie auseinander.

Papa war weg und Sabine zog ein. Und dann lagen die beiden sonntagmorgens zusammen im Bett und kuschelten. Plötzlich war so eine positive Stimmung im Haus. Das gab es bei Papa und Mama nie; die hatten schon immer getrennt geschlafen.

Und was sagen die Kinder selbst?

Und Sabine war viel netter als Papa. Wir haben schöne Ausflüge miteinander unternommen. Ich kann mich an nichts Negatives erinnern, ich kam gleich mit ihr klar. Anne hat sehr darauf geachtet, dass wir Sabine schnell als zweiten Elternteil akzeptieren. Mittlerweile ist sie auch rechtlich unsere zweite Mutter, nachdem unser Vater der Adoption durch Sabine zugestimmt hat. Natürlich habe ich auch mal im Streit zu Sabine gesagt: „Du hast mir gar nichts zu sagen, du bist nicht meine Mutter." Aber insgesamt war die Trennung von Mama und Papa einfach durch und durch das Beste, was passieren konnte. Das ist ja das Interessante bei uns.

Der Zusammenhalt in unserer Familie ist toll. Ich bin stolz auf die Familie, wie sie jetzt ist, und auf meine Eltern, was sie erreicht haben mit ihrer Praxis als Ärztin und Hebamme. Und einen gemeinsamen Namen tragen wir jetzt auch alle.

Das Leben hier im Haus und mit den Tieren ist schön. Mein einziges Problem besteht darin, dass sich meine Eltern nicht für Sport interessieren, das ist sehr schade.

Felix (18), lebt mit zwei Müttern
und seiner Schwester Antonia (16)

In vielen Regenbogenfamilien ist eine kommunikative Atmosphäre; es wird sehr auf eine lebendige Gesprächskultur geachtet. Diskussionen über aktuelle Themen nehmen einen wichtigen Platz ein. Dadurch fühlen sich Kinder und Jugendliche schon früh als GesprächspartnerInnen ernst genommen.

Mir gefällt es gut, dass wir keine ganz kleine Familie sind. Es ist fast immer jemand zum Reden oder Spielen im Haus. Meine Schwester nervt manchmal, aber das gehört wohl dazu.

Leon (10), lebt in einer Queer-Großfamilie
und hat drei Mütter*

Wenn wir uns streiten, kommen wir immer zu einer Lösung. Früher gab es viel Streit, ich wollte mehr Freiheiten, als ich bekam, wir hatten viele Machtkämpfe. Unser Verhältnis wurde einfach mit der Zeit wieder besser. Auch seit ich die Lebensweise von Connie und Evi besser akzeptiert habe.

Manuel (17), lebt mit zwei Müttern

Wir können zu Hause über alles reden. Zur Zeit diskutieren wir auch öfter über Politik, das finde ich gut. Ich interessiere mich auch sehr für Medizin, und dass ich später mal Ärztin werden will, hat sicher auch was damit zu tun, dass Sabine Ärztin ist.

Antonia (16), lebt mit zwei Müttern und ihrem Bruder Felix (18)

Mir gefällt, dass wir alle irgendwie besonders sind, d.h. wir sind alle nicht so normal. Meine Eltern sind lesbisch, ich habe noch einen Zwillingsbruder, wir gehen beide in ein Internat, und mein kleiner Bruder ist leider sehbehindert. Wir fünf haben ein saugutes Verhältnis zueinander und können über alles reden. Das Verhältnis zu unseren Eltern war schon immer sehr gut. Klar gibt es Höhen und Tiefen.

Malte (15), lebt mit zwei Müttern

Meine Mutter hat uns früher sehr ermutigt, über unsere Gefühle zu sprechen. Das war anstrengend, aber ich denke, dass es letztendlich gut war, trotz der vielen Konfrontationen. Was mir manchmal gefehlt hat, ist eine etwas nüchterne Betrachtungsweise eines Mannes auf die Dinge. Was Sachliches in die Debatte bringen finde ich mittlerweile sehr erleichternd. Mit Frauen ist alles immer so intensiv, das ist nicht schlecht, aber eben anstrengend.

Meine Mutter ist mir immer noch ein Vorbild. Auch die Beziehung, die sie und ihre Partnerin miteinander führen, ist mir ein Vorbild. Die beiden sind schon mehr als zehn Jahre ein Paar. Es gibt so wenig Hetero-Paare, die auf Dauer zusammen sind und eine schöne Beziehung leben. Das deprimiert mich schon. Meine letzte Beziehung zu meinem Freund dauerte aber immerhin vier Jahre.

Hannah (23), wuchs nach der Trennung der Eltern
bei ihrer Mutter und deren Partnerin auf

Außerhalb lebender Elternteil

In Patchworkfamilien gibt es häufig die Aufgabe, den Kontakt zwischen den Kindern und einem außerhalb der Familie lebenden Elternteil gut in den Alltag zu integrieren. Über die Jahre kann sich dieser Kontakt stark verändern. Manchmal spüren die Kinder eine Verantwortung, die sie belastet. Gleichzeitig hängt das Gelingen einer Patchworkfamiliensituation auch davon ab, ob sich die Beziehung zwischen Kind und außerhalb der Familie lebendem Elternteil gut entwickeln kann und wie häufig ein Kontakt möglich ist.

Vor 21 Jahren verliebte sich Christines Mutter Martina in Katja. Christines Eltern trennten sich. Nach der Trennung begannen die beiden Frauen ein gemeinsames Leben mit Martinas drei Töchtern. Christine und ihre beiden Schwestern haben weiterhin ein enges Verhältnis zu ihrem Vater.

Meine Eltern haben sich getrennt, als ich etwa sieben war. Das war sehr kompliziert. Am Anfang war es schwierig, dass der Papa nicht mehr da war. Aber wir haben ihn so oft gesehen, wie wir wollten, und das war das Gute. Und mit Katja hatten wir ein Familienmitglied dazu gewonnen. Für uns war es nie so, dass er richtig weg war. Wir hatten ja sehr regelmäßig Kontakt. Seit meiner Mutter hatte unser Vater keine andere Beziehung mehr. Er ist allein. Wir haben ihm immer eine neue Beziehung gewünscht und haben oft darüber geredet, aber er wollte nicht. Dadurch waren wir mehr gefordert und sind es bis heute. Wir fahren jeweils etwa eine Woche im Jahr mit ihm weg. Das ist schön, aber du fühlst dich verantwortlich und das ist manchmal eine Belastung.

Christine (28), ist hauptsächlich mit
zwei Müttern aufgewachsen

Am Anfang war es komisch, als Papa wegging. Wir hatten durchaus eine Verbindung zueinander. Jedes zweite Wochenende waren wir bei ihm. Das lief über viele Jahre. Anfangs war es schön, ihn immer mal wiederzusehen. Er gehörte ja schließlich immer noch dazu für uns. Die Wochenenden waren insofern ganz gut, dass er mehr mit uns gemacht hat als früher. Aber er hat sich nicht wirklich Mühe gegeben, ist oft ausgerastet. Häufig kam er uns wie ein Kind vor und wir waren, als wir älter wurden, eher seine Eltern. Irgendwann haben wir die Wochenenden abgebrochen. Mama hat ihn anrufen müssen, weil sich von uns keiner getraut hat, es ihm zu sagen. Seit einiger Zeit gehen wir ab und zu miteinander essen, das ist okay.

Wenigstens interessiert sich mein Vater für Sport, da haben wir etwas gemeinsam.

Felix (18), lebt mit zwei Müttern und seiner Schwester Antonia (16)

Die Wochenendlösung war nicht so schön. Ich mag zwar Sport, aber wir mussten immer schwimmen gehen und Rad fahren und morgens zum Bäcker radeln. Ich wäre so gerne mal faul gewesen, aber ich musste immer mit. Wir durften nie in der Wohnung allein bleiben, selbst dann nicht, als wir zu Hause schon lange alleine bleiben durften. Er behandelte uns immer jünger, als wir eigentlich waren. Irgendwann regte es mich auf, dass wir dauernd dasselbe gemacht haben. Und wir mussten einfach hin; man hatte keine Wahl.

Antonia (16), lebt mit zwei Müttern und ihrem Bruder Felix (18)

Reaktionen der Umwelt

Wie die Umwelt mit ihrem Familienmodell umgeht, das erleben Kinder aus Regenbogenfamilien sehr unterschiedlich. Für manche war es nie ein Problem, von Anfang an offen von ihren zwei Müttern oder zwei Vätern zu erzählen, andere waren und sind damit viel vorsichtiger – aus gutem Grund.

In meinem alten Fußballverein wussten es nur meine ganz guten Freunde. Ich war zu der Zeit dagegen, dass Evi, die Partnerin meiner Mutter Connie, zum Spiel mitkommt. Gleichzeitig habe ich mir aber auch gesagt, wir sind doch eine Familie. Weil Evi vorher schon mal bei einem Spiel dabei war, wusste der Trainer, dass Connie und Evi zusammen sind. Eines Tages haben sich Connie und der Trainer wegen irgendwas gestritten und dann hat der Trainer sie wüst beschimpft, so von wegen, die Lesbe muss mal ordentlich durchgef... werden. Sein Verhalten war mir völlig unverständlich. Ich hatte mich gut mit ihm verstanden; er hat mich auch gefördert. Connie hat sich noch am selben Tag beschwert und mich gleich aus dem Verein abgemeldet. Ich wollte unbedingt in diesem Verein bleiben, aber wurde von ihr gezwungen, in einen neuen Verein zu gehen. Ich sah das Ganze als Strafe an, dass ich sozusagen versetzt wurde, dabei war es doch ein Problem zwischen dem Trainer und meiner Mutter. Da war ich etwa 13. Im neuen Verein haben meine Leistungen natürlich nachgelassen und mein Selbstvertrauen war im Keller, aber es wurde dann langsam besser. Heute kann ich das rigorose Verhalten meiner Mutter besser verstehen. Ich kann ihre Wut nachvollziehen, obwohl es für mich nicht so toll war.

Ich würde mich immer noch als vorsichtig bezeichnen. Wenn ein neuer Kumpel zu mir kommt, dann sage ich es schon. Wer es nicht akzeptiert, der wäre auch nicht mehr ein guter Kumpel.

Im Nachhinein habe ich gemerkt, dass ich mir den ganzen Stress selbst gemacht habe. Wenn du mit der Einstellung rangehst, dass du gleich negative Erfahrungen machst, weil deine Eltern lesbisch oder schwul sind, dann machst du dich selbst fertig und bist verklemmt. Wenn man dem offen gegenübersteht, dann hat man weniger Probleme. Schwul ist ja auch ein Schimpfwort und von daher kam es wahrscheinlich schon früh in mein Unterbewusstsein, das es etwas Abstoßendes ist. Die Erfahrung mit dem Verein ist jetzt vorbei, aber sie hat mich sehr geprägt. Heute sagt mir mein Unterbewusstsein „Vorsicht", andererseits erlebe ich, wenn ich es erzähle, nie mehr etwas Negatives.

Manuel (17), lebt mit zwei Müttern

Die Erfahrungen, die Kinder und Jugendliche machen, können je nach Schule stark variieren. Wenn sich eine Schule ein Diversity-Leitbild auf ihre Fahnen geschrieben hat, ist ein offener Umgang mit Vielfalt eventuell wahrscheinlicher als dies an einer Schule der Fall ist, die nichts dergleichen anstrebt. Doch gibt es ein engagiertes Kollegium, das sich auch unabhängig von schulischen Leitbildern beispielsweise für die Belange von lesbischen und schwulen SchülerInnen einsetzt, kann die Situation ganz anders aussehen. Für das Auftreten in der Schule gibt es keine Patentrezepte, doch insgesamt scheinen sich Offenheit und Selbstbewusstsein auszuzahlen; sie nehmen dem Gegenüber den Wind aus den Segeln.

Durch den besonders bei Lesben anhaltenden Babyboom wächst eine neue Generation von Inseminationskindern heran. Ihre meist selbstbewussten Regenbogeneltern unterstützen sie darin, offen und stolz mit ihrer Familiensituation umzugehen. Gleichzeitig herrscht jedoch gesellschaftlich nach wie vor ein traditionelles patriarchales Familienbild vor, das dem „Vater" einen sehr großen Stellenwert beimisst. Ein bekannter Spender wird in den Augen der Umwelt schnell zu einem sozialen Vater, obwohl diese Rolle nicht unbedingt dem jeweiligen Familienkonzept entspricht. Andere Kinder bzw. Jugendliche tun sich möglicherweise schwer, das Modell einer Regenbogenfamilie zu verstehen. Deshalb sind Töchter und Söhne mit zwei Müttern gefordert, jederzeit eine Antwort auf die Frage nach ihrem Vater parat zu haben, mit der sie sich wohlfühlen. Regenbogeneltern sollten regelmäßig das Gespräch über diese Zusammenhänge mit ihren Kindern suchen, denn auch das Coming-out der Kinder ist ein lebenslanger Prozess.

Hin und wieder kommt die Frage: „Was arbeitet denn dein Vater?" Am häufigsten habe ich bisher darauf geantwortet, dass ich ihn nicht kenne. Ich kann nichts über ihn sagen, außer dass er heute zwischen 40 und 60 ist, Student war und Deutscher. Die meisten denken dann, dass meine Mutter einen One-Night-Stand hatte. Manchmal, aber ganz selten, sage ich auch, dass ich ein Samenspenderkind bin. Und dann geht das Gespräch schnell mit einem anderen Thema weiter. Früher hatte ich Angst, dass wir einen Aufsatz über unsere Eltern schreiben sollen. Da wäre ich ja womöglich vor der ganzen Klasse bloßgestellt worden. Ich hätte gerne einen Vater in der Familie gehabt. Es gab immer mal wieder Männer, die wichtig für mich waren. Mein Judotrainer, ein Fußballtrainer, verschiedene Lehrer oder Väter von meinen Freunden, bei denen ich oft war. Als Kinder hätte man ja immer gern die Eltern von anderen.

Manuel (17), lebt mit zwei Müttern

Wenn mich jemand fragt, dann sage ich, ich habe einen Halbpapa, weil er den Samen gegeben hat. Manchmal sehe ich ihn, aber selten. Ich mag ihn gern und finde ihn toll. Er ist ein bisschen mehr als ein Freund.

Clara (8), lebt mit zwei Müttern

Werden Kinder oder Jugendliche wegen ihrer Familie gehänselt, verschweigen sie diese Erfahrung möglicherweise, weil sie die

Mutter oder den Vater schützen wollen. Es stellt sich die Frage, ob sich für diese Strategie eher diejenigen entscheiden, die nicht dauerhaft mit einem homosexuellen Elternteil zusammenleben, denn bei einem täglichen Kontakt zwischen Elternteil und Kind würde diese Geheimhaltung eine große Belastung darstellen. Manchmal wollen sich die Kinder auch einfach nicht mit dem Thema befassen.

Ich würde das nicht erzählen, wenn mich jemand schwach anreden würde wegen meinem Vater. Weil, dann wäre er ja verletzt und das will ich nicht.

Alina (14), verbringt jedes zweite Wochenende mit ihrem schwulen Vater

Ich denke, ich hätte es erzählt, aber es hätte mir sicher wehgetan, denn es hätte ja die Mama verletzt und bei ihr einen wunden Punkt getroffen. Gott sei Dank ist das nie passiert.

Hannah (23), wuchs nach der Trennung
der Eltern bei ihrer Mutter und deren Partnerin auf

Wahrscheinlich hätte ich nichts erzählt und es in mich hineingefressen. Ich hätte mir keinen Vortrag von meiner Mutter anhören wollen, aber damals war ich ja auch noch nicht so offen.

Manuel (17), lebt mit zwei Müttern

Ein friedliches und tolerantes Miteinander ist in einer vielfältigen Gesellschaft keineswegs selbstverständlich. Viele unterschiedliche Menschen treffen aufeinander, so dass Spannungen unvermeidlich sind. Es gibt gesellschaftliche Gruppen wie z.B. muslimische Jugendliche, die selbst von Ausgrenzung betroffen sind und gleichzeitig enorm unter Druck stehen. Hinzu kommen rigide Männer- und Frauenbilder, die enge Vorstellungen von Normalität schaffen. Dadurch flüchten Jugendliche möglicherweise in traditionalistische Zusammenhänge, die fortschrittlichen Entwicklungen zuwider laufen. Gerade Jungen geben den Druck, unter dem sie stehen, manchmal an Schwule und Lesben weiter, denn Lesben und Schwule, die offen auftreten, hinterfragen ein konservatives Normalitätskonzept und lösen damit vielfältige Gefühle aus, die nicht selten in homophoben Hänseleien oder gar Angriffen enden. Das Spannungsfeld von Rassismus, Homophobie und Heterosexismus ist groß.

Durch ihre Erfahrungen sind die meisten Töchter und Söhne aus Regenbogenfamilien sehr sensibel, wenn es um Äußerungen gegenüber Lesben und Schwulen geht.

Ich habe immer allen von meiner Familie erzählt und hatte nie Probleme damit. Vielleicht hatte ich Glück. Keine Ahnung. Vielleicht lag es auch daran, dass ich eher ein ruhiger und zurückhaltender Typ bin. Früher hatte ich auch nicht so viele Freunde. Das ist heute ganz anders. Meine Familie ist etwas Besonderes; damit kann man schon auch ein bisschen angeben.

Was homophobe Äußerungen angeht, bin ich total sensibel. Da fühle ich mich gleich persönlich angegriffen. Ich finde es traurig und gruselig. Es ist schlimm, was da heute noch gesagt wird, gerade auch bei Jungs mit Migrationshintergrund.

Christine (28), ist hauptsächlich
mit zwei Müttern aufgewachsen

In der Grundschule war mal was. Da riefen zwei türkische Jungs meinen Eltern „Lesben, Lesben" hinterher. Da habe ich mich schon schlecht gefühlt. Ich glaube, die anderen Kinder haben so getan, als ob sie es nicht hören würden. In der Grundschule habe ich es nie zum Thema gemacht, wir waren halt ein bisschen anders, aber wir waren auch eine ganz normale Familie. Aber dann veränderte sich mein Umgang damit. Ich bin immer offensiver geworden. Irgendwann, so ab der 6. oder 7. Klasse, kamen dann, wenn ich es erzählt habe, so Antworten wie: „Ja, das weiß ich schon." Es war dann allseits bekannt. Später geschah nie wieder etwas Blödes. Unser Ort ist ja ziemlich klein, und da meine Eltern eine Praxis mitten im Ort haben, kennen uns einfach viele Leute.

Mittlerweile setze ich mich total für die Rechte von Lesben und Schwulen ein. Ich habe mich dafür auch schon immer interessiert; meine Eltern haben uns viel darüber erzählt. Der Weg in die Öffentlichkeit war richtig. Wenn die Eltern sich nicht outen, müssen die Kinder immer etwas aus ihrem Leben verbergen. Dass lesbische Mütter oder schwule Väter keine guten Vorbilder für ihre Kinder sein können, ist totaler Quatsch.

Felix (18), lebt mit zwei Müttern
und seiner Schwester Antonia (16)

Und was sagen die Kinder selbst?

Als ich kapiert habe, was das eigentlich bedeutet, lesbisch oder schwul zu sein, fand ich es peinlich, wenn meine Eltern in der Öffentlichkeit zärtlich zueinander waren. Aber irgendwann habe ich für mich beschlossen, dass es in Ordnung ist. Andere Meinungen waren mir dann egal. Wir haben natürlich viel darüber geredet, sie haben uns auch viel erklärt. Am Anfang habe ich es nur denen erzählt, die zu uns nach Hause kamen. Einer Freundin habe ich es erst mal nicht gesagt. Sie war dann beleidigt, dass ich es ihr nicht schon vorher erzählt habe, denn sie fand das total interessant. Wenn jemand fragt: „Was macht dein Vater", dann sage ich, was er macht, und dann sage ich, was meine Mutter macht und meine andere Mutter. Manchmal, wenn es mir gerade nicht gepasst hat und ich keine Lust hatte, dann habe ich schon auch mal die andere Mutter unter den Tisch fallen lassen. Aber wenn es ernst ist und wichtig, dann sage ich es natürlich schon. Und bis auf eine Situation in der Grundschule ist nie etwas Doofes gewesen.

Antonia (16), lebt mit zwei Müttern
und ihrem Bruder Felix (18)

Für ihren eigenen Umgang mit gleichgeschlechtlichen Lebensweisen und Regenbogenfamilien bekommen Töchter und Söhne vielfältige Unterstützung aus dem Elternhaus. Es wird viel über verschiedene Lebenskonzepte gesprochen. Manche Eltern engagieren sich in der Schule ihres Kindes. Sie übernehmen Ämter, um Berührungsängste abzubauen. Denn was die Schule angeht, sehen sowohl Eltern als auch Kinder aus Regenbogenfamilien einigen Nachholbedarf. Für sie ist es unverständlich, dass alternative Familienmodelle sehr selten thematisiert werden und nicht pflichtgemäß im Lehrplan verankert sind. So fühlen sich Töchter und Söhne aus unkonventionellen Familien unter Umständen nicht geschützt genug, um jederzeit offen über ihre Erfahrungen zu sprechen.

Eine weitere Unterstützungsquelle könnten andere Kinder aus Regenbogenfamilien sein. Es gibt zwar schon seit einiger Zeit erste Vernetzungsversuche im Internet, doch manchmal wollen Kinder und Jugendliche einfach Kontakt zu einer Regenbogenfamilie in der Nachbarschaft. Das Bedürfnis dazu ist allerdings sehr unterschiedlich ausgeprägt und verändert sich über die Jahre.

Hin und wieder war es mal Thema – aber ich wollte nie, dass es die ganze Schule weiß. Wenn man da offen darüber redet, dann hat man ja nicht die Kontrolle drüber. Wenn es einmal draußen ist, dann ist es draußen. Ich kenne von früher andere Kinder mit zwei Müttern. Es war interessant, wie die damit umgehen. Wir haben heute noch Kontakt. Manchmal kommen die auch zu uns; so einmal im Jahr sehen wir uns. Es sind drei Jungs und ein Mädchen. Eigentlich finde ich das ganze Thema nicht so wichtig. Ich wollte darüber auch nicht so gerne mit völlig fremden Leuten reden. Ich will mir meine Freunde selber raussuchen, denn ich suche mir die ja nicht nach ihren Familien aus. Hin und wieder gab es da aber schon mal jemand Sympathisches.

Manuel (17), lebt mit zwei Müttern

Ich glaube, das Thema sollte man schon in der Grundschule ansprechen oder im Kindergarten, wenn man den Kindern die Welt erklärt. Man sollte aber nicht die Kinder in den Mittelpunkt rücken, sondern besser erzählen, dass es neben vielen anderen Modellen auch Regenbogenfamilien gibt.

Ich selbst bekomme heute keine negativen Reaktionen, eher Anteilnahme, denn für mich war es wirklich schwer. Ich glaube, die Leute fragen sich, wie sie das selbst fänden oder verkraftet hätten, und treffen den Nagel damit auf den Kopf.

Ich habe mal einen Aufruf veröffentlicht, dass ich andere junge Erwachsene suche, die bei lesbischen oder schwulen Eltern aufgewachsen sind. Auf meinen Aufruf hin hat sich eine junge Frau gemeldet, wir haben dann einen lockeren Kontakt gehabt, aber ich habe noch nie so richtig intensiv mit einer Person oder mehreren Leuten darüber geredet, die wissen, wovon ich spreche. Das wäre mal schön.

Hannah (23), wuchs nach der Trennung
der Eltern bei ihrer Mutter und deren Partnerin auf

Wenn irgendwelche Hänseleien passiert wären, hätte ich mich sofort an die Mama gewendet. Ich hätte auch sicher alles zu Hause erzählt. Grundsätzlich gehört das Thema viel mehr in die Schule: Mehr Aufklärung im Unterricht, Deutsch, Biologie, Sozialkunde. So was sollte die Schule von sich aus machen und es nicht den Regenbogenfamilien selbst überlassen.

Christine (28), ist hauptsächlich mit zwei Müttern aufgewachsen

Und was sagen die Kinder selbst?

Unsere Eltern haben immer wieder auf uns eingeredet, dass Homosexualität nichts Schlimmes sei und dass wir doch kommen sollen, wenn uns irgendjemand blöd anmacht. Das war wichtig, aber irgendwann war das Thema dann durch, und dann hat es auch mal genervt. Was ich gut fand, war, dass unsere Eltern meistens zu zweit zum Elternabend gegangen sind. Sie haben es immer den Lehrern erzählt und waren sehr offen. Ich habe nie negative Erfahrungen durch ihr Auftreten gemacht.

Einmal in Sozialkunde in der 10. Klasse, da gab es bei Patchworkfamilien ein gleichgeschlechtliches Elternpaar. Da wussten das ja alle schon von unserer Familie. Das lief so nebenbei. Aber das war das einzige Mal, dass das Thema im Unterricht vorkam. Ich finde, es sollten mehr Möglichkeiten gezeigt werden, wie man leben kann. In Sozialkunde passt das ja auch. Es gibt ja noch mehr außer Mutter-Vater-Kind. Aber alles andere wird immer ausgeblendet, das ist einfach kein Thema.

Felix (18), lebt mit zwei Müttern und seiner Schwester Antonia (16)

Ich würde mir auf jeden Fall Eltern wünschen, die dazu stehen, denn sonst sieht es ja wirklich aus, als ob Lesbischsein etwas Schlechtes wäre. Und Eltern, die mit uns darüber reden und uns den Rücken stärken, und Freunde, die zu uns stehen. Zum Glück habe ich das alles. Von der Schule wünsche ich mir, dass es im Schulstoff häufiger vorkommt. In Sozialkunde gab es viele Familienformen, aber unsere natürlich nicht. Das finde ich sehr blöd, da gibt es keine Bilder. Warum kommen wir da nicht vor? Viele wissen nicht, dass Lesben und Schwule auch Kinder haben. Ich sitze dann da, und meine Familie ist nirgendwo abgebildet. Und anerkannt sind unsere Familien auch nicht. Aber ich will auch nicht, dass es so ein Extrathema wird. Ich würde es gerne als ein Thema gleichwertig unter anderen sehen. Es sollte alles im Lehrbuch stehen, ganz beiläufig, wenn z.B. auch ein Bild einer Regenbogenfamilie vorkäme, dann bekäme es eine Selbstverständlichkeit und würde mit einbezogen. Es gibt immer noch so viele traditionelle Bilder von Familie; Papa kommt von der Arbeit, Mutter in der Küche und Kind sitzt daneben und macht Hausaufgaben.

Es gab mal eine Zeit, da hätte ich gerne andere Kinder aus Regenbogenfamilien gekannt. Da hätte ich meine Familie nicht immer erklären müssen. Das wäre interessant gewesen, wie die damit umgehen, wie es ihnen geht. Ich fände es immer noch spannend, ob es heute anders ist als früher. Ein Austausch geht mir schon ab. Aber so dringend ist es dann doch nicht. In irgendeinen Chatroom würde ich dafür nicht gehen wollen.

Antonia (16), lebt mit zwei Müttern und ihrem Bruder Felix (18)

„Schwul" als negative Bezeichnung

In Schule und Nachbarschaft sind Kinder aus Regenbogenfamilien mit dem unvermeidlichen Gebrauch des Wortes „schwul" in einem negativen Kontext konfrontiert. Mittlerweile hat „schwul" massenhaft Einzug in die Jugendsprache gehalten. Es wird völlig gedankenlos verwendet. Manche Kinder aus Regenbogenfamilien verwenden „schwul" sogar selbst – auch wenn sie es komisch finden.

Ich blende es eigentlich aus. Sogar meine Freundin sagt das manchmal. Am Anfang habe ich mich noch aufgeregt, aber jetzt sage ich schon nichts mehr. Es ist schon so drin bei denen. Mittlerweile bin ich abgestumpft. Ich bin es leid, immer den gleichen Konflikt einzugehen. Denn am nächsten Tag geht es wieder weiter.

Antonia (16), lebt mit zwei Müttern und ihrem Bruder Felix (18)

Schwul sagt man halt so. Ich sag das auch als negatives Wort – ich finde es auch nicht so negativ, obwohl eigentlich ist es ja komisch, dieses Wort so negativ zu verwenden. Man denkt da gar nicht dran, dass man Schwule damit meinen könnte. Und an meinen Vater denke ich da überhaupt nicht.

Alina (14), verbringt jedes zweite Wochenende
mit ihrem schwulen Vater

Ich benutze es auch selbst, das ist einfach ein Slang. Zu Hause sage ich das natürlich nicht. Meine Mutter sagte mal, ich sollte in dieser Familie eigentlich zwei Sachen gelernt haben, nämlich, dass schwul und behindert keine Schimpfworte sind.

Und was sagen die Kinder selbst?

Aber wenn ich sie benutze, dann meine ich es ja nicht böse. Außerdem weiß ich sehr gut, wann ich sie benutzen kann und wann nicht.

Malte (15), lebt mit zwei Müttern

Geschlechtergerechtigkeit

In gleichgeschlechtlichen Beziehungen werden die Aufgaben nachweislich demokratischer verteilt als in klassischen Hetero-beziehungen. Dies resultiert in einer relativ großen Zufriedenheit, was den Alltag in lesbischen und schwulen Familien betrifft.[59] Meistens ist ein ausgeprägtes Bewusstsein über Partnerschaften und gerechte Alltagsbewältigung vorhanden. Fakt ist, dass in Regenbogenfamilien regelmäßig über Gefühle und Beziehungen gesprochen wird. Neben einem guten emotionalen Kontakt inner-halb der Familie erzeugt dies bei den Kindern eine Sensibilität ge-genüber Genderfragen. Traditionelle Geschlechterrollen werden möglicherweise hinterfragt.

Durch meinen Vater und die Väter meiner Freunde habe ich kein besonders positives Männerbild. Ich kenne nur sehr we-nige Männer, die fröhlich im Leben stehen und gelassene Vä-ter sind. Die meisten haben Probleme oder keine Arbeit oder sonst noch was. Ich habe mir vorgenommen, auf keinen Fall so zu werden wie die. Die meisten Eltern sind gar keine rich-tigen Paare mehr, das ist echt deprimierend. Auch bei meiner Freundin ist das leider so. Andere achten vielleicht gar nicht so darauf, aber ich registriere das sofort, wie die Beziehungen un-ter den Erwachsenen sind. Eine Freundin von früher, die sagte immer, dass es bei uns zu Hause so cool sei. Wahrscheinlich meinte sie damit die entspannte und harmonische Atmosphä-

---

59 Dunne, Gillian (1998): Living „Difference": Lesbian Perspectives on Work and Family Lives. Haworth Press, Binghamton.
Kämper, Gabriele (2002): „Familien-Aufbruch mit Zukunft? Erfinden gleichgeschlechtliche Paare die demokratische Familie?" In: Senats-verwaltung für Schule, Jugend und Sport: Regenbogenfamilien. Wenn Eltern lesbisch, schwul, bi- oder transsexuell sind. Berlin.

re. Meine Eltern liegen immer zusammen auf dem Sofa, wenn sie von der Arbeit kommen. Sie verstehen sich einfach super.

Ich bin sicher femininer als andere Jungs, auch wenn man mir das nicht ansieht – schließlich trainiere ich sechsmal pro Woche auf meinem Mountainbike. Mit Mädchen verstehe ich mich ziemlich gut. Wenn ich aus meiner Familie erzähle, finden die das spannend. Später will ich mal Grundschullehrer werden. Ich habe schon vier Wochen Praktikum in einer Grundschule in Freiburg gemacht. Meine Nenntante ist dort Lehrerin. Es war so schön und super interessant, mit den Kindern zu arbeiten.

Felix (18), lebt mit zwei Müttern und seiner Schwester Antonia (16)

Ich möchte meine Eltern nicht enttäuschen, denn sie sind mir als Personen wichtig. Sie haben mir noch nie den Kopf wegen irgendetwas abgerissen und stellen auch keine hohen Anforderungen an mich, das kommt einfach von mir, dass ich sie nicht enttäuschen will. Sie sind zufrieden mit mir, und ich mag sie so, wie sie sind. Später möchte ich mal verschwenderischer als sie leben. Meine Eltern sind sehr vernünftig, sie sparen auf die Sachen, die ihnen wichtig sind. Im Geiste sind sie total modern und werden als sehr entgegenkommend empfunden. Meine Freunde haben mich gefragt, ob meine Mutter wieder auf eine Klassenfahrt mitkommt. Ich fände das auch ganz schön.

Malte (15), lebt mit zwei Müttern

Bist du auch lesbisch? Bist du auch schwul?

Nicht alle Töchter und Söhne fragen sich von vorneherein, ob sie vielleicht auch lesbisch oder schwul sind bzw. werden. Doch in der Konfrontation mit der Umwelt bleibt die Beschäftigung mit dieser Frage meist nicht aus. Die meisten Kinder von lesbischen und schwulen Eltern leben später heterosexuell. Dennoch legen sie sich nicht unbedingt fest, sondern sind offen gegenüber anderen Lebensmodellen. Viele Kinder aus Regenbogenfamilien sind von der Frage nach ihrer eigenen sexuellen Identität genervt, reproduziert sie doch die undifferenzierte Annahme, Homosexualität ginge von der einen auf die nächste Generation über.

Und was sagen die Kinder selbst?

Ich habe mich schon immer für Mädchen interessiert. Zu dem Zeitpunkt, als das Thema in der Familie richtig deutlich besprochen wurde, hatte ich schon meine allererste Freundin. Das war in der vierten Klasse. Die Vorurteile gegenüber den Kindern aus Regenbogenfamilien kenne ich eigentlich erst seit zwei Jahren und ich hätte da nie einen Zusammenhang gesehen zwischen meinem Verhalten und meiner Familie. Irgendwann hat mal einer zu mir gesagt: „Du verhältst dich aber schwul." Dann haben mir meine Eltern gesagt, dass die meisten Kinder aus Regenbogenfamilien hetero werden, und das habe ich dem dann gleich weitergesagt.

Felix (18), lebt mit zwei Müttern und seiner Schwester Antonia (16)

Ich habe mich nicht wirklich gefragt, ob ich auch mal lesbisch werde. Als Spätzünderin hatte ich meinen ersten Freund erst mit 17 oder 18. Aber ich würde es nicht grundsätzlich ausschließen, mich auch mal in eine Frau zu verlieben.

Christine (28), ist hauptsächlich mit zwei Müttern aufgewachsen

Das ist auch so eine Nervfrage, wenn andere wissen wollen, ob das vererbt wird. Natürlich denke ich eher über das Thema nach, weil es mir näher ist als anderen Leuten. Ich fühle mich eher von Männern angezogen. Letzten Endes ist es doch so egal.

Antonia (16), lebt mit zwei Müttern und ihrem Bruder Felix (18)

Vor einiger Zeit habe ich gemerkt, dass ich mich vielleicht auch in eine Frau verlieben könnte. Wenn das ein Mensch ist, der mit mir irgendwie seelenverwandt ist, dann ist es nicht so wichtig für mich, welches Geschlecht die Person hat. Früher hatte ich richtig Angst davor, und ich glaube nicht, dass es für mich einfach wäre. Das große Unbekannte daran, wie lebt man eine Beziehung mit einer Frau? Und die Auseinandersetzung damit, wie die Umwelt darauf reagiert.

Hannah (23), wuchs nach der Trennung
der Eltern bei ihrer Mutter und deren Partnerin auf

Botschaften

Ihre eigenen Erfahrungen haben Kinder von Lesben und Schwulen geprägt. Für mögliche Regenbogeneltern haben Töchter und Söhne eine Botschaft.

Geht offen mit eurer Identität um; ihr dürft es auf keinen Fall verheimlichen. Sonst leben die Kinder in der Lüge, dann wird das alles auf das Kind übertragen.

Felix (18), lebt mit zwei Müttern
und seiner Schwester Antonia (16)

Ich finde es gut, dass meine Mutter sich dazu entschieden hat, dann wirklich auch mit einer Frau zusammenzuleben, auch wenn sie nicht wusste, wie das ankommt. Ganz schön mutig! Deshalb ist es wichtig, dass das Kind von Anfang an mitkriegt, dass es nichts Schlimmes ist, sondern ganz normal, wenn Mütter lesbisch sind. Wenn es Leute blöd finden, dann soll das Kind sich mit denen nicht abgeben.

Juliane (12), pendelt seit der Trennung
ihrer Eltern zwischen zwei Haushalten

Jeder wird wegen irgendwas geärgert, aber es ist ja nichts Schlimmes, in dieser Familie aufzuwachsen. Die Eltern müssen offen sein. Sie sollten sich nicht zu schade sein, über alles zu reden, und dazu stehen, wozu sie sich entschieden haben. Es ist zwar immer noch ein heikles Thema, aber mit einem guten Selbstbewusstsein ist es kein Problem für die Kinder, damit umzugehen oder darüber zu reden.

Malte (15), lebt mit zwei Müttern

Kinder aus Regenbogenfamilien haben lesbische, schwule, Queer- oder Transeltern. Dieses eine Merkmal haben sie gemeinsam. Darüber hinaus sind sie Kinder, Jugendliche und junge Erwachsene, die sich für die unterschiedlichsten Dinge interessieren und engagieren. Sie wollen beileibe nicht auf diesen einen Faktor reduziert werden – im Gegenteil, viele von ihnen sind nach dem x-ten Gespräch über ihre Familie genervt und wollen über andere Themen sprechen. Für Töchter und Söhne, die schon immer oder seit sehr vielen Jahren in einer Regenbogenfamilie leben, ist ihre Familienkonstellation so normal, dass sie häufig kaum etwas Problematisches zu berichten haben. Dies gilt besonders für diejenigen, deren Eltern sich in der Community engagieren. Sicher ist es zu kurz gegriffen, wenn man das selbstbewusste und unkomplizierte Aufwachsen von Kindern in einer Regenbogenfamilie nur auf den offensiven Umgang der Eltern mit ihrer Lebensform zurückführt. Dennoch ist es klar, dass selbstbewusste Eltern ihren Kindern eine gesunde Portion Stärke mitgeben.

Kapitel 13
Community und Politik

Community

Die lesbisch-schwule Community hat in den vergangenen 30 Jahren Erstaunliches bewegt und erreicht. Zunächst haben Lesben und Schwule sehr getrennt an ihrem politischen Aufbruch gearbeitet. In den neunziger Jahren gab es erste Zusammenschlüsse, gemeinsame Projekte entstanden.

Jede Gruppe, die unter Benachteiligung leidet und ein gesellschaftliches oder politisches Interesse verfolgt, braucht Gleichgesinnte. In einer Gruppe fühlt man sich stärker, man kann seine Meinung schärfen, seine innere Position festigen, sich austauschen und Unterstützung für schwierige Situationen bekommen.

Nach der Trennung von meiner Familie nahm ich Kontakt zur schwulen Vätergruppe auf. Das ist zehn Jahre her. Aktiv war ich zwei Jahre dort, aber ich habe immer noch Kontakt, und beim jährlichen Ausflug bin ich immer dabei. Heute kann ich gerne anderen von meinen positiven Erfahrungen mit dem Schritt ins schwule Leben erzählen und sie motivieren. Die Gruppe hat heute für mich keine zentrale Funktion mehr, aber damals war sie sehr wichtig. Sie nahm mir das Gefühl, der Einzige zu sein, der so fühlt. Es hilft, wenn man andere verantwortungsvolle Männer trifft, die auch Familie haben. Ich habe

die zwei Jahre in der Gruppe gebraucht, um vom Wir zum Ich
zu kommen.

Joe (43), Vater von drei Jungen im Alter von 17, 20 und 21 Jahren

Für viele (junge) Lesben und Schwule, die sich mitten im Coming-out befinden, sind Angebote für den Start ins offene lesbische bzw. schwule Leben mehr als notwendig, bekommen sie
doch in diesem Prozess nach wie vor nicht immer die Unterstützung ihrer Eltern. Der große Unterschied zu anderen sogenannten Minderheiten besteht darin, dass die Eltern von Lesben
und Schwulen in der Regel nicht dieser Minderheit angehören.
Als heterosexuelle Eltern sind sie auch nicht darauf vorbereitet,
plötzlich eine lesbische Tochter oder einen schwulen Sohn zu
haben. Die meisten Eltern beschäftigen sich nicht mit der Frage, welche sexuelle Identität ihr Kind einmal haben wird. Umso
größer ist dann die Überraschung beim Coming-out der Tochter
oder des Sohnes. Heterosexuellen Eltern fehlt oft ein Grundwissen über gleichgeschlechtliche Lebensweisen. Das bedeutet, dass
die eigene Familie meist nicht die erste Unterstützungsinstanz
für junge Lesben und Schwule sein kann. Bei anderen margina-
lisierten Gruppen wie beispielsweise Menschen mit Migrationshintergrund oder mit dunkler Hautfarbe werden die Kinder von
ihren Familien darauf vorbereitet, wie man mit dem Anders-
als-die-Mehrheit-Sein am besten umgeht. Da gibt es den Stolz
auf die eigene Identität, die Kultur, die Rituale – alles Bauste-
ne für ein starkes Selbstwertgefühl, das für das Leben in einer
möglicherweise ablehnenden Umwelt ein unabdingbares Gegengewicht darstellt. Lesben und Schwule müssen sich für diesen
identitätsfindenden Prozess häufig eine Wahlfamilie suchen. Das
können z.B. FreundInnen sein oder LehrerInnen. Darüber hinaus
hat die lesbisch-schwule Szene in den größeren Städten ein breit
gefächertes Angebot. So fungiert die Community manchmal
zeitweise als Familienersatz.

Doch auch für „alte Hasen und Häsinnen" sind Räume, die
lesbisch oder schwul dominiert sind, wichtig, um sich selbstverständlich in einem homosexuellen Kontext zu bewegen, bestimmte Zusammenhänge nicht erklären zu müssen, über kulturelle Co-
des miteinander zu kommunizieren und um Gemeinsamkeiten
zu teilen. Sich zu organisieren hat viele positive Auswirkungen:
Wenn man sich für seine Anliegen einsetzt, profitieren immer

auch weitere Personen davon. Die heutige Offenheit gegenüber Lesben, Schwulen und Transgendern ist ein Ergebnis jahrzehntelangen Engagements der Betroffenen selbst. Jede Einrichtung und jedes Projekt, die sich mit ihrem Angebot an die Community richten, bieten einerseits ein Stück Heimat, andererseits erhöhen sie die Sichtbarkeit und befördern die gesellschaftliche Gleichstellung.

Die Anfänge einer lesbisch-schwulen Community, früher „Bewegung" genannt, liegen im Selbsthilfebereich. Vor über 30 Jahren gründeten sich erste Gruppen und Initiativen, hauptsächlich im psychosozialen Bereich, denn Lesben und Schwule hatten zumeist schlechte Erfahrungen in traditionellen Beratungsstellen gemacht. Allzu oft führten PsychologInnen und SozialarbeiterInnen sämtliche Probleme auf die gleichgeschlechtliche Lebensweise zurück – ein Ergebnis der ganz normalen Homofeindlichkeit dieser Zeit. Professionelle homofreundliche bzw. offen lesbisch/schwul lebende BeraterInnen, die für Lesben und Schwule ein umfassendes Beratungsangebot bereitstellen konnten, waren dringend notwendig geworden. Doch bis staatliche Gelder flossen, mit denen Beratungsstellen aufgebaut werden konnten, war meist langwierige Überzeugungsarbeit sowie hartnäckiges Verhandeln vonnöten. Über die Jahre professionalisierte sich die Szene immer mehr. Aus Gruppen entstanden lesbische und schwule Projekte; das Beratungsangebot differenzierte sich aus.

Heute gibt es in den großen Städten eine beeindruckende lesbisch-schwule Infrastruktur. Neben unendlich vielen Freizeitgruppen, die Bereiche wie z.B. Sport, Bildung und Kultur abdecken, tun sich auch zunehmend Lesben und Schwule verschiedener Berufsgruppen zusammen und gründen eigene Berufsverbände. Darüber hinaus lassen sich in Homo-Branchenbüchern lesbische oder schwule Vertreter für fast jeden Wirtschaftszweig finden. Viele Lesben und Schwule wollen sich nicht nur gerne bei „ihresgleichen" beraten oder behandeln lassen, sondern auch ihr Geld lieber zu einem homofreundlichen Unternehmen tragen, wenn sie ein neues Sofa kaufen. Der Solidaritätsgedanke ist gepaart mit der Idee, kleine, eigene Wirtschaftskreisläufe in Gang zu halten, bei denen das Geld von Lesben und Schwulen zu einem Teil in lesbisch-schwule Unternehmen fließt.

Vernetzung

Ein Motor der Community ist der Wunsch nach Netzwerken. Regenbogenfamilien suchen häufig schnell den Kontakt zu anderen Regenbogenfamilien. Sei es im Vorfeld oder erst nach der Familiengründung – für viele ist das Bedürfnis groß, sich auszutauschen über Fragen der Planung, der Umsetzung und des Familienalltags. Eine Reihe von Informationen zum Thema „Familienplanung" sind eher über informelle Gruppen als über das Internet zu bekommen. Neben der Information steht der Aspekt der Unterstützung, Entlastung und Stärkung im Vordergrund. Es ist nach wie vor häufige Realität, in einer Kindertagesstätte die erste Regenbogenfamilie zu sein und damit ein gewisses ExotInnendasein zu führen – eine mitunter anstrengende Erfahrung. Auch für die Kinder hat ein mögliches Netzwerk Vorteile. Andere Töchter und Söhne aus Regenbogenfamilien zu kennen und nicht nur abstrakt von deren Existenz zu wissen, stärkt ein Kind, das immer mal wieder nach seinen Familienverhältnissen gefragt wird. Bei älteren Kindern kann zu einem bestimmten Zeitpunkt ein intensiveres Bedürfnis nach Austausch entstehen.

Lesbische Mütter haben sich schon in den siebziger Jahren im Rahmen der noch heute alljährlich stattfindenden Lesbenfrühlingstreffen[60] organisiert. Heute gibt es in vielen Städten Gruppen für Lesben mit Kindern bzw. Kinderwunsch, die sich zum Teil mit schwulen Vätern zusammentun.

Schwule Väter (und Ehemänner) vernetzen sich bundesweit und veranstalten in regelmäßigen Abständen Wochenendtagungen im Bildungshaus Waldschlösschen[61] in der Nähe von Göttingen.

Unter dem Dach des LSVD (Lesben- und Schwulenverband in Deutschland) sind vor nunmehr zehn Jahren die ersten ILSE-Gruppen (Initiative lesbisch-schwuler Eltern) entstanden, das größte bundesweit organisierte Netzwerk von und für Regenbogenfamilien.

Elke Jansen vom Projekt „Regenbogenfamilien" des LSVD:

ILSE ist ein Netzwerk, das Ende 2000 gegründet wurde. Es umfasst Regionalgruppen, die über das ganze Bundesgebiet

---

60 www.lesbenfruehling.de
61 www.waldschloesschen.org

verteilt sind, sowie virtuelle Gruppen bzw. Foren. Als Leiterin des Projektes „Regenbogenfamilien" unterstütze ich das Netzwerk.

Neben politischer und öffentlichkeitswirksamer Arbeit mit dem Ziel der politischen und rechtlichen Gleichstellung von Regenbogenfamilien bietet ILSE – auf regionaler Ebene – ein Austausch- und Unterstützungsforum für homosexuelle Eltern oder Schwule und Lesben mit Kinderwunsch.

ILSE besteht derzeit aus bundesweit 26 regionalen Gruppen, die sich mehr oder weniger regelmäßig treffen. Die Gruppen reichen von Hamburg bis München und Saarbrücken bis Chemnitz. Darüber hinaus gibt es eine „virtuelle" ILSE-Gruppe bei Gayromeo und ein Onlineforum, in dem sich über die Regionalgruppen hinaus derzeit 1.100 lesbische Mütter, schwule Väter und Lesben und Schwule in der Familienplanung vernetzen.

Neben der Vielfalt der Themen zeigte sich, dass es *die* Regenbogenfamilie nicht gibt. Die Unterschiede ergeben sich aus der Frage, wie die Kinder in die Familie kamen, d.h. ob es ein spätes Coming-out eines Elternteils gab oder ob das Zusammenleben mit Kindern bewusst in einer lesbischen oder schwulen Partnerschaft geplant wurde. Familien mit schulpflichtigen Kindern haben darüber hinaus andere Bedürfnisse als Paare mit Kleinkindern oder Kinderwunsch. Schwule und Lesben, die eine Queerfamily gründen wollen, benötigen wieder andere Unterstützung.

Dr. Elke Jansen, Dipl.-Psychologin und Psychologische Psychotherapeutin, seit 1995 beraterische und psychotherapeutische Tätigkeit in eigener Praxis, seit 2002 Leiterin des Projektes „Regenbogenfamilien" beim LSVD und Autorin vielfältiger Publikationen und Vorträge rund um lesbische Mütter, schwule Väter und ihre Kinder.

Drei typische Beispiele von ILSE-Gruppen

LesMamas ist eine Gruppe lesbischer Frauen mit Wunschkindern und Kinderwunsch aus dem Raum München, die seit vielen Jahren besteht. Hervorgegangen aus einer angeleiteten Selbsthilfegruppe ist es nun ein lockerer Zusammenschluss von etwa 30 bis 40 Frauen. Wir treffen uns einmal im Monat in wechselnder Besetzung im Nebenraum eines Lokals. Es gibt eine Mailingliste, auf der sich etwa 70 Familien aus Stadt und Region eingetragen haben. Die Themen, die wir diskutieren, ergeben sich aus der jeweiligen Lebenssituation der Frauen. Über die Jahre verändert sich die Zusammensetzung der Gruppe stark. Waren zeitweise die Frauen, die sich in der Familienplanung befanden, stärker vertreten, so sind mittlerweile die Mütter in der Überzahl. Die Kinder sind zwischen neugeboren und zehn Jahren alt, wobei die Mehrheit zwischen ein und fünf Jahren ist. Viermal im Jahr unternehmen wir einen Ausflug mit allen Müttern und Kindern. Beim CSD treten LesMamas gut sichtbar als Gruppe auf.

www.lesmamas.de

Barbara, Mutter von Clara (8)

Unter-SchLuPf (Schwule, Lesben und Pflegekinder): Wir sind fünf Familien mit insgesamt zehn Kindern aus der Region Stuttgart/Esslingen. Neben einer allein erziehenden Pflegemutter und einer schwulen Familie gehören noch drei Lesbenfamilien dazu. Alle zwei Monate treffen wir uns sonntags von 10 Uhr bis 14.30 Uhr in einem Mütterzentrum, das wir samt Kinderbetreuung mieten. Die Kinder sind zwischen zwei und 13 und kennen sich gut. Sie freuen sich immer sehr auf die Treffen. Am Anfang machen wir immer eine Runde, bei der die größeren Kinder sagen können, was sich seit dem letzten Mal verändert hat oder was sie gerne der Gruppe mitteilen wollen. Und danach haben sie dann ihr eigenes Programm mit der Kinderbetreuerin. Bei den Treffen geht es ganz viel um die Kontakte mit dem Jugendamt bzw. mit der Herkunftsfamilie der Kinder. Wir tauschen uns aus und unterstützen uns sehr. Diese Treffen sind wirklich ganz wichtig.

http://schuerrer.de/unter-schlupf/

Judith, Pflegemutter von Jana (7) und Marcel (3)

Club Kinderwunsch-ILSE bei Gayromeo: Ich habe meinen Partner Sven auf Gayromeo, einem schwulen Chatportal, kennengelernt, das von der Gayszene auch gerne „schwules Einwohnermeldeamt" genannt wird. Nachdem unser Pflegesohn Vladislav uns drei Jahre später zur Familie machte, konnte ich zeitbedingt nicht mehr viel ausgehen, oft auch nicht mehr zu den ILSE-Treffen, da Sven und ich eine Fernbeziehung führen.

Weil es bis dato auf Gayromeo noch nichts zum Thema „Kinderwunsch" gab, gründete ich dort den Club „Kinderwunsch-ILSE", der nun 250 Mitglieder hat und über ein Forum zum Austausch verfügt. Dort werden Kontaktdaten von ILSE-Gruppen und ähnlichen Anlaufstellen aufgelistet, Samenspendergesuche von Frauen eingestellt, Pressemitteilungen weitergeleitet und Fragen aller Art zu Unterhalt, Familienmodellen etc. diskutiert. Ins Forum kann jeder hineinsetzen, was er will. Man findet zu jedem Thema den passenden Vater (Pflegschaft, Adoption, Leihmutter, Spender u.a.). Ich versuche sicherzustellen, dass alle Bewerber auch wirklich zum Club passen. Durch den Club merkte ich, wie viele junge Schwule einen Kinderwunsch haben und über den Austausch im Club dankbar sind.

www.gayromeo.com

Thomas, Pflegevater von Vladislav (5)

Der Lesben- und Schwulenverband in Deutschland (LSVD)

Aus dem Schwulenverband, 1990 als SVD in Leipzig gegründet, wandelte sich 1999 auf Initiative vieler engagierter Lesben der SVD zum Lesben- und Schwulenverband in Deutschland (LSVD). Im LSVD engagieren sich Schwule und Lesben aus vielen Ländern, aus verschiedenen Kulturen und Altersgruppen und unterschiedlicher ethnischer Herkunft für die Rechte von Lesben, Schwulen, Transgendern, Bisexuellen, trans- und intersexuellen Menschen. Derzeit sind etwa 3600 Personen und ca. 100 Gruppen und Verbände Mitglied.

Aus dem Programm: „Die Bürgerrechtspolitik des LSVD will die gesellschaftlichen Rahmenbedingungen dafür schaffen, dass Lesben und Schwule ihre persönlichen Lebensentwürfe selbstbestimmt entwickeln können – frei von rechtlichen und anderen Benachteiligungen, frei von Anpassungsdruck an überkommene Normen, frei von Anfeindungen, Diskriminierungen und Homophobie ... Deshalb fordern wir gleiche Rechte. Sie sind Voraussetzung für ein selbstbestimmtes Leben. Dazu gehört die rechtliche Gleichstellung gleichgeschlechtlicher Paare und Familien mit der Ehe ebenso wie ein wirksamer gesetzlicher Schutz vor Diskriminierung. Gleiche Rechte müssen im Alltag als gleichberechtigte Teilhabe in der Gesellschaft verwirklicht werden können. Für Lesben und Schwule darf es keine Sperrbezirke geben – weder auf dem Fußballplatz noch im Elternbeirat, weder in der Autowerkstatt noch in der Chefetage."

Der LSVD mischt sich in die Alltagspolitik ein, schreibt Briefe, ist bei relevanten Anhörungen vertreten und erinnert die Regierung an ihre Versprechen. Mit seinem vielfältigen Einsatz wie z.b. der Kampagne zur steuerlichen Gleichstellung hat er als starke lesbisch-schwule Interessenvertretung viel in Politik und Gesellschaft erreicht. Neben der rechtlichen Anerkennung gleichgeschlechtlicher Paare und der Stiefkindadoption sowie der anteilig rechtlichen Gleichstellung von eingetragenen LebenspartnerInnen im Erbschaftssteuerrecht sind beispielsweise das Allgemeine Gleichbehandlungsgesetz und die Errichtung eines nationalen Denkmals für die im Nationalsozialismus verfolgten Homosexuellen als Meilensteine zu nennen. Auch in der Rechtsprechung konnte der LSVD große Erfolge verbuchen, wie z.B. die am 22.10.2009 veröffentlichte Grundsatzentscheidung zu Ehe, Familie und Lebenspartnerschaft des Bundesverfassungsgerichts.

Neben seinem Engagement innerhalb Deutschlands ist der LSVD auf europäischer Ebene und weltweit gemeinsam mit Partnerorganisationen wie der ILGA (International Lesbian and Gay Association) aktiv. 2006 erhielt der LSVD offiziellen Beraterstatus bei den Vereinten Nationen – gegen den starken Widerstand verschiedener Länder.

Seit 2002 gibt es im LSVD das Projekt „Regenbogenfamilien". Mittlerweile hat das Thema im Verband einen sehr hohen Stellenwert.

Mit dem Projekt „Regenbogenfamilien" setzt sich der LSVD bundesweit für die Verbesserung der persönlichen, gesellschaftlichen und rechtlichen Situation von Regenbogenfamilien ein.

Die Bandbreite der projektinternen Angebote reicht von einem bundesweiten Beratungsangebot für Regenbogenfamilien und Fachleute, über Veröffentlichungen und Pressearbeit bis hin zu Vorträgen und (Fach-)Veranstaltungen (www.family.lsvd.de).

Dem Projekt liegt speziell die Vernetzung und der Erfahrungsaustausch zwischen den familienbezogenen „Akteuren" am Herzen: schwul-lesbischen Eltern in Deutschland und Europa (NELFA), ihren Kindern und Fachleuten. Im bundesweiten Netzwerk ILSE (Initiative lesbischer und schwuler Eltern im LSVD, www.ilse.lsvd.de) treffen und unterstützen sich Regenbogenfamilien und Lesben und Schwule mit Kinderwunsch bundesweit in Regionalgruppen und in Online-Foren. Kinder und Jugendliche in Regenbogenfamilien tauschen sich im Kids-Chat und Kids-Forum des LSVD aus (www.kids.lsvd.de).

Seit 2002 wurden im Rahmen unseres bundesweiten Beratungsangebots gut 4.000 Beratungen durchgeführt, jede zehnte Anfrage kam von Fachleuten, wie z.B. MitarbeiterInnen von Familienberatungsstellen, Jugendämtern, LehrerInnen, PolitikerInnen und MedienvertreterInnen.

Ein Erfolg ist sicher auch die Veröffentlichung unseres „Beratungsführers Regenbogenfamilien – alltäglich und doch anders", der mittlerweile 8000-mal angefordert wurde.

Ein weiterer Erfolg ist die Studie zu Regenbogenfamilien, die 2009 veröffentlicht wurde: Das Projekt „Regenbogenfamilien" hat 2008 und 2009 dieses Forschungsprojekt sehr intensiv in einem wissenschaftlichen Beirat begleitet.

Wünschenswert wäre eine ergänzende Längsschnittstudie, die die Kinder in ihrem Entwicklungsverlauf begleitet, so dass Kinder in allen Entwicklungsphasen mit unterschiedlichen Entstehungsgeschichten berücksichtigt werden könnten. Was leider bisher außen vor bleiben musste, sind schwule Väter, die den Lebensalltag nicht mit ihren Kindern aus früheren Ehen teilen, da diese bei den (meist heterosexuellen) Müttern blieben. Hier gibt es durchaus noch viel Erforschenswertes.

Dr. Elke Jansen, Dipl.-Psychologin und Psychologische Psychotherapeutin, seit 1995 beraterische und psychotherapeutische Tätigkeit in eigener Praxis, seit 2002 Leiterin des Projektes „Regenbogenfamilien" beim LSVD und Autorin vielfältiger Publikationen und Vorträge rund um lesbische Mütter, schwule Väter und ihre Kinder.

Internet

Seit das Internet ein Massenmedium geworden ist, sind Foren und Chatrooms zu wichtigen virtuellen Orten geworden, an denen sich Lesben und Schwule treffen und Unterstützung bekommen. Neben den großen allgemeinen Lesben-Portalen wie z.B. „Konnys Lesbenseiten" (www.lesben.org), dem größten Infoportal für Lesben in Deutschland, oder „L-Talk" (www.l-talk.de), der Polit- und Klatschseite, oder „Lesarion" (www.lesarion.de), wo Frauen ihre Profile zur Kontaktsuche einstellen können, gibt es mittlerweile auch einige Angebote für lesbische Mütter. „Isarion" (www.isarion.com) ist eine Seite, die sich an lesbische Mütter richtet, deren Kinder aus Heterozusammenhängen stammen. Das große übergeordnete Portal der Zeitschrift ELTERN bietet mittlerweile ein Forum für Regenbogenfamilien (www.eltern.de), und auf diversen Blogs sind Erfahrungen aus dem Regenbogenalltag mit Kindern zu finden.

Das überregionale Portal für schwule Väter (www.schwulevaeter.org) ermöglicht Kontakte zu Vätergruppen im ganzen Bundesgebiet. Darüber hinaus gibt es auf dieser Seite Erfahrungsberichte von Töchtern und Söhnen schwuler Väter, die in Heterozusammenhängen entstanden sind. Auf Gayromeo ist der Club „Kinderwunsch-ILSE" für schwule Väter und Schwule mit Kinderwunsch gegründet worden.

Chaträume und Foren für Töchter und Söhne homosexueller Eltern lassen sich über das ILSE-Forum finden.

(Weitere ausgewählte Web-Adressen im Anhang.)

Der Christopher Street Day

Für die lesbisch-schwule Community ist der Christopher Street Day (CSD) ein Höhepunkt des Jahres. Der wichtigste Feiertag der Homosexuellen wird mittlerweile in zahlreichen großen und kleinen Städten mit einer Parade gefeiert. Dieser Tag erinnert an den ersten bekannt gewordenen Aufstand von Homosexuellen und anderen sexuellen Minderheiten gegen die Polizeiwillkür in der New Yorker Christopher Street im Stadtviertel Greenwich Village: In den frühen Morgenstunden des 28. Juni 1969 fand in der Bar Stonewall Inn der sogenannte Stonewall-Aufstand statt. Zu dieser Zeit gab es immer wieder gewalttätige Razzien der Polizei in Kneipen mit homosexuellem Zielpublikum. In der Folge kam es zu tagelangen Straßenschlachten zwischen Homosexuellen und der Polizei. Um des ersten Jahrestags des Aufstands zu gedenken, wird in New York am letzten Samstag im Juni, dem Christopher Street Liberation Day, mit einem Straßenumzug an dieses Ereignis erinnert. Daraus ist eine internationale Tradition geworden, im Sommer eine Demonstration für die Rechte von Schwulen und Lesben abzuhalten. Dabei wählen die VeranstalterInnen für die Parade und die begleitenden Kundgebungen meist ein politisches Motto. Zusätzlich zur politischen Botschaft wird ausgelassen gefeiert. Viele KünstlerInnen unterstützen durch ihren Auftritt die Botschaft. Dieses Feiern des eigenen Lebensstils begründet sich aus dem Ursprung des CSD: Viele Beteiligte zeigen demonstrativ, dass sie stolz auf sich, ihr Leben und ihre sexuelle Identität sind (daher die Bezeichnung Gay Pride („homosexueller Stolz") für CSD in englischsprachigen Ländern).

Neben der CSD-Parade und den Abschlusskundgebungen gibt es in vielen Städten ein- bis mehrtägige Straßenfeste und Kulturwochen mit bekannten KünstlerInnen, politischen Veranstaltungen, Vorträgen, Lesungen und Partys.

Die ersten Christopher Street Days fanden unter dieser Bezeichnung 1979 in Berlin und Bremen statt. Größere Lesben- und Schwulendemonstrationen gab es allerdings schon Anfang der siebziger Jahre, so z.B. 1972 in Münster.

Für viele Regenbogenfamilien ist es ein Muss, am CSD teilzunehmen. Manche organisieren sich mit Kind und Kegel in Gruppen, um sichtbar als Familie aufzutreten. Immer mehr Kinderwagen und Buggys sind bei den Paraden zu sehen. Die Kinder werden mit Watte für die Ohren ausgestattet – schließlich ist die Musik ohrenbetäubend laut. Einmal im Jahr gehört die Straße den Lesben und den Schwulen und damit eben auch den Regenbogenfamilien. Dieser Tag ist der Tag der Sichtbarkeit, und je mehr Frauen und Männer sich offen zeigen, desto deutlicher wird, wie viele es gibt. Für die Kinder ist der CSD eine große Party. Sie sind am meisten an den Bonbons interessiert, die von den Lastwagen in die Menge geworfen werden. Aber sie spüren das starke Gemeinschaftsgefühl, das von diesem Tag ausgeht.

Natürlich gibt es auch Kritik am CSD. Einige Lesben und Schwule nehmen ganz bewusst nicht am CSD teil, weil ihnen dieser Tag zu kommerziell geworden ist. Sie vermissen die politische Aussage und finden, dass der CSD zu einer beliebigen Party verkommen ist. Manche Regenbogenfamilien möchten ihren Kindern keine AnhängerInnnen von SM-Sex und Fetisch zeigen, ihnen ist der Auftritt einiger TeilnehmerInnen zu freizügig. Bei der Vielfalt der teilnehmenden Gruppen ist es in der Tat schwierig, alle Interessen und Bedürfnisse gleichermaßen zu berücksichtigen. Und einige Lastwagen sind für Kinderaugen tatsächlich nicht geeignet.

Dennoch sind jedes Jahr mehr Regenbogenfamilien bei den Paraden zu sehen. Sie werden auch von den VeranstalterInnen zunehmend als Gruppe wahrgenommen – in München hat es z.B. 2010 beim CSD zum ersten Mal einen eigenen Bereich für Regenbogenfamilien gegeben, mit Spielgeräten, Hüpfburg und Familienbiergarten.

Forderungen und Wünsche

Auf die Frage: „Was würdest du dir von Politik und Gesellschaft wünschen?" haben lesbische und schwule Eltern neben dem Wunsch nach kompletter Gleichstellung vielfältige Antworten parat. In jeder lesbischen Mutter und in jedem schwulen Vater steckt der Wunsch, von der Gesellschaft und der Politik respektvoll behandelt zu werden, denn „niemand darf wegen seiner sexuellen Identität benachteiligt werden". Dieser Satz klingt fast wie ein Teil aus Artikel 3 des Grundgesetzes. Aber eben nur fast, denn das Merkmal „sexuelle Identität" ist nach wie vor nicht in Artikel 3 enthalten. Doch die Zeit ist reif für eine Grundgesetzergänzung. Seit geraumer Zeit gibt es unter der Federführung des LSVD Initiativen, die sich dafür starkmachen – mit hoffentlich baldigem Erfolg.

Regenbogenfamilien leben häufig in Familienmodellen, die sie selbst nach ihren Vorstellungen und Bedürfnissen entwickelt haben. Viele von ihnen wollen Erwerbstätigkeit, Haushalt, Familienaufgaben und Paarbeziehungszeit so miteinander vereinbaren, dass eine stimmige Balance für alle Beteiligten möglich wird. Dazu gehören auch familien- und arbeitsrechtliche Bestimmungen, die den realen Bedürfnissen von vielen Regenbogenfamilien entsprechen – insbesondere der Wunsch, das Sorgerecht auf mehr als zwei Elternteile, die Verantwortung übernehmen wollen, übertragen zu können.

Auch die Homophobie in den Köpfen mancher Mitmenschen sowie einer Reihe von PolitikerInnen macht Regenbogenfamilien den Alltag manchmal schwer. Bisweilen sind lesbische und schwule Eltern einfach ungeduldig und wütend.

Diese Politiker sollten endlich aufhören, schwulen und lesbischen Eltern die Erziehungskompetenz abzusprechen. Wir erziehen genauso gut. Bei Heteros fragt ja auch kein Mensch, ob die das können. Das hängt doch nicht von der sexuellen Orientierung ab. Da sind Liebe, Zuneigung, Anleitung und klare Ansagen gefordert. Und entweder du kannst das, oder du kannst das nicht. Diese Leute, die was gegen uns haben, die haben doch überhaupt keine Ahnung. Die haben noch nie ein Kind gefragt, das in so einer Familie groß wird. Wie können sich solche Menschen eigentlich ein Urteil erlauben? Die es nicht schaffen, genug Hort- und Kindergartenplätze anzubieten oder ein Mittagessen bereitzustellen für Kinder, die dreimal in der Woche nachmittags Unterricht haben. Solche Leute wollen uns was über Kindererziehung sagen?

Frank (49), acht Jahre Vater von Fabian (heute 18)*

Ich würde mir wünschen, dass unser Kind auch rechtlich vier Eltern hat. Die Gesetzgebung (und damit die Gesellschaft) hat hier eine Chance, die Verantwortung für Regenbogenkinder auf mehrere Schultern zu verteilen. Damit müssten später in weniger Fällen die Sozialämter finanziell einspringen und die soziale Verantwortung wäre in unseren Familien auch stärker institutionalisiert. Ob das Angebot, das Sorgerecht mehr als zwei Elternteilen zu übertragen, viel in Anspruch genommen würde, ist natürlich eine andere Frage. Aber es würde sicherlich einiges in den Köpfen der Menschen bewegen – wie z.B. die Tatsache, dass die Verpartnerung bewirkt hat, dass in den Ländern, wo dies möglich ist, immer mehr Regenbogenfamilien entstehen. Dies ist z.B. in Dänemark und Schweden statistisch nachgewiesen.

Thomas (36), Vater einer Tochter (1)

Elke Jansen vom Projekt Regenbogenfamilien im LSVD hat eine Reihe von Forderungen zusammengefasst.

Wir fordern:

1. ein Recht auf freien Zugang zu Samenbanken und fortpflanzungsmedizinischen Leistungen für Frauen unabhängig von ihrer sexuellen Orientierung.
2. ein Familienrecht, das Menschen auch in neuen, größeren Familienstrukturen ermöglicht, gemeinsam Verantwortung für die Erziehung und das Wohlergehen ihrer Kinder zu übernehmen.
3. ein Recht, das Kinder zum Zeitpunkt der Geburt durch beide Eltern absichert, unabhängig davon, ob die Eltern verheiratet oder verpartnert sind.
4. ein gemeinsames Adoptionsrecht für alle Paare, die durch eine Lebenspartnerschaft oder Eheschließung füreinander langfristig Verantwortung übernehmen wollen.
5. umfassende finanz- und erbrechtliche Anerkennung von Regenbogenfamilien als Familie.

Dr. Elke Jansen, Dipl.-Psychologin und Psychologische Psychotherapeutin, seit 1995 beraterische und psychotherapeutische Tätigkeit in eigener Praxis, seit 2002 Leiterin des Projektes „Regenbogenfamilien" beim LSVD und Autorin vielfältiger Publikationen und Vorträge rund um lesbische Mütter, schwule Väter und ihre Kinder.

Kulturell queer, sexuell hetero

In Regenbogenfamilien ist die Situation für die Kinder im Vergleich zu ihren eigenen Eltern genau umgekehrt. Während die meisten homosexuellen Eltern in einer heterosexuellen Umgebung aufgewachsen sind, werden ihre (häufig heterosexuellen) Kinder in einem homosexuellen Kosmos groß. Vernetzen sich die Eltern regelmäßig mit anderen lesbisch-schwulen Familien und haben sie auch einen solchen Freundeskreis, wachsen Kinder aus diesen Regenbogenfamilien sehr selbstverständlich damit auf, zur lesbisch-schwulen Community dazuzugehören – es ist ihre Welt. Als (heterosexuelle) Teenager müssen sie irgendwann ihre eigene (heterosexuelle) Welt erobern. Sie werden möglicherweise anders sein als ihre gleichaltrigen FreundInnen. Denn die meisten von ihnen haben ein feines Gespür für Ungerechtigkeiten und für Unterschiede. Sie stammen aus Elternhäusern, in denen viel über Politik und Gesellschaft gesprochen wird, sie haben mit ihren Eltern jeden Sieg auf dem Weg zur völligen Gleichberechtigung gefeiert, und sie werden sich vielleicht für diejenigen Menschen engagieren, denen gleiche Rechte immer noch vorenthalten werden.

Töchter und Söhne aus Regenbogenfamilien, die selbst lesbisch oder schwul leben, bleiben zwar in der Community, müssen aber dort ihren eigenen Weg finden. Um anders als die Eltern zu sein, wählen sie häufig zumindest zeitweise einen sehr anderen Lebensstil als ihre Mütter bzw. Väter – ein Prozess, der für eine gelungene Abnabelung notwendig ist.

Regenbogenfamilien haben innerhalb der letzten zehn Jahre viel erreicht. Sie sind aus der völligen Unsichtbarkeit herausgetreten. Eine rechtliche Gleichstellung gegenüber traditionellen Familien ist in greifbare Nähe gerückt, und die gesellschaftliche Akzeptanz wird weiter steigen. Die Community mit ihren vielfältigen Kräften und ihre VertreterInnen in der Politik haben Enormes geleistet. Wir können stolz sein!

Kapitel 14
Forschung

Die Wissenschaft hat festgestellt ...

Kommt die Sprache auf ein wenig bekanntes oder kontroverses Thema, wird schnell nach wissenschaftlichen Erkenntnissen gerufen, um die eine oder andere These zu legitimieren. Dieses Bedürfnis nach Sicherheit und Orientierung in Zeiten von Pluralisierung und Vielfalt von Lebensentwürfen ist verständlich. Dennoch ist es wichtig, sich dieses Bedürfnis genauer anzusehen. Nach wie vor wird die Frage gestellt, woher Homosexualität eigentlich kommt. Darüber gehen die Meinungen weit auseinander. Es gibt verschiedene Theorien, die allesamt widerlegt wurden und dennoch immer wieder auftauchen: Mal sind es die Gene, dann die starke Mutter oder der starke Vater, der Stress in der Schwangerschaft, der abwesende Vater, die abwesende Mutter, die Verführungstheorie und so weiter. Dabei ist nicht wirklich geklärt, wie menschliches Begehren überhaupt entsteht. Gleichgeschlechtliches Begehren hat es immer gegeben und wird es immer geben. Es gibt keine monokausale Ursache dafür, warum sich bei einem Menschen eine lesbische, schwule, bisexuelle oder eine transsexuelle Identität ausbildet. Manche definieren sich ein Leben lang als bisexuell und können sich Beziehungen zu Frauen und Männern vorstellen, andere wollen sich überhaupt nicht mit einem Etikett auf etwas festlegen.

Tatsache ist, dass es Menschen gibt, die sich ein Mittel gegen gleichgeschlechtliches Verlangen wünschen bzw. die Heilung davon. Es gibt religiöse Kreise, die eine sogenannte Umpolung anbieten. Im Internet kursieren angeblich wissenschaftlich untermauerte Ergebnisse von „geheilten" Homosexuellen. Die Evangelikalen, eine erzkonservative protestantische Strömung, die sich hauptsächlich in den USA betätigt, tut sich auf diesem Feld besonders hervor. Mittlerweile schwappt einiges davon auch nach Deutschland. Die Botschaft lautet: Gott wird euch helfen, wieder auf den richtigen, d.h. heterosexuellen Weg zu kommen. Die Mittel dazu können durchaus als Gehirnwäsche bezeichnet werden. Der LSVD hat 2010 in Zusammenarbeit mit verschiedenen Partnerorganisationen ein Internetportal gestartet, um religiös begründeter Diskriminierung von Homosexuellen entgegenzutreten.[62]

Grundsätzlich gilt: Menschen, die aus den unterschiedlichsten Gründen die gleichgeschlechtliche Lebensform nicht als einen gleichberechtigten Lebensentwurf anerkennen können, werden für sachliche Argumente oder seriöse positive Studienergebnisse nicht offen sein. Und wenn Kinder ins Spiel kommen, wehren sich konservative Kreise noch vehementer gegen eine Gleichstellung gleichgeschlechtlicher Partnerschaften. Sie haben große Mühe anzuerkennen, dass es lesbische und schwule Familien überhaupt gibt. Sie möchten mit dem Verbot der gemeinsamen Fremdadoption verhindern, dass der Staat die Bildung „solcher" Familien sozusagen auch noch unterstützt. Dabei verkennen sie die Tatsache, dass es Regenbogenfamilien aller Arten bereits schon lange gibt und dass die Kinder aus diesen Familien die Leidtragenden einer Politik sind, die sich gegen eine komplette Gleichstellung aller Familien wendet. Jede Benachteiligung hat negative Auswirkungen auf die Kinder, allem voran in finanzieller Hinsicht.

Erste Forschungen zu lesbisch-schwuler Elternschaft gab es schon in den achtziger Jahren. Hauptsächlich im anglo-amerikanischen Raum wurden Studien durchgeführt, die sich in der Regel mit Fragen aus den gängigen Interessenkomplexen beschäftigten: Da ging es um die Bedeutung des Coming-out der Eltern für die Kinder, die Erziehungsfähigkeit der Eltern, die psychosexuelle Entwicklung der Kinder, die Beziehungen der Kinder zur Umwelt

---

62 www.mission-aufklaerung.de

sowie um den Kontakt der Kinder zu beiden leiblichen Eltern-teilen. Hintergrund für diese Untersuchungen waren die damals noch häufigen Kämpfe um das Sorgerecht für die Kinder – nicht selten versuchten Väter, ihren Ex-Partnerinnen wegen deren les-bischer Lebensweise das Sorgerecht für die gemeinsamen Kinder abzusprechen.

In einer vom nordrhein-westfälischen Ministerium für Frauen, Jugend, Familie und Gesundheit in Auftrag gegebenen Studie[63] wurden u.a. 88 vorliegende Untersuchungen zu lesbisch-schwu-ler Elternschaft analysiert. Die Untersuchungen kamen jeweils zu ähnlichen Ergebnissen: Die Kinder entwickelten sich genauso gut wie Kinder aus Vergleichsgruppen. Verglichen mit Kindern aus heterosexuellen Familien verfügten sie manchmal über eine etwas höhere Sozialkompetenz und sprachen häufiger über ihre positiven wie negativen Gefühle. Außerdem fanden die Forscher-Innen heraus, dass Kinder aus gleichgeschlechtlichen Familien eine größere Offenheit in Bezug auf eine Anziehung zum glei-chen Geschlecht aufweisen, jedoch keine häufigere homosexuelle Orientierung. Für die kindliche Entwicklung war die Qualität der Elternbeziehung viel entscheidender als die Lebensform bzw. das Geschlecht der Eltern.

Mit der Einführung der Lebenspartnerschaft 2001 begann in Deutschland ein neues Zeitalter, was die rechtliche Gleichstellung homosexueller Lebensgemeinschaften angeht. Der erste Schritt zur Anerkennung war getan. Viele Paare begannen jetzt, über Fa-milie nachzudenken. Im Jahre 2005, als die Möglichkeit der Stief-kindadoption Wirklichkeit wurde, setzte ein kleiner Babyboom ein, der weiterhin anhält. Aber es gab keine größer angelegte Studie in Deutschland, die sich mit der Lebensrealität gleichge-schlechtlicher Lebensgemeinschaften mit Kindern beschäftigte. GegnerInnen der Gleichstellung argumentierten, die Situation in den USA oder in Großbritannien sei mit der in Deutschland nicht zu vergleichen.

---

63 Berger et al. (2000): Lesben – Schwule – Kinder. Eine Analyse zum Forschungsstand. Ministerium für Frauen, Jugend, Familie und Ge-sundheit des Landes NRW. Düsseldorf.

Die erste deutschsprachige Studie zu Kindern aus gleichgeschlechtlichen Lebensgemeinschaften

Im Jahr 2006 war es dann endlich soweit: Die erste repräsentative wissenschaftliche Studie in Deutschland über Kinder in Regenbogenfamilien wurde von der damaligen Justizministerin Brigitte Zypries (SPD) in Auftrag gegeben. Den Zuschlag erhielt das Bayerische Staatsinstitut für Familienforschung an der Universität Bamberg (ifb). Die ergänzende psychologische Kinderstudie wurde vom Bayerischen Staatsinstitut für Frühpädagogik in München (ifp) durchgeführt. Drei Jahre später, im Sommer 2009, wurden die Ergebnisse veröffentlicht. Viele Tageszeitungen platzierten die Studie auf der ersten Seite. Die Medien berichteten sehr positiv; auch aus politischen Kreisen kamen wohlwollende Kommentare. Selbst das Deutsche Ärzteblatt berichtete zustimmend. Natürlich gab es auch Gegenstimmen – das konservative Lager schäumte und verunglimpfte die Studie als unseriös.

Die Studie steht auf einer sehr breiten empirischen Basis und ist damit repräsentativ. Insgesamt wurden 1059 Eltern befragt, die Teil einer gleichgeschlechtlichen Lebensgemeinschaft mit Kindern sind. Davon leben 866 Elternteile in einer Eingetragenen Lebenspartnerschaft (ELP). Die Eltern lieferten Informationen zu 693 Kindern – von der Familienentstehungsgeschichte bis zur Entwicklung der Kinder. Die Familien sind mehrheitlich Mütterfamilien (93%). Die meisten Kinder schwuler Väter wachsen bei ihren Müttern auf – nur 7% der Kinder hatten ihren Lebensmittelpunkt bei zwei Vätern.

Darüber hinaus wurden 119 Kinder, die mindestens zehn Jahre alt waren, im Rahmen der psychologischen Teilstudie interviewt. 95 dieser Kinder wachsen in einer ELP auf. 78% von ihnen stammen aus einer früheren heterosexuellen Beziehung. Ergänzend äußerten sich 29 ExpertInnen zur rechtlichen und sozialen Situation von Eingetragenen Lebenspartnerschaften mit Kindern.

Das Rechtsinstitut der Eingetragenen Lebenspartnerschaft gibt es erst seit 2001 und die Möglichkeit der Stiefkindadoption erst seit 2005. Aus diesem Grund sind noch nicht viele Daten über Paare mit Kindern in dieser Lebensform vorhanden. Vor diesem Hintergrund war das Bundesjustizministerium daran interessiert, das Rechtstinstitut ELP und dessen Bewährung in der Praxis zu untersuchen. Wegen der ideologischen Kämpfe um die Stiefkindadoption war es darüber hinaus sehr wichtig, endlich eine repräsentative Studie zur Hand zu bekommen, um mögliche Vorbehalte zumindest auf der sachlichen Ebene entkräften zu können.

Es folgt eine Zusammenfassung der Ergebnisse:

- In Deutschland lebten 2007/2008 etwa 2200 Kinder in Eingetragenen Lebenspartnerschaften.

- Die Kinder in Eingetragenen Lebenspartnerschaften stammen etwa gleich häufig aus früheren heterosexuellen Beziehungen (44%) oder sind in die aktuelle gleichgeschlechtliche Beziehung hineingeboren worden (45%). Adoptiv- und Pflegekinder sind mit 1,9% bzw. 6% vertreten.

- 23% der Kinder wurden von der Partnerin als Stiefkind adoptiert. Fast alle dieser Kinder wurden als Wunschkind der Mütter in die aktuelle Partnerschaft hineingeboren.

- Die Erziehungskompetenz gleichgeschlechtlicher Eltern ist genauso hoch wie die der heterosexuellen Vergleichsgruppe. Lesbische Mütter und schwule Väter haben eine zugewandte und fürsorgliche Beziehung zu ihren Kindern, das Familienklima ist positiv und in der Regel entspannt.

- Die Aufteilung von Erwerbs-, Haus- und Familienarbeit ist bei gleichgeschlechtlichen Elternpaaren flexibler und demokratischer als bei heterosexuellen Familien. Bei der Kinderbetreuung wechseln sich beide Mütter bzw. Väter ab.

- Lesbische bzw. schwule Eltern achten darauf, dass ihre Kinder regelmäßigen Kontakt zu Bezugspersonen des anderen Geschlechts haben.

- Lebt ein Elternteil außerhalb der Familie, haben Kinder aus Regenbogenfamilien häufiger Kontakt zu ihm als Kinder aus heterosexuellen Familien.

- Kinder aus Regenbogenfamilien entwickeln sich gut, zum Teil sogar besser als Kinder aus anderen Familien. Sie verfügen über ein höheres Selbstwertgefühl und entwickeln mehr Autonomie bei gleichzeitiger hoher Bindung zu beiden Elternteilen. Sie haben ein realistisches Selbstbild und lösen altersspezifische Aufgaben genauso gut wie Kinder aus anderen Familien.

- Entscheidend für die Entwicklung der Kinder ist nicht die sexuelle Orientierung der Eltern, sondern die Beziehungsqualität und das Familienklima.

- Die Kinder selbst schätzen ihr Aufwachsen in einer Regenbogenfamilie positiv ein, trotz möglichen Erlebens von Diskriminierung. Sie beschreiben positive Reaktionen aus ihrem Umfeld. Manche haben Sorge, wie andere damit umgehen. Meist klären die Kinder FreundInnen vor dem ersten Besuch auf.

- Die meisten der untersuchten gleichgeschlechtlichen Familien gehen offen mit ihrer Lebensform um, z.B. in der Schule und bei FreundInnen der Kinder (95%).

- Weniger als die Hälfte der Kinder hat bisher Diskriminierungen durch Gleichaltrige in Form von Hänseleien oder Beschimpfungen aufgrund der Familiensituation erlebt (47%). Fast alle Kinder konnten mit Unterstützung der Eltern gut damit umgehen. Sticheleien bleiben bei den Kindern meist ohne Wirkung. Ihr hohes Selbstwertgefühl und die vertrauensvolle Beziehung zu den Eltern schützen sie gut.

- Die meisten lesbischen Mütter und schwulen Väter erleben, dass die Umwelt umso offener auf sie reagiert, je offener sie mit ihrer Lebensform umgehen. Jede/r zweite lesbische Mutter bzw. schwule Vater hat jedoch schon einmal eine Form von Ablehnung gegenüber ihrer Lebensweise erlebt, häufig durch die eigenen Eltern.

- Sowohl positive wie auch negative Erfahrungen gab es mit pädagogischen Einrichtungen: Neben vorurteilsfreier Darstellung gleichgeschlechtlicher Lebensformen berichteten 16% der Eltern, in der Schule bzw. Kindertagesstätte seien Lesben und Schwule bzw. Regenbogenfamilien kein Thema.

- ExpertInnen sehen Handlungsbedarf für Lebenspartnerschaften mit Kindern: Über zwei Drittel von ihnen machen sich für verschiedene rechtliche Änderungen stark wie z.B. ein gemeinsames Adoptionsrecht oder die Gleichstellung im Einkommensteuerrecht bis hin zur kompletten Gleichstellung von gleichgeschlechtlichen Paaren mit heterosexuellen Paaren.

Bei Studienergebnissen kommt manchmal die Frage auf, wie denn solche Ergebnisse zu bewerten sind. Vielleicht hätten die Kinder und die Erwachsenen ja das geantwortet, was die Fragenden von ihnen hören wollten. Es gibt jedoch methodische Instrumente, die sicherstellen können, dass dies nicht geschieht. Die Befunde dieser Studie sind nachweislich nicht unter dem Druck entstanden, die Familienform nach außen gut darstellen zu müssen.

Die Studie zeigt, dass es keinerlei sachliche Gründe gibt, die beispielsweise gegen ein gemeinsames Adoptionsrecht sprechen. Jegliche Vorbehalte sind rein ideologischer Natur.

Letztendlich dreht sich alles um die Frage, ob Lesben und Schwule auch gute Eltern sind und ob die Kinder sich „normal" entwickeln, d.h. ob keine größeren Unterschiede zwischen diesen Kindern und Kindern aus Heterofamilien zu finden sind. Wenn sich die Kinder aber unterscheiden, was dann? Das US-amerikanische Forschungsteam Judith Stacey und Timothy Biblarz hat sich bereits 2001 mit dieser Frage beschäftigt.[64]

Die beiden gingen davon aus, dass sich gleichgeschlechtliche Beziehungen durchaus von heterosexuellen Beziehungen unterscheiden und dass dies doch Auswirkungen auf die Kinder haben müsste. Wenn beispielsweise die Alltagsbewältigung in lesbischen Familien demokratischer und flexibler gestaltet wird, dann müssten ihrer Meinung nach die Kinder mit anderen Werten heranwachsen und eventuell geschlechtspezifischer Arbeitsteilung gegenüber kritischer eingestellt sein als Kinder aus der Vergleichsgruppe. Auch die größere Offenheit in Bezug auf die eigene Lebensform ist ein interessantes Thema. Dazu müssten allerdings diese oder ähnliche Fragen im Zentrum der Forschung stehen. Darauf müssen wir sicherlich noch ein Weilchen warten. Denn klar ist: Diese womöglich spannenden Ergebnisse spielen unter Umständen den GegnerInnen von Regenbogenfamilien in die Hände. Denn was BefürworterInnen interessant fänden, wie beispielsweise eine größere Verhaltensbandbreite bei Jungen und Mädchen aus Regenbogenfamilien, könnten GegnerInnen bereits als Identitätsverwirrung einstufen. Und solange die komplette Gleichstellung noch nicht Realität ist, wird niemand dies in Kauf nehmen wollen.

2010 wandten sich Biblarz und Stacey der Frage zu, welche Bedeutung das Geschlecht der Eltern für das Wohl des Kindes hat.[65] Gibt es einen wissenschaftlichen Beweis für die angebliche Wahr-

---

64 Stacey, Judith/Biblarz, Timothy (2001): (How) Does the Sexual Orientation of Parents Matter? American Sociological Review, 66, pp. 159-183.
65 Stacey, Judith/Biblarz, Timothy (2001): (How) Does the Sexual Orientation of Parents Matter? American Sociological Review, 66, pp. 3-22.

heit, dass Kinder mit Vater und Mutter aufwachsen müssen, um sich gut zu entwickeln? Dafür untersuchten die ForscherInnen vorliegende Untersuchungen, die eine Vergleichbarkeit zuließen. Sie fanden 33 Studien, die solche Zwei-Eltern-Situationen verglichen, und 48, in denen das Wohl der Kinder mit einem allein erziehenden Elternteil studiert wurde, mal weiblich, mal männlich. Das Ergebnis: Bis auf die Möglichkeit, ein Kind zu stillen, fand sich keine einzige für die Erziehung eines Kindes relevante Fähigkeit, die nur Mütter oder nur Väter ausüben könnten.

Ein nennenswerter Unterschied bestand bei den unterschiedlichen Familienmodellen: Zwei Elternteile sind für die Entwicklung eines Kindes besser, als allein mit Mutter oder Vater aufzuwachsen. Doch das muss kein Problem sein, wenn Einelternfamilien ein gutes Netzwerk haben. Und auch dieses Ergebnis liefert nicht den Beweis dafür, dass ein Kind unbedingt einen Vater um sich haben muss, um eine stabile Persönlichkeit zu entwickeln. Das Idealmodell ist nach dem Stand der Forschung, so Biblarz und Stacey, ein Kind mit zwei sorgenden Müttern. Denn Frauen sind beim Einsatz für den Nachwuchs alles in allem mehr bei der Sache als heterosexuelle Männer. Schwule Väter ähneln in ihrem Erziehungsverhalten lesbischen Müttern mehr als heterosexuellen Vätern. Interessant ist der Bereich, in dem es um die Flexibilität von Geschlechtsrollenverhalten geht. Im Vergleich zu allen anderen Elterngruppen sind heterosexuelle Väter am wenigsten an einer Erweiterung des Rollenverhaltens ihrer Söhne interessiert. Es scheint bei dieser Personengruppe eine große Angst vorzuherrschen, der eigene Sohn könnte sich zu einem „Weichei" entwickeln. Auf Mädchen hat die An- oder Abwesenheit eines Vaters in diesem Punkt interessanterweise keine starke Bedeutung.

Weitere beispielhafte Untersuchungen

Ein Blick in die USA weist auf aktuelle Forschungsprojekte hin, die sich allerdings stärker auf lesbische Familien konzentrieren, da diese zahlenmäßig häufiger vorkommen. Im Zusammenhang mit einer Langzeitstudie[66] über lesbische Familien, mit der 1996 begonnen wurde und die auf einen Zeitraum von 25 Jah-

---

66 National Logitudinal Lesbian Family Study: www.nllfs.org

ren angelegt ist, wurden 2008 Ergebnisse einer durchgeführten Vergleichsstudie[67] veröffentlicht. Das Forschungsteam verglich acht- bis zwölfjährige amerikanische Kinder aus geplanten lesbischen Familien mit Kindern aus den Niederlanden, die in einer lesbischen Familie aufwachsen. Dabei stellte sich heraus, dass die amerikanischen Kinder zweieinhalbmal so häufig unter homofeindlichen Hänseleien leiden wie die niederländischen Kinder. Die Kinder aus den Niederlanden waren sehr viel offener, was ihre Familiensituation betraf, und sie wiesen weniger emotionale Probleme als die Kinder der amerikanischen Vergleichsgruppe auf. Häufigere Verhaltensauffälligkeiten bei den amerikanischen Kindern wurden von den ForscherInnen auf die stark vorhandene Homophobie in der US-amerikanischen Gesellschaft zurückgeführt. Die Ergebnisse zeigen, dass das Maß der Akzeptanz von gleichgeschlechtlichen Lebensweisen direkte Auswirkungen auf das Wohlergehen der Kinder aus Regenbogenfamilien hat.

Interessant ist auch ein Ergebnis einer Dissertation von Ina Carapacchio[68], die sich mit Diskriminierungserfahrungen von Kindern aus Regenbogenfamilien beschäftigt hat. Die Ergebnisse deuten an, dass Kinder mit schwulen Vätern in ihrem Umfeld größere Schwierigkeiten haben als Kinder lesbischer Mütter – ein Hinweis darauf, dass schwule Elternschaft möglicherweise weniger akzeptiert wird als lesbische Elternschaft.

Lisa Herrmann-Green beschäftigte sich in ihrer Dissertation mit der Familienplanung und -bildung von lesbischen Inseminationsfamilien.[69] Diese Untersuchung stellt die erste deutschsprachige Studie zu lesbischer Elternschaft dar. Dazu befragte Herrmann-Green 105 Mütter (55 leibliche sowie 50 soziale Mütter) von insgesamt 63 Kindern über ihre Familienplanung. Erhoben wurden Informationen über die Planungsphase, die Mutterrollen

---

67 Bos, Henny/van Balen, Frank/Gartrell, Nanette/Peyser (2008): Children in Planned Lesbian Families: A Cross-Cultural Comparison Between the United States and the Netherlands. In: American Journal of Orthopsychiatry, 2008, Vol 78, No.2, pp. 211-219

68 Carapacchio, Ina (2008): Kinder in Regenbogenfamilien: Eine Studie zur Diskriminierung von Kindern Homosexueller und zum Vergleich von Regenbogenfamilien mit heterosexuellen Familien. Dissertation, LMU München: Fakultät für Psychologie und Pädagogik. http://edoc.ub.uni-muenchen.de/9868/

69 Herrmann-Green, Lisa/Herrmann-Green, Monika (2008): Familien mit lesbischen Eltern in Deutschland. Zeitschrift für Sexualforschung, Sonderdruck, 21. Jahrgang 2008, S. 319-340. Thieme, Stuttgart.

(biologisch und sozial) sowie die Spenderwahl. Auffallend war für Herrmann-Green die stabile lesbische Identität und die langjährige verbindliche Paarbeziehung vieler Befragter.

Eine Zusammenfassung aktueller Forschungsergebnisse aus einer interdisziplinären Perspektive ist bei Dorett Funcke und Petra Thorn zu finden.[70]

Es zeigt sich, dass die gleichgeschlechtliche Elternschaft in jedem Fall eine Familienform darstellt, die dem Kindeswohl dienlich ist. Unabhängig von einer weiteren gesetzlichen Gleichstellung wird diese Familienform zunehmen. Regenbogenfamilien sind ein interessantes, neues gesellschaftliches Phänomen, das in seiner Vielfalt eine Gesellschaft enorm bereichern kann. Lesben und Schwule zeigen, dass ihre Familien dynamisch und bunt sind. Ihre Unterschiedlichkeit ist spannend, doch ein Gefühl eint sie alle: die Liebe zueinander und zu ihren Kindern.

---

70 Funcke, Dorett/Thorn, Petra (Hg.) (2010): Die gleichgeschlechtliche Familie mit Kindern. Interdisziplinäre Beiträge zu einer neuen Lebensform. transcript Verlag, Bielefeld.

Kapitel 15
Bücher, Filme,
Adressen, Links, Blogs

Bücher

Empfehlungen für kleinere Kinder

De Haan, Linda/Nijland, Stern (2001): König & König. Gerstenberg Verlag, Hildesheim. Ein Prinz möchte ganz selbstverständlich einen anderen Prinzen heiraten.

Kunert, Almud/Hildebrandt, Anette (2003): Und dann kamst du, und wir wurden eine Familie ... Ravensburger Buchverlag, Ravensburg. Das Buch beschreibt den Prozess einer Adoption.

Lindenbaum, Pija (2007): Luzie Libero und der süße Onkel. Beltz Verlag, Weinheim. Luzies Lieblingsonkel hat plötzlich einen Freund. Es dauert einige Zeit, bis sie merkt, dass der auch gut Fußball spielen kann.

Link, Michael/Schöneich, Sabine (2002): Komm, ich zeig dir meine Eltern. Edition Riesenrad, Hamburg. Bilderbuch über ein Väterpaar und ihren Sohn, den sie aus Russland adoptiert haben.

Newman, Lesléa (2000): Heather Has Two Mommies. Alyson Publications, Los Angeles. Bilderbuch über ein kleines Mädchen mit zwei Müttern – der Klassiker.

Pah, Sylvia/Schat, Joke (1994): Zusammengehören. Donna Vita, Ruhnmark. Bilderbuch über die Trennung der Eltern und Mamas neue Liebe Sophia.

Schreiber-Wicke, Edith/Holland, Carola (2006): Zwei Papas für Tango. Thienemann, Stuttgart/Wien. Die wahre Geschichte über zwei männliche Pinguine, die ein Ei ausbrüten.

Thorn, Petra/Herrmann-Green, Lisa (2009): Die Geschichte unserer Familie. Ein Buch für lesbische Familien mit Wunschkindern durch Samenspende. FamART Verlag, Mörfelden. Ein Muss für alle lesbischen Familien, die mit ihren Kindern frühzeitig über ihre Entstehungsgeschichte sprechen möchten sowie für Kita und Grundschule. Mit schönen Illustrationen.

Van der Doef, Sanderijn/Latour, Marian (1998): Vom Liebhaben und Kinderkriegen. Mein erstes Aufklärungsbuch. Betz, Wien. Aufklärung in kindgerechten Worten und Bildern (ab vier).

von Eiff, Dani: Regenbogen-Minis. In Pixibuchformat wunderbar gezeichnete und erzählte Geschichten für Regenbogenfamilien. Online zu beziehen unter www.regenbogenmini.de

Willhoite, Michael (1994): Papas Freund. Magnusbuch, Berlin. Ein Achtjähriger erzählt von der Trennung seiner Eltern und dem schwulen Alltag seines Vaters.

Zehender, Dirk (2008): So lebe ich ... und wie lebst du? Mardi-Verlag, Hanstedt. Regenbogenfamilien-Kinder aus aller Welt erzählen ihre Geschichte. Verschiedene Familienformen werden ganz selbstverständlich thematisiert. Online zu beziehen unter www.so-lebe-ich.com

Für Schulkinder/Jugendliche

Bauer, Marion Dane (Hg.) (2000): Am I Blue - 14 Stories von der anderen Liebe. Ravensburger Buchverlag, Ravensburg. Kurzgeschichten, die sich alle mit homosexuellen Themen beschäftigen.

COLAGE (2010): Donor Insemination Guide. Aus der Perspektive eines Inseminationskindes für Inseminationskinder geschrieben. Zu beziehen: www.colage.org/programs/art/

Funke, Cornelia (2006): Die wilden Hühner und die Liebe. Dressler Verlag, Hamburg. Ganz nebenbei verliebt sich ein „wildes Huhn" in ein anderes Mädchen.

Harris, Robie H./Emberley, Michael (2002): Total normal - Was du schon immer über Sex wissen wolltest. Beltz, Weinheim.

Levin, Anna (1994): Verstecken ist out. Ueberreuter, Wien. Roman

Meißner-Johannknecht, Doris (1994): Leanders Traum. Anrich, Kevelaer. Roman

Scherwath, Corinna (2005): Sag mal, wer ist denn die Frau neben deiner Mutter? Norderstedt: Books on Demand.

Snow, Judith (2004): How It Feels to Have a Gay or Lesbian Parent. A Book by Kids for Kids of All Ages. Harrington Park Press, New York.

Springer, Sonja (2006): Phöbe in der neuen Schule. Selbstverlag. Phöbe stellt ihre Regenbogenfamilie in der neuen Klasse vor und bekommt dabei unerwartete Unterstützung. Online zu beziehen unter: www.sontje-regenbogenbuch.de

Springer, Sonja (2006): Was Phöbe auf dem Spielplatz erzählt. Selbstverlag. Phöbe erklärt ihre Regenbogenwelt auf dem Spielplatz. Online zu beziehen unter: www.sontje-regenbogenbuch.de

Für Erwachsene

Aizley, Harlyn (2003): Buying Dad: One Woman's Search for the Perfect Sperm Donor. Alyson Books, Los Angeles. Die unterhaltsame Suche nach dem perfekten Samenspender.

Aizley, Harlyn (2006): Confessions of the Other Mother: Non-Biological Lesbian Mothers Tell All. Bacon Press, Boston. Soziale Mütter berichten umfassend und unterhaltsam aus ihrer speziellen Perspektive.

Beutel, Manfred (2002): Der frühe Verlust eines Kindes. Bewältigung und Hilfe bei Fehl-/Totgeburt und Fehlbildung. Verlag für Angewandte Psychologie, Göttingen.

Brill, Stephanie/Toevs, Kim (2002): The Essential Guide to Lesbian Conception, Pregnancy and Birth. Alyson Books, Los Angeles. Ein wirklich guter „Wälzer" mit unendlich vielen Informationen.

Brisch, Bastian (2000): Seitenwechsel. Die Geschichte eines schwulen Familienvaters. Männerschwarmskript Verlag, Hamburg. Ein 43-jähriger Vater von zwei kleinen Töchtern erzählt von seinem späten Coming-out und den Folgen.

Bundeszentrale für gesundheitliche Aufklärung (2004): Heterosexuell? Homosexuell? Sexuelle Orientierungen und Coming-out verstehen, akzeptieren, leben. (Für Eltern, deren Kinder lesbisch oder schwul sind.) Kostenlos zu beziehen: order@bzga.de

Dammasch, Frank et al. (Hg.) (2008): Triangulierung. Lernen, Denken und Handeln aus psychoanalytischer und pädagogischer Sicht. Brandes & Apsel, Frankfurt a. M.

De la Camp, Cordula (2001): Zwei Pflegemütter für Bianca. Interviews mit lesbischen und schwulen Pflegeeltern. LITVerlag, Hamburg.

Familien- und Sozialverein des Lesben- und Schwulenverbands in Deutschland (LSVD) e.V (Hg.) (2007): Regenbogenfamilien – alltäglich und doch anders. Beratungsführer für lesbische Mütter, schwule Väter und familienbezogenes Fachpersonal. Köln. Umfassend, ein Muss! Online: www.family.lsvd.de/beratungsfuehrer/index.php

Garner, Abigail (2004): Families Like Mine: Children of Gay Parents Tell It Like It Is. HarperCollins, New York. Vielfältige Aussagen erwachsener Töchter und Söhne, die bei lesbischen, schwulen oder transidenten Eltern aufgewachsen sind.

Gerlach, Stephanie (2008): Sexuelle Orientierung – bedeutsam für kleine Kinder? In: Textor, Martin: Kindergartenpädagogik. Online-Handbuch. Einsehbar unter: www.kindergartenpaedagogik.de/1954.html

Gerlach, Stephanie (2010): Regenbogenfamilien: Gleichgeschlechtliche Partnerschaften mit Kindern. In: Theorie und Praxis der Sozialpädagogik. Leben, Lernen und Arbeiten in der Kita. Heft 6, 2010.

Gosemärker, Alexandra (2008): Erst Recht! Der Ratgeber zu allen Rechtsfragen rund ums Zusammenleben. Querverlag, Berlin. Informiert übersichtlich und leicht verständlich über die Möglichkeiten, sich gegenseitig abzusichern.

Greenspan, Stanley (2008): Starke Kinder. Die 10 Eigenschaften, die Ihr Kind erfolgreich und glücklich machen. Beltz, Weinheim. Der Autor, Psychiater und Kinderarzt ist bekannt für seine klinische Arbeit mit Kindern, die unter emotionalen Störungen leiden.

Höfer, Silvia (2010): Quickfinder. Babys erstes Jahr. Gräfe & Unzer, München.

Hufschmidt, Sabine (2009): Familie ist da, wo Kinder sind! Adoptivrecht in gleichgeschlechtlichen Partnerschaften und Regenbogenfamilien – Ein Überblick. In: Lohrenscheit (Hg.): Sexuelle Selbstbestimmung als Menschenrecht (S. 183-195). Deutsches Institut für Menschenrechte. Nomos, Baden-Baden.

Jannan, Mustafa (2008): Das Anti-Mobbing-Buch. Gewalt an der Schule – vorbeugen, erkennen, handeln. Beltz Praxis, Weinheim. Der ehemalige Gymnasiallehrer erörtert das Thema handlungs- und zielorientiert.

Johnson, Susan/O'Connor, Elizabeth (2001): For Lesbian Parents: Your Guide to Helping Your Family Grow Up Happy and Proud. Guilford, New York. Sehr verständlicher und humorvoller Ratgeber für lesbische Familien.

Kämper, Gabriele (2002): „Familien-Aufbruch mit Zukunft? Erfinden gleichgeschlechtliche Paare die demokratische Familie?" In: Senatsverwaltung für Schule, Jugend und Sport: Regenbogenfamilien. Wenn Eltern lesbisch, schwul, bi- oder transsexuell sind. Berlin.

Kammerer, Doro (2004): Die ersten drei Lebensjahre. Ein Elternbegleitbuch. dtv, München.

Kast, Verena (2006): Zeit der Trauer. Kreuzverlag, Stuttgart.

Largo, Remo (2003): Babyjahre. Die frühkindliche Entwicklung aus biologischer Sicht. Piper, München.

Largo, Remo (2009): Kinderjahre. Die Individualität des Kindes als erzieherische Herausforderung. Piper, München.

Lev, Arlene Istar (2004): The Complete Lesbian & Gay Parenting Guide. Berkley Books, New York. Rundum-Ratgeber für Regenbogenfamilien aller Art.

Lothrop, Hannah (1998): Gute Hoffnung, jähes Ende. Kösel, München.

Lothrop, Hannah (2006): Das Stillbuch. Kösel, München. Unverzichtbar für alle, die sich umfassend mit dem Thema Stillen beschäftigen wollen.

Müntefering, Mirjam (2007): Jetzt zu Dritt. Lübbe, Bergisch-Gladbach. Humorvoller Roman der Erfolgsautorin.

Nijs, Michaela (2003): Trauern hat seine Zeit. Abschiedsrituale beim frühen Tod eines Kindes. Verlag für Angewandte Psychologie, Göttingen.

Opp, Günther/Fingerle, Michael (Hg.) (2007): Was Kinder stärkt. Erziehung zwischen Risiko und Resilienz. Ernst Reinhardt, München.

Riedle, Herbert/Gillig-Riedle, Barbara (2006): Ratgeber „Auslandsadoption". TiVan Verlag, Würzburg.

Rüdiger, Ariane (2006): Aktion Eisprung. Querverlag, Berlin. Unterhaltsamer Roman - so entsteht eine Regenbogenfamilie.

Seyda, Barbara/Herrera, Diana (1998): Women in Love. Portraits of Lesbian Mothers & Their Families. Bulfinch Press, Boston.

Opulenter US-amerikanischer Bildband, in dem über 35 lesbische Familien vorgestellt werden.

Stadelmann, Ingeborg (2005): Die Hebammensprechstunde. Ingeborg Stadelmann Eigenverlag, Ermengerst. Ein Muss für jede Schwangere.

Streib-Brzič, Uli (1991): Von nun an nannten sie sich Mütter. Lesben und Kinder. Orlanda Frauenverlag, Berlin. Das erste deutschsprachige Buch zum Thema – der Klassiker.

Streib-Brzič, Uli/Gerlach, Stephanie (2005): Und was sagen die Kinder dazu? Gespräche mit Töchtern und Söhnen lesbischer und schwuler Eltern. Querverlag, Berlin. 36 Töchter und Söhne zwischen sechs und 31 Jahren erzählen, dass ihre Familien ganz normal oder ganz anders sind.

Streib-Brzič, Uli (2007): Das lesbisch-schwule Babybuch. Ein Ratgeber zu Kinderwunsch und Elternschaft. Querverlag, Berlin. Rechtsratgeber mit vielen Tipps und Informationen.

von Kleist, Bettina (2003): Mein Mann liebt einen Mann. Wie Frauen das Coming-out ihres Partners bewältigen. Ch. Links Verlag, Berlin. In zahlreichen Interviews werden verschiedene Perspektiven beleuchtet.

Webb-Mitchell, Brett (2007): On Being a Gay Parent: Making a Future Together. Seabury Books, New York. Die schwule Familie – von A-Z.

Kindertagesstätte/Schule

Herrmann-Green, Lisa: Infoblatt über geplante lesbische Elternschaft – für Lehrkräfte, ErzieherInnen und andere Betreuungspersonen. Das Wichtigste ist hier in Kürze zusammengefasst. Bezug: www.family.lsvd.de/beratungsfuehrer/fileadmin/downloads/Lisas_Flyer.pdf

Themenheft „Sexuelle Orientierung" (2007) der „Schule ohne Rassismus": Beispielhafte Unterrichtsmaterialien. Bezug: www.schule-ohne-rassismus.org

Handreichung „Lesbische und schwule Lebensweisen" für weiterführende Schulen der Berliner Senatsverwaltung für Bildung, Wissenschaft und Forschung (2008): Vielfältige Ideen für Lehrkräfte. Kostenloser Bezug: infopunkt@senbwf.berlin.de

Martin Ganguly: Ganz normal anders – lesbisch, schwul, bi: Lebenskundesonderheft zur Integration gleichgeschlechtlicher

Lebensweisen. Gute Unterrichtsmaterialien. Bezug: hvd-berlin@humanismus.de ⁻

van Dijk, Lutz/van Driel, Barry (Hg.) (2008): Sexuelle Vielfalt lernen. Schulen ohne Homophobie. Querverlag, Berlin. Eine Fundgrube zum Umgang mit Homophobie, mit vielen Beiträgen aus aller Welt. Ein Muss für jede/n Lehrer/in.

Wagner, Petra (Hg.) (2008): Handbuch Kinderwelten. Vielfalt als Chance – Grundlagen einer vorurteilsbewussten Bildung und Erziehung. Herder, Freiburg. Ist durch seinen Inklusionsansatz und die „Rundum-Abdeckung" von Vielfalt für alle interessant, die mit Kindern zu tun haben. Gibt Antworten auf die Frage: Was brauchen Kinder, um Unterschiede als bereichernd zu erleben?

Pubertät

Guggenbühl, Allan (2009): Pubertät – echt ätzend: Gelassen durch die schwierigen Jahre. Herder, Freiburg.

Strauch, Barbara (2004): Warum sie so seltsam sind. Gehirnentwicklung bei Teenagern. Eine Reise in das Gehirn von Heranwachsenden. Bvt, Berlin.

Transgender/Transsexuelle

Böge, Jula (2009): Ich bin (k)ein Mann: Als Transgender glücklich leben – Ein Ratgeber. Agenda Verlag, Münster. Umfassender Ratgeber, der sich mehr auf die Mann-zu-Frau-Perspektive konzentriert.

Farina, Gerda (2007): Mit der Kraft einer Löwin: Transsexualismus – der Weg von Frau zu Mann. Edition Nove, Books on Demand. Erfahrungsbericht einer jungen Transsexuellen, die von ihrer Mutter auf ihrem Weg begleitet wird. Aus der Sicht der Mutter geschrieben.

Gewalt

Ohms, Constance (1993): Mehr als das Herz gebrochen. Gewalt in lesbischen Beziehungen. Orlanda Frauenverlag, Berlin. Der Klassiker zum Thema.

Ohms, Constance (2008): Das Fremde in mir: Gewaltdynamiken in Liebesbeziehungen zwischen Frauen. Soziologische Perspektiven auf ein Tabuthema. transcript Verlag, Bielefeld.

Landeskoordination Anti-Gewalt-Arbeit für Lesben und Schwule in NRW (Hg.) (2010): „UnSichtbar!? Häusliche Gewalt im Leben von Lesben, Schwulen und Transgender". Tagungsdokumentation mit Texten von Fachleuten aller Art. Bezug: kontakt@vielfalt-statt-gewalt.de

Wissenschaftliches

Berger, Walter/Reisbeck, Günter/Schwer, Petra (2000): Lesben - Schwule - Kinder. Eine Analyse zum Forschungsstand. Hg.: Ministerium für Frauen, Jugend, Familie und Gesundheit des Landes Nordrhein-Westfalen, Referat Öffentlichkeitsarbeit, Düsseldorf. In diesem Band sind 88 Studien aus dem anglo-amerikanischen Raum zusammengefasst und mit einer eigenen Untersuchung ergänzt.

Bos, Henny/van Balen, Frank/Gartrell, Nanette/Peyser, Heidi (2008): Children in Planned Lesbian Families: A Cross-Cultural Comparison between the United States and the Netherlands. In: American Journal of Orthopsychiatry, 2008, Vol 78, No.2, pp. 211-219

Carapacchio, Ina (2008): Kinder in Regenbogenfamilien: Eine Studie zur Diskriminierung von Kindern Homosexueller und zum Vergleich von Regenbogenfamilien mit heterosexuellen Familien. Dissertation, LMU München: Fakultät für Psychologie und Pädagogik. http://edoc.ub.uni-muenchen.de/9868/

Dunne, Gillian (1998): Living „Difference": Lesbian Perspectives on Work and Family Life. Haworth Press, Binghamton.

Eggen, Bernd (2009): Gleichgeschlechtliche Lebensgemeinschaften mit und ohne Kinder. Eine Expertise auf der Basis des Mikrozensus 2006. ifb-Materialien 1-2009. Staatsinstitut für Familienforschung an der Universität Bamberg.

Fthenakis, Wassilios/Ladwig, Arndt (2002): Homosexuelle Väter. In: Fthenakis, W.E./Textor, M.R. (Hg.): Mutterschaft, Vaterschaft. S. 129-154, Beltz, Weinheim. Über www.familien-handbuch.de online einsehbar.

Funcke, Dorett/Thorn, Petra (Hg.) (2010): Die gleichgeschlechtliche Familie mit Kindern. Interdisziplinäre Beiträge zu einer neuen Lebensform. transcript Verlag, Bielefeld. Bündelt aktuelle Forschungsergebnisse und betrachtet die Thematik aus einer interdisziplinären Perspektive.

Gartrell, Nannette et al. (1996): The National Lesbian Family Study: I. Interviews with prospective mothers. American Journal of Orthopsychiatry, 66 (2), pp. 272-281. Die auf 25 Jahre angelegte Langzeitstudie begann Mitte der neunziger Jahre, über 80 lesbische Familien zu begleiten. Ergebnisse werden regelmäßig veröffentlicht.

Gartrell, Nannette et al. (1999): The National Lesbian Family Study: II. Interviews with mothers of toddlers. American Journal of Orthopsychiatry, 69 (3), pp. 362-369.

Gartrell, Nannette et al. (2000): The National Lesbian Family Study: III. Interviews with mothers of five-year children. American Journal of Orthopsychiatry, 70 (4), pp. 542-548.

Gartrell, Nannette et al. (2005): The National Lesbian Family Study: IV Interviews with ten-year-old children. American Journal of Orthopsychiatry, 75 (4), pp. 518-524.

Gartrell, Nannette et al. (2006): The National Lesbian Family Study: V Interviews with the mothers of ten-year-old children. Feminism & Psychology, 16 (2), pp. 175-192.

Goldberg, Abbie (2010): Lesbian and Gay Parents and Their Children. Research on the Family Life Cycle. American Psychological Association, Washington.

Herrmann-Green, Lisa/Herrmann-Green, Monika (2008): Familien mit lesbischen Eltern in Deutschland. In: Zeitschrift für Sexualforschung, 21. Jahrgang, S. 319-340, Thieme, Stuttgart. Studie zur lesbischen Familiengründung mittels donogener Insemination. 105 lesbische Mütter wurden über die frühe Phase ihrer Familiengründung befragt.

Jansen, Elke/Steffens, Melanie (2006): Lesbische Mütter, schwule Väter und ihre Kinder im Spiegel psychosozialer Forschung. Verhaltenstherapie & Psychosoziale Praxis. Ausgabe 38 (3), S. 643-656. Immer noch sehr aktueller Artikel.

Rupp, Marina (Hg.) (2009): Die Lebenssituation von Kindern in gleichgeschlechtlichen Lebensgemeinschaften. Bundesanzeiger-Verlag, Köln. Die vom Bundesjustizministerium in Auftrag gegebene Studie, die sich mit Kindern aus Regenbogenfamilien in Deutschland befasst hat. Zusammenfassungen zentraler Studienergebnisse auf den Seiten des Projekts Regenbogenfamilien des LSVD: http://www.lsvd.de/728.0.html.

Stacey, Judith/Biblarz, Timothy (2001): (How) Does the Sexual Orientation of Parents Matter? American Sociological Review, 66, pp. 159-183.

Stacey, Judith/Biblarz, Timothy (2010): How Does the Gender of Parents Matter? Journal of Marriage and Family 72, pp. 3-22.

Steffens, Melanie (2010): Doppelt diskriminiert oder gut integriert? Zur Lebenssituation von Lesben und Schwulen mit Migrationshintergrund. Universität Jena.

Filme

Wer ist Familie? Ein Dokumentarfilm von Michael Schaub und Kirsten Steinbach über zwei Väter und ihren Adoptivsohn aus Vietnam. www.wer-ist-familie.de

Papi & Papa: Pflegekinder bei gleichgeschlechtlichen Pflegeeltern: Film von Thilo Geisler. DVD zu beziehen über www.thilogeisler.de

Web-Adressen

www.lesben.org: Konnys Lesbenseiten – das große Portal rund um das lesbische Leben.

www.l-talk.de: „locker lesbisches Tagesgeschäft jenseits der 40" – Politik und Klatsch.

www.lesbenring.de: „Wir machen aus Lust und Liebe Politik." Der Lesbenring e.V. ist, wie die alljährlichen Lesbenfrühlingstreffen (LFT), aus der autonomen FrauenLesbenbewegung hervorgegangen.

www.lesarion.de: Großes Lesbenportal ... „offene Begegnungsstätte für Lesben, Bi-, Inter- und Transsexuelle".

www.gayromeo.com: „Schwules Einwohnermeldeamt".

www.transmann.de: Informatives Portal für Transmänner.

www.ilesgo.com: Das Portal gibt es schon lange und richtet sich hauptsächlich an lesbische Mütter mit Heterovergangenheit.

www.schwanger-info.de: Website zu Schwangerschaft der Bundeszentrale für gesundheitliche Aufklärung (BzgA).

www.eltern.de: Großes Portal, auf dem auch ein Regenbogenfamilien-Forum zu finden ist.

www.co-eltern.net: Kontaktbörse für homo- und heterosexuelle Frauen und Männer, die einen Co-Elternteil suchen.

www.schwule-vaeter.org: Hauptsächlich für schwule Väter mit Kindern aus Heterozusammenhängen. Alle Vätergruppen im Bundesgebiet sind aufgelistet. Mit Erfahrungsberichten von Kindern, wie sie mit dem Coming-out des Vaters umgegangen sind.

www.spermaspender.de: Privates Informations- und Angebotsportal, das es schon seit vielen Jahren gibt.

www.di-familie.de: Bundesweiter Zusammenschluss von heterosexuellen Familien, die mit Spendersamen ihre Kinder bekommen haben und von Anfang an offen mit ihrer Familienentstehungsgeschichte umgehen wollen. Sind auch für lesbische Familien offen.

www.donorsiblingregistry.com: Internetportal, das Kindern anonymer Samenspender dabei helfen kann, eventuelle Geschwister aufzuspüren.

www.adoptionsinfo.de: Umfassendes Adoptionsportal.

www.moses-online.de: Fachportal zum Thema Pflegschaft und Adoption.

www.bundesjustizamt.de: Informationen zum derzeit geltenden Adoptionsrecht in verschiedenen Ländern (==>Zivilrecht ==>Auslandsadoption).

www.lsvd.de: Das große Portal des Lesben- und Schwulenverbandes in Deutschland (LSVD).

www.mission-aufklaerung.de: LSVD-Portal gegen Homoheiler.

www.family.lsvd.de: Internetseite des Projekts Regenbogenfamilien (LSVD).

www.family.lsvd.de/beratungsfuehrer/index.php?id=33: Umfassende und hervorragend sortierte Literaturliste.

www.ilse.lsvd.de: Die „Initiative lesbisch-schwuler Eltern", unter dem Dach des LSVD organisiert, hat Regionalgruppen in ganz Deutschland, die regelmäßige Treffen und Unternehmungen anbieten.

www.kids.lsvd.de: Das Internetangebot mit Chatmöglichkeit für Kinder aus Regenbogenfamilien.

www.undwassagendiekinderdazu.de: Website zu gleichnamigem Buch mit vielen Tipps, Literaturhinweisen und Links.

www.colage.org: „Children of Lesbians and Gays Everywhere (COLAGE)" ist ein US-amerikanischer Zusammenschluss von Kindern und Jugendlichen mit lesbischen, schwulen, bisexuellen und transidenten Eltern. Regionalgruppen in ganz USA. Umfassende Homepage mit Beiträgen, Informationen und Links aller Art.

www.FamiliesLikeMine.com: Website von Abigail Garner (s.o.). Die Journalistin, selbst Tochter eines schwulen Vaters, ist seit Jahren Aktivistin für die Belange von Töchtern und Söhnen aus Regenbogenfamilien.

www.lesmamas.de: Portal für lesbische Familien in München und Umgebung, mit vielen überregionalen Informationen und Hintergrundberichten.

www.schuerrer.de/unter-schlupf/: Infos für Pflegefamilien.

www.los.ch: Portal der Lesbenorganisation Schweiz.

www.pinkcross.ch: Dachverband der schwulen Männer in der Schweiz.

www.familienchancen.ch: Schweizer Regenbogenfamilien kämfen um gleiche Rechte.

www.hosi.at: Homosexuelle Initiative Österreichs.

www.rainbowfamilyholidays.com: Von zwei schwulen Vätern aus Großbritannien gegründeter Reiseveranstalter für Regenbogenfamilien.

www.rfamilyvacations.com: US-Reiseveranstalter für LGBT-Familien, von der Talkmasterin Rosie O'Donnell gegründet.

www.maximilianprojekt.de, www.engelskinder.ch: Internetseiten für Eltern, die ihr Kind während der Schwangerschaft, bei der Geburt oder kurz nach der Geburt verloren haben.

www.sternchenmamis.de.vu: Stillgeburt und die Zeit danach – das Forum für Eltern von Sternenkindern.

www.glueckloseSchwangerschaft.at: Website zur Hilfestellung bei glückloser Schwangerschaft.

Schule

www.diversity-muenchen.de: Der Münchner Dachverband der LesBiSchwulen Jugendgruppen Münchens bietet Workshops für Schulklassen, Jugendzentren und Vereine an.

www.fluss-freiburg.de: Freiburgs lesbisch-schwules Schulprojekt.

www.kombi-berlin.de: Fortbildungen für pädagogische Fachkräfte sowie Aufklärungs- und Infoveranstaltungen für Jugendliche.

www.kofferbuntesleben.de: Sechs verschiedene Spiele zu Lebens-
und Familienformen zum Anklicken. Herausgegeben von der
Koordinierungsstelle für gleichgeschlechtliche Lebensweisen
der Landeshauptstadt München. Der „Koffer buntes Leben"
eignet sich für einen Projektvormittag (9-12 Jahre) und ist für
Lehrkräfte kostenlos auszuleihen.

Beratung

Projekt „Regenbogenfamilien" im LSVD: Dr. Elke Jansen, Beratungshotline: Mi 17-19 Uhr: 0221-925 961 26, Beratung zu
Familienplanung und Familienalltag für Lesben, Schwule,
ihre Kinder und interessiertes Fachpersonal. E-mail: family@
lsvd.de

Frauengesundheitszentren, die Beratungen zu „Lesben und Kin-
derwunsch" anbieten:
Frauengesundheitszentrum Köln: www.frauengesundheitszent-
rum-koeln.de
Feministisches Frauengesundheitszentrum Berlin: www.ffgz.de
Frauengesundheitszentrum München: www.fgz-muc.de

Kliniken

www.Storkklinik.dk: 1999 von einer Hebamme als alternative
Fertilitätsklinik gegründet, richtet sich diese Kopenhagener
Klinik explizit an lesbische und allein stehende Frauen mit
Kinderwunsch. Mittlerweile sind bereits über 2000 Kinder mit
Hilfe der Storkklinik geboren worden. Die Klinik kauft Spen-
dersamen von zwei renommierten dänischen Samenbanken.
Inseminationen werden entweder mit komplett anonymen
Spendersamen durchgeführt oder mit offenen, d.h. das Kind
kann mit Vollendung des 18. Lebensjahrs die Identität des
Spenders erfahren.
www.diersklinik.de: Deutsche Website der dänischen Klinik, die
sich in Århus befindet und sich explizit an lesbische und allein stehende Frauen richtet. Ähnliches Angebot wie Storkklinik.

www.nordiccryobank.com: Dänische Samenbank, die Spendersamen an kooperative Arztpraxen verschickt.

www.ivfkliniek.nl: Niederländisches Kinderwunschzentrum in der Nähe von Leiden, das auch lesbische Frauen behandelt. Kinder können Informationen über den Spender erhalten, wenn sie das 16. Lebensjahr vollendet haben.

www.cryobank-muenchen.de: Kinderwunschpraxis, die unter bestimmten Voraussetzungen auch bereit ist, lesbischen Paaren und Single-Frauen zum Kind zu verhelfen. Mit hauseigener Samenbank.

www.growinggenerations.com: US-amerikanische Agentur, die Leihmutterschaft und Eizellenspende anbietet. Offen für alle.

Blogs

http://regenbogenfamiliemit2mamas.wordpress.com: „Zwei Mamas auf dem Weg zur Regenbogenfamilie": In tagebuchartigen Einträgen berichtet ein Frauenpaar aus Baden-Württemberg aus ihrem Alltag und von ihrem Weg zum Wunschkind.

http://pbpp.wordpress.com: „ThinkPink unterm Regenbogen": Einsichten und Erfahrungen einer lesbischen Familie mit kleinem Sohn aus Thüringen.

http://regenbogenfamilie.eu: „Unsere kleine Regenbogenfamilie: Abenteuer einer Familie mit zwei Mamas": Ein deutsch-kanadisches Frauenpaar mit gemeinsamem Sohn erzählt aus ihrem Leben im Südwesten Deutschlands.

http://welcome2ourworld.wordpress.com: „Zwei Mamas und eine Erdnuss": Einblick in den Alltag einer frischgebackenen Regenbogenfamilie.

http://mombian.com: „Sustenance for Lesbian Moms": US-amerikanische Seite mit Ressourcen für lesbische Mütter: Pressespiegel, Politnews, Besprechungen, V-Logs (Videos) mit persönlichen Tipps.

http://lesbiandad.net: „Notes from the Crossroads of Mother & Father": Essayistischer Blog mit vielen Fotos aus dem Leben einer kalifornischen Regenbogenfamilie mit zwei Kindern.

Danksagung

Dieses Buch ist das Ergebnis von vielen Gesprächen, die ich mit Regenbogenfamilien „aller Farben" geführt habe. Mein Dank und meine Wertschätzung gilt all denjenigen Kindern, Jugendlichen, Frauen und Männern, die mir ihr Vertrauen geschenkt haben und mich an ihrem Leben teilhaben ließen.

Ich danke

Andreas Brunner, er hat mich angeschubst, dieses Buch zu schreiben;

Jim Baker vom Querverlag für die freundliche und unkomplizierte Zusammenarbeit;

meinen FreundInnen und KollegInnen für ihre wertvollen Anregungen und für die Vermittlung verschiedener Kontakte.

Ganz besonderen Dank schulde ich meiner Frau und Freundin Barbara Stenzel. Ohne sie würde es dieses Buch nicht geben. Ihr Glaube an mich, ihr kritischer Blick und ihr Sachverstand haben mich konstruktiv und liebevoll begleitet. Unsere Regenbogenfamilie ist eine tägliche Quelle der Inspiration.

Index

Index

Denn es gibt eben mehr als nur eine Definition von Familie

Uli Streib-Brzič & Stephanie Gerlach
Und was sagen die Kinder dazu?
Gespräche mit Töchtern und Söhnen lesbischer und schwuler Eltern
br. • 192 S. • € 14,90 • sFr 26,80 • 978-3-89656-119-0

Töchter und Söhne aus Regenbogenfamilien kommen zu Wort. 36 Kinder zwischen sechs und 31 Jahren erzählen in diesem Band, wie sie sich und ihre Familien sehen. Mit einem Vorwort von Klaus Wowereit.